Le sentiment de soi
Aux sources de l'image du corps

Collection Françoise Dolto
dirigée par
Catherine Dolto-Tolitch

FRANÇOISE DOLTO

Le sentiment de soi

Aux sources de l'image du corps

ÉDITION ÉTABLIE,
ANNOTÉE ET PRÉSENTÉE PAR
GÉRARD GUILLERAULT

nrf

GALLIMARD

Préface

Ce que l'on va découvrir ou redécouvrir ici avec la présente publication, c'est à quel point le propos de Françoise Dolto, même quand il est – comme toujours – articulé à la pratique, est aussi, et de façon intrinsèque, un propos théorique, où se manifeste une ambition théorique déterminée et soutenue. Et déjà, par son souci permanent de rendre compte de ce à quoi elle a affaire dans le concret de l'expérience. Ceux qui l'ont vue pratiquer se souviennent ainsi avec quelle méticulosité elle reproduisait en note ce qu'avait dessiné ou modelé un enfant, en vue d'en chercher le sens et d'en examiner rigoureusement la pertinence au regard de son intuition théorique.

C'est cette exigence que l'on va retrouver ici mise en œuvre. Et ce ne sera pas l'un des moindres enseignements de ce livre que de confirmer ainsi comment F. Dolto vient prendre place à bon droit parmi les grandes théoriciennes de la psychanalyse.

Sa contribution à la pensée psychanalytique se laisse aisément isoler de façon formelle : il s'agit notamment de ce qu'elle a forgé au titre de la notion d'image du corps, en reprenant et élaborant progressivement ce terme – non psychanalytique à l'origine – pour en produire, à des fins de recherche et de pratique clinique, une acception qui soit véritablement d'ordre analytique, conforme à son expérience, qui puisse prendre place à part entière dans la lignée du corpus freudien, et qu'elle a précisément appelée : l'image inconsciente du corps.

L'étude de cette notion complexe – étude à laquelle le présent ouvrage apporte une contribution essentielle – exige de mesurer en quoi cet apport de F. Dolto constitue une élaboration tout à fait singulière et spécifique. Donc d'expliciter en quoi cette conceptualisation se différencie de tout ce qui peut circuler dans d'autres champs au titre de ce même terme (ou de vocables assimilés).

Pour aider à la clarification requise, il est essentiel de replacer cette idée de l'image du corps dans l'ensemble de l'œuvre de F. Dolto, afin de manifester la place majeure qu'elle y occupe. En témoigne déjà l'ouvrage paru en 1984, intitulé L'image inconsciente du corps*, que F. Dolto a consacré au développement de cette notion et à sa formalisation. En un temps où elle avait renoncé à exercer, ce livre – auquel elle tenait beaucoup – est venu comme un inventaire de ce qu'elle voulait léguer sur le terrain conceptuel. Mais cet ouvrage foisonnant, luxuriant, fruit de nombreuses refontes, laisse encore beaucoup de questions sans réponse. Par exemple : comment et pourquoi ce recours à l'image du corps ? Pourquoi une praticienne de son importance ne s'est-elle pas contentée de ce que le dispositif conceptuel freudien mettait à sa disposition ? Qu'est-ce qui lui a donc paru manquer chez Freud pour qu'elle ait ainsi éprouvé le besoin de se forger sa conceptualité propre ? Et encore : comment lui est venue l'idée de ce recours à l'image du corps ? À partir de quelles autres formulations, voisines ou étrangères, ou de quels autres apports théoriques, en neurologie, en psychologie ?*

À toutes ces questions, la présente publication apporte des éclaircissements décisifs en précisant la genèse même de la théorisation de F. Dolto. Sans doute y avait-il quelques traces de cette élaboration première, tel l'article intitulé Personnologie et image du corps *paru initialement dans* La Psychanalyse, *n° 6, en 1961*[1]*. Mais les autres documents de l'époque qui attestaient de la gestation d'une recherche en cours étaient ou inexistants ou devenus introuvables. Au point qu'on ait du mal à comprendre alors que l'image du corps ait été le thème théorique majeur de F. Dolto, présent de bout en bout, point d'orgue de sa pensée, support de son inspiration.*

1. Et repris depuis dans le recueil *Au jeu du désir*, Le Seuil 1981, chap. 4.

Mais précisément, c'est ce qui pouvait donc sembler un chaînon manquant que rétablit la présente édition, avec la publication de travaux inédits venant confirmer plutôt une permanence de la recherche de F. Dolto sur l'image du corps.

S'agissant de chronologie, il est à remarquer que ces travaux nous renvoient tous aux années 1956, 1957. Et si l'on tient compte du fait que le texte mentionné ci-dessus est lui-même le fruit d'une communication qui eut lieu en 1958, on réalise que ce fut là un temps particulièrement fécond dans l'élaboration conceptuelle de F. Dolto, peut-être même le *moment fondateur de sa théorisation. C'est ce temps essentiel qui est ici restitué à partir de deux communications orales. L'une, d'octobre 1956, est un exposé à la Société française de psychanalyse – suivi d'un débat en décembre de la même année*[1] *– qui parut en 1957 sous la forme d'un bref résumé dû à F. Dolto elle-même; l'autre date d'avril 1957, dans le cadre d'un cycle de conférences pour le groupe de la revue* L'Évolution psychiatrique[2]. *Ce sont ces deux textes, depuis introuvables, que nous publions ici en leur état originel. Le résumé de 1956, malgré sa brièveté, a le grand mérite de fournir quelques échantillons représentatifs de la façon dont F. Dolto figurait graphiquement l'image du corps en la repérant concrètement dans sa clinique avec les enfants.*

Mais l'intérêt de la présente édition ne tient pas à la seule redécouverte de ces textes méconnus ou oubliés. S'y ajoute ce qu'apporte de nouveau tout le matériel en cours de mise à jour dans les archives de F. Dolto, récupérées après son décès en 1988[3]. *Et ce qui apparaît quant à sa façon de travailler, c'est qu'elle n'a cessé de reprendre ses propres textes*[4] *pour les préciser, les réélaborer, les développer. Elle avait visiblement l'habitude et le goût de reprendre un texte antérieur, réécrivant dans les marges, entre les lignes ou au verso, pour en donner une nouvelle version qui, tout en conservant la trame*

1. C'est à cette soirée-débat que J. Lacan fait directement allusion dans son séminaire du 5 décembre 1956. Cf. *La Relation d'objet*, Le Seuil, 1994, chap. III.
2. Sur l'histoire de ce groupe, voir E. Roudinesco, *Histoire de la psychanalyse en France. I*, Fayard, 1994, p. 413 et suiv.
3. Et gérées depuis par l'Association des Archives Françoise Dolto, à Paris.
4. Seule ou avec le concours de tel ou tel interlocuteur parmi les proches de ses collègues.

et la composition initiales, n'en avait pas moins une tout autre ampleur. Ainsi en a-t-il été pour ces deux communications de 1956 et 1957 : F. Dolto en a produit plusieurs élaborations successives restées jusqu'alors inédites. Nous avons retenu ici la version ultime, datant semble-t-il de 1974, pour l'exposé de 1957 (sur la régression), et de septembre 1978 pour celui de 1956[1].

Ainsi chacune de ces deux contributions est restituée et sous sa forme initiale – en annexe, en fin de volume – et sous sa forme finale, qui constitue le corps du volume. Cela présente un triple intérêt. D'abord de nous fournir les éléments qui nous manquaient quant à la genèse de cette conceptualisation, en accédant ainsi aux sources mêmes de la pensée de F. Dolto. Ensuite, de nous permettre de comprendre comment elle a donné forme à son intuition de l'image du corps, comment elle l'a validée à partir de son expérience clinique, en particulier là où elle repérait chez l'enfant une pathologie de la régression, une régression à contenu corporel. Mais surtout, sachant que pour chacun des travaux, c'est une vingtaine d'années qui séparent l'état initial de l'état final, nous avons la possibilité d'observer comment F. Dolto a pu évoluer sur cette question de l'image du corps en y apportant aménagements et révisions au fil du temps et de l'expérience. Un point essentiel mérite à cet égard d'être noté. C'est le fait que dans chaque cas, entre l'état initial et l'état final, apparaisse la qualification d'« inconsciente » pour désigner l'image du corps ; ce qui atteste d'un tournant radical, F. Dolto en venant à confronter directement son idée de l'image du corps à l'inconscient freudien. Ainsi disposons-nous, avec la présente édition, d'un ensemble qui nous donne un état représentatif de l'élaboration de sa pensée, mettant en lumière, en en redessinant tout le parcours, la dimension théorique de cet apport.

Et pourtant, à quoi assistons-nous dans le premier texte consacré à la régression ? À ce qui est le surgissement clinique *primordial de cette idée de l'image inconsciente du corps. C'est même l'intérêt éminent de ce texte de manifester que l'image du corps est bien au départ une notion clinique, un thème d'extraction clinique. Il permet en effet de préciser comment se fonde pour F. Dolto cette vision concrète, pratique de l'image du corps, à partir d'une éventualité clinique isolée*

1. D'où l'ordre finalement retenu pour leur présentation.

comme telle : qu'il puisse y avoir régression d'image du corps à image du corps, régression d'une image du corps, d'un état d'image du corps acquis, à une image du corps antérieure (et en principe révolue, dépassée). C'est ce qui est formulé ici comme « hypothèse fondamentale ». Et en effet, telle est donc la situation dynamique qui donne son sens et sa portée concrète à l'idée primordiale de l'image du corps chez F. Dolto. À savoir que face à une épreuve plus ou moins radicalisée de déprivation (d'objet, quant au désir), un être, si jeune soit-il – et surtout s'il l'est –, va se trouver réagir pour y répondre, pour faire face à cette absentéisation déréalisante (et dépersonnalisante), en recherchant un arrimage possible à une image du corps antérieure. Par exemple : le nourrisson confronté à une brusque absence de la mère et qui tente de se reconstituer imaginairement dans la régression à son vécu corporel utérin – à l'image du corps fœtale.

Sans doute tout n'est pas dit quand on reprend ici cette formulation (que l'on retrouvera développée dans le texte), mais c'est pourtant la voie requise pour comprendre ce que F. Dolto entend par ce terme, pour saisir ce qui est en jeu de la dimension subjective, subjectivante, de l'image du corps. Face au manque caractérisé de l'objet, il s'agit d'apercevoir selon quelles modalités le sujet réagit pour parvenir à se sustenter malgré tout dans son être, pour recouvrer la pérennité de son être au monde. L'image du corps participe donc de l'édification du sujet, elle détermine la possibilité même d'un sentiment de soi[1]*, mais de soi dans un corps. Elle désigne ainsi ce que la subjectivité doit au corps, puisqu'elle montre comment c'est à partir du corps, des manifestations corporelles – moyennant la valeur de communication et d'échange qu'y accordent ceux qui ont l'enfant en charge (d'abord les parents) – que se construit la pleine identité du sujet humain en relation à autrui.*

Inutile alors d'épiloguer davantage pour savoir s'il s'agit là de théorie ou d'expérience clinique. Car F. Dolto se place toujours dans cet interstice. Certes il est vrai que l'image du corps s'enracine sur le terrain de la pratique : c'est l'enseignement du travail que l'on va lire sur la régression. Mais cela ne saurait impliquer que l'image du corps soit toute réductible à cet empirisme clinique qui en exprimerait totalement la portée, ne serait-ce que parce qu'il n'y a pas de

1. Comme dit Freud : *Selbstgefühl.*

clinique chez F. Dolto qui ne soit comme telle recherche d'un sens.

C'est pour mieux le manifester, et aider à s'engager sans se perdre dans l'idée de l'image du corps, que nous voudrions dérouler encore un des fils de la pensée que tisse ici F. Dolto dans cette phase fondatrice de sa réflexion. Il faut alors repartir de ce qui est en jeu dans cette conceptualisation au titre de la représentation. *Toute cette élaboration de l'image du corps – qui sera dite inconsciente – s'inscrit en effet et se déploie dans cette catégorie de la représentation. Il s'agit notamment (mais non exclusivement) des représentations que fournissent comme productions plastiques (dessin, modelage) les enfants en séance d'analyse. F. Dolto, on va le voir, en dégage ici des figurations exemplaires. Elle esquisse une systématisation des représentations de l'image du corps produites de façon typique par les sujets enfants – quand ils ont atteint, notons-le, l'âge de pouvoir les figurer, ce qui introduit un premier décalage, un premier écart dans un effet d'après-coup.*

Mais une deuxième distinction s'impose. Car l'image du corps n'est pas directement l'image qui est figurée en tant que telle par l'enfant (dans son dessin ou son modelage). Celle-ci doit être considérée comme d'un niveau second, le fruit d'une projection, re-présentation de ce qui est primordialement plus proche d'un vécu corporel – fût-il lui-même au passé –, d'un ressenti du corps qui se met en image secondairement, après coup. Alors, la figuration graphique, plastique, ne fait que dupliquer ce qui s'avère comme le mouvement même de constitution de l'image du corps (IC), allant dans le sens du représentationnel du corps :

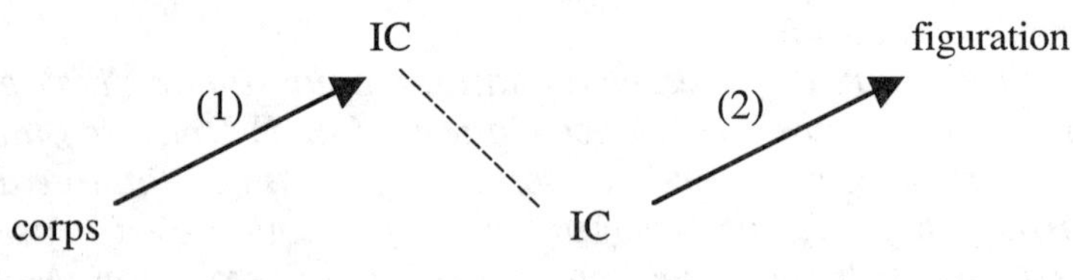

Corps — > IC, IC — > figuration sont donc comme deux vecteurs parallèles, affines.

Il y a une affinité, une homogénéité entre ce qui, du corps, se réalise (inconsciemment) comme « image » – qui en advient pour le sujet – et ce qui, de cette image du corps, de ce mouvement de représentativité corporelle, se transfère, se duplique, se projette dans le même processus conduisant à la production plastique concrète de l'enfant.

De façon implicite, F. Dolto met au jour une sorte d'analogie, de parallèle, qui lui fait poser ou supposer une équivalence entre les niveaux (1) et (2) du schéma ci-dessus. Plus précisément, c'est de constater que l'enfant, dans sa figuration, dans son dessin, représente finalement quelque chose de lui-même en son corps, qu'elle en déduit que, de la même façon, cette subjectivité qui se dessine ainsi plastiquement ensuite est elle-même le fruit d'une semblable élaboration représentationnelle, imagée, à partir du corps. En ce sens, le mouvement de déduction « remonte » du niveau (2) au niveau (1). Cela veut dire que l'image du corps se façonne primordialement à partir du corps sur le même mode (de représentation) que celui manifesté ensuite par l'enfant dans sa figuration plastique, là où il donne représentation à ce qui fait de lui-même comme sujet le fruit d'une telle représentativité corporelle.

Tel est le fondement implicite de toute cette théorisation, et dont les textes qui suivent fournissent le développement systématisé : qu'il y a une sorte d'équivalence entre ce qui peut être mis en œuvre ou en scène dans une figuration plastique de l'enfant, et ce qu'il élabore en lui-même de son vécu corporel relationné. De ce vécu, il se fait une image (du corps), et c'est ainsi qu'il se pose comme sujet dans le sentiment de soi.

Il y a donc un parallélisme – disons : entre la représentation et la subjectivation – qui fournit la structure de base, l'architecture de cette doctrine de l'image inconsciente du corps. Qui plus précisément la fait reposer en quelque sorte sur deux piliers, en deux temps, qu'il s'agisse, d'une part, de ce qui se constitue de l'image du corps inconsciemment dans la relation de l'enfant aux instances tutélaires, à commencer par la mère (c'est ce par quoi celle-ci ne donne pas seulement naissance à l'enfant par la gestation mais au sujet dans l'être au monde). Ou qu'il s'agisse, d'autre part, de ce qui pourra se retrouver ensuite de cette élaboration subjective première dans la représentation métaphorisée qu'en produit l'enfant dans ses images et dans ses dires, en séance analytique notamment.

Donc, premier pilier (ou premier temps) : constitution en temps réel de l'image du corps du sujet par sa relation affec-

tive de communication (langagière) avec les siens. Deuxième temps : retrouvaille et déchiffrage de l'image du corps – et de ses troubles éventuels – dans les productions imagées qu'en offre l'enfant en analyse.

C'est bien en quoi, avec l'image inconsciente du corps, il ne s'agit donc pas de comment l'on se représente soi-même, si ce n'est au sens où l'on est effectivement soi-même – selon cette conceptualisation de F. Dolto –, le fruit, le produit langagier et relationnel d'une telle représentativité primordiale (archaïque) à fondement de corps.

Cette représentation ne saurait être considérée comme étant absolument d'essence psychique, là où elle fait apparaître un niveau de représentation qui procède directement à partir du corps (moyennant la relation langagière aux parents). C'est bien ce dont témoigne la façon dont il est rendu compte de la régression, autrement qu'à la considérer comme régression mentale. Poser qu'il peut y avoir régression – corporelle, incarnée – à une image du corps antérieure, implique qu'il ne s'agit donc pas d'un mouvement seulement psychologique. Et c'est aussi ce qui permet d'écarter la définition simplificatrice qui a cours habituellement ailleurs en ce qui concerne l'image du corps, à savoir la « représentation que nous aurions de notre corps ». Une telle acception suppose quelque chose d'ordre cognitif, de la connaissance, autrement dit une image de notre corps accessible au savoir et présente à la conscience.

Or nous avons souligné l'importance de ce qui conduit F. Dolto à qualifier justement l'image du corps d'inconsciente. Au sens, d'ailleurs, où l'essentiel ne tient pas seulement à ce qui la ferait non consciente. C'est davantage que la définition usuelle, conventionnelle, dont nous avons fait état ci-dessus, la suppose par trop psychique, là où nous l'avons dit ressortir fondamentalement du corps, en nouant justement l'inconscient et le corps, en manifestant ce que l'inconscient doit au corps.

À ce titre, il vaudrait mieux parler non de la représentation que j'ai *soi-disant de mon corps, mais de la représentation que* je suis *comme sujet, fût-ce alors à mon insu.*

L'image du corps dit comment le sujet ne peut advenir que moyennant la prise en compte relationnelle de sa corporéité primordiale, même si l'humain devenu « grande personne » est oublieux de cette participation première du corps à la constitution du sujet. C'est ce fondement corporel oublié (refoulé) du sentiment de soi que F. Dolto désigne comme l'image inconsciente du corps. On va pouvoir mesurer ici comment et pourquoi elle l'a placée au cœur de son œuvre.

GÉRARD GUILLERAULT

Le sentiment de soi

Note de l'éditeur

Le 9 octobre 1956, F. Dolto fait un exposé à la Société française de psychanalyse : *Dynamisme des images du corps et leur investissement symbolique dans les stades primitifs du développement infantile.* La discussion de cet exposé eut lieu à la SFP, le 4 décembre de la même année. Le résumé de l'exposé, établi par F. Dolto elle-même, et le compte rendu de la discussion qui eut lieu quelques mois plus tard ont été publiés dans *La Psychanalyse*, n° 3, 1957. Ils sont repris ici en annexe (p. 285).

Six mois plus tard, le 9 avril 1957, dans une conférence donnée au groupe de L'Évolution psychiatrique, F. Dolto expose deux grands *Cas cliniques de régression.* La version publiée dans *L'Évolution psychiatrique*, vol. III, 1957, est reproduite ici en annexe (p. 257).

Dans les années 70, F. Dolto retravaille chacun de ses deux exposés et en produit des versions développées, restées jusqu'alors inédites. Elles constituent les deux chapitres principaux de cette édition : *Marie-Louise B. et Lionel Ségolène, deux cas de régression*, développement du texte de 1957, et *Les premières images du corps, théorie et clinique*, une version élargie de l'exposé de 1956. On trouvera en annexe (p. 239) des repères biographiques relatifs aux cas de Marie-Louise et Lionel.

Les manuscrits de ces deux « versions longues » comportaient de nombreuses annotations en marge et différents ajouts, reportés en annexe quand ils trouvaient difficilement leur place dans le corps du texte (p. 241).

Nous avons respecté au plus près la forme d'origine de ces textes, auxquels nous avons seulement apporté quelques modifications pour en assurer une meilleure lisibilité. Dans cet ouvrage où une pensée se cherche et s'élabore, les répétitions sont inévitables, qui apportent avec elles des précisions et des compléments.

Les notes appelées par un astérisque sont des notes de F. Dolto. Elles figurent en bas de page.

Les notes appelées par des chiffres sont regroupées à la fin du présent ouvrage (p. 309).

PREMIÈRE PARTIE

Marie-Louise B. et Lionel Ségolène, deux cas de régression[1]

Je ne traiterai pas ici des pertes momentanées d'acquisitions, des régressions de comportement, comme tels jeux oraux ou anaux chez des sujets bien portants et adultes, ni de régressions émotionnelles, réactionnelles, temporaires, qui apparaissent chez des sujets atteints de maladies ou de blessures graves ou chez des sujets physiquement bien portants atteints de déficiences momentanées dues à des épreuves, deuils, échecs, accompagnés de troubles fonctionnels, de repli émotionnel ou de révolte caractérielle transitoire ne modifiant pas durablement l'équilibre de la personne.

Je prendrai la notion de régression dans son sens psychiatrique, c'est-à-dire dans les cas où la psychiatrie descriptive conclut à la régression pathologique, probablement psychogène. Ces cas portent les noms les plus divers, toujours descriptifs a priori, mais marqués aussi de la probabilité de leur non-réversibilité spontanée. Ce sont des états chroniques de régression avec désorganisation psychologique et désadaptation sociale, incurables spontanément. Les psychiatres font espérer aux familles une improbable amélioration avec l'âge.

Je n'apporterais sans doute pas grand-chose si je ne relatais que des cas cliniques ; chacun de nous n'en a-t-il pas dans sa mémoire ? Si chacun de nous témoigne de son travail et de ses recherches, c'est afin d'en faire partager les expériences aux autres et d'essayer de comprendre ce qu'il peut y avoir de général dans ce qu'il observe de cas particuliers.

J'ai pensé à un moment décrire des cas en cours d'apparition, à l'occasion de traumatismes précoces ou semi-précoces de l'enfance, ou de traumatismes qui, à l'occasion d'épreuves plus tardives, provoquent des régressions que maîtres et parents observent inquiets. Ces involutions parfois très rapides, qui deviennent quelquefois graves et irréversibles sous forme de névroses ou de prépsychoses, les psychanalystes d'enfants et les psychiatres les voient hélas trop souvent bien des années après l'installation des troubles. Or, la psychanalyste d'enfants que je suis peut vous assurer que dans de nombreux cas survenant ainsi au décours des événements de l'enfance, des mesures psycho-pédagogiques et familiales prises précocement peuvent arrêter dans leurs involutions ces cas bien trop nombreux encore — parce que les parents, les pédiatres et les professeurs ne sont pas avertis du groupement des symptômes qui traduisent la probable gravité et la prévisible irréversibilité, du moins spontanément, de troubles qui sont confondus à tort avec des troubles bénins. Pédiatres, éducateurs ou parents se méprennent sur la soi-disant bénignité de cas qui d'eux-mêmes s'aggravent.

Puisque la majorité de ceux qui les reçoivent en première consultation sont des psychiatres, j'ai pensé qu'il valait mieux parler d'enfants et d'adolescents présentant des régressions déjà psychiatriquement constituées et fixées depuis quelques années. J'ai choisi parmi ceux-ci deux cas particulièrement spectaculaires que j'ai pu contribuer à soigner, l'un il y a quinze ans — il s'agissait d'une jeune fille qui avait quatorze ans à l'époque, et j'avais, moi, quelques années de pratique psychanalytique —, l'autre il y a deux ans, un garçon de quatre ans à l'époque. La longue période de mon travail qui sépare ces deux traitements me permet, quels que soient les processus que j'ai pu élucider au cours de leur cure, de mieux comprendre le cheminement de la structure de la personnalité chez ces malades d'âges différents, qui ont guéri au cours du travail psychothérapique avec moi — la même thérapeute, mais différente du fait de quinze ans d'expérience d'un cas à l'autre[2].

La notion de régression implique implicitement pour qui s'en sert les notions antithétiques de progression et de possibilité de stagnation plus ou moins longue à un stade de développement qui correspondrait à un certain moment du cursus évolutif d'un être humain depuis son petit âge jusqu'à l'âge adulte. C'est que tout être vivant allant de sa naissance à son âge adulte est vu de l'extérieur, par l'observateur, comme s'il suivait un schéma préétabli de croissance et d'accomplissement conforme aux cas les plus nombreux de ses congénères. La notion de régression implique donc celle d'un cours de la vie observable par autrui et bien entendu, si un observateur parle de régression, cette notion l'habite lui-même, conscient d'être en un certain point du cours de sa propre existence, éprouvant comme fâcheux des états ressentis par lui régressifs, et désirables des états de progression. Cette perspective fatalement émotionnelle dans toute observation joue dans le « transfert » du thérapeute sur le patient. On en parle moins que du transfert des patients sur leur thérapeute — et aussi, je ne sais pourquoi, avec une mine un peu retenue, répréhensive ou critique[3]. Mais il est nécessaire de l'évoquer ici, à l'occasion d'un sujet traité par la psychanalyse. D'ailleurs, d'emblée, alors que je vais vous entraîner à l'étude de problèmes que pose la régression en clinique, je sais que je vais vous imposer une participation émotionnelle et imaginaire que certains ressentiront pour eux-mêmes « régressivante » et dont ils se défendront peut-être[4]. C'est à cette défense seule que j'attribue la difficulté pour certains psychiatres d'aborder les psychosés, et pour de nombreux psychanalystes d'adultes, leurs difficultés à trouver le contact et l'échange émotionnel avec les enfants. Les femmes dont je suis ont spontanément plus de facilités pour prendre contact avec les enfants (indépendamment du fait que les enfants eux-mêmes ont souvent plus de facilités à se sentir en confiance avec elles). J'attribue ce fait à des facteurs biologiques, projectifs de la relation de l'enfant à la mère, autant qu'aux fantasmes tant des enfants des deux sexes qu'aux fantasmes des adultes vis-à-vis des enfants, dans une situation duelle qui est celle de la psychothérapie ou de la psychanalyse.

Nous voyons que nous abordons avec ce sujet, que nous le voulions ou non, la notion de biologie, puisque nous abordons celle de la croissance et avec elle, la notion de santé ; mais nous y incluons une santé interrelationnelle, et nous abordons la notion d'états divers de l'être humain pris dans son entier, compatible avec ce qui de la santé est observable par autrui, en même temps que ce qui, de la santé et de sa sécurité émotionnelle, est ressenti par chacun de nous dans notre solitude. La santé d'un être vivant, végétal, animal ou humain, implique une régulation autonome des échanges biologiques nécessaires à la conservation, à l'entretien de l'acquis et au soutien dynamique de virtualités d'évolution et de développement que consacrent des manifestations perceptibles de progression et une résultante, l'accès aux échanges avec le monde ambiant, aux fonctionnements créateurs puis procréateurs correspondant à l'âge et à l'espèce considérée. La santé est apparemment plus ou moins résistante quand la marge de tolérance aux conditions extérieures et à la variabilité des échanges (en valeur, en intensité et en rythme) est plus grande, et compatible avec la conservation de l'autonomie dynamique caractéristique pour son espèce de l'être organisé observé.

Ce qui caractérise l'être humain par rapport à tous les êtres vivants que l'homme peut observer, c'est la relativité de ces critères de santé.

Quant aux seuls critères biologiques appréciables par l'observation sensorielle complétée par l'observation dite scientifique (appareils de tests et de perceptions), ils conduisent à une impasse la médecine et en particulier la pédiatrie et la psychiatrie qui voudraient s'y réduire ; à une impasse également les médecins qui voudraient les négliger totalement.

Ce qui caractérise encore l'être humain, c'est que le moindre de ses échanges biologiques appréciables sensoriellement ou objectivement par l'observateur, est relié à sa vie émotionnelle, en relation avec l'environnement climatique et le milieu humain familial et social, à travers ses représentations imaginaires, décelables ou non, et que le jeu de la fonction symbolique caractéristique de tout individu de l'espèce humaine[5] entraîne des effets dans l'équilibre de sa santé dont les études de psychologie dynamique recherchent les lois.

Les notions dynamiques de régression, stagnation, progression (j'oserais ajouter naissance et mort, qui sont les butées de notre observation) sont révolutionnées par l'observation psychologique d'un être humain par un autre être humain rendu aussi réceptif que possible à toute expression volontaire ou involontaire de l'observé, lui-même mis en condition par l'observateur pour être aussi libre que possible à son égard pour tout échange symbolique en vue de la récupération dynamique de sa santé. Je veux parler de l'attitude du psychanalyste vis-à-vis d'un sujet qui, à son écoute, vient parler et consentir à ce travail qu'on appelle une psychanalyse : des rencontres organisées à des intervalles prévus, de durée limitée, et se répétant pendant un certain nombre de semaines ou de mois, rencontres qui chacune ont à être désirées par le psychanalysant, ce pour quoi un contrat de paiement est nécessaire, contrat de paiement qui institue cette relation comme relation de travail, par lequel le psychanalyste est rémunéré et qui fait du psychanalysant son client.

L'étude d'un être humain par un autre implique que cet autre soit tout aussi livré à celui qu'il écoute, que cet autre se livre en confiance à lui. Il est impossible de croire qu'un psychanalyste ait une attitude d'observateur froid qui ne se sentirait pas impliqué, qui ne serait qu'un instrument, une organisation mentale destinée à percevoir. Plus un psychanalyste tenterait d'avoir cette attitude ou y prétendrait, plus il serait artificiel, c'est-à-dire aliéné par rapport à son authenticité humaine. Celle-ci implique qu'il soit simplement disponible, conscient et inconscient. Une psychanalyse personnelle y prépare le psychanalyste, mais cette disponibilité totale n'est jamais atteinte quels que soient l'observateur et l'observé. Si l'être humain que nous examinons, que nous écoutons, se présente à notre étude comme un foyer inconscient et vivant d'intégrations de tout son ressenti et qui l'ont conduit à être aujourd'hui ce qu'il est, l'être humain psychanalyste qui l'écoute et l'observe est soumis à cette même réalité. C'est pourquoi toute étude psychologique est un échange au sens dynamique du terme, et le langage d'expressivité du sujet observé sera un échange entre l'inconscient du sujet et l'inconscient de l'observateur, que cela se passe à l'insu ou non de l'observateur, que cela soit sensible ou non à un tiers, témoin de leur rencontre.

C'est l'étude de cet échange dans ce qu'il a d'opérationnel sur un être humain en état de régression pathologique qui permet d'avancer dans la compréhension des processus de régression et de leur résolution, précédée par la réapparition des processus d'intégration, de croissance, et de progression. Tous ces processus sont inconscients, créateurs de lui-même pour cet individu auparavant régressé, avant qu'il n'advienne à la possibilité consciente de se séparer définitivement de cet autre qui l'écoute et qui lui a servi de révélateur aux phénomènes inconscients ainsi que de prothèse momentanément nécessaire à son équilibre pendant la durée de ce travail psychique parfois déréalisant.

C'est donc à l'étude critique de ma propre compréhension des cas de régression en général et à l'étude critique a posteriori de mon comportement opératoire en cure psychothérapique que je vous convie ; c'est à la réflexion sur les processus de guérison au cours de la cure, c'est à la recherche de ce qui est le minimum nécessaire et suffisant dans l'attitude et les échanges du thérapeute avec son patient et du patient avec son thérapeute[6]. Nous rechercherons ce qui est spécifique dans la récupération de la personne de chaque malade après la disparition préalable des symptômes de régression et de la situation déréalisante qui les soutenait et que sa relation au psychanalyste a pour but d'arrêter.

Premier exemple. La régression dans le vécu imaginaire d'un enfant qui tentait d'accueillir favorablement l'apparition d'un puîné m'avait déjà paru l'élément pathogène des graves perturbations qualifiées réactions de jalousie des frères et des sœurs aînés à l'égard de la naissance de leur frère ou sœur puîné. J'ai exprimé cette hypothèse et j'en ai rapporté des observations détaillées[7]. Depuis ce temps, j'ai de nombreux exemples de disparition en trois à huit jours de grosses perturbations régressives dues à la naissance d'un puîné et qui sont remplacées par des progrès spectaculaires, cela non par la cure de l'enfant par un psychanalyste mais par de simples directives données aux parents, c'est-à-dire sans la nécessité d'un traitement de l'enfant lui-même. Ces directives, que tout pédiatre peut donner aux parents, visent à la fois à valoriser la régression comme moyen spontané de contact humain (d'un enfant à un bébé) et à dévaloriser le mode d'« amour-identification » propre au pré-Moi oral de l'enfant[8]. Elles visent aussi à soutenir tout adulte — pas nécessairement père ou mère du bébé qui vient de naître — à dire les paroles que l'aîné perturbé a besoin d'entendre pour sortir de l'impasse de son mode de relation d'aîné à ce bébé, mode agressif, possessif ou rejetant caractéristique du pré-Moi anal de chaque sexe, garçon ou fille. Il s'agit de paroles qui justifient son rejet de cet interlocuteur sans valeur d'exemple pour lui, en tolérant, sans ajouter à son trouble, l'ambivalence nécessaire qu'il manifeste (en la percevant lui-même insolite et insécurisante) vis-à-vis de l'entourage et de ses parents. On voit alors poindre le narcissisme sexué du petit aîné lié à l'intégration du temps — passé, futur — et l'organisation œdipienne se déclencher, suscitant son Moi-Idéal génital[9]. Ce processus inconscient chez l'enfant soutient le Moi lié à la problématique du sexe féminin devant l'énigme de la parturition et celle non moins surprenante de l'intérêt et de l'amour des adultes parentaux pour ce nouveau-né, apparemment sans aucun sens éthique ni aucun intérêt d'échanges créatifs et ludiques pour un jeune enfant. Les symptômes de régression douloureuse font alors place, d'abord à l'agressivité exprimée clairement contre la pénible réalité, contre mère et père jugés responsables de la présence de cet objet insolite dont l'intérêt qu'il lui porte lui fait risquer la régression. Puis, grâce à la compassion manifestée du petit aîné jaloux par les adultes qui ne blâment ni ne rejettent l'enfant qui souffre, on assiste à l'expression de son ambivalence entre haine et amour du bébé, puis au dépassement du conflit et à l'évolution qui reprend vers l'identification aux adultes tutélaires qui aiment le bébé et aident l'enfant aîné dans son épreuve. L'ébranlement narcissique de l'aîné, manifesté par ses troubles, se mue alors en coopération industrieuse et collaboratrice avec mère et père, toujours choisis comme modèles de développement par un enfant s'ils ne font rien qui puisse contrecarrer cette secourable identification à eux. Ce peut être aussi, à défaut de ses propres parents, d'autres personnes de l'entourage qui servent alors à cet aîné de support au Moi-Idéal sexué, ce qui lui permet de progresser vers sa problématique œdipienne ou dans sa résolution s'il était arrivé à cette période de son développement au moment de la naissance du puîné.

Depuis cette publication* et dans de nombreux cas, grâce aux travaux de confrères, l'hypothèse s'est précisée de la régression du ressenti du sujet à une image archaïque

* Cf. « La dynamique des pulsions et les réactions dites de jalousie à la naissance d'un puîné », in *Au jeu du désir*, Le Seuil, 1981, chap. 5.

de son corps, image que seul il n'arrive pas à dépasser de nouveau[10]. L'enfant, sans aide dans cette régression, reste piégé dans une situation dynamique stagnante, quelquefois très longtemps. Certains fils uniques ou derniers-nés éprouvent cette « jalousie » lors de la naissance de leur premier enfant, surtout s'il est garçon. Un couple peut n'y pas résister à moins que le jeune père « jaloux » puisse surmonter son désarroi en l'exprimant par une maladie psychosomatique où sa régression trouve à se satisfaire.

Deuxième exemple. J'ai déjà cité ailleurs[11] le cas d'une fillette de trois mois tombée des bras de sa mère sur la tête et qui présentait une angulation vertébrale, fracture dorsale en bois vert, perte du poids à une livre au-dessous du poids de sa naissance, perte du sommeil et pulsations cardiaques si rapides qu'elles étaient incomptables. L'enfant ne savait plus téter, ne supportait plus l'approche de l'adulte sans crier, elle survivait cependant encore après quinze jours grâce à des injections de sérum de Quinton (eau de mer) mais on restait sans espoir. Un essai de traitement kinésithérapique à base d'élongations vertébrales était conseillé par les pédiatres consultants. Une sage-femme, kinésithérapeute de surcroît, qui en avait été chargée, est venue me voir pour me demander conseil. Elle avait déjà vu l'enfant et me disait d'elle : « Elle a le regard d'un enfant de douze mois et non de trois, des yeux angoissés d'un enfant affamé ; elle cherche des yeux l'adulte, le suit, et dès que cet adulte approche d'elle, elle pleure apeurée en geignant comme un tout petit nouveau-né sans force. »

Armée de la seule hypothèse de régression de ce bébé de trois mois à son image du corps des derniers mois de sa vie fœtale, époque où la relation à sa mère avait été sécurisante, j'ai conseillé, au lieu des élongations classiques de la colonne vertébrale, de l'amener très progressivement à reprendre la posture fœtale, qu'on maintiendrait un moment tout en sécurisant l'enfant par des propos cajolants maternels à sonorité élevée et monocorde (les seuls qu'un nouveau-né puisse entendre) et en l'appelant par son prénom[12]. Par ailleurs, je conseillai à la jeune kinésithérapeute de dire son nom à l'enfant en l'abordant, et la raison pour laquelle les médecins avaient fait appel à elle. Chaque fois qu'elle arriverait elle se renommerait, et son « bonjour » devrait être suivi du nom et du prénom de l'enfant, son

« au revoir » de même*. Elle lui annoncerait son prochain retour et lui parlerait de son infirmière sous le nom qu'on lui donnait, de sa maman et de son papa qui voulaient qu'elle guérisse et qui l'aimaient. L'important était que l'enfant soit en excellents termes entre elle et l'infirmière qui en avait la charge constante, et que cette triangulation soit aussi le relais et la médiation de la triangulation parents-enfant. L'enfant supporta assez vite sans trop de crainte la kinésithérapeute qui lui appliquait ce traitement biquotidien, puis quotidien, enfin une fois tous les deux jours. En moins de quinze jours, l'angulation vertébrale avait disparu, le sommeil était revenu, et le cœur avait retrouvé son rythme normal. Mais il n'y avait aucun moyen de faire boire l'enfant qui par ailleurs urinait et avait quelques défécations, mais qui ne savait plus ni prendre la tétine, ni déglutir malgré les continuels essais de présentation du biberon à sa bouche. La situation restait inquiétante et stationnaire ; combien de temps faudrait-il nourrir cette enfant par la voie parentérale ? Or, nous savons que le fœtus in utero tète ; j'ai pensé qu'il fallait essayer de se servir du transfert qui s'était établi de ce bébé sur la jeune femme en qui elle avait retrouvé une sécurité maternelle perdue : si elle lui redonnait la sensation érogène ombilicale perdue depuis la cicatrisation de l'ombilic, alors, peut-être, ayant retrouvé la sensation complète de son image du corps telle qu'elle l'avait ressentie à l'époque fœtale et néo-natale, peut-être retrouverait-elle la déglutition. Il fut décidé que tandis que son infirmière habituelle la maintiendrait dans sa posture fœtale devenue familière, la kinésithérapeute, de sa voix cajolante connue, la regardant dans les yeux, s'adresserait à sa personne prénommée[13] en faisant verbalement référence à sa vie intra-utérine, à sa naissance, à ses premières tétées avec sa maman. La kinésithérapeute ajouterait de légères vibrations manuelles douces sur la région ombilicale de l'enfant et, de l'autre main, présenterait à sa bouche le biberon qui contiendrait de l'eau salée au goût du liquide amniotique. La tétine fut alors saisie par la bouche de l'enfant, les dix grammes furent tétés et avalés : l'enfant avait retrouvé préhension buccale, succion et déglutition.

* Depuis fort longtemps, et encore plus depuis ce cas, j'attache de l'importance aux paroles d'accueil et de quitus dans tout contact à un enfant sinon plus qu'à un adulte, surtout si un travail de corps à corps doit se faire avec lui.

On fit de même pour le second biberon deux heures après, tout en relâchant progressivement la posture fœtale en cours de tétée. L'enfant sut boire et déglutir son biberon et les suivants contenant du lait au coupage de plus en plus riche : elle était guérie. Quelques jours après, le sourire et l'animation du visage revinrent. C'était en 1946 ou 47; il n'y a eu aucune séquelle, ni psychique ni physique, dans le développement de cette enfant.

Épilogue[14] : d'abord la kinésithérapeute n'eut aucune nouvelle. Puis, trois ans plus tard, elle reçut un carton d'invitation à une petite réception que les parents donnaient pour le baptême d'un petit frère. La fillette était là, très à son affaire, offrant des dragées aux invités, petite bonne femme bavarde, consciente de son rôle de grande sœur au milieu des invités. À l'arrivée de la kinésithérapeute, sa mère l'appelle et lui dit : « Regarde qui est là, la reconnais-tu ? » La jeune femme me raconta la scène muette qui s'était alors passée. Elle lui dit bonjour, la fillette la regarda, les yeux dans les yeux comme fascinée, figée, la bouche ouverte. Puis, au lieu d'offrir la coupe de dragées comme le lui disait sa mère, au bout d'un moment qui parut très long, l'enfant semblant ailleurs laissa tomber la coupe et se sauva. La mère stupéfaite voulut la rappeler. La jeune femme lui fit comprendre qu'il n'en fallait rien faire, et ne pas relever l'incident dont les parents, eux-mêmes si reconnaissants, étaient confus. La jeune femme resta un moment parmi les invités, et la fillette redevenue avec tous gaie et gentille — comme elle l'avait aperçue à son arrivée — fit absolument comme si elle ne la voyait pas, évitant visiblement de passer près d'elle.

Troisième exemple. Voici un autre cas clinique[15]. Je reçois un jour un appel téléphonique venant de loin pour un bébé qui, à quelques jours, a été séparé de sa mère qui le nourrissait au sein. C'était à la campagne, la mère avait dû être réhospitalisée pour une complication gynécologique inquiétante et depuis son départ l'enfant refusait totalement de s'alimenter. L'hypothèse de l'attachement de type olfactif à la mère nourrice m'a poussée à conseiller, plutôt que de m'amener cet enfant (nous étions en pleine guerre et le voyage était risqué et fort difficile), d'essayer d'abord d'entourer le cou du bébé avec du linge de corps venant d'être porté par sa mère, et qu'on aurait ramené de l'hôpital dans un papier imperméable qui sert à emballer les fleurs. C'est ce que fit le père, et le biberon fut immédiatement tété par le bébé affamé, ce qui me fut aussitôt signalé par téléphone. Je conseillai de répéter cette sécurisation à plusieurs tétées en parlant au bébé de sa maman qui pensait à lui et ce, pendant quelques jours, au bout desquels le biberon était accepté pour lui-même en l'absence de toute odeur maternelle.

Quatrième exemple. Vous connaissez peut-être l'étude concernant la poupée-fleur*. La poupée-fleur est une invention due à la compréhension de ce que recherchait sans le savoir une enfant schizophrène. Cet objet s'est montré très efficace pour un second cas, très différent dans sa symptomatologie du premier, mais semblable quant à l'économie libidinale en jeu, chez une autre enfant stagnant au stade oral, comme la première. Depuis ces cas, la poupée-fleur s'est montrée efficace dans de nombreux autres cas, tant reliée à un traitement, que présentée dans la caisse à jouets, hors de tout travail psychothérapique. Cet objet remarqué par un enfant suscite des affects libérateurs liés à l'investissement libidinal oral.

Depuis la publication de ce travail, j'ai eu de nombreux témoignages du rôle de déblocage inespéré de la communication joué par cet objet « poupée-fleur » mis au contact de schizophrènes asilaires depuis dix à quinze ans, inoccupés et absents, ou dépressifs profonds. Il semble que la poupée-fleur rendait aux sujets la possibilité de se reconnaître grâce à cet autre insolite projectivement associé par eux à un être humain sans visage, sans mains, ni pieds, ni sexe, sans plus de défense qu'un végétal. Grâce à la médiation de cet objet, ils pouvaient retrouver de nouveau, allant d'eux vers cet autre, des affects alternés de participation émotionnelle et de projection, affects caractérisant les rapports de personne à partir du stade oral**.

Que signifiaient ces conséquences en chaîne, les effets restructurants déclenchés par cet objet, je veux dire cette chose à forme humaine et à références colorées et florales, végétales ? Ces sujets figés dans des symptômes régressifs profonds semblaient jusque-là s'ignorer comme vivants, ne

* « Cure psychanalytique à l'aide de la poupée-fleur », *Revue française de psychanalyse*, t. I, 1949, t. II, 1950[16].

** Les rapports des enfants avec les animaux, les végétaux et les choses sont investis normalement de sadisme, c'est-à-dire d'agressivité anale tant qu'ils n'ont pas reçu d'eux en réponse des agressions douloureuses.

manifestant pas les moindres affects, ayant perdu la capacité d'être industrieux ou volontairement actifs, ayant perdu l'appétit, le goût, et emmurés dans le mutisme. Cet objet, j'en ai eu la preuve par les lettres que j'ai reçues, les rendait « magiquement » aptes à manger, à parler, à agir, et cela d'emblée, après la surprise et l'investigation de l'insolite effet que provoquaient sur eux la vision et le contact de l'objet. Tout ce comportement caractéristique pour leur sexe et leur âge des échanges avec autrui dormait donc en eux à l'état virtuel ou dans leur corps qu'ils ignoraient, corps devenu imaginaire, virtuel, dont ils retrouvaient l'usage et le fonctionnement pour les échanges et la communication par l'effet de cet objet médiateur. Comment ce corps imaginaire virtuel, présent à leur corps charnel[17] s'y articulait-il, pour le réanimer, le « déchosifier », le « démutiser », le remettre dans le circuit du langage du seul fait de cet objet, de cette représentation de créature les questionnant, qui ne pouvait leur répondre mais qui était censée à leurs yeux le faire ? Était-ce donc cette image infirme, sans visage, sans mains, sans pieds, sans sexe, sans trous qui leur permettait en miroir de s'y retrouver vivants ? De fait, parlant à cette créature, ou parlant d'elle à leur entourage, d'abord surpris de la voir, puis la contemplant et la chérissant, ils retrouvaient des sentiments et l'échange langagier mimique, gestuel, verbal, avec les humains.

Observons que ces poupées-fleurs sont préférées par les tout petits enfants à tous les autres objets, aux poupées animales et humaines. Après une période de tendresse manifestée par l'enfant à son égard, la poupée-fleur est progressivement l'objet d'agressivité, de sévices, de rejet alternant avec des manifestations passagères d'amour, puis elle devient l'objet d'une désaffection progressive qui, vers trois ans révolus, chez tout enfant « normal », aboutit au refus catégorique et méprisant*. Enfin, elle lui devient indifférente. Elle perd tout intérêt à cet âge pour les enfants bien adaptés. Ce qu'ils en disent ? « Elle est bête, elle est moche, elle a pas de figure, pas de bouche, pas d'yeux, pas d'oreilles, pas de sexe, elle peut rien faire, elle a pas de

* Il est à noter qu'à l'hôpital, dans les jouets de la salle d'attente, les poupées-fleurs auxquelles les enfants ont arraché leurs pétales sont dénommées « garçons » relativement aux « filles », celles qui ont leur corolle.

mains et pas de pieds. » Ce processus affectif qui se déroule chez les petits enfants au cours de leur développement spontané est le même chez le schizophrène adulte qui se reconstruit à l'aide de cet objet à partir de l'époque où il a régressé, époque semblable en tous points à l'une des époques évolutives réactionnelles à cet objet chez tous les petits enfants. Certains schizophrènes présentent d'emblée la réaction de refus méprisant comme s'ils avaient trois-quatre ans, mais ils retrouvent la parole pour l'exprimer et ils en donnent les mêmes raisons que les enfants. D'autres manifestent la réaction d'une époque plus archaïque, celle de l'agression, en la justifiant par des opinions qui sont la projection de leurs propres affects : « elle m'écoute pas, elle aime personne ». Certains autres régressent à la période positive tendre et ravie de l'âge de dix à quinze mois pour ensuite développer les modes suivants de réaction, celui de la phase agressive ambivalente, suivie des phases de rejet et de désintérêt. Dans tous les cas qui m'ont été relatés des effets produits par cet objet, il y avait donc santé libidinale résiduelle conservée intacte chez les psychotiques derrière le tableau régressif de leurs symptômes. Ils conservaient une virtualité d'option pour des comportements affectifs projetés et anachroniques qui correspondent à ce qui se passe chez un petit enfant sain qui prend contact d'une façon anthropomorphique avec tout ce qu'il voit. La réactivation, chez des psychotiques, d'un état resté sain mais très archaïque était donc possible et pouvait être suivie d'une restructuration de la relation à eux-mêmes et de leur relation avec le monde. C'était pour moi bien étrange[18].

La régression (au sens apparent pathologique) s'accompagne donc de virtualités progressives potentielles intactes, syndrome d'un temps révolu de l'histoire de cet être humain semblable en quelque chose à celle de tous les humains, quels que soient les caractéristiques personnelles et les événements historiques de la relation triangulaire de chacun à ses parents et aux autres personnes qui ont croisé leur destin au sien au cours de son histoire. On avait donc ainsi la preuve que cette désorganisation pouvait être réversible. Il s'agissait d'en comprendre « théoriquement » le processus.

Que voulait donc dire cette régression au stade d'une identification à un objet, à un autre, un interlocuteur, un supposé vivant, supposé humain par sa silhouette et d'aspect végétal, avec une tête en forme de fleur* ?

L'hypothèse de Freud de régression par rapport à l'objet et de régression par rapport au stade libidinal[19] m'avait mise plusieurs fois sur la voie de l'hypothèse de régression du ressenti du sujet à une image archaïque de son corps, image restée suffisamment narcissique pour qu'il survive, mais qu'il n'arrivait pas à dépasser. Je supposais que cela pouvait s'expliquer par le fait que la satisfaction passive ou active dans un échange interpsychique dans la réalité n'était pas obtenue à travers une image archaïque du corps sans doute ressurgie à l'occasion d'une épreuve de son histoire et à laquelle le sujet ne peut renoncer sans du même coup perdre la notion de sa continuité, sa sécurité d'exister. Il ne peut alors ni s'accepter, ni accepter de communiquer avec autrui dans les conditions de sa réalité actuelle qui ne lui permet pas de reconnaître « l'autre » assez semblable à lui-même pour être en sécurité avec lui, au niveau où il désire ou attend une communication. Cet état de rupture dans la communication du sujet en état de régression provient donc aussi du mode de relation qu'autrui, sujet dit « adapté », s'attend à établir avec lui, comme avec tout être humain, du fait de son développement physique apparent autant que du mode de relation à lui-même que chacun d'entre nous entretient inconsciemment dans la solitude. Tous autant que nous sommes trouvons des difficultés à nous satisfaire d'un style de plaisir qui ne correspond pas à l'attente de notre désir. Lorsqu'un sujet en état de régression aperçoit son image dans le miroir, c'est-à-dire celle d'un corps de son âge, dans son aspect formel, il n'y reconnaît pas l'étrangeté de sa présence, ce qui prouve que ce qu'il ressent ne correspond pas à ce qui se voit de lui ni à ce que lui-même peut, à l'instar des autres, entrevoir de ce qu'il ressent en lui de son être de langage à travers l'opacité de cette image pourtant sienne dans le miroir. Cette réalité a quelque chose de correspondant au schéma corporel, étoffé de volume charnel, mais n'a rien de

* Notons qu'il est d'observation courante que des enfants prennent des animaux en peluche ou vivants comme interlocuteurs et soutien de leur vie symbolique. On les appelle animaux de compagnie. La solitude grâce à eux n'est plus détresse. Mais aussi combien souvent ces compagnons animaux des hommes ont à souffrir des foucades et des agressions possessives et privatives des besoins de leur espèce pour la satisfaction des pulsions archaïques et perverses de leurs maîtres névrosés !

commun avec l'image inconsciente du corps qui, elle, serait langagière potentielle.

Actuellement, ma conviction profonde et qui domine a priori mon attitude contre-transférentielle concernant les cas cliniques de régression est la suivante : c'est que la régression dont tel sujet présente les symptômes est un processus sain de repli qui a été nécessaire à la conservation de sa santé à un moment donné, et que ce sujet y est resté piégé. Un tel état peut intervenir dans tous les cas où une épreuve est subie par un être humain qui n'a pas encore acquis ou n'a pas récupéré, s'il les avait déjà connus, les moyens symboliques pour surmonter l'épreuve imaginaire étrange de mutilation partielle ou de déréalisation qu'il a eu à subir dans son image du corps. On pourrait dire qu'il s'est agi d'une épreuve narcissique préœdipienne ou d'une épreuve de mort d'un autrui qui imaginairement lui était indispensable, co-naturel, probablement fusionnel imaginairement à lui dans l'espace et le temps, au moment où ce choc est survenu. C'est en effet à l'occasion de deuils, d'échecs d'une réussite espérée, ou d'épreuves d'angoisse de castration ou d'angoisse de mort, surtout lorsqu'ils arrivent soit précocement, soit subitement ou lorsque plus tard, les ayant apparemment oubliés et dépassés, ils revivent des situations analogues de séparation, de deuil ou d'abandon éprouvés dans leur enfance, que de tels sujets tombent dans ces états de non-communication qui font d'eux des cas psychiatriques.

Il m'apparaît donc que la régression est ou peut être un processus positif qui conditionne l'éventualité favorable de la réunification spontanée, biologique et symbolique à la fois, d'un être humain menacé dans ses potentialités dynamiques, ou atteint dans son intégrité symbolique elle-même. Celle-ci est hiérarchisée en valeur narcissique, laquelle dépend toujours aussi des relations d'échange avec les personnes qu'il a rencontrées, qu'il rencontre, du fait de la réalité humaine, à tout moment de son évolution, surtout dans ses moments forts et faibles. Tout événement qui provoque une désorganisation subjective ramène le sujet à la recherche d'investissements libidinaux antérieurement acquis et, au cours de son histoire, imaginairement conservés comme lieux-temps de sécurité existentielle[20]. Ceux-ci sont toujours sous-jacents chez tout être humain à certaines modalités fonctionnelles de son corps, sous-jacents à son langage et à l'entendement du langage d'autrui au fur et à mesure de son évolution dans l'enfance et sous-jacents aussi toute la vie à son désir et à ses investissements d'objets. Comportements et investissements sont dus à la médiation de son image inconsciente du corps[21], médiation continûment présente au plaisir et au déplaisir éprouvés de son être vivant dans la réalité.

[22]Bien entendu, tout ceci est en rapport avec la régression chez des êtres jeunes en âge d'évoluer encore, ou avec la régression traumatique chez un adulte sain jusqu'alors. Il n'en est pas de même quand la régression est sénile, c'est-à-dire quand tout l'organisme est en tout ou partie biologiquement usé. Chez les vieillards qui « retombent en enfance », on assiste bien à une régression physiologique qui peut atteindre tout l'être, mais il s'agit de régression organique tout à fait en dehors du cadre de ces propos. Il s'agit alors de processus vitaux évoluant vers la mort réelle de l'organisme, touché par une involution physiologique cellulaire, non pas d'angoisse de mort et d'angoisse de castration responsables de la régression-piège. Il s'agit d'un accomplissement qui advient à son terme, l'épuisement par la vieillesse, le ralentissement des échanges vitaux et la mort des potentialités de tout organisme vivant. Il peut cependant survenir des régressions chez des adultes âgés, jusqu'alors en bonne santé physique, anatomique et physiologique, chez qui le mode de vie change brusquement (veuvage, retraite...). Ils présentent des troubles fonctionnels, à la fois langagiers avec l'environnement et narcissiques imaginaires concernant leur propre sensibilité intéroceptive et proprioceptive. Des troubles organiques neurocirculatoires à effet local lésionnel peuvent survenir, sur ce fond de régression psychogène conflictuelle ; ils sont secondaires et constituent les complications fréquemment observées en gériatrie. Cette étude ne les concerne pas, tout au moins dans leur phase d'involution psychosociale associée à des troubles organiques irréversibles.

Freud a décrit l'évolution libidinale de l'être humain dont les pulsions du désir, actives et passives, s'organisent dans l'enfance en structure inconsciente. Il a parlé du stade oral comme celui où débute la relation langagière du désir dans la communication entre le nourrisson et sa mère[23]. Je ne vous parlerai pas des stades encore plus archaïques, objets de mes études, en particulier les stades fœtal, néo-natal, cardio-respiratoire et olfactif, qui précèdent l'installation du stade digestif oral passif proprement dit[24]. Ce stade auquel s'organise la relation à l'autre ne se désorganise pas de façon observable dans les cas dits de névrose, quoiqu'une névrose puisse à la longue ne pas suffire à conserver la santé liminaire du corps qu'elle vise inconsciemment à préserver de la décompensation organismique. C'est pourquoi Freud, qui ne soignait pas de psychoses d'enfants mais seulement des névroses, et surtout d'adultes, avait toujours affaire à des personnes qui avaient conservé les potentialités libidinales du stade d'organisation orale, passive et active ; ses patients n'avaient pas perdu la parole, et ils avaient conservé aussi les potentialités du stade anal, l'agir et les échanges, quoique perturbés, avec la société.

HYPOTHÈSE DE L'IMAGE DU CORPS

Notre corps est à la fois notre centre de références expérimentées et notre centre de sécurité mémorisée et imaginée, hors de toute expérimentation, je veux dire dans le silence, la solitude, l'immobilité, le sommeil. C'est dans notre corps qu'individus dits adaptés à notre civilisation, nous focalisons l'existence de notre personne et c'est aux limites cutanées de notre corps appréciables par le toucher que commence le monde extérieur. Mais dans ce corps, des sens localisés à notre tête — la vision, l'audition et l'olfaction liée à la respiration — nous apportent à distance le témoignage ainsi que les perceptions du monde des autres individus, inanimés ou animés, circonscrits par le volume, les aspects de leur surface, de leur corps vivant qui les présentifie dans le temps et dans l'espace. Ces volumes, fixes ou mobiles, fluides ou solides, sont pour nous choses ou vivantes, éléments (air, eau, terre, feu) ou végétaux, animaux, humains. Tous, relationnés à l'espace par leur volume, au temps par leur naissance, leur croissance et leur mort.

Notre corps dans sa temporalité spatiale symbolise le lieu opérationnel et les modalités opérationnelles de notre personne dans son activité observable, par nous-mêmes et par autrui, dans ses échanges nécessaires au contingent de survivance, de croissance, de productivité, de créativité. Par la mimique, par les gestes, par les sons émanant de son larynx par sa bouche, l'être humain atteint à distance les autres êtres qui perçoivent les variations sensorielles en rapport avec les messages de cette présence. Ainsi s'organise avec eux un code des échanges qui constitue son moyen de communication à distance du corps à corps[25].

[26]À chaque stade de développement libidinal, l'être humain semble appréhender le temps et l'espace de son être au monde par la médiation d'une image de son corps inconsciente[27] qui est caractéristique de ce stade. Cette image elle-même résulte de la superposition et de l'intrication fonctionnelle et répétitive de deux images dynamiques : l'une que j'appelle l'*image de sécurité dynamique de base*, ou image du corps en repos tonique, dont la forme dans son intégrité nécessaire inaltérable est caractéristique du stade considéré ; c'est la forme imaginée et d'abord non représentée chez le petit enfant qui en est le lieu-temps, mais qu'il représente plus tard lorsqu'il acquiert maîtrise et coordination musculaire suffisante pour dessiner et modeler[28]. L'autre image, que j'appelle une *image dynamique de fonctionnement* ou d'accomplissement des tensions — des pulsions actives et passives auxquelles est soumise l'image du corps de base du fait du désir du sujet —, lui présentifie son désir d'être vivant dans des lieux excentrés : les zones de communication, qui deviennent des zones érogènes[29]. Il faut distinguer les zones érogènes d'échanges *substantiels* qui médiatisent la satisfaction des besoins nutritifs et des besoins excrétifs répétitifs, et les zones érogènes *subtiles*[30] qui sont des zones de communication et de perception des variations du monde ambiant, qui vont se dédier aux médiations du désir, distinguables des zones de médiation des besoins, excepté la zone olfactive qui reste difficilement dissociable du besoin respiratoire. Les satisfactions d'apaisement tensionnel de ces zones érogènes se font par l'effet d'échanges qui sont, comme je le dis, substantiels avec le monde environnant — manipulation, déplacement, nutrition, motricité — ou subtils, faits de perceptions auditives, visuelles, olfactives, gustatives, tactiles.

Chacune de ces images — de base et fonctionnelle — se forme relationnellement à l'autre en continuité spatio-temporelle l'une à l'autre, c'est-à-dire que l'image fonctionnelle du corps du stade oral par exemple, le corps de l'époque fonctionnelle, estomac-bouche pour ce qui est substantiel, ne se connaît comme tel que par les répétitions de la faim après son rassasiement suivi d'un temps d'éclipse. L'image du corps au repos (image de base au stade oral) est représentée par un enfant lorsqu'il en devient capable par deux boules superposées et stables. Il ne prend conscience de son image du corps que par la restitutio ad integrum, entre les tétées, des sensations alternées connues de contact à la mère, porteuse, vivante, mobile, la chaleur de ses bras, de sa tendresse, et à celui de son berceau-support immobile, chose, où son individuation distincte de la sensation du porté dans les bras informe son corps de ses limites propres. L'image de fonctionnement* du corps oral est représentée par les enfants dans le ressenti qu'ils en ont par des formes incorporantes, formes de réceptacles à remplir par des issues qui sont des trous tour à tour ouverts ou fermés.

D'une autre manière, on peut dire qu'il semble que l'image dynamique du corps se présente sous la forme rythmique et alternée d'une masse aux lignes courbes, aux formes denses sphériques et ovalaires, focalisée d'une façon stable en un centre ou un lieu des centres, et d'une masse mouvante, au ressenti varié, contingente parfois, en plénitude de repos et réplétion. Cette masse plus ou moins marquée est polarisée par des lieux excentrés aux limites cutanéo-muqueuses du sujet qui sont les zones érogènes par lesquelles un échange énergétique qui se continue avec le monde extérieur apporte, en même temps que la possibilité (ou l'impossibilité menaçante) de survivre, la conaissance d'un soi-même permanent spatial au travers d'un allant-devenant continu dans l'espace et d'expériences qui dans le temps seulement sont discontinues[31].

Aux stades archaïques, une image du corps (mêmeté connue et reconnue d'un soi-même permanent) s'élabore donc en rapport de masse à un support stable ou mouvant suivant les moments, par des modalités discontinues imposées par le monde extérieur. Ces supports délimitent des surfaces de contact non trouées, mais à la sensibilité différente aux limites cutanéo-muqueuses, à l'occasion des sensations de palper, de préhension et de soins de toilette. Le soi-même continu s'établit par la sensation du plaisir cutanéo-muqueux au trou « bouche » et du cheminement

* Ou d'accomplissement du besoin de complémentation ou du désir de communication.

péristaltique du bol alimentaire, réparateur de la sensation de faim et de soif, fragment substantiel référé à la mère qui, dans l'imaginaire du bébé qui tète, se laisse morceler. Ce fragment odorant incorporé, la nourriture, après sensations gustatives, de température, de consistances variables, circule d'une façon péristaltique continue de la bouche à l'anus, autre trou cutanéo-muqueux où cette mère, élément nourriture au pôle céphalique (côté tête), s'expulse côté siège de l'enfant, sous forme de fragments de substances molles ou dures, intestinales ou d'ondées liquidiennes vésicales, qui, retournant affectés d'olfaction spécifique à la mère au cours du changement des langes, relie l'intérieur de son individuation invisible, non audible, sans odeur, au monde environnant affecté du visage, de la voix et de l'aspect agréable ou désagréable de sa mère, informatrice de son être et des échanges qu'il ressent comme témoignage de sa vie. Dans ces deux zones trouées limites du corps digestif, visage et siège, s'opèrent la préhension et l'expulsion substantielles qui spatialisent la mère et la valorisent selon les perceptions sensorielles éphémères des rencontres avec elle, totalement apaisantes ou non, en rythme et en intensité, en quantité et en qualité. Des tensions érogènes s'établissent concernant les besoins (communication et échanges substantiels) référés à elle tandis que le désir (communication psychique avec elle, communication et échanges subtils) est associé à ces moments de fonctionnement digestif mais tend à se continuer quand la réplétion digestive ainsi que la déplétion excrémentielle est apaisée.

Ces premiers échanges structurants de sa personne non encore individuée par la focalisation dans son corps de son être au monde s'établissent donc chez l'être humain dès les premières heures de sa vie postnatale à travers ces relations partielles, sensorielles et émotionnelles avec l'adulte nourricier et porteur confusément témoin et participant du monde extérieur et intérieur de l'enfant. Ces échanges sont intériorisés, du fait du péristaltisme, à l'intérieur de l'image de base de sécurité du corps. En dehors des périodes strictes de satisfactions substantielles, le voir, l'entendre, le toucher de la mère, l'olfaction de son odeur qui la lui font distinguer entre toutes autres personnes demeurent, alors que la tension de boire, manger, déglutir, uriner, déféquer est apaisée. La masse-sein associée à la bouche-tétine — centrant la tactilité qui limite le volume de la masse céphalique (où les issues du cavum donnent le plaisir olfactif érogène) — disparaît et s'éclipse dans l'image du corps du sujet. Son corps étant apaisé des tensions de besoin, il n'est lieu que de tensions de désirs de relation subtile et émotionnelle à la mère. Cette disparition de la masse consommée est associée au fonctionnel oral, tout ce qui disparaît est manger-boire, tout ce qui demeure est mère, tout ce qui provoque l'éclipse des objets partiels de plaisir (besoin ou désirs) correspond au verbe « consommer ». Après quoi, en français, on dit que le nourrisson fait un « somme », solitaire dans son berceau où il jouit de la sécurité retrouvée de son image de corps de base, en attendant le réveil où désirs pour la présence de la mère ou besoins du corps réanimeront l'image fonctionnelle de son corps.

À un certain point de vue, l'image fonctionnelle ou l'image « besoin de complémentation » substantielle et émotionnelle de l'être humain au stade oral est représentable par une bouche qui cherche la complémentarité du sein, par une bouche associée à deux ouvertures, yeux, oreilles, narines, c'est-à-dire deux ouvertures à fonctionnement subtil trinitaire qui nécessite une distance de l'enfant par rapport à l'objet — sa mère —, pour qu'il puisse la percevoir par ses sens subtils, olfaction, audition, vue. La mère est aussi pour lui l'objet qui attend et prend ses excréments. Elle est elle-même, à ce stade, ressentie par le nourrisson comme une grande masse polypalpée, centrée par une bouche avide à satisfaire par la consommation des excréments qu'il lui donne, une bouche associée à l'objet partiel sein de la grande masse phallique déambulante pour lui, prolongée par des palpes doux et agiles (les mains de la mère) qui le manipulent, le caressent, changent les langes. Cette mère avec ses caractéristiques de visage, de bouche, de sein et de palpes est en même temps mouvante dans l'espace ; il en perçoit l'éloignement et le rapprochement, il en perçoit l'éclipse lorsqu'elle échappe à la sensorialité subtile de ses sens situés dans le cavum et la masse céphalique : audition, olfaction, vision[32].

Exemple d'un cas clinique. Une fillette de huit ans, qualifiée de prépsychotique du fait de son état de régression, représente en dessin une image du corps correspondant au stade kinétique anal[33] : une circonférence (tête), un ovale tangent à la circonférence (tronc) avec quatre membres, des palpes. Le visage n'a pas de bouche et il a deux gros points (yeux) qui lui servent à la fois d'oreilles, d'yeux et de narines ; le corps au contraire n'est que bouches, petites circonférences pour les deux seins, une à l'ombilic, une au sexe, et deux « bouches » au bout des palpes, pieds et mains. Le comportement de l'enfant se résume bien dans le mot de « ventouse » : vis-à-vis d'autrui elle n'a pas d'échanges affectifs électifs, ni autrement structurés. Elle a vis-à-vis des personnes dont elle admet la présence une relation de style « collant », corps à corps, ou agrippante, comme si elle, tout entière bouche, était avide de l'autre, tout entier placenta ou sein. Elle ne présente aucun sens du beau et du laid, du bon et du mauvais, sens qui est extrêmement précoce si l'on observe la mimique que peut manifester très tôt le nourrisson et qui est caractéristique de sa perception différentielle, subtile, visuelle, auditive, olfactive et gustative[34].

Autre cas clinique[35]. Une jeune femme totalement frigide, élevée de façon extrêmement puritaine, vient chez moi sur le conseil de deux gynécologues parce qu'elle présente un vaginisme irréductible, et depuis deux ans de mariage une impossibilité à consommer l'acte sexuel avec son jeune mari, très aimé dit-elle. Son comportement corporel est d'une extrême raideur, son visage a une mimique inexpressive, elle parle en remuant à peine les lèvres derrière lesquelles les dentures de ses mâchoires supérieure et inférieure se touchent presque. Elle entreprend une psychanalyse avec moi, non seulement pour son vaginisme mais pour sa phobie des rapports sexuels et surtout sa crainte irraisonnée d'une fécondité éventuelle. Ce symptôme est pour elle incompréhensible : rien n'est autant désiré consciemment par elle et par son époux qu'un enfant. Après quelques semaines de cure psychanalytique sur le divan, cette jeune femme fait trois fois de suite le même rêve (rapporté aux trois séances consécutives) : elle donne à dévorer des biftecks saignants à sa vulve, et dans son rêve elle en éprouve une volupté génitale inconnue d'elle jusque-là. Les associations de ses rêves la conduisent à raconter son enfance dans un milieu puritain nord-américain d'une secte chrétienne particulièrement rigoriste qui oblige à des jeûnes très fréquents. Dans sa propre famille, toute satisfaction gustative doit être réprimée comme péché de gourmandise. Ses rêves ont immédiatement précédé la disparition de sa frigidité aux contacts caressants de son mari et la possibilité parallèle de s'intéresser à faire, et à réussir, chose qui lui était jusque-là impossible malgré sa bonne volonté, de la bonne cuisine pour son mari, sublimation orale et anale puisque le goût se réfère à la libido orale et le faire à la libido anale. Peu de séances après, elle constatait non seulement la disparition totale de son vaginisme qui lui faisait ainsi perdre toute peur des rapports sexuels, puis elle découvrait le désir génital, et surtout le plaisir dans les rapports sexuels et enfin l'orgasme. Quelque temps après, en supposant être enceinte, elle s'étonnait de n'avoir aucune crainte mais seulement une très grande joie. Cependant elle ne pouvait pas dire à son mari les promesses éventuelles que lui faisait espérer son absence de règles qui durait depuis déjà trois mois. Cette grossesse fut confirmée par un gynécologue. À la séance suivante, elle apporte un rêve : son père arrivait à la maison, elle était une petite fille ; son père la grondait d'abord parce qu'elle lui apportait quelque chose à manger qui ressemblait autant à un oiseau qu'à un petit chat ; puis, sur le point d'y goûter avec un air ravi, il prenait tout d'un coup l'air raide et indifférent parce que le visage de la mère de la rêveuse apparaissait dans l'embrasure de la porte de la pièce où, dans ce rêve, elle se trouvait avec son père. C'est en analysant ce rêve qu'elle parla des difficultés de contacts qu'enfant elle avait vis-à-vis de son père, comme si, lorsqu'elle était petite, sa mère trouvait à redire qu'il y ait communication entre elle et lui. Elle put, après la séance où ce rêve explicitait son désir œdipien, parler à son époux de la grossesse qu'elle portait.

L'étude succincte de l'image du corps éclaire la clinique des régressions.

À chaque stade de l'évolution libidinale correspond donc une double image dynamique (et inconsciente[36]) du corps constituée d'une image de base et d'une image fonctionnelle qui sont en continuelle référence l'une à l'autre. L'image de base est une image de masse continue et stable du vivre. L'image fonctionnelle ou d'accomplissement des tensions du désir de complémentation par un objet est due à la polarisation mouvante aux issues de tension des zones érogènes. Cette double image dynamique se montre très utile dans la compréhension des phénomènes de fixation objectale et de transfert des objets de fixation archaïques sur de nouveaux objets tout au long du déroulement de la vie affective.

Les relations de transfert en rapport avec la sécurité de l'image de base se font sur des objets substitutifs articulés à la mère-support ou porteuse du corps du sujet bébé. C'est une mère supposée chose portante et sécurisante — lit, voiture, sol, éléments du cadre spatial, nature, maison, mobilier, lieu géographique ; bref il s'agit du transfert relationnel de la sécurité connue avec la mère garante de l'espace de vie sur les choses, y compris sur le corps du sujet lui-même ressentant son être solidaire de sa masse dans l'espace, objet partiel de cette relation et apportant plaisir à la mère et au père dans les échanges avec lui, physiquement passif, incapable de mobilisation sans eux dans l'espace, mobilisé par eux seuls, totalement dépendant d'eux et subissant leurs comportements à son égard. La conduite latente du sujet vis-à-vis de ces objets de transfert de sécurité de base est la dépendance totale de la sécurité de l'enfant à leur existence dans son espace sensoriel[37].

Les relations de transfert de l'image inconsciente de sécurité fonctionnelle se font sur des petites masses consommables ou non, toutes les choses à sa portée que pour en connaître, l'enfant prend avec ses mains-bouche, porte à la bouche de son visage, et qu'il aime à jeter avec ses mains-anus en les oubliant, ou donner à quelqu'un qu'il aime, ravi si cet autrui nomme l'objet, le jette à son tour (objet caca) ou lui rend (bon à prendre), avec sourires, onomatopées, paroles, ce qui est le début des échanges, du « commerce » issu du transfert fonctionnel oral anal. Tout objet partiel qui ne peut pas s'avaler devient associé au matériau inerte, non consommable, est qualifié « chose », ce qui peut s'avaler est qualifié aliment, à boire ou à manger. Ce qui s'échappe par ses propres mouvements et se dérobe ainsi à l'éventuelle prise et à l'éventuelle consommation est ressenti par l'enfant comme maîtres d'eux-mêmes, se dérobant à son désir ou s'ils sont mouvants, autonomes, il les appréhende comme animaux ou comme choses magiques.

Tout ce qui lui procure des perceptions inconnues ou des sensations fortes, agréables ou désagréables, qu'il ne peut maîtriser, l'alerte, l'inquiète, s'il est sans la présence sécurisante de l'adulte tutélaire.

Dans la région du siège du corps-chose, une région partielle chez la fillette, la zone clitorido-vulvo-vaginale, confusément ressentie érectile, désirant les caresses ou les fuyant, est souvent nommée et imaginée comme animal autonome, chat animé avec cautèle, doux, étrange; tandis que chez les garçons, l'objet partiel pointu, le pénis érectile, est imaginé comme animal doux, imprévisible dans ses mouvements autonomes tel un petit oiseau qui lève la queue, qui s'envole.

Si les parents tutélaires blâment ou interdisent les manipulations et le jeu avec cette région du corps comme si c'était laid, pas beau, dangereux, l'enfant tout naturellement, par glissement de sens connu, appréhende son sexe comme excrément (auquel dans le lieu de son corps il est associé) ou comme animal magique éventuellement nuisible et il refoule son intérêt pour le sexe et ses sensations.

Les relations de l'être humain à la personne mère et à ses substituts se font dans cette logique orale : désir du manger (affecté de la subtilité des perceptions autres), prendre en bouche, avaler l'objet partiel de mère, le désir oral suscite la mise au nez-bouche de ce qui tente la vue. On essaie de manger des bouts de toutes choses rencontrées y compris de personnes; peu à peu, la mère, dans ce qu'elle a de non consommable — on peut la toucher, la lâcher, mais on ne peut pas la morceler elle-même ni la déglutir — devient la mère affective, la mère désirée, mais non la mère consommable ni la mère besoin. (Il en est de même des autres personnes et de bien d'autres objets.)

Ce qui d'elle ne peut pas se consommer avec la bouche de chair est consommé avec les yeux, les oreilles, les narines et c'est le cœur, organe palpitant émotionnellement émouvant dans le centre même de l'image de la sécurité de base de l'enfant, qui est le lieu où imaginairement se consomment subtilement cette mère désirée, ces objets intéressants non ingérables[38]. Ce lieu devient dans le langage expressif des sentiments le « cœur », dur ou tendre, expression du cannibalisme sublimé. Le cœur, ce lieu dans le thorax proche de l'estomac, avec qui son « mal » (au cœur) est confondu, parce que selon les émotions, les efforts de besoin à satisfaire et de désir ardent, il bat plus ou moins fort ou il « refuse », il rejette les émois. Les échanges imaginaires avec la mère sont porteurs de tensions émotionnelles ainsi cardio-circulatoires et orales sensori-digestives sur fond continu de dépendance vitale. Ils se font par les sons de sa voix liée à ses paroles*, donnés de la bouche des personnes tutélaires toutes-sachantes, toutes-puissantes aux oreilles de l'enfant, par les regards aimants ou fâchés qui nourrissent le cœur en le réjouissant ou le peinant. Ces émois, accordés ou non sur le désagréable ou l'agréable entre l'enfant et sa mère, le père et les familiers, sont pour l'enfant associés à elle, et informent ainsi l'enfant au jour le jour de ce qui cause plaisir ou déplaisir à sa mère (et à ces adultes tutélaires dont son bien-être dépend). Ses expériences sont l'origine de l'éthique du beau et du laid, du bon et du mauvais, du bien et du mal, de l'entendement du possible et de l'impossible[39].

La relation à autrui est narcissique ; l'adulte nourricier tutélaire premier, la mère, est associé à toutes les expériences sensorielles qui font l'enfant se connaître et survivre. Cette personne unique ou multiple (ses substituts à elle associés par la dépendance pour survivre dans laquelle le nourrisson se trouve à leur égard) devient son autre lui-même.[40] Pourquoi ? Parce que l'image de base ressentie, en l'absence d'autrui, masse immobile et seulement animée de mouvements respiratoires, pulsatiles, péristaltiques, « végétatifs », [est] animée de besoins que l'autre seul peut satisfaire et de désirs de communication psychique au guet de sa présence qui est promesse de plaisir et suscite l'image fonctionnelle à s'animer pour s'exprimer et en recevoir les informations sensorielles. Absent, autrui demeure en mémoire et jusqu'au repos du sommeil. À son réveil, c'est cet autre qui anime la vitalité fantasmatique de l'enfant. C'est le sens de son existence que l'enfant a par cet autre, selon qu'il est reconnu par l'adulte nourricier comme fardeau, bouche à nourrir, corps à soigner — ou sujet prénommé respecté et aimé — c'est en référence à la relation de cet adulte avec les autres personnes de leur entourage, c'est par ce sens conscient et inconscient du besoin de lui, de l'amour pour lui, que le nourrisson reçoit l'image de sa valeur humaine ou non, d'objet aimé ou rejeté, de sujet appelé ou non à la communication langagière selon que la

* Cf. ce vers de Rosemonde Gérard à propos de l'être aimé : « Ton nom est un bonbon anglais qu'on suce avec l'oreille », référé à la libido orale.

mère lui parle, chante pour lui, s'intéresse à sa personne, communique avec lui, au-delà de ses demandes corporelles de besoins vitaux à entretenir.

Cette relation affective narcissique va se sublimer en partie en s'intégrant au langage signifiant des rapports de corps — embrasser, mordre, serrer dans les bras-mâchoires, prendre avec des mains-bouches, lâcher et jeter avec des mains-anus — et ainsi sublimer le fonctionnel digestif, montrer les dents — sourires, mouvements laryngés vocalisant des sons, repris par des mouvements de langue et de bouche, au fur et à mesure que le système nerveux de l'enfant se développe et que le corps kinétique du stade anal avec son potentiel musculaire actif se constitue et acquiert la coordination qui en permet la maîtrise. La libido orale, dans ses pulsions passives et actives, continue ses modes de relations, toute la vie s'intégrant peu à peu à travers les signifiants codés des divers langages, aux autres modes pulsionnels actifs et passifs des stades suivants de la libido qui, du seul fait du développement neurologique qui s'achève vers trente mois, éveille l'enfant par le plaisir qu'il [a][41].

Ces stades anal, urétral, vaginal puis génital les uns après les autres constituent, ordonnent leurs expressions dans un style de satisfaction de besoins et de plaisirs dont s'enrichit le langage dans la communication interpsychique. Il y a des désirs dont l'expression est acceptable par la mère, premier modèle humain; elle les nomme avec une voix douce, l'enfant se sent en accord avec elle qui y répond à plaisir. Et il y a des désirs non acceptables par elle, auxquels elle refuse la satisfaction. L'enfant apprend à en taire l'expression, suivant la réaction désaccordée de la mère ou d'autrui tutélaire. Il y a aussi des désirs qui la laissent sans variation d'expression. Ils n'entrent pas dans le code de leur communication. Ils n'ont pas de sens pour elle et peu à peu l'enfant y renonce ou tout au moins ignore comment il les exprimerait. Il en est ainsi des phonèmes prononcés avec plaisir bucco-laryngé par les nourrissons et qui ne sont pas repris dans les phonèmes de la langue maternelle[42]. De même des mimiques ou des gestes auxquels la mère ne donnant pas de sens langagier ne les remarque pas. L'enfant toujours avide de communication psychique dans la complicité symbolique d'humanisation à l'envi de son entourage y renonce.

L'accomplissement du désir aux zones érogènes du corps, au stade oral et aux autres stades, se fait sur le mode d'une maîtrise de l'objet partiel qui satisfait ce désir par le plaisir qu'il en obtient. C'est, à la bouche, le plaisir olfactif, tactile labial gustatif puis l'incorporation-possession suivie du faire-disparaître en soi par la déglutition sur le schème de l'aliment objet de besoin vital; puis, après un temps de péristaltisme digestif aux sensations de bien-être, c'est la réapparition en un autre lieu (dans la région du siège) d'objets partiels liquides et pâteux, chauds et odorants, à décorporer de soi. La notion d'objet partiel est, comme nous l'avons vu, métaphore des fragments substantiels alimentaires incorporés et décorporés en relation à la mère. Celle-ci est toujours présente physiquement pour le plaisir alimentaire mais pas toujours immédiatement alertée par l'excrémentation de l'enfant. C'est pourtant elle qui en prend possession quand elle le change de couches. La relation de transfert des conduites relationnelles entre les personnes (objets toujours reconnus semblables et convoyeurs animés d'objets partiels) provient, comme je l'ai dit, du fait des variantes émotionnelles « cœur à cœur » avec ces personnes reconnues objets d'amour, complices de plaisir immédiat ou médiat. Cette relation au stade oral s'exprime en dépendance totale de masse à masse (corps bébé à corps mère) en identification contaminante à l'unisson des émois accordés, partagés, ou en identification contaminante de désaccord qui induit l'enfant, attentif aux perceptions subtiles de ce que la mère signifie, à refuser ou à rejeter les comportements qui ne plairaient pas à cet autre qui apparaît et disparaît et dont sa mémoire garde traces sensorielles en son absence, à qui son « cœur » désire pour son bien-être continûment s'accorder. C'est dans ce mode de relation que s'origine le pré-Moi soumis au pré-Surmoi structurant du comportement et du langage impressif de l'enfant avant que de devenir expressif.

Un enfant peut même s'aliéner dans l'autre, objet vivant ou chose inerte si cet autre, toujours partie de lui-même, est trop continûment présent. Ainsi en est-il de ces nourrissons apathiques, élevés seuls par une mère dépressive sans mimique ni paroles, ou par une mère anxieuse qui surcouve son bébé, ne lui laissant aucune liberté, le nourrissant et le changeant de façon obsessionnelle dans un silence contracté. Chez ces nourrissons et ces bébés figés, immobiles, images de l'ennui, de l'indifférence à tout, le désir de communiquer lui-même s'étiole et s'éteint[43].

Il arrive à des enfants de s'aliéner à un grand ours ou une grande poupée du fait de l'anthropomorphisme de ces objets qui sont des choses mais qui pour lui sont associés imaginairement à la communication qu'il aurait avec une personne vivante dont ils sont en quelque sorte un substitut, toujours témoin de son agir*. En effet, les rapports de masses donnent à l'objet inanimé de grande dimension à semblance de corps animé, impavide quoi qu'il advienne ou quoi que l'enfant lui fasse subir, une existence plus importante donc plus sécurisée que la masse du corps propre de l'enfant qui, plus petit comme il l'est auprès des adultes, se ressent impuissant à les manipuler ou à les émouvoir. Si l'égalité des masses existe entre l'enfant et ces objets anthropomorphisés, il est lui, l'enfant, plus instable et vulnérable, alerté par des perceptions insolites externes ou internes qui lui procurent parfois besoins, désirs, et qui ébranlent sa tranquillité.

La représentation graphique au trait et en couleur ou plastique en modelage des relations symbolisées n'est possible à l'enfant que plus tard, à partir de l'acquisition de l'adresse manuelle[44]. Et c'est au moyen de ces représentations et en écoutant ce que les enfants en disent ou ce qu'ils fantasment en dessinant que j'ai compris et pu étudier ce qu'il en est de ces images du corps inconscientes[45]. L'enfant représente par exemple des maisons, c'est-à-dire des ensembles fermés dont la forme est référée aux images de sécurité de base du stade oro-anal. Ces formes caractéristiques sont entourées d'objets minéraux, végétaux et animaux, et aussi d'éléments cosmiques, ciel, nuages, soleil, lune, tous éléments observés de l'environnement compatible avec sa sécurité existentielle dans l'espace et le temps. Il représente aussi le bateau sur l'eau, autre image de lui avec la mère archaïque porteuse. Ce qui est pour nous fort intéressant, c'est que la même forme qu'il nomme toit de maison sert (en le retournant) à la représentation de la carène du bateau — image de base du corps de forme différente suivant le développement psycho-affectif relationnel. Il semble qu'il y ait là quelque chose à comprendre

* Variante : une personne vivante par le toucher doux et caressant ou par l'aspect humain à l'œil, mais qui dans ce cas est inerte et sans variante dans la réalité.

de la relation de l'enfant porté à la mère portante de son premier « toi », par la dépendance de qui il advient à se sentir « moi » dont le chef et le support est ce premier objet tutélaire.

Le système de la représentation support et de la représentation supportée découle des expériences à l'âge oral, du temps où l'enfant était petite masse portée et « coiffée » par la grande masse adulte, « entiché », amoureux de l'adulte aimé. Si ces représentations graphiques sont caractéristiques de perturbations émotionnelles conservées dans la mémoire de ces images du corps, il les projette, et nous savons par ces expressions libres dans les séances que c'est dans le style de transfert de l'oralité et ses expériences revécues du passé qu'avec le thérapeute à ce moment se fait le travail psychanalytique. Les expériences passées inconscientes s'expriment dans le traitement, dans des relations de dépendance et de difficultés transférentielles à établir un contact ou de recherche d'un accord avec l'éthique supposée de la personne de l'analyste, sur laquelle l'enfant projette l'éthique qu'il a ressentie comme celle que sa mère imposait à ses rythmes et modalités de besoins et à ses satisfactions, séductions, insatisfactions, déni, brouille et des rejets de désirs ou des expressions de ses désirs.

En se développant vers la séparation qui l'individualise physiquement par rapport à sa mère, grâce à la croissance du système neuromusculaire qui rend sa motricité individuée possible, la somme des contacts et des relations que le sujet a ressentis avec sa mère est introjectée et induit l'attitude subjective, c'est-à-dire le narcissisme de ce sujet, son habitus dans l'espace expérientiel[46]. C'est ainsi que l'attitude de chaque enfant vis-à-vis de soi-même dépend de l'attitude que sa mère avait avec lui dans les mois et les années antérieurs au temps actuel, à l'époque du stade oral et anal de sa libido. Son comportement est conforme à ce qu'alors, dans son passé de quelques mois, un code subtil de langage fonctionnel et comportemental s'était tissé à ses muqueuses, à sa peau et à sa motricité, d'après ce qu'exigeait de lui la mère, pour lui objet partiel (intérieur et extérieur) en même temps que devenant son premier autrui, personne « toi-moi », objet total, semblable, extérieur et distinct du corps de l'enfant. Après la motricité séparatrice des corps individués, il demeure ainsi objet investi de sa présence, structurante de son être relationnel au monde. C'est le narcissisme primaire[47], c'est soi-même s'aimant, soi-même se donnant à manger, soi-même se donnant les soins corporels, soi-même devenu comme un substitut gardien du corps à l'identification inconsciente à la mère archaïque, modèle dans son image de sécurité assurée ; soi-même lié au Surmoi comme médiateur au monde, comme l'a été pour lui autrefois sa mère, pour lui qui était dans son être sécurisé par elle. Comme avec elle, il est en communication d'échanges avec le monde selon ce que son Surmoi autorise quant à l'expression de son ressenti actuel et de ses désirs. L'enfant structure un mode de rapports imaginaires constamment et continûment présent, mais référé inconsciemment au passé qui ne doit pas s'en disjoindre pour assurer l'avenir ; il est comme en colloque muet affectif intime à lui-même à l'instar de sa mère intériorisée à lui, et dès qu'il peut parler il se parle à lui-même (tout haut quand il est seul) comme sa mère lui parlerait si elle était présente, ce que l'on remarque en écoutant parler tout seul un enfant de dix-huit à trente mois et plus[48]. Occupé avec ses jouets, il se comporte avec eux et leur dit ce que sa mère mémorisée de son passé lui disait et comme elle se comportait avec lui. Je connais un enfant de vingt-cinq mois qui chaque fois qu'il faisait quelque chose qu'il savait défendu, vider un placard, lancer les objets dans la baignoire pleine, etc., se parlait à lui-même en annulant le Surmoi : « Méchant, non ! » répétait-il à haute voix ; alors la mère alertée savait qu'il faisait une mistoufle et y allait. Toutes ses bêtises jouissives étaient ainsi clairement paraphrasées avec le ton le plus convaincu.

Un narcissisme qui conditionne une bonne santé fonctionnellement régulière, c'est donc déjà une relation d'objet avec une mère introjectée bonne pour les besoins et satisfaisante pour les désirs. Ce narcissisme vitalisant est une conciliation passive du sujet avec son corps et avec l'environnement. L'autorisation à prendre, à avoir, à faire, à garder pour le confort et le plaisir du corps est conciliation active avec soi-même. Les besoins (tensions substantielles visant la communication de corps à choses pour son bien-être immédiat) et les désirs (tensions subtiles visant la communication de sujet à sujet, communication proche ou à distance) visent à établir une interrelation langagière avec l'autre fusionnel ou auxiliaire, soit pour lui communiquer le ressenti, soit pour attendre de lui une communication sensée, langagière, concernant une étrangeté ressentie avec laquelle l'enfant voudrait être concilié, c'est-à-dire retrouver la sécurité. Toute tension en appelle donc à l'autre ou à soi-même en tant qu'autre mémorisé, fusionnel à soi ou auxiliaire de soi.

Ainsi, par besoin et par désir, l'enfant éprouve des situations de déficience (malaise, déplaisir, tristesse) ou de plénitude (bien-être, plaisir, joie) tant du cœur (affects) que du corps (sensations). Tout ceci se subjective dans une dialectique imaginaire tout à fait inconsciente d'emboîtements dynamogènes, et c'est cette dialectique d'emboîtements dynamogènes dans un cœur à cœur accordé, dans un langage au corps accordé par suffisance de corps à corps sécurisant et vitalisant à la mère, qui est synonyme de la santé entretenue, de la santé psychophysiologique chronique (comme on ne le dit à tort que dans la maladie)[49] qui traduit un équilibre stable d'échanges à soi-même et avec le monde extérieur lui-même ressenti sécurisant et satisfaisant au point de vue vital et psychique. C'est cela à tout âge y compris pour l'adulte : manger, boire, posséder, se reposer, converser, donner. Lorsque l'être humain, même adulte, éprouve des tensions se rapportant à des situations pénibles qui mettent son besoin ou son désir en difficultés momentanées ou durables alors que personne d'amical et de connu n'est là pour lui venir en aide par le geste ou la parole, il recourt à ses modes de satisfactions archaïques imaginaires ou symboliques à défaut de réalité pour rétablir son sentiment de bien-être[50].

Tout comme l'adulte qui régresse (mais qui au lieu de représenter son ressenti par le langage, le dessin et le modelage, somatise ses pulsions refoulées en troubles fonctionnels qui fragilisent sa santé), un enfant en régressant retourne à l'image du corps de sécurité de base au stade oral et anal représentée par des boules ou des récipients incluant des boules, des boudins plus ou moins longs, le serpent du contenu péristaltant digestif extériorisable en fèces par morcellement-rejet. Cette image jouera aussi un rôle de représentation anale, phallique passive ou active puis urétrale phallique. Quand la dominante en est anale, il y a toujours une idée de motricité ou de mobilité jouissive inconsciente, active ou passive, tant des ouvertures expulsives que des fermetures médiatisées par les muscles striés des mâchoires, des sphincters des ouvertures du corps. Celui-ci peut devenir par refoulement du plaisir un réceptacle impuissant à garder ou à expulser (anorexie – incontinence).

Il y a dans les dessins de l'enfant une représentation de refus de l'incorporation qui se traduit par la mobilité fuyante des formes incluses dans d'autres, comme si elles voulaient d'elles-mêmes ressortir — il prête à ces objets partiels des désirs humains — et qui en exprime l'agréable ou le désagréable : yeux, oreilles, olfaction dans la partie zonale céphalique de ce même corps, qui tendent à sortir de la ligne ovale ou du cercle qui les circonscrit, lequel éclate ou ne ferme pas; ou bien les représentations de ces zones sensorielles sont absentes, barrées d'une croix ou béantes vides.

Un enfant (ou un adulte) qui a régressé à une époque non sublimable d'émois du stade oral représente inconsciemment en dessin ce qu'il éprouve viscéralement : ce sont des formes morcelées et non fermées, non fermables, ou verrouillées de barreaux. En modelage, ce peut être des formes déchiquetées qui traduisent le morcellement d'éclatement, le déni de l'objet partiel bonne forme, conséquence de l'angoisse de se ressentir toujours ouvert à tous les dangers. Plus tard, il fera un corps de deux boules, mais comme il dit, il met du « très méchant » dans une des boules, « c'est du qui fait peur dans le ventre » ou « qui fait mal aux yeux et dans la tête ». Ainsi dénomme-t-il les deux masses superposées dont l'une est le ventre et l'autre la tête. Ceci nous fait comprendre ces compulsions aux clignements d'yeux des enfants qui sont en danger de s'identifier à un autrui ressenti pour eux comme dangereusement pénétrant violeur phallique et/ou dangereusement dévorant. Il s'agit de réactions névrotiques référées au stade oral et qui pourtant peuvent advenir au moment de l'Œdipe par exemple, et exprimer le conflit actuel avec des représentations d'une image du corps archaïque, non encore génitale; le désir de l'identification au père est en contradiction conflictuelle avec la crainte que suscitent des fantasmes de rivalité œdipienne à son égard, le désir aussi d'être pris en charge par lui comme le père le fait vis-à-vis de la mère et de l'enfant lorsqu'il était encore immature au point de vue moteur, pas dangereux, et que son père n'était pas exigeant à son égard. C'est aussi le déni de l'acceptation de la castration imposée par qui n'est pas un modèle conforme à son Moi Idéal, quelles qu'en soient les raisons (mésentente du couple parental, faiblesse ou sévérité arbitraire du père avec le sentiment justifié d'être traité par son père comme un chien sans paroles initiatiques à la vie d'homme).

Au stade anal, c'est la double image dynamique du corps kinétique passif et réceptif au repos et du corps kinétique dans toutes ses activités relationnelles triomphantes rivales et créatrices : le corps kinétique au repos est en état de tonus agréable et le corps kinétique en activité est en état de désir de motricité intentionnelle volontaire. Le corps est représenté dans sa référence au stade anal par tête, tronc, quatre membres avec des extrémités, cheveux, oreilles, nez au visage qui avait déjà trois issues, deux yeux et bouche au stade oral. Pieds et mains au bout des membres ont successivement un, deux, trois, quatre, cinq et parfois beaucoup de doigts qui sont des prolongements phalliques palpeurs en référence aux mains agiles de la mère dans les soins à son corps dès la petite enfance nourrissonne. La représentation du visage est complète avec toutes les issues des organes des sens quand les stades oral et anal se sont bien passés. Le visage complet, avec ce corps complet — auquel est adjoint un objet phallique ou ludique pour le garçon, ornemental ou ludique pour la fille — est la représentation la plus achevée du stade anal, qu'on peut aussi appeler le stade musculaire volontaire, laissé au libre jeu de ses initiatives ludiques et industrieuses, soutien du narcissisme, gardé par le pré-Surmoi de l'enfant qui s'est constitué dans le cœur à cœur à la mère.

La plus archaïque représentation du corps kinétique est une forme ovoïde qui sert de masse centrale avec deux pôles, céphalique et caudal; cette masse centrale ovoïde n'a pas de division à la taille, elle est marquée de trois points, l'un à la poitrine, le second à peu près au milieu, et le troisième un peu plus bas. Le bas de cet ovoïde est souvent marqué d'une calotte à pôle inférieur qui représente le siège d'où partent des membres inférieurs et, même chez les filles, un petit signe de fantôme de membre, une ébauche du petit membre apical, qui est ce que les enfants appellent le « pipi », c'est-à-dire le fonctionnement excrémentiel. Quant au pôle supérieur de cet ovoïde, c'est la tête, une forme plus ou moins ronde qui s'accole de façon tangentielle ou débordante en avant au pôle supérieur de l'œuf thoraco-abdominal. Cette tête, ou plutôt ce visage, est le lieu de deux points pour les yeux (yeux-oreilles), de deux points pour le nez et d'un trait ou d'un rond ou ovale avec ou sans dents pour la bouche; il y a aussi une calotte à pôle supérieur qui est un chapeau ou des cheveux sur lesquels les enfants qui, de nos jours, portent rarement un chapeau à bord, leur père non plus, en mettent tout de même un; à moins que, tenant lieu de couvre-chef, ils dessinent sur le dessus de la tête des prolongements filiformes ou des masses en forme de boudins qui représentent les cheveux[51]. On admet que la croyance au phallisme anal et urétral chez les deux sexes se représente par un chapeau surélevé, sorte de calotte pour la fille, avec une visière devant pour signifier les garçons. Cette visière et ce chapeau se nomment souvent casquette (qui peut être entendue comme casse-quéquette en français, c'est-à-dire la notion qu'ils ont de l'érection qui chute et qui revient). Très souvent un objet allongé sort de la bouche, pipe, flûte, bulle réceptacle de mots dits par le personnage. C'est un déplacement valorisant vers le haut, vers la bouche, de ce qui sort dans le bas au pôle uro-anal fonctionnel. C'est un signe de puissance, de bien-être et de plaisir à se sentir fort, qui est représenté chez ce personnage autoportrait. Parfois, le sujet imagine beaucoup de bras et on est étonné de voir que ces bras sortent du lieu où devrait être le cou; c'est une projection de la communication par la voix qui a puissance d'attracter la mère pour la faire venir à soi.

Un corps plurimembré est un corps fort et agile, chez l'enfant pour qui la puissance kinétique est un plaisir; chacun de ses bras est fantasmé, mimé par une main tour à tour donnant ou prenant, selon les besoins, un objet dont la forme est toujours signifiante. Cela peut être un bâton, une arme, pour les garçons, cela peut être un sac, cela peut être un fruit, cela peut être un autre objet anthropomorphique qui est le bébé pour un enfant qui voudrait, telle sa mère, avoir puissance sur un objet humanisé sortant de lui. La mère à l'âge kinétique[52] reste la provende qui apporte (des choses) aux extrémités réceptrices de l'enfant, bouche — trou en modelage, rond en dessin —, au bout des bras mous ou pluripalpés, tendus vers elle. Les mains de la mère sont dessinées par certains enfants comme des pinces, des mâchoires; ces pinces comprennent au minimum deux doigts dont l'un serait opposé à l'autre par la préhension. Certains enfants phobiques prépsychotiques ne représentent jamais l'opposant (le pouce) et d'ailleurs, dans leur comportement gestuel manuel, ils ne peuvent se servir du pouce, ils opposent deux doigts contigus pour la préhension; d'autres se servent de ce pouce en l'opposant à leur médius, l'index étant soulevé et ne participant jamais au travail manuel de l'enfant. Je n'ai jamais observé la pince manuelle du pouce avec l'annulaire ou l'auriculaire; il semble donc que ce soit le schéma corporel anatomique du nerf radial qui soit ressenti chez l'enfant et serve de référence sensorielle à l'image du corps préhensive médiatisée dans ses membres supérieurs. Ce qui est innervé par le nerf cubital ne semble pas entrer en jeu dans la préhension valorisée.

S'il n'y a pas d'échanges avec la mère, de troc de choses, d'éléments langagiers entre eux, représentés par les objets inanimés substituts de nourriture datant du stade oral et se continuant au stade anal, il n'y a pas chez le sujet la notion de membre opérationnel ni de narcissisme confortant avec soi-même autre que les prises par le sein et la bouche du stade antérieur; cet enfant ne fait que sucer son pouce et peut devenir totalement inactif au jeu et maladroit. Il y a des enfants très assistés par leur mère — qui fait tout pour eux y compris les nourrir, les torcher, les habiller au-delà de vingt-huit à trente mois — et qui représentent un corps kinétique avec un seul membre sortant de l'ovoïde du ventre. Il semble qu'ils conservent passivement, intentionnellement, le désir kinétique d'agir mais que ce désir ne peut s'accomplir que par le corps fusionnel complémentaire de la mère indispensable auxiliaire. Ils traduisent cet état chronique relationnel par la représentation d'un membre palpe ombilical, parce qu'ils sont encore parasites de leur mère ou parasités par elle. Ce qui est intéressant, c'est que la plupart du temps, ce membre ombilical tient au bout d'un trait un objet de forme sphérique que les enfants qualifient généralement de ballon. Ainsi sont-ils toujours fœtus pour une mère toujours « embarrassée ».

Si la mère enseigne à l'enfant, dès qu'apparaissent ses initiatives motrices, à assumer la sécurité des besoins de son propre corps, à agir seul avec ses propres membres dans l'espace, sa masse de sécurité kinétique et fonctionnelle étant en échange ludique avec elle et avec les choses, si elle l'incite à manipuler habilement les objets qui suscitent ses initiatives, si elle lui enseigne à investir les objets avec l'autorisation de les lâcher et de les retrouver grâce à son aide, l'enfant se met à jouer très précocement en manipulant, en jetant, en donnant, en mordant, c'est-à-dire qu'elle lui enseigne, sans le savoir, inconsciemment, à ne plus être dépendant d'elle, à être le maître des objets qui l'entourent et (dès qu'il en est capable) à se déplacer en sécurité par rapport au sol et aux objets préalablement investis comme substituts d'elle, en tant que mère support et médiatrice du monde dont il devient ainsi l'ami. Elle lui enseigne donc par la parole explicative et encourageante à s'identifier à elle autonome. Ces menues activités et les paroles technologiques de la mère à son enfant suscitent chez celui-ci en pleine liberté des initiatives expérimentées au jour le jour par rapport à son corps propre et à tout ce qui lui est extérieur dans l'espace que sa présence à elle et ses paroles permissives rendent espace de sécurité de l'enfant.

La maîtrise de l'expulsion des excréments, déplacée du pôle anal à toutes les autres extrémités du corps pour la maîtrise des objets, pour les lancer, pour les briser, pour les faire rouler, permet aussi la diction précoce parfaite[53]. Pourquoi ? Parce qu'il y a un déplacement de l'adresse pour le plaisir de l'enfant du fonctionnement de la zone orbiculaire de l'anus* sur les extrémités à fonctionnement comparable au fonctionnement sphinctérien, c'est-à-dire surtout la bouche et les mains. Les mains sont, du fait de l'activité des doigts et du pouce en opposition, de véritables sphincters. La bouche avec la langue et le larynx est peu ou prou un sphincter. Ils s'investissent des pulsions anales déplacées sur le pôle oral lorsque le fonctionnement excrémentiel n'est pas « dressé » à obéir à la mère ; l'enfant se met à parler de mieux en mieux, à chanter les chansons que sa mère lui a chantées, et il découvre le plaisir de parler et de l'adresse manuelle ; c'est un enfant qui peut se subvenir à lui-même pour manger, s'habiller, se torcher et qui, lorsqu'il est seul, s'amuse, jase, est toujours occupé et dès qu'il le peut, parle tout ce qu'il fait et tout ce qu'il pense avec les moyens verbaux qui sont les siens et qui se perfectionnent au jour le jour par l'attention qu'il prête au parler des adultes avec qui il aime s'entretenir de tout.

* Le sphincter anal est un muscle strié comme le sont le cœur, les muscles du cardia et du pylore, de l'estomac, mais tandis que ceux-ci ne sont pas volontaires, le sphincter anal peut fonctionner de façon à la fois involontaire et volontaire.

La maîtrise des objets découle de la maîtrise sphinctérienne et du jeu avec les excréments solides, premiers objets partiels auxquels tous les autres sont référés, dans un déplacement imaginaire de l'image du corps du fonctionnement péristaltique du tube digestif sur les membres scapulaires, bras et mains ; on sait que « caca boudin » est le mot à tout faire des enfants comme les « machin », « chose », « truc », des adultes. Ces manipulations deviennent créatrices et langagières au stade anal, dans la mesure même où l'enfant a été, de deux à cinq mois jusqu'à sa maturation neurologique, libre de ses rythmes alimentaires et excrémentiels sans en être jamais culpabilisé.

Le rythme de sublimation de cet âge pour son corps kinétique est l'acrobatie exaltante, signe de créativité corporelle pour l'enfant ; elle implique le sentiment vécu d'une indépendance individuelle dans l'espace vis-à-vis de la personne tutélaire, elle procure aussi la joie de s'élever dans l'espace afin d'arriver à ce que son visage, sans être porté dans les bras d'un adulte, puisse être au même niveau que le visage de l'adulte. L'image de base kinétique du corps du stade anal — tête, tronc, quatre membres, avec leurs extrémités — est en sécurité, quelle que soit la façon dont le corps de l'enfant se meut et utilise pour son jeu des supports matériels, des substituts passifs parmi les meubles, associés à la mère statique qui se laisse ainsi kinétiquement maîtriser, dans le transfert que l'enfant fait d'elle sur tous les meubles et choses de la maison qui sont ainsi des amies-choses sécurisantes.

Au début du stade anal, je veux dire de l'activité volontaire des muscles striés qui commence vers six mois et qui devient totalement délurée vers vingt-trois, vingt-cinq mois avec l'achèvement du système pyramidal neurologique, le voir, l'entendre, le toucher sa mère, objet préférentiel (souvent associé étroitement au père), demeurent dans ce qu'on appelle les câlins, qui sont un mode élu d'apaisement, corps à corps, cajolé, et un mode d'accomplissement d'un cœur à cœur électif. La satisfaction s'accompagne de l'apparition sensorielle de la proximité olfactive de la mère, de la vue de son visage près du visage de l'enfant, de l'audition de sa voix, des caresses des joues et contre les joues ou le corps de la mère, et la sublimation du fonctionnement anal se fait dans ce corps à corps à l'adulte, par la liberté laissée par l'adulte à l'enfant de se dégager de lui, pour aller courir sans que cet adulte soit marri que l'enfant ne reste pas longtemps à se laisser cajoler.

Tout ce que l'enfant aperçoit de nouveau autour de lui est associé au déféquer. D'où ces interjections de joie : « caca boudin ! ». Le faire dans la culotte peut apparaître aussi à défaut de parler et de dire ce « merde ! » enfantin de ravissement ou d'émotion inquiète. C'est une défécation inopinée qui survient sans que l'enfant s'y attende et de façon pour lui magique. Ces défécations-surprises sont saines expressions de désir indépendamment de la régularité des besoins qui déjà s'ordonne aux heures de la journée. La fixation à ce symptôme peut provoquer l'encoprésie. Comme la mère est déjà associée à la nourriture qu'elle fait apparaître, par son apport alimentaire à l'enfant, la mère devient associée dans les soins de toilette excrémentielle à un être-bouche, qui s'intéresserait pour son plaisir à faire disparaître le contenu des couches ou culottes, dont l'enfant imagine qu'elle en est particulièrement friande. Pour l'enfant, et à cause de son vécu à l'époque de l'investissement digestif, tout ce qui se mange peut-être, tout ce qui apparaît à prendre pour son plaisir nouvellement captivé, a été déposé ou fabriqué de façon qu'il imagine excrémentielle à son intention par quelqu'un ou quelque chose du milieu extérieur qui agit comme il suppose que le fait la mère provende, dispensatrice du donner le manger à prendre, et qui prend le caca pour le manger. C'est là la logique magique du stade anal dialectisé par contiguïté d'image de corps et zones orale et anale érogènes dépendantes les unes des autres dans leur fonctionnement intéressant la mère.

La notion sensorielle de la tension ano-rectale et vésico-mictionnelle n'ayant aucune commune mesure avec des tensions venues du milieu extérieur, l'enfant admet dans sa logique magique la possibilité qu'une énorme chose puisse sortir d'un tout petit contenant ou même qu'une énorme chose ou qu'une chose exquise, amusante, surprenante, apparaisse sans aucune cause[54]. La toute-puissance de la mère tient à la fois à l'importance qu'ont d'abord eue pour l'enfant les satisfactions érogènes orales et anales qu'elle a toujours su lui donner; mais elle tient aussi à sa faculté de disparaître dans toute sa masse à sa vue, de disparaître entièrement elle-même à travers les portes qui semblent l'avaler et la faire réapparaître aussi magiquement, tel un bol alimentaire dans une bouche, trou du visage, et un bol fécal ou une ondée urinaire sortant d'un trou du siège, aussi intacte à son retour que si elle n'avait jamais été consommée. Il se précise peu à peu que cette apparence semblable de la mère à travers ses différents départs et retours n'est semblable en fait que dans sa silhouette et dans son visage puisqu'elle peut porter des vêtements, parfois des coiffures, voire des couleurs de cheveux différentes, de même qu'avoir des odeurs et des mimiques différentes. Ce qui demeure toujours semblable, c'est son ovale de visage, son teint, sa voix, son rythme gestuel et subtilement variable, l'odeur de son corps ; et c'est par cette particularité des références sensorielles de la relation élective de désir du stade digestif, oral dans sa prééminence de valeur active, anal actif et kinétique, que s'expliquent les régressions délirantes en contradiction sensorielle avec la réalité à l'époque venue du stade génital. Ces délires sensoriels sont en accord avec l'imaginaire oral/anal et compatibles avec la conservation de relations d'adaptation pragmatique avec la société car elles sont contemporaines, dans leur enracinement dans la mémoire, de l'origine des relations magiques à la mère. C'est aussi pourquoi, dans la logique découlant des stades archaïques, il peut exister des obstacles qui masquent à la vue une partie des formes, mais ces obstacles pour l'enfant n'incluent pas que ces formes demeurent derrière l'obstacle qui les cache ; en présence d'un tronc et de bras surmontés d'une tête dont le reste du corps est caché par une table, par exemple, l'enfant imagine que le corps de cette personne n'existe plus à partir de la taille, qu'il s'est morcelé ou qu'il est rentré dans la masse de la table. Il peut aussi croire que lorsqu'il entre dans ses draps, son corps en disparaît de ce fait, et cette logique magique de l'enfant, quant aux formes, est responsable de cet extraordinaire habitus des enfants qui, lorsqu'on commence à leur enfiler des chaussures et des gants, perdent complètement la notion du tonus de leur pied ou de leurs doigts. C'est une expérience bien connue des mères qui veulent mettre des gants à un enfant : sa main devient une boule, il faut lui rendre perceptibles sa main et ses doigts par la palpation à travers le gant, pour qu'il puisse y entrer ses doigts étendus. De même, c'est l'expérience connue des vendeuses de chaussures pour les petits. Il leur faut mettre les petits à genoux sur une chaise pour leur enfiler les chaussures sinon le pied que l'enfant ne voit plus devient un moignon qui rend impossible l'entrée de la chaussure. C'est aussi la raison de la terreur des enfants pour les masques portés par autrui et de leur joie à en porter pour faire peur aux autres. Tous ces faits sont des conséquences de l'image du corps inconsciente de l'enfant qui jouent sur le corps propre en tant que schéma corporel dépourvu de pérennité dans la réalité quand l'image du corps fonctionnel n'est pas en activité d'échange avec autrui reconnaissable et qui parle à sa personne en le reconnaissant[55].

Le mode relationnel du corps de l'enfant au corps de la mère se fait sur le mode de l'autonomie qui investit l'image de base du stade actuel jointe de façon sécurisée à son image de fonctionnement. Alors seulement l'enfant (ainsi que la mère) peut supporter sans angoisse l'éloignement librement consenti de l'un par rapport à l'autre. Ce début d'autonomisation du désir est signe de sécurité dans l'espace et le temps. Cela survient grâce aux initiatives de la déambulation délibérée, avec l'apparition de la possibilité verbale de dire « non » à un ordre ou à une suggestion de la mère. Ce « non » est un non à la dépendance fatale et non négociable à la mère tant que l'enfant n'a pas encore perçu sa possibilité de se séparer d'elle sans la (se) perdre avec elle dans l'espace.

Pour « faire » véritablement « oui », de façon intentionnelle en accord avec la mère, présente ou non, il est nécessaire que l'enfant passe par le « dire non » à l'inévitable suggestion hypnosante de sa mère. Ce dire « non » aux injonctions de la mère, c'est un rejet positif : « je te rejette comme je rejetterais quelque chose d'étranger qui doit devenir étranger à moi, je ne veux plus de moi dépendant substantiellement de toi ». Grâce à ce non qui met une distance entre lui et sa mère, l'enfant réfléchit à l'acte que la mère lui a demandé de faire et si cet acte correspond en effet à son désir, ce qui est presque toujours le cas, si la voix de la mère n'est pas trop tendue, il peut « faire » oui, « agir » oui, du fait d'avoir « dit » non. Son agir délibéré correspond alors à une véritable acceptation dans un désir accordé au sien et non fusionnel au sien. C'est une période très importante dans le développement de l'enfant, affectif et psychique, ce dire « non » pour faire « oui », et le dire « oui » en même temps qu'il fait « non » (découverte du « mensonge » et de la farce si la mère est compréhensive) ; c'est une période hautement structurante de la personnalité autonome de l'enfant[56]. Il y a hélas énormément de conflits avec les mères qui ne comprennent pas ce passage de leur enfant qui naît à sa propre intelligence de pensée, de dire et d'agir, passage nécessaire à une autonomie psychique à leur égard et qui, en entendant le « non » de l'enfant, se mettent à répondre : « alors, ne le fais pas », ce qui brouille complètement les cartes. Cela rend l'enfant confus par rapport à son désir de faire « oui » après avoir dit « non ». La seule attitude possible de la mère c'est de ne pas entendre ce « non ». Toutes les mères que j'ai pu ainsi conseiller, dans cette période que traversent tous les enfants sains, période très dure à supporter pour certaines mères, s'aperçoivent qu'au bout de moins d'une demi-minute du « dire non », si elles n'ont rien manifesté en réponse à ce « non », l'enfant avec joie « fait oui », sans même s'être aperçu ni se souvenir d'avoir dit « non », c'est-à-dire agit comme elles lui avaient demandé ou suggéré. C'est de dire ce « non » qui lui a permis d'agir à l'identification d'un agir désiré par l'adulte et pas à la dépendance d'objet partiel ou de chien tenu en laisse par les sonorités de la voix de sa mère maîtresse. Il n'y a pas d'obéissance, au sens réel du terme, s'il n'y a pas eu auparavant cette période de dégagement de la dépendance ; et c'est au moment de l'acmé du stade anal que le début de la notion « moi », « toi », sujets grammaticaux du verbe décliné à la seconde personne ou à l'infinitif, s'inscrit ainsi dans la relation à la mère. Ce n'est qu'après la période où il peut agir volontairement comme agissent les adultes, et en accord avec eux le plus souvent (lorsqu'il n'y a pas eu de troubles dans la relation mère-enfant), que l'enfant dit : « je », à peu près en même temps qu'il découvre la différence sexuelle entre les filles et les garçons. Ce sont des semaines d'une très grande rapidité de développement langagier, qui ne peut advenir qu'à partir de la maîtrise totale du monde ambiant par la musculature volontaire dans la déambulation libre et l'acrobatie ludique dans la sécurité.

La relation de transfert de la sécurité de l'image de base du corps du stade anal, naturellement associée au transfert de l'image fonctionnelle orale, se fait dans la possessivité d'objets dans des réceptacles, des valises, des boîtes, des placards, des tiroirs, des caisses, des petites voitures qu'on tire ou pousse, des poupées animales ou humaines qu'on chérit. C'est aussi dans la maîtrise des éléments — jouer avec l'eau, la terre, le feu, souffler pour gonfler des ballons, les crever, les lancer, les reprendre. Quant à la maîtrise du feu, c'est certes dangereux mais c'est l'âge où l'enfant devrait être instruit à expérimenter sans danger et sans se brûler son désir d'être maître du feu. C'est aussi le moment où il découvre la maîtrise des animaux domestiques par la voix et le geste, les faisant servir à ses plaisirs et à des jeux de compagnonnage ludique en toute sécurité avec eux. Leurs réactions développent alors son sens de l'observation.

La relation de transfert de la sécurité de fonctionnement de l'image kinétique fonctionnelle anale s'exprime dans le lancer, les jeux de balle et de ballon au pied, les jeux où il transporte son corps sur des mobiles, les jeux de construction (faire avec des morceaux des accumulations, trains de chaises, trains d'objets divers, constructions en hauteur et en longueur, agglomérations qui obéissent à une hiérarchie de masse). Ce sont les jeux d'échanges, dînettes miniatures, mobilier miniature, soldats, personnages miniatures grâce auxquels l'enfant fantasme une maîtrise de géant sur son entourage magiquement nain ; c'est une manière de transférer sa situation archaïque de dépendance au monde des grands dans des rapports de masses, lui petit, l'autre grand, où il était fatalement dominé. En devenant dominant, il devient sujet volontairement maître à l'instar des adultes.

En donnant ou en retenant par continence délibérée ses excréments à sa mère, ou à la nature, l'enfant se sécurise ; s'il satisfait sa mère par cette propreté qui à lui aussi est agréable, il découvre la joie de donner. Ce n'est pas parce que l'enfant est capable de savoir retenir ou donner ses excréments qu'il faut pour cela que la mère en profite pour imposer ou valoriser le dressage à la propreté sphinctérienne d'emblée sans « accident », ou pour que l'adulte intervienne par rapport au jugement de fierté ou de honte que l'enfant peut avoir pour lui-même d'être continent parfois et parfois encore d'avoir mouillé ou « fait caca » dans sa culotte. En effet, cela signifierait que, dans la réalité, la mère et le père seraient dans leur désir conformes au désir d'un enfant de cet âge qui voudrait devenir magiquement géant à l'instar des adultes. Le dressage à la propreté est inutile sinon nuisible pour l'avenir. C'est commode mais ce n'est pas éducatif. Cela signifie également que pour les parents les excréments d'un enfant et les zones qui, pour lui, sont érogènes, appartiennent à l'adulte et doivent lui être soumises pour satisfaire son plaisir. Éthique pervertissante[57]. L'important c'est que pour l'enfant, ses zones érogènes anale et urétrale excrémentielles ne soient pas plus précieuses que ne le sont les mains, les pieds, l'esprit, l'intelligence, les paroles. Il n'y a qu'une manière de soutenir l'éducation de l'enfant à réaliser son propre désir de grandir à l'instar des adultes, c'est de n'avoir pas d'attention élective pour sa façon d'excrémenter, mais seulement pour sa façon d'être adroit manuellement et adroit en paroles compréhensibles et dans ses expressions corporelles.

À partir de ce stade, alors, puisque l'enfant aime avec plaisir et volontairement s'identifier à tout ce qui remue et agit, c'est-à-dire aux animaux domestiques qui sont agiles, adroits, obéissants à leur maître, il développe le plaisir de collaborer à toutes ces activités humaines à l'égard des animaux et comme il brigue de s'identifier aux adultes, il aime agir comme ses parents dans toutes leurs activités. C'est après deux ans et demi surtout que les enfants observent attentivement tous les animaux, interprètent par projection leurs comportements comme un langage, parlent et jouent avec chats et chiens qu'ils ne craignent pas et vis-à-vis desquels des enfants solitaires et dépressifs développent un attachement salvateur. Ils désirent préserver des dangers les petits animaux même nuisibles. Ils s'identifient aussi à des machines, autos, avions, trains, motos. À lui seul, l'enfant « serait » à la fois le conducteur et l'engin. Par exemple, il mime le bruit des autos, des avions, des trains, et pendant ce temps il imagine être cette machine elle-même; il aime à dresser, à faire obéir, à se montrer fort, sportif, à s'articuler avec les autres dans une activité concertée, il aime avoir des rapports de corps, lutte, boxe, jeux corporels, courses.

L'insécurité qui se perçoit chez l'adulte rigide qui ne peut ni donner une poignée de main, ni danser, ni chanter joyeusement est toujours enracinée dans l'insécurité des jeux de corps due à une éducation surprotectrice anxieuse, au tabou du plaisir dès l'époque du stade anal de son enfance et à la peur d'un morcellement oral qu'il éprouvait du fait de l'éducation au dressage précoce à la propreté qui a inhibé trop tôt sa joie motrice de fonctionner. En effet, l'enfant dressé tôt à la propreté a une crainte que l'image de son corps de base ne soit entamée si son corps de fonctionnement n'a pas donné à l'adulte la prestation demandée. Au stade urétro-vaginal suivant, cet interdit se transfère sur le sexe. Les enfants qui n'ont pas été dressés à la propreté y arrivent d'eux-mêmes spontanément, de même que tous les mammifères ; de plus les enfants sont naturellement attirés, si les adultes expliquent l'usage qu'ils font des cabinets, à les imiter dès qu'ils en ont la possibilité neurologique, au plus tard à trente mois. Élevés sans dressage, ces enfants sont reconnaissables à leur plastique du corps très particulière : ils sont toujours en relaxation, et leurs émois s'expriment en paroles et mimes avec une liberté inconnue des autres ; ils n'ont pas peur de se laisser aller à leurs émotions, à leur curiosité, à la joie de vivre et à exprimer leur peine quand ils en éprouvent ; au contraire, un adulte qui a été élevé à une continence précoce a honte de prendre des libertés ludiques, il est raide dans son corps moteur, sans grâce gestuelle.

Une hiérarchie tout à fait spontanée investit l'extériorisation des pulsions de l'enfant qui sont engagées dans l'image du corps kinétique anal, grâce au développement de son schéma corporel. Or, dans l'image inconsciente du corps, ce n'est pas toujours la tête en tant que lieu des messages volontaires à laquelle obéit la motricité de l'enfant. La tête en tant que chef des mouvements, dans les représentations graphiques ou plastiques de l'enfant à l'âge kinétique n'existe que chez ceux qui sont en sécurité, adaptés au langage des regards. En effet, la volonté de l'enfant est lieu d'où vient le regard des adultes (le visage de l'autre), lorsque fusionnel puis dépendant de lui, celui-ci contrôle et inhibe les actes spontanés de l'enfant et peut dès lors infirmer ses initiatives[58]. Toute tête avec des yeux qui serait reliée à un corps correspondrait pour lui à infirmer les initiatives de ses mains, de ses pieds, son larynx, ses viscères, ainsi que l'usage de tous les lieux fonctionnels de son corps. À nous de comprendre alors que la logique de l'enfant lui fait croire que ce sont ces lieux du corps, lieux de ces pulsions irrépressibles, dans l'abandon ou la perte desquels il perdrait dignité d'homme et avenir sexuel.

Il lui faut alors, pour vivre, littéralement « tenir tête » à l'autre qui risque de le piéger alors qu'un désir l'anime, pour lui vital, au sens symbolique de la défense de son désir en conservant son narcissisme. Entrent alors en tension ces lieux du corps où le conflit entre désir et interdit se joue. Tics, bégaiement, trébuchements, gestes maladroits mais aussi toute une pathologie fonctionnelle neuromusculaire et dysfonctionnements émotionnels digestifs, cardio-respiratoires, extinction de voix émotionnelle, vaginisme et éjaculation précoce ou impuissance masculine.

C'est ainsi que, par projection dans les représentations graphiques, l'enfant représente le ressenti qui dans son histoire relationnelle précoce a formé sa conscience existentielle. Ce qui en lui le commande est ailleurs que dans sa tête en tant que désirs, comportements illicites, ailleurs aussi que dans son cœur situé dans le thorax. Ce sont ses pieds, ses jambes, ses mains, ses épaules, son bassin, son sexe. Ces lieux de son schéma corporel sont alors sous tension quand il brigue un plaisir nouveau ou qu'il donne un effort d'attention. C'est là qu'il ressent les conflits affectifs ainsi que dans la colonne vertébrale, lieux des centres nerveux de toutes les régions périphériques responsables de l'expression kinétique de ses désirs.

Dans cette liberté laissée à l'enfant, contrôlé et enseigné à la technologie de toutes manipulations au cours du stade anal, c'est-à-dire depuis la marche jusqu'à vingt-cinq à trente mois, âge de la parfaite maîtrise de son corps pour ses besoins et dans ses activités dans l'espace familier et social proche où l'enfant fait de multiples expériences, est incluse la découverte du toucher de son propre corps accompagné du langage verbal de plus en plus maîtrisé. Son sexe suscite des questions s'y rapportant. Il en exprime les sensations — qu'il commence par confondre avec celles des zones érogènes excrémentielles — et il en fait aussi la libre découverte sans culpabilité suggérée ; il découvre, hors de toute sollicitation de besoins, la volupté particulière du toucher de son sexe. Il parle en confiance de sa découverte de la masturbation révélatrice de ce lieu de perceptions génitales agréables.

En interdisant les initiatives ludiques, verbales, kinétiques, en blâmant le plaisir masturbatoire, les parents interdicteurs excitent artificiellement avant terme le désir génital, du fait qu'ils privent l'enfant du plaisir à expérimenter fonctionnement et sensations de besoins et à en discriminer lui-même par expérience les sensations du désir au début confus dans cette région du siège. Dès que l'enfant a pris conscience des formes anatomiques de sa région génitale, et des sensations qu'il éprouve au sexe indépendamment de tout fonctionnement excrémentiel, il s'exhibe, fille autant que garçon. Il s'intéresse à observer chez les autres, enfants, adultes, cette région homologue de leur corps. Il projette les émois liés au sexe (qu'il appelle encore, faute d'être informé des termes adéquats, le pénis « pipi » ou « robinet » ou « quéquette », « petite queue »). Si cela ne lui est pas interdit, il est très bon observateur et comme je l'ai dit, il parle de tout ce qu'il observe si on ne l'en a pas culpabilisé ; il est intéressé de façon capitale dans sa dynamique émotionnelle inconsciente par les émois que procurent les relations avec des enfants et des personnes de l'autre sexe. Apparaît en même temps la pudeur de ces émois. Cette pudeur inconsciente est sans doute la raison pour laquelle dans leurs dessins d'animaux, les enfants avant huit ou neuf ans ne représentent pas les organes sexuels.

La masse céphalique d'un mammifère de dessin d'enfant est un ovoïde à axe vertical avec un visage humain. Cet axe de la tête est perpendiculaire à l'axe horizontal du corps qui présente deux, ou quatre, ou cinq, parfois plus encore de pattes à implantations ventrales. La queue est en prolongement de l'axe de l'abdomen et non, comme il pourrait l'observer, continuant la colonne vertébrale. La représentation verticale humaine, visage et corps dans le même axe, n'arrive, elle, dans les représentations de l'enfant qu'à partir du moment où il s'est découvert à lui-même un sexe avec ou sans pénis ; qu'il soit encore confusément associé au fonctionnement urétral différent, il en éprouve une fierté consciente qu'il exprime par le souci de bien distinguer le sexe de ses personnages par le vêtement, robe ou jupe aux filles, pantalons aux garçons, même de nos jours où dans la réalité bien des fillettes portent des pantalons. Mais, alors qu'il donne aux animaux des visages semblables à ceux qu'il donne aux humains, s'il les dessine avec leurs petits éventuellement, il ne leur donne pas de sexe : les animaux restent pour lui projectifs de sa représentation de désirs oral et anal. Oral, il les projette aux aguets de leur plaisir à consommer sans vergogne ce qui les tente ; anal, ils sont à ses yeux libres de plaisir moteur ludique et utilitaire ou agressif sans culpabilité — et doués d'un corps kinétique pour des activités de plaisir moteur aux désirs agressifs, sur le mode sadique anal, non hiérarchisés par une morale humaine ; ils échappent au Surmoi : dans la logique de cet âge, l'inhibition morale ne s'applique qu'aux êtres humains.

On reconnaît dans ses représentations les êtres humains par la verticalité de leur posture, leurs attributs allégoriques sexuels combatifs ou de prestance pour les hommes, de charme ou fonctionnel utilitaire pour les femmes. Ils obéissent à des règles à l'imitation des règles sociales et des valeurs de comportement introjectées des adultes. Il ne s'agit pas encore d'une éthique sociale introjectée, c'est-à-dire acquise comme elle le sera plus tard après la castration œdipienne[59] ; il s'agit seulement de faire semblant. Ces règles peuvent se modifier au gré des fantasmes et même devenir absurdes, ôtant tout leur sens aux histoires qu'il raconte, pourvu que dans les récits où il se projette dans ses héros il y prenne du plaisir. En racontant et parfois en mimant ces histoires qu'il invente, il aime à faire partager son plaisir, ce qui réussit avec ceux de son âge mais qui rate son but avec les plus grands et les adultes, qui se perdent dans ses propos embrouillés où l'absurde s'enchaîne au vraisemblable, le fantastique au romantique et au plus plat de son quotidien.

Les stades archaïques de la libido vont jusqu'à cette étape du développement de l'image du corps. Après commence le stade génital préœdipien. La relation libidinale de maîtrise des objets aux stades archaïques narcissise le sujet quand il exerce sa maîtrise sur eux jusque dans leur destruction néantisante. C'est l'un des aspects pathologiques, s'il se prolonge au-delà, d'une tension anale zoomorphique et non encore anthropomorphique verticalisée, ou redevenue archaïque si le sujet régresse dans son narcissisme passif jusqu'à s'identifier à un végétal, ou encore à s'identifier en tout ou partie à des objets partiels à mordre ou expulser, oraux ou excrémentiels, ou à des objets partiels anatomiques. Les formes qu'un enfant donne aux nuages lorsqu'en psychothérapie il associe à leur propos se révèlent être des représentations partielles de corps imaginaires anatomiques ne correspondant pas à ce qu'ils peuvent savoir de l'anatomie réaliste ; de même que les taches des corps des animaux ou les taches des troncs de végétaux, les formes des feuilles. Ils y représentent des fantasmes inconscients articulés au désir archaïque oral ou anal dans des zones internes, viscérales, de l'enfant, régions qui ne sont plus narcissisées consciemment, ni ressenties fonctionnelles ni érogènes.

Ces désirs archaïques demeurés inconscients, il les projette dans les végétaux, dans les animaux ou dans la nature ambiante terre, eau, ciel. La sécurité est représentée par des abris naturels généralement associés à l'eau, aux rivières, aux étangs, à la mer; l'insécurité aussi, et le désir en tant qu'intense est représenté par des flammes, du feu; l'angoisse du désir est représentée par des lignes tremblées qui sertissent soit les végétaux, s'il s'agit d'angoisse orale, soit les animaux avec des piquants sur les lignes qui sertissent la représentation des animaux. Les tensions subies sont agressives, les maisons sont craquelées, morcelées, les volcans explosent, ce qui représente le danger d'une insécurité de base chez l'enfant.

La relation de maîtrise des objets, maîtrise confirmée même dans leur déstructuration apparente, est pour l'enfant toujours mise narcissiquement au service d'une idée de puissance qu'il se garde, en projetant son impuissance dans les objets représentés. La puissance qu'il acquiert avec ces fantasmes vise une utilisation pragmatique de défense passive ou active mais jamais une maîtrise néantisante même si parfois elle y aboutit; il s'agit de modifications esthétiques des formes préalables du matériau appréhendé par lui. Son initiative industrieuse, transférée de sa logique de maîtrise ludique et consommatoire digestive sur l'objet, vise à modifier les formes, donc à, comme disent les adultes, démolir, pour le plaisir de jouer avec ces formes qu'il morcelle pour d'abord affirmer ainsi sa maîtrise. C'est pourquoi les parents ne devraient jamais jeter des fragments de jouets que les enfants ont eu plaisir à briser, car ces fragments de jouets représentent pour eux des émois qu'ils ont besoin de conserver à l'état morcelé pour les utiliser dans des fantasmes nouveaux. L'enfant industrieux et ludique est comme un bricoleur non dans la réalité mais dans l'imaginaire. Tout peut servir à quelque chose. La maîtrise par l'enfant de son corps dans la réalité dépend autant de l'image de sécurité de base[60] qu'il possède (même si dans la réalité il possède un corps infirme) que de son image fonctionnelle, ressentie comme une identification progressive valeureuse aux aînés, aux « grands », aux parents, de sexe d'abord indifférencié. Plus tard, à la découverte discriminatoire de son sexe, son identification se fait en référence au parent et aux aînés de son sexe, puis à ceux d'entre eux qui lui paraissent valeureux.

Cette identification le mène à chercher des rapports de jeux de corps à corps sexuels génitaux, dans la réalité avec autrui, et surtout avec le parent élu de l'autre sexe ou les familiers, dans un mode d'accomplissement tactile investigatoire qui le rassure si, au moment où l'on voit ses gestes, il lui est dit la vérité concernant la réponse à sa question, c'est-à-dire comment sont faites sous les vêtements les personnes dont il cherche avec curiosité à découvrir la nudité. Lorsque l'enfant est soumis à la vue constante de la nudité de ses parents, il ne les observe pas car il ne peut observer que ce qu'il ne voit pas fréquemment, et ce qui est caché est ce qui l'intrigue beaucoup plus que ce qui se montre. C'est ce qui étonne beaucoup les parents qui croient élever leurs enfants dans la liberté d'observation parce qu'ils se montrent nus devant eux. Or, dans leurs caractéristiques sexuées, jusqu'à l'âge de l'entrée dans l'Œdipe, les parents n'ont jamais été « vus » par les enfants, et c'est à l'occasion d'autres personnes qu'ils ne voient jamais totalement nues mais en sous-vêtements, en maillots de bain, que les enfants se posent les questions concernant les seins, les sexes. Ils sont éveillés à la différence sexuelle par la vue de camarades, ou d'autres enfants de la famille, mais presque jamais par les parents qui s'offrent pourtant nus à leur observation constante[61].

La zone érogène génitale dans son vécu formel observable tactilement et visuellement — pénis, testicules, vagin, seins — est associée, mais inconsciemment quant à leur forme et à leur fonctionnement, à d'autres parties du corps déjà investies par les expériences orales et anales transférées sur des objets partiels. (Par exemple l'ouverture vaginale = bouche avec dents.) Sa propre zone érogène génitale, lorsqu'elle vient d'être découverte par l'enfant, il tient à la voir dans le miroir[62], il l'appréhende selon les modes d'accomplissement antérieurement ressentis comme satisfaisants, il en cherche l'utilité (à quoi ça sert ?), et n'y découvre que le plaisir insolite, inutile et agréable, étrangement émotionnel. C'est l'origine du désir sadique contondant transposé de l'agressivité pénienne, dentale, manuelle sur tous les objets, désir sadique, perforant, arrosant et expulsant, associé à l'urètre pénien garçonnier ; et les enfants cherchent ce mode de rapports sexuels agresseur-soumis qui leur apporte de grands plaisirs. Parce que la région génitale est associée à l'émission d'urine, les enfants aiment jouer avec l'eau, des tuyaux, des pistolets à eau; c'est l'origine toujours spontanée — pour les filles aussi — d'accomplissements sadiques dévorants par l'intermédiaire des trous dans lesquels on enfouit les choses. On aime à cacher et à jouer à retrouver; c'est l'origine toujours spontanée et plus ou moins ludique de l'angoisse de disparition du pénis par magie ou par punition, de fantasmes d'écrasement testiculaire pour les garçons, d'empalement, de rapt et de viol pour les filles.

C'est là que la corporéité imaginaire totalement humanisée et verticale est considérée comme esthétique en identification à la personne sociale du parent du même sexe. Cela va jouer un rôle ambigu, c'est à la fois la sécurité d'une forme corporelle complète non aliénable et la rivalité tout à fait inégale et impuissante de l'enfant face à l'adulte et à la perception de ses formes d'après les critères de masse selon les valeurs comparatives petit-grand, fort-faible du stade anal. L'enfant à cette époque vise à devenir aussi adroit dans la masse totale de son corps et dans son efficacité manuelle que le sont les parents; il vise à attaquer et à se défendre, il vise à rivaliser avec le corps des aînés et le corps des adultes, et surtout il vise à dépasser en force — ce qu'il ne peut jamais arriver à faire — le rival œdipien, et encore moins à dépasser en valeur procréative, la valeur génitrice de la mère. Étant donné l'immaturité du corps et du sexe de l'enfant, il y a disparité[63] dans son imagination de réalisation de corps à corps génito-génital, et c'est le moment où l'angoisse de castration génitale de l'enfant va entrer dans la phase de la crise œdipienne.

Il faut savoir que l'organisation des pulsions orales, anales et kinétiques contribue à la valorisation éthique de nombreux objets, valorisation qui découle de l'investissement symbolique d'objets de remplacement du sein et de la bouche, des équivalents du plaisir archaïque de puissance et de maîtrise du téton et par lui du désir de relation psychique à la mère. Le langage parlé est une sublimation de relations d'objets partiels à l'époque de l'éthique orale. La parole est maîtresse des objets à distance, puisqu'elle les recrée dans l'imaginaire par l'évocation des mots : elle permet de représenter l'objet; en quelque sorte elle donne, elle propose, elle manipule avec la bouche les sons qui signifient l'objet et à distance, elle en évoque la représentation à l'adulte qui, accordé à cette même parole, sait de quoi son enfant lui parle alors que l'objet n'est pas présent.

Il y a aussi une valeur éthique de la création manuelle graphique, des dessins plastiques, des modelages, une création industrieuse des objets à l'imitation des objets dont l'adulte se sert. Toutes ces productions sont des sublimations et des compensations, par la représentation, de l'insuffisance fonctionnelle, corporelle, de l'impossible « pour de vrai ». L'occupation industrieuse et la maîtrise par ses mains de tous les matériaux sont pour l'enfant une nécessité absolue. Il tente de modifier les formes de ce qu'il touche, il déboîte, dévisse, casse, déchire autant qu'il le peut tout ce qui est à sa portée pour y conjoindre dans cette modification l'idée d'une représentation d'un autre objet utilitaire dans lequel il affirme l'évocation de sa puissance dans un esprit d'organisation orale et anale esthétique, au service de pulsions créatrices. Le commerce devient une activité de transfert du fonctionnement digestif dans le troc, par la valeur anale symbolique de l'investissement transféré de l'objet partiel, les fèces, à la monnaie, surtout si l'enfant est dans un milieu où l'on parle d'argent. C'est une sublimation des relations d'objets correspondant à une sublimation de l'avoir et du faire, pour acquérir du pouvoir qui permet d'acquérir, etc. C'est une transposition du commerce digestif. La nourriture donne de la force, l'excrémentation libère le corps. Le paiement reçu en échange du travail représente une sublimation, celle du bien-être accru après le plaisir du faire anal ; la monnaie est l'objet de transfert des réserves biologiques, et l'excrément est rendu ainsi imputrescible d'être transféré dans une valeur papier ou dans une valeur métal, valeur durable d'un excrément symbole du travail digestif accompli. Le travail, c'est la transformation, la modification de matière première valorisée en société, que l'homme fait subir aux choses pour donner puissance et satisfaction à lui-même et à autrui (qui lui donne de l'argent en échange du prendre l'objet partiel). La société, ce sont tous les autruis accordés sur la valeur de ces représentants anaux, comme la parole est une sublimation orale où les êtres humains s'accordent sur le sens à donner aux phonèmes et à leurs articulations représentatives d'objets et d'agissements dans le langage parlé.

Jusqu'à la puberté, les accomplissements biologiques sensoriels concernant le corps digestif et le corps kinétique pouvaient toujours trouver à s'accomplir dans des objets satisfaisants même si, dans la vie imaginaire, donc invisible par autrui, le sujet en travestissait inconsciemment l'intentionnalité, c'est-à-dire visait, avec les personnes en relation d'objets de type fétichiste, la recherche de son seul besoin et de son seul plaisir, quels que soient pour l'autre le plaisir ou le déplaisir, l'utilité ou la nuisance de ses agissements. C'est la relation d'accomplissement émotionnel des tensions dues aux pulsions, dans un accord simultané d'émois, qui correspond à l'échange bénéfique réciproque, à la fois utilitaire et coopératif, pour l'entretien, les besoins, les désirs, les plaisirs de plusieurs qui s'accordent dans une activité. Le jeu émulatif et rival (à qui réussira le mieux) commence avec la fin du stade anal, et tous ces jeux concourent à l'évolution de l'enfant, à l'expérience qu'il acquiert de sa tolérance pour une puissance différente de la sienne, pour une égalité ou une inégalité dans les performances, surtout si dans le jeu tout le monde s'amuse autant, et que l'enfant est initié à prendre du plaisir au jeu en lui-même. Même si on perd, et pas seulement si on gagne.

Quand il y a confusion à l'âge adulte du mode digestif fonctionnel des relations interpersonnelles avec l'image inconsciente de sécurité du corps du stade génital, c'est que les pulsions archaïques n'ont pas pu se sublimer ni l'image de sécurité de base du stade oral et anal se construire. Cela se rencontre dans le tableau clinique de putains et de maquereaux (mais cela peut tout aussi bien exister dans les relations de couples légaux). Les relations de dépendance sado-masochiste prédominent, sans la sublimation de type génital où le sujet prend son plaisir dans une association créatrice d'une œuvre, comme dans la procréation responsable d'enfants dont aucun des procréateurs n'est possesseur, dans l'amour, dans le respect mutuel des conjoints et de leurs enfants considérés comme des personnes en devenir.

Avec l'avènement du besoin d'accomplissement sexuel génital, en cas de fragilité des images inconscientes aux stades prégénitaux, il arrive qu'une personne soit fétichiquement investie en tant qu'objet partiel indispensable à son désir, par un amoureux dont cette personne ne veut pas. Quelles qu'en soient les raisons, celle-ci n'estime avoir aucun accord avec son soupirant, ni émotionnel ni en image de corps. C'est alors que le libre refus de la personne qu'il a choisie et qui n'apprécie pas de l'être[64] peut déclencher chez le désirant sexuel génital des régressions en chaîne qui entraînent la dévalorisation narcissique de toutes les images inconscientes actuelles et antérieures du corps chez ce sujet désirant sexuel et amoureux éconduit. La libido se désintègre des zones érogènes ainsi dévalorisées à la suite du refus de l'être aimé : le tassement de la hiérarchisation éthique des images du corps qui soutient à tout moment le narcissisme de chacun s'arrête parfois sur le plan d'organisation anal agressif : c'est la pulsion meurtrière vis-à-vis de l'objet qui s'est dérobé à l'amour ou au désir; cette pulsion meurtrière et son aboutissement, le viol ou la nuisance vengeresse contre cet objet qui trahit l'espoir mis en lui, est un substitut anal d'accomplissement du désir génital. L'est aussi l'auto-agression par le suicide du désespéré d'amour. Cela peut être aussi l'effet d'une régression sur le plan oral agressif avec perte de cohésion du sujet éconduit, et si son narcissisme ne peut se reporter sur lui-même, à défaut de l'autre qui refuse son amour, c'est la menace du morcellement de son image kinétique humaine. Il se fige dans un état de prostration duquel il tente de sortir par la régression orale, boisson ou drogue. Le délire érotico-maniaque permet dans ces mêmes conjonctures de conserver le narcissisme lié au corps génital et au corps kinétique préalablement socialisé; ce délire permet au sujet une détente[65] partielle due à la temporisation imposée mais qui, à ses yeux, promet un accomplissement futur certain. Dans ce délire, le sujet amoureux reste convaincu que celui qui l'éconduit est follement amoureux de lui, mais ne veut pas le montrer. Des fantasmes continuent de soutenir ces imaginations amoureuses qui se mettent à envahir la vie fantasmatique du désirant. Il poursuit, parfois jusque dans la réalité, dans l'espace et dans le temps, l'objet dont il est amoureux : c'est une psychose narcissique parfois enclavée dans la personnalité du sujet par ailleurs apparemment sain qui, pour tout le reste de sa vie de relation, semble encore adapté. Sans aller si loin dans ce piège imaginaire érotomaniaque, bien des adultes renoncent à la logique des lois de la réalité des échanges quant au désir sexuel génital dont imaginairement ils s'évadent. Leur image inconsciente génitale est projetée dans les héroïnes et les héros de films ou de romans, dans les grands de ce monde dont les amours les intéressent plus que les leurs. C'est tout de même un processus de la vie symbolique génitale déplacée sur un objet à leur insu totalement mythomaniaque devenu le fétiche mental de leur narcissisme ; grâce à ce subterfuge leur névrose est supportable.

Exemples de régressions cliniques observées chez des adultes

Je citerai deux exemples banals tels que vous en connaissez tous.

Premier exemple. Une jeune fille de dix-huit ans qui jusque-là a toujours paru saine de corps et d'esprit à son entourage social fait une dépression d'apparence schizophrénique. C'est un désespoir d'amour comme disent les proches. Elle ne peut pas épouser un jeune homme aimé avec lequel elle flirtait de temps en temps, depuis quelques mois seulement. Le jeune homme a cessé de la voir, ne s'intéresse plus à elle. Nous connaissons tous des exemples semblables. Elle refuse la réalité de cette épreuve narcissiquement dévalorisante ; l'attention que lui avait montrée le jeune homme l'avait tellement valorisée narcissiquement que lorsque ce jeune homme cesse de la rechercher, alors qu'elle n'a jamais éprouvé ni amour ni désir sexuel pour lui, elle n'a plus rien d'autre que son corps dans son aspect d'objet extérieurement féminin, corps-chose auquel accrocher sa libido narcissique. Elle a perdu les images archaïques satisfaisantes par manque de consommation sexuelle avec lui. Bien que ne l'ayant pas désiré, elle avait besoin pour ne pas se défaire et régresser à la période prégénitale de sa libido qu'il accomplisse avec elle l'acte sexuel et ainsi l'ait reconnue femme au moins dans son fonctionnement de corps à défaut d'en connaître, désirer et jouir. La tension sexuelle (non satisfaite) d'être son objet passif oral à consommer apporte chez elle une frustration narcissique mortifère de l'objet oral désirable qu'elle se croyait être. Non seulement son désir génital n'a pas été éveillé mais elle se sent objet de rejet ; en ne voulant pas aller plus avant dans son flirt, il lui a retiré toute sa valeur potentielle humaine. Cette perte de présence de l'objet lui fait perdre la notion de son corps pas encore génital puisqu'elle n'a jamais désiré sexuellement ni homme ni femme, restée fixée à l'image fantasmée des corps (le sien et celui de ce jeune homme) dans leur acception d'objet. Elle est dénarcissisée de sa féminité comme au temps de son impuissance infantile œdipienne de fillette impuissante à retenir le père. Elle fait une régression sur l'image de son corps kinétique. Elle refuse ce visage — le sien — qui a été remarqué et aimé un temps par le jeune homme, elle veut le faire transformer par la chirurgie esthétique, mais elle voudrait aussi manœuvrer à distance, par le recours à la magie, le jeune homme qui l'a éconduite; elle est dans le risque d'un délire érotomaniaque. Elle veut croire que le garçon qui se désintéresse d'elle ne fait que mimer son désintérêt, mais ne pense qu'à elle. Elle veut aussi par moments le détruire pour qu'il ne soit pas à une autre si la tension de son désir monte, et c'est la jalousie amoureuse qui réactive la période d'homosexualité préœdipienne en survalorisant la féminité désirable de la mère (ici les autres femmes) contrairement à la sienne (de féminité) qui est délaissée.

Elle peut encore désirer être battue, détruite, du fait que le désir en régressant quitte les positions actives; passif, dépressif, c'est le fantasme de provoquer la venue d'un adulte tutélaire soignant. Il en est ainsi du désir qui régresse sur des positions de libido archaïque passive. Il y a identification de la personne tout entière à un objet partiel digestif consommé, rejeté, bon pour la pourriture; elle tente de se défenestrer : on la découvre à temps; de se faire écraser : elle ne réussit qu'à provoquer un accident de voiture heureusement sans victimes. C'est une régression à la position anale masochiste mais cela peut être aussi une régression narcissique à la position orale, car elle refuse de manger, la nourriture étant vide de la présence symbolique du jeune homme qu'elle voudrait intérioriser en elle tant physiquement que psychiquement. Et ce, comme la mère d'autrefois, celle du sevrage dont elle revit l'abandon empoisonnant la vie de sa mère, celle qui compatit à son état aujourd'hui. Elle se laisse dépérir, et régresse vers l'autisme catatonique. Elle désire toujours, mais son but est la recherche de la paix nirvanique, d'un câlin éternel dans le sommeil. Elle fantasme d'avaler un poison mortifère (et non des somnifères réels) pour hâter la destruction de ce corps qui lui est devenu odieux du fait de n'avoir pas dans les yeux le miroir d'un être vivant qui la serrerait dans ses bras et ferait d'elle, de cette petite fille qu'elle était et est redevenue, une princesse de légende à l'image perdue de laquelle sa fixation narcissique ne peut renoncer.

Si un échec amoureux, au stade génital auquel est advenue une adulte, au moins dans son apparence physique, dans son mode de vie sociale, est traumatisant à ce point, cela tient à sa structure, préalable à cette aventure traumatique. Si on avait étudié de plus près la maturation affective de cette jeune fille avant sa courte liaison amoureuse avec ce jeune homme, cela aurait montré qu'elle n'avait jamais établi de rapports affectifs de personne à personne avec autrui. Jamais eu aucun « fiancé » depuis la petite enfance, jamais eu de rapports amoureux électifs à une ou un camarade, jamais passé ses vacances loin de sa famille. Jamais eu d'autres rapports de corps fonctionnel, ni de sublimations anales et créatives ; ce n'est que le travail qui lui avait apporté de grosses satisfactions, mais narcissisant pour elle seule et pour ses parents. Tout ce qui aurait permis des rapports véritablement d'échange et de responsabilités partagées dans des relations sociales de femme et d'homme de son âge, elle l'avait évité. Cela implique qu'il n'y avait pas eu, en son temps, de castration œdipienne chez cette enfant devenue par l'âge jeune fille, mais restée fillette par le cœur. Cette relation amoureuse brisée qui l'a conduite à une telle régression était une relation à peine ébauchée de la part du garçon, sans aucune promesse. Pour elle, sans expérience et surtout au moment d'avoir à prendre un travail, ce à quoi elle n'était pas moralement prête malgré ses succès scolaires, la rencontre de ce jeune homme qui lui avait « parlé », lui avait donné rendez-vous deux ou trois fois, pour une promenade à deux bien sage, cela avait suffi pour polariser toute sa libido sur l'image à peine entrevue de ce garçon et massivement attendre tout de lui dans une dépendance totale pour sa sécurité orale et anale. Elle se marierait et, restant au foyer, n'aurait pas à travailler ni affronter la vie.

Elle avait vécu dans la réalité une relation duelle de flirt qui avait duré quelques rencontres, sans la participation sociale des relations de groupes qui caractérisent les situations amoureuses postœdipiennes entre garçons et filles tout au long de l'enfance et de l'adolescence. Dans des cas analogues (car on meurt encore d'amour[66]), il s'agit toujours de couples d'amoureux qui vivent complètement isolés du reste du monde dans un narcissisme à deux, et c'est la brisure de ce narcissisme à deux qui produit chez l'être qui est abandonné cette destruction en chaîne. Le mode de relations d'accomplissement se faisait, sans que personne ne l'ait su, sur le mode fétichiste, sans échanges de réciprocité émotionnelle et langagière. Elle désirait dans une relation imaginaire déréalisée, absorber ce jeune homme ou être absorbée par lui, elle désirait sans le savoir un amour fusionnel. Elle en avait perdu les sublimations créatives anales fragiles (si même elle y était parvenue). Ces sublimations orales, lorsqu'elles restent seulement narcissiques et que le sujet n'est pas intégré à un groupe social, dans un travail effectif qui l'insère à d'autres pour travail et plaisir partagés, sont toujours instables et peuvent à l'occasion d'une relation sexuelle génitale première, liée à un amour, se détruire rapidement comme dans un cyclone.

La régression était donc latente et ne demandait que cette occasion de réalité brusquement imposée à la conscience du sujet (qui ne s'était jamais considérée tel). En effet, cette jeune fille ne s'était jamais sentie valorisée réellement dans la société depuis sa puberté, durant laquelle le complexe d'Œdipe n'avait pas été posé. Elle, son père et sa mère, vivaient ensemble, sans conflits, sans beaucoup d'échanges, s'aimant et se respectant les uns les autres peut-être, du moins le croyaient-ils. Elle avait rencontré ce jeune homme à son « travail », petit job qui l'occupait à temps partiel, pour se faire un peu d'argent de poche. Ils se « fréquentaient », elle sortait avec lui, en accord avec ses parents.

La chute sur les bases archaïques du stade oral, narcissiquement désinvesti lui aussi, est de ce fait nécessaire comme étape première à une guérison éventuelle et à une santé psychique possiblement récupérable. Il est possible que la jeune fille, arrivée à cet état de régression gravissime, puisse se reconstruire solidement grâce à une relation psychanalytique qui permette de retrouver les modalités de son sevrage, de retrouver les expériences traumatiques qui, fille unique, l'ont totalement isolée des autres de sa classe d'âge que pourtant elle a fréquentés à l'école. Après avoir réhabilité cette régression orale en se servant du matériel qu'elle permet de rapporter, elle réussira, aidée par le transfert à l'analyste et pour payer son traitement, à restructurer les sublimations des stades archaïques, et à accepter ensuite l'événement castrateur de son désir, le désintérêt du jeune homme pour elle comme le sevrage d'un objet phallique imaginaire pour elle indifférencié, sur lequel elle avait transféré sa relation homosexuelle fusionnelle à sa mère, relation fixée depuis la petite enfance, et qu'elle devra analyser, avant d'analyser sa relation floue à son père, bébé entre sa femme et sa fille. Ses pulsions génitales pourront alors prendre un nouveau départ vers une vie adulte enfin conforme à ce que ce mot veut dire, c'est-à-dire un adulte qui peut supporter la solitude, du fait d'une castration génitale qui a été symbolisée, dans sa possibilité d'œuvrer pour la société, d'y engager sa libido dans des contacts homo- et hétérosexuels de type œdipien et d'analyser alors sa relation à son père en tant qu'homme et non le bébé à soigner, autoritaire grognon qu'elle le croit être. Du moins c'est le rôle qu'il joue à son foyer. Comme on voit, il s'agira d'une psychothérapie longue.

Deuxième exemple. C'est celui d'un jeune homme vierge de vingt-six ans engagé dans des études supérieures. Fiancé depuis l'âge de dix-huit ans, il est resté chastement fidèle à sa fiancée sans aucun rapport sexuel, jusqu'à la fin de ses études, cela par décision délibérée de sa part. Son équilibre pendant ces six années a semblé total ; cependant, dans quelle mesure son image du corps génitale — grâce à laquelle il a aimé et désiré sa fiancée, s'est engagé à elle — est-elle conservée sans échanges ni caresses ni expérience de l'accomplissement sexuel dans la réalité du corps à corps avec la femme qu'il aime et qu'il désire ? Son corps investi trop longtemps de pulsions génitales restées imaginaires a sans doute été soumis au refoulement sexuel par son éthique obsédante de chasteté, conjointe au soi-disant « respect » de la fille qu'il aime. Il a en fait régressé, son amour et son désir sont devenus des mots vides. Il est en fait devenu sans s'en apercevoir une « grosse tête » avec un corps comme au stade anal. Ses sublimations sont de celles d'un garçon consacré au bien faire, au bien travailler, faire pour faire, docile et soumis, bon élève attendant le succès aux examens qui lui donnerait une position dans la société avant qu'il puisse se permettre des plaisirs de corps. À la joie des deux familles, les examens enfin terminés, la date du mariage des deux jeunes gens si longtemps fiancés approche, et voilà que le jeune homme devient délirant.

Le thème de son délire est centré par l'idée intolérable d'une consommation sexuelle avec sa fiancée qui, impatiente, l'en suppliait. Le rapport sexuel est ressenti imaginairement comme destructeur, meurtrier. Un narcissisme anal et urétral soutenait son orgueil d'être sans faiblesse devant son idéal de chasteté et de fidélité amoureuse, et le travail solitaire pour réussir ses examens. Au lieu d'être heureux et enfin libre pour se marier, c'est un choc qui l'a ébranlé. Il a cessé d'abord tous rapports sociaux avec les camarades de faculté, garçons et filles; il s'enferme, il se promène nu dans sa chambre en disant des paroles incompréhensibles. Il ne supporte que la présence auxiliatrice de sa mère qui, appelée par sa logeuse, réussit à le faire se nourrir. Il refuse les contacts avec le monde extérieur. En effet, son narcissisme de jeune homme chaste et fidèle ne pourrait supporter la perte du support fétichique imaginaire de sa continence forcée. Devant l'accès à la réalité de sa profession, son immaturité sociale l'angoissait — c'est-à-dire la promesse d'une situation professionnelle à mériter par sa réussite aux examens. Il a fallu aussi que la jeune fille, sa fiancée, intouchable symbole de sa virilité intègre et engagée, que la jeune fille qui bientôt allait devenir sa femme, se montre pleine de tendresse, de désir, et pressante, essaie de vaincre sa chasteté, lui demande des privautés sexuelles. Là aussi, des fantasmes il fallait passer à la réalité du couple.

Le sentiment d'un morcellement castrateur et mutilateur de son sexe, de perte de sa valeur éthique s'il se permettait, avant le mariage, d'éprouver les plaisirs partagés d'amants, l'angoisse d'avoir à pénétrer le corps de sa fiancée qui l'en priait, tout cela était vécu comme une menace pour sa sécurité existentielle. Cette fiancée devenait le symbole d'un vagin denté, en même temps que du danger d'aimer et d'être aimé, en réalité maintenant. Devant un choc narcissique, la régression s'est déclenchée entraînant des réactions de déstructuration en chaîne comme dans le cas précédent, le refus de se vêtir (le vêtement, symbole de l'amour de soi et de pudeur), la désorganisation du langage et le retour à l'état d'Adam d'avant la chute, démuni devant sa mère de laquelle seulement il accepte à manger.

L'image du corps à un moment donné de l'évolution d'un être humain est faite de superpositions, articulées les unes aux autres, des images passées du corps et de son image actuelle, lieu d'intégration de l'activité des pulsions génitales actuelles[67]. Celles-ci sont investies et entretenues dans leur vitalité dynamique par des échanges structurants et créatifs actuels. La temporisation des satisfactions sexuelles peut certes se supporter un temps — cela dépend d'ailleurs de la complexion des individus[68] —, mais il y en a pour qui la temporisation de ces relations de corps à corps ne peut se faire que sous l'effet d'un Surmoi anal trop sévère, qui d'une façon narcissique ôte, comme ici au jeune homme, l'estime de lui-même (s'il avait été conscient de ses désirs, des vraies motivations de sa chasteté soi-disant par amour de sa fiancée). C'est ainsi que dans ce cas le jeune homme avait refoulé tout désir, il ne souffrait plus d'être séparé de sa fiancée physiquement, tout était bien ainsi. Elle au contraire réprimait son désir mais continuait de souffrir de cette répression consciente. S'il avait ressenti les choses de la même façon, ce jeune homme lui aussi aurait souffert consciemment mais n'aurait pas fait ni choc ni régression le jour où la liberté de son accomplissement était laissée à son désir.

L'image du corps est donc toujours une image complexe, organisée et vivante, axe et soutien du narcissisme, et référée tout au moins inconsciemment à une éthique[69], c'est-à-dire à un idéal implicite recherché par le sujet. Chaque image du corps est alternativement animée d'une dynamique de repos[70] et d'une dynamique d'action, de fonctionnement. Tous les objets affectifs, relationnels, structurants pour le sujet, sont introjectés et surtout imaginaires ; ils sont représentables au sujet par sa mémoire quand il pense à eux dans la dynamique du repos solitaire, lorsqu'il est hors du contact sensoriel et des échanges énergétiques avec les objets désirés. Ceux-ci peuvent en devenir idéalisés. Les objets sont appréhendés comme concrets, sensoriels dans la dynamique de fonctionnement et dans ce cas il peut se faire un ajustement permanent de l'économie libidinale, l'ensemble de la personnalité peut rester solide même si toute satisfaction de la zone érogène actuellement en activité prévalente dans l'économie du sujet est frustrée par le désir délibéré du sujet lui-même ; c'est le cas où il accepte de soumettre la satisfaction de son désir aux conditions de la réalité. Ce choix éthique peut faire souffrir, le renoncement conscient n'est pas toujours facile, mais il ne provoque pas la régression que peut déclencher le refoulement et le désordre de la retrouvaille de plaisirs et modes d'être archaïques.

Les objets indispensables à la satisfaction des tensions érotiques électives et dominantes sont des objets de fixation ressentis positifs ou négatifs; c'est leur disparition ou leur incapacité brusque à satisfaire les tensions libidinales entièrement focalisées vers eux, qui peut, surtout sans le soutien secourable d'un autre attentionné et compréhensif, provoquer un traumatisme, déclencher une régression plus ou moins grave selon qu'elle rencontre ou non des points d'arrêt au niveau des castrations reçues des positions libidinales archaïques[71]. Le sujet peut alors s'accrocher à ces ancrages éthiques des sublimations de pulsions acquises à l'époque de son enfance et de nouveau se réadapter à la réalité; mais il peut aussi rester piégé dans cette régression — surtout quand il s'installe dans des pulsions passives archaïques — et entrer dans une morbidité ou même la mort symbolique.

L'image du corps de sécurité de base, sous-jacente à l'image fonctionnelle d'un stade, peut être atteinte elle aussi quand un événement, extérieur et contingent, non prévisible par le sujet vient entamer son mode de relations courant et ébranler par une intensité inhabituelle de sensations l'image ressentie d'un lui-même en relations d'échanges au monde, image dans laquelle il se reconnaissait existant de par sa permanence vivante, sensation dont dépend son narcissisme. Exemple : régressions à la suite d'accidents, incidents sociaux violents, combats. L'image du corps ressenti, à laquelle le sujet est nécessairement alors obligé de retourner pour retrouver une réunification sur un plan archaïque, est l'image inconsciente fonctionnelle correspondant à l'image de sécurité de base en rapport. C'est parfois celle d'un stade si ancien que la régression peut dans certains cas mettre le sujet dans l'incapacité de trouver dans le milieu ambiant des objets de transfert adéquats[72], ni la satisfaction libidinale en rapport que son niveau d'organisation archaïque régressive réactualisée nécessiterait pour entretenir ne fût-ce que momentanément la dynamique relationnelle à cette image de sa sécurité de base, le temps que le réenracinement narcissique du sujet dans son corps lieu du Moi se soit produit et qu'un transfert sur quelqu'un, modèle et soutien des castrations symboligènes de sublimations, permette la retrouvaille et l'investissement des pulsions de tous les stades.

Dans les psychoses aiguës, dans lesquelles la régression va jusqu'aux niveaux les plus archaïques[73], on a pensé que le maternage effectif par le personnel infirmier pourrait secourir les malades dans de telles régressions symboliques. Cela semble permettre en effet une retrouvaille de relation imaginaire à un autre humain, substitut de la mère, mais ce ne peut être une relation symbolique car toute relation symbolique n'est que de langage à distance du corps à corps et ce n'est que sur une castration de l'érotique d'un stade que les pulsions de ce stade peuvent investir un autre mode d'échanges, celui-là langagier et valorisé selon l'éthique inconsciente du stade qui succède dans le développement humain à celui dont les pulsions ont été castrées. Le maternage effectif qui est employé dans certaines maisons psychiatriques est donc un piège qui installe une dépendance dyadique du malade à son infirmière, à son tour elle-même piégée dans un système préœdipien pervers, parce qu'imaginaire autant que dans la réalité du corps et non plus symbolique. La seule thérapeutique est dans l'adoucissement de la souffrance, si elle est intolérable, accompagnée de relations de paroles au cours desquelles des événements traumatisants plus ou moins compliqués de fantasmes délirants, de représentations plastiques, graphiques, idéatives, auditives, dans l'ergothérapie par exemple, servent à la catharsis des pulsions en même temps qu'à un décodage verbal de l'événement traumatisant si le malade est assisté par une analyse, c'est-à-dire par un psychanalyste. Avec son aide, il étudie ses activités projectives et le sens qu'elles ont pour lui dans une relation transférentielle, elle-même analysée au jour le jour par des séances fréquentes.

Sans l'aide d'autrui, quand la régression est parvenue au retour à un narcissisme infantile du stade anal passif, la désorganisation va se continuer de plus en plus chaotique dans sa symptomatologie parce que les tensions non satisfaites cherchent des issues de déplacements, soit dans des passages à l'acte, soit dans des fantasmes d'actes d'autrui ressentis comme persécuteurs à leur égard*. Le sujet est alors comme halluciné et ses comportements entraînent

* Ainsi du « mauvais œil », des sorts jetés, etc.

des réactions coercitives ou répressives du milieu ambiant parce qu'elles sont désaccordées et illogiques pour le monde extérieur, étant donné son niveau psycho-affectif culturel et professionnel antérieur à sa maladie mentale. Personne ne peut comprendre qu'il s'agit d'un délirant avant d'en avoir véritablement décodé le processus idéatif, tant sur le plan de ses pulsions que de l'objet dont le sujet attend par l'accomplissement d'un acte actuellement impossible, l'apaisement de ses tensions. Cela ne peut que compliquer la situation interrelationnelle à son entourage soignant qui lui apparaît de plus en plus fantasmatique et d'une espèce dissemblable à la sienne. On assiste alors à ces gros délabrements de la personnalité, du comportement, et même des processus biologiques, car les processus biologiques spontanés sont eux-mêmes une résultante symbolique narcissique du sujet avec son corps, donc un langage[74]. Suivant le niveau de délabrement de la structure libidinale et la résultante plus ou moins partielle de conservation des échanges sur un des secteurs de l'activité humaine qui peut n'être pas touché, ces régressions, ces maladies sont étiquetées comme troubles profonds du caractère, névroses chroniques, évolutives, ou psychoses ; c'est-à-dire dans le langage commun qu'il s'agit de fous ou de malades mentaux caractérisés, pour lesquels on garde peu d'espoir de rétablissement. La première expression — « fous » — est descriptive et s'accompagne d'associations aux histoires absurdes qui font rire, mais elle entraîne une ségrégation physique et morale. Ce sujet s'exclut ou est exclu du groupe, il ne trouve plus de société à laquelle s'accorder, c'est-à-dire de moyens d'organiser ses activités avec d'autres individus. Il est voué à l'isolement qui aggrave la marginalité. Si d'autres individus le tolèrent, c'est qu'ils sont comme lui, quelles qu'en soient les raisons différentes pour chacun, et la société dans son ensemble les considère comme une bande d'anormaux, au mieux des marginaux imprévisibles, inquiétants, désorganisés, déhiérarchisés. Ils se soutiennent les uns les autres, mais la société dans son ensemble les rejette, et il est bien rare qu'ayant été soutenu dans un groupe aberrant, l'un d'eux puisse se dégager de cette tutelle redevenue maternante, et qui le retient s'il veut quitter le groupe, en même temps que la société ne veut plus réinsérer dans son sein un individu qui a vécu d'une façon aussi anormale ou antisociale.

La notion de « maladies de l'esprit », elle, insinue de façon ambiguë la peur de la contagion mentale liée au sentiment de culpabilité qu'a chacun dans la société desdits « normaux », quant à les tolérer en tant que complices implicites des fantasmes de sa propre imagination. Les « dérangés de l'esprit » sont, à cause de cette culpabilité complice refoulée des gens adaptés, rejetés des rapports interhumains émotionnels sociaux. Il y a aussi les fous que l'on dit être des délinquants quant aux lois de la logique admises par tous. Ils peuvent n'être pas dangereux du tout mais ils semblent dangereux parce qu'ils sont inutiles, voleurs, revendiquants, quérulents, calomniateurs, menteurs, et surtout parce qu'ils ne sont pas des exemples. Ils sont aussi pitoyables, mais il est difficile d'admettre qu'ils puissent être des hommes, des femmes ou des enfants de grande sensibilité, des êtres de valeur humaine, piégés dans une régression sans parvenir à une créativité langagière et légale qui les sauverait*. De même pour la délinquance surtout juvénile qui, on le sait maintenant, est très souvent symptôme d'une souffrance symbolique, rejet ou honte de ses parents, dont le délinquant est éprouvé narcissiquement actuellement ou l'a été à une époque des stades archaïques ou de la période œdipienne de sa vie.

Il est très rare que les magistrats aient vis-à-vis des délinquants occasionnels et juvéniles cette compréhension d'une situation traumatique — et que par son acte, le délinquant appelle au secours. Il est rare qu'ils permettent ou suscitent le désir chez un délinquant de faire une psychothérapie psychanalytique, en même temps qu'ils rendent possible à ce délinquant de conquérir en prison par un sérieux apprentissage des moyens licites de gagner sa vie, c'est-à-dire une utilisation des pulsions archaïques pour un réel bénéfice du sujet. Il faudrait, après cette période de réfection, lui assurer du travail à sa sortie de prison et éventuellement un prêt d'argent pour assurer de façon autonome les premiers mois de réadaptation et son propre entretien sans dépendre fatalement d'autrui : son logement, continuer sa psychothérapie et s'insérer nouvellement dans

* Cependant les principes dits d'antipsychiatrie qui ont remué le monde de la psychiatrie et le monde tout court commencent à toucher la société en même temps qu'ils la mettent mal à l'aise[75]. Ce malaise a trouvé pour dénommer ces gens un mot plus ou moins contraphobique qui permet une certaine sympathie : on les appelle des marginaux.

une dignité retrouvée sans retourner à ses anciens compagnons de délinquance, seule société qu'il ait connue après une famille qui n'a pas su le préparer à vivre dans la loi.

Dans les cures de ces adolescents et jeunes adultes dits marginaux, mal vivants, psychotiques, et même dans les rêves et fantasmes des névrosés, on retrouve la confirmation qu'il existe chez tous les humains un niveau de la logique des formes qui correspond à celles des stades archaïques ; ces images existent potentiellement encore à leur insu mais refoulées chez tous les adultes sains et adaptés qui ne s'en doutent pas[76]. Ces formes peuvent réapparaître presque à l'état pur chez les artistes et, chez les gens qui ne sont pas artistes, dans les images hypnagogiques, dans certaines conditions de souffrance psychique (et peut-être aussi de jouissance psychique). En tout cas, elles peuvent réapparaître dans des rêves ou dans des délires, et c'est leur projection dans des représentations graphiques ou plastiques qui permettent alors de les associer à des productions spontanées d'enfants. Je ne dis pas cependant qu'un adulte régressif a en tous points les fantasmes caractéristiques d'un enfant ou de l'enfant qu'il a été, lui ; il est cela aussi, mais modifié, camouflé, recouvert de l'intensité des pulsions attenantes à d'autres zones érogènes que celles en activité chez l'enfant et dont la qualité et l'intensité viennent de la libido aux étapes ultérieures que l'enfant n'a pas encore rencontrées.

Ces caractéristiques enfantines ressurgissantes sont accompagnées chez les adultes qui régressent à ce niveau, de toutes les manifestations pathologiques qui servent d'expression libératoire de ses tensions libidinales en particulier génitales désorganisées. C'est la seule différence qui existe entre des artistes qui font métier de leur art, créent pour les autres, et les malades mentaux qui dessinent, peignent et sculptent : ils traduisent les uns et les autres les mêmes projections d'images du corps venues de leur ressenti archaïque, mais c'est dans le reste de leur vie qu'ils sont ou non adaptés à la société. Je crois qu'il n'y a pas d'art psychopathologique, il y a art et il y a expressions cathartiques qui ne sont pas composées, qui ne sont pas assumées en toute responsabilité par celui qui en est l'auteur ; mais c'est tout de même de l'art transitoire qui, en exprimant ce qu'il n'aurait pu dire avec des mots, avec des images, a contribué à évoluer vers la parole. Lorsque son auteur est guéri, si ce n'est pas un artiste, l'art disparaît des possibilités de sa créativité. C'est par le travail qu'il se réinsère en société.

Faire modeler ou faire dessiner un sujet en séance de psychanalyse pour mieux apprécier le niveau de régression et ainsi faire se saisir le sujet lui-même par les projections qu'il donne, dans son authenticité sensorielle imaginaire, et lui permettre d'y réfléchir, est un moyen de travail qui me paraît plein de promesses. Cela permet avec ces malades, à travers l'image du corps archaïque qu'ils ressentent et qu'ils expriment ainsi dans des fantasmes parlés, rêvés, qu'ils visualisent, dessinent ou sculptent, au cours des entretiens psychanalytiques dans le transfert au thérapeute, de libérer et d'étudier ces pulsions qui, sans ces moyens de projection dans un matériau, ne pourraient pas s'exprimer dans le langage du niveau adulte que possède par ailleurs dans sa vie de relation consciente ou qu'a possédé cet individu avant de tomber dans sa régression. Le psychanalyste se comporte alors en personne à la fois dynamique, tout en étant passive ou très peu active, mais en écoutant avec grande attention ce sujet qui accepte ou qui, quoique venant chez l'analyste, semble ne pas accepter le contact ; l'analyste est en quelque sorte le résonateur (j'aime mieux cette expression dynamique que celle du miroir qui l'est pourtant aussi) des expressions spontanées du sujet dans l'expérience qu'il éprouve au cours de ces séances*.

L'observation par le psychanalyste de l'expressivité, et l'enregistrement qu'il fait de tous les niveaux archaïques qui sont ainsi présentifiés dans la séance, entraîne une compréhension au travers de sa propre vie imaginaire personnelle concernant son image du corps dans son passé, en résonance au patient ; c'est le moyen de toute compréhension, c'est-à-dire d'échanges dont le sens s'éclaire de ce travail à deux[77]. Ici, les ressorts de l'imagination du thérapeute sont les éléments propres du langage du sujet, paroles, silences, gestualisations (parfois productions graphiques et plastiques servant de motivation associative au langage parlé et mimique du patient). L'attitude même muette mais attentive du thérapeute qui cherche le sens de ce que le patient lui communique en fait un catalyseur de l'énergie

* *Le cas Dominique*, Le Seuil, 1971.

libidinale qui s'exprime pendant la séance dans leurs relations inconscientes extrêmement archaïques.

Qui ou que s'imagine être le malade lorsqu'il est seul ou lorsqu'il est au contact de son psychanalyste ? Se sent-il, s'imagine-t-il être avec lui, dans quel lieu ? Dans quel temps ? Quel type d'échanges énergétiques fantasme-t-il ? Quand ce type d'échanges dans son passé a-t-il été vécu ou souhaité satisfaisant et avec qui ? Comment cherche-t-il une satisfaction de corps ressentie comme un accomplissement qu'il espère à l'expression de sa tension libidinale ? Cette attention du psychanalyste constamment en éveil par rapport à ces axes de référence tend à lui faire comprendre le sens à donner aux dires et aux actes du malade dans son ressenti imaginé et à restituer à celui-ci dans un langage qu'il peut comprendre son unité symbolique. Celui-ci peut alors décoder sa référence au phallus quant à son mode actuel de désir dans sa symbolique et dans son éthique à lui. Il en résulte pour l'analysé la sensation d'un vécu cohésif actualisé et humanisé de séance en séance par la présence de la personne de l'analyste, témoin toujours intègre malgré tous les fantasmes de morcellement et de meurtre que le malade peut élaborer à son endroit, et participant totalement par son attention et sa bienveillance, et le moins possible par ses manifestations gestuelles et mimiques, à tout ce que le malade vit pendant la séance, augmentant par ses paroles le sentiment de la cohésion symbolique du sujet, déjà mis en sécurité par l'acceptation de sa personne dans son habitus, non reconnu par le reste de son environnement comme un interlocuteur valable.

C'est l'établissement de la situation dite de transfert, transfert de relations archaïques, qui traduit le fait qu'autour de la personne du thérapeute existant, actuellement investi libidinalement d'un mode de relations de type quelconque actuel ou archaïque, ou de tous à la fois, le sujet puisse exprimer librement ou taire librement ses fantasmes actuels associés à un vécu passé qu'il mémorise même sans le dire et qui est articulé à sa situation actuelle. L'exactitude ou l'inexactitude des faits remémorés est, on le comprend, sans aucune valeur ici, puisqu'il s'agit d'émois qui sanctionnent des ruptures ou des variations du sentiment de cohésion de l'unité ressentie par ce malade ; l'expression symbolique en permet une réintégration, que cette expression corresponde à des souvenirs, à des mythomanies ou même à des délires. C'est la résonance émotionnelle qui est le fait opérationnel du transfert et qui est d'abord le plus important, la véracité est accessoire — à condition que le psychanalyste n'intervienne pas par un jugement de valeur propre à son contre-transfert, sur ce revécu ou ce renouvellement vécu émotionnel et cathartique. En effet, si le psychanalyste le prenait pour un témoignage de faits réels et de faits sociaux se passant actuellement dans l'environnement ou s'étant passé dans l'environnement du sujet, c'est-à-dire des faits qui seraient à juger selon des normes de la réalité des comportements, il est fort à parier que le traitement ne pourrait pas aller loin; il est fort intéressant d'ailleurs (privilège des psychanalystes d'enfants et de jeunes amenés au traitement par leurs parents) de constater ce que libère chez les parents et l'entourage l'expression transférentielle en séance des angoisses que leurs enfants éprouvaient au contact de leurs parents, et qui avaient permis à ces parents d'oublier qu'ils avaient vécu ou qu'ils vivaient eux aussi des périodes semblables à celles que leurs enfants vivent. Si le psychanalyste ne reste pas dans la position neutre de non-jugement de valeur éthique lorsque lui sont dits des fantasmes, c'est qu'il les prend pour des actes dans la réalité. Il peut en découler une situation psychique traumatique pour le patient, l'enfant. En effet, le psychanalyste deviendrait une référence de la réalité — qu'il blâme ou qu'il acquiesce — alors que c'est la famille, la société, qui est là pour cela. La rencontre du champ de la réalité avec celui de l'imaginaire, l'annulation de leur différence, leur confusion, est définition de la situation dynamique traumatique.

On a parfois le témoignage spontané de souvenirs allégués par les parents concernant des événements oubliés, antérieurs même à la naissance du patient ou vécus lors du petit âge de cet enfant, et qui sont en rapport avec le dire fantasmatique au cours des séances de leur enfant. Ces souvenirs ne leur étaient plus conscients depuis longtemps. Il s'agit parfois d'événements réels et angoissants, historiquement vérifiables : il y a eu des témoins dans la réalité. Ces événements et les émois relationnels de l'enfant avec les adultes qui les vivaient ont servi de matrice aux événements vécus dans l'angoisse sans que le sujet alors enfant en sache le sens; pour cet ex-enfant, le traumatisme avait gauchi sa structure en cours d'organisation. Pour les parents qui avaient eu à subir le traumatisme conjointement au souci de survivre et de s'occuper de l'enfant, il y avait eu une épreuve douloureuse mais surmontable car ils faisaient eux-mêmes à ce moment la différence entre l'imaginaire et la réalité, ce que l'enfant n'est pas capable de faire. Il arrive que les parents se souviennent de la semaine même où l'enfant est tombé dans un état mental qui, de réactions en réactions, l'a conduit à l'état dans lequel il est[78]. Quand c'est possible et que la vérité peut être retrouvée, non seulement l'événement mais les non-dits dont il était accompagné et que l'enfant ressentait, la tension bloquée qui retenait le sujet à cette période antérieure à sa vie peut disparaître presque subitement et l'enfant retrouver en quelques jours la structure correspondant à celle de son niveau d'âge actuel. C'est pourquoi dans la cure des enfants, le rôle de la relation du thérapeute de l'enfant avec les parents devant l'enfant est un des éléments fondamentaux de la guérison, surtout pour les régressions profondes. Cette communication avec les parents devient inutile et même nuisible à la cure quand la libido de l'enfant est œdipienne acquise.

[79]DEUX PSYCHOTHÉRAPIES PSYCHANALYTIQUES DE CAS DE RÉGRESSION

Premier cas — Marie-Louise B.

Elle a maintenant vingt-huit ans, elle est mère de famille, en bonne santé sociale et mentale. Lorsque j'ai reçu Marie-Louise, c'était en 1943, elle avait quatorze ans et demi et elle avait un comportement qui faisait penser aux psychiatres qui l'ont vue à un début de démence précoce. Depuis un an, à ce moment-là, ses règles ont cessé, Marie-Louise est inaffective, se tient voûtée, présente une mimique atone inexpressive toujours tête baissée; elle est mutique, a perdu toutes ses acquisitions scolaires depuis deux ans, elle n'est même plus capable de faire les exercices et les problèmes d'une classe de huitième. Elle ne prend contact avec aucune camarade de son école, son attitude est passivement opposante alors qu'elle était obéissante encore il y a quelques mois.

Elle vit chez son père et la femme de celui-ci depuis un an, elle a un frère adoptif de six ans, avec qui elle n'a pas de contacts. Marie-Louise a perdu sa mère à douze ans ; depuis, elle a vécu à la campagne chez des cousins de Savoie, d'une vie tout à fait rurale, cela jusqu'à treize ans. Elle y était bien portante, bonne élève à l'école du village, mais timide. On la dit active, travailleuse aux champs, obéissante à ses cousins. Elle avait suivi sa classe tout à fait normalement et préparait son certificat d'études quand son père l'a reprise. On pense à une évolution psychotique du fait que sa mère est décédée à Sainte-Anne, « gâteuse », peu de mois après son internement d'office pour délire de persécution dans lequel elle était tombée quand l'enfant avait environ dix ans, en décembre 1939. Cette mère avait toujours été solitaire et renfermée, mais jusqu'à quelques mois avant ce délire qui l'a fait interner, elle gagnait encore sa vie comme employée dans une administration.

Quelle est l'histoire de Marie-Louise[80] ?

Elle est née en 1929, d'une aventure entre une jeune employée d'administration célibataire et un employé supérieur, le père qui amène aujourd'hui la jeune fille. Celui-ci ne voulut pas croire à sa paternité à l'époque et ne reconnut pas l'enfant. La jeune femme lui affirma n'avoir jamais eu ni avant ni après lui d'autres relations sexuelles. Elle fit face seule à sa maternité, mit l'enfant en nourrice jusqu'à ses six ans, puis alternativement, dans des pensions d'où elle la prenait avec elle aux vacances. Elle la fit changer de nombreuses fois de collège car « elle était atteinte de la maladie de la persécution », dit le père. Elle écrivait au père ce que devenait sa fille, il ne répondait jamais. Au 1er janvier, nous le saurons par la petite, la mère et la fille portaient un bouquet au concierge du lieu de travail du « papa », mais Marie-Louise ne le voyait jamais.

En 1939, l'enfant est en colonie de vacances pendant la déclaration de guerre, qui fut un choc pour sa mère. Elle s'en sépare alors obligatoirement car aucun enfant n'est admis à l'école dans la région parisienne pendant les premiers mois de la guerre. Ses idées de persécution s'accentuent, l'évacuation de juin 1940 la traumatise. L'enfant et elle sont un moment sans nouvelles l'une de l'autre ; elle retrouve finalement l'enfant, revient à Paris avec elle, et s'enferme, délirante alors, avec son enfant à laquelle elle ne permet plus de sortir. Elle se barricade dans sa chambre jusqu'au moment, début 1941, où la police intervient pour l'interner et envoyer l'enfant à l'hôpital des Enfants-

Assistés. On n'a plus de nouvelles de la mère, on apprend seulement qu'elle est décédée à Sainte-Anne peu après, autant de son délire que de la sous-alimentation qui régnait à ce moment-là partout et particulièrement dans les hôpitaux psychiatriques. Entre-temps, l'Assistance publique avait fait des recherches et retrouvé des cousins éloignés de la mère en Savoie, qui avaient accepté de prendre la petite fille chez eux, étant aidés par une subvention mensuelle de l'Assistance publique.

Entre-temps, qu'est-il arrivé au père ? Cadre supérieur d'une administration, il s'était marié bourgeoisement en 1936, c'est-à-dire depuis sept ans quand je le vois avec sa fille. Cet homme aime sa femme, laquelle ne peut avoir d'enfant. Il décide alors avec elle d'en adopter deux : ils adoptent d'abord un petit garçon, pensent à adopter une fille ; mais il repense très souvent à cette enfant qui était peut-être de lui — qu'est-elle devenue ? Il en parle à sa femme, qui consent à ce qu'il recherche la mère et la fille. C'est en recherchant la mère que l'enquête le mène à retrouver les traces de l'enfant par l'Assistance publique, et qu'il va la voir chez les gens, les cousins, chez qui elle vit. Tous sont frappés au village, lui aussi, de sa ressemblance avec la fillette ; elle est certainement sa fille. Il décide alors de l'adopter. Le fils adoptif a déjà cinq ans quand Marie-Louise arrive. Elle peut croire qu'il est son frère de père car on ne lui a pas donné d'explications sur l'adoption de ce garçon ; d'ailleurs elle ne parle pas et n'en demande pas.

Le père n'est encore jamais arrivé à prendre contact avec Marie-Louise, elle l'évite comme dégoûtée lorsqu'il s'approche d'elle, il en souffre beaucoup. À son arrivée au foyer paternel, en septembre 1942, on l'a vêtue en citadine, on l'a inscrite à une petite institution libre. Comme elle était bonne élève en Savoie, qu'elle avait terminé une classe correspondant à la classe qui précède le certificat d'études, on l'inscrit donc en sixième moderne. Mais elle aurait voulu rester à la cuisine avec la bonne. Cette petite bonne âgée de dix-huit ans est la personne dont elle préfère la compagnie. Elle lui parle fort peu, mais veut faire le travail ménager avec elle, et refuse de faire ses devoirs dans sa chambre ; elle va toujours les faire à la cuisine au grand désespoir de ses parents. Marie-Louise ne prête aucune attention à sa mère adoptive, évite ostensiblement les rencontres avec son père. Quant à Bruno, le garçon de cinq ans, elle l'ignore ou a de rares mouvements d'impatience à son égard. Le jeune garçon aurait voulu faire amitié avec elle. Marie-Louise est timide à l'extrême en société, un peu agressive avec ses camarades de classe. Son état physique cependant est bon ; elle était réglée depuis peu quand son père l'a reconnue et ramenée de sa campagne chez lui ; elle a un appétit et un sommeil normaux.

En juin 1943, la petite bonne de ses parents s'en va, Marie-Lousie ne semble pas en faire cas pendant quelques jours. Elle se rapproche de sa mère adoptive qui s'occupe des travaux ménagers. On est en pleine guerre. Elle est très renfermée mais docile et obéissante, évite toujours son père et devient peu à peu phobique de mouvements corporels autres que ceux nécessaires au ménage. Au printemps, elle avait aimé aller dans un groupe de jeunes, mais en été 1943, elle y renonce. Ses règles s'arrêtent et elle commence à régresser. En octobre, elle rentre à l'école où elle avait fait une sixième très moyenne (et plutôt fléchissante en fin d'année) et on assiste alors à la perte globale des acquisitions scolaires. On décide de la redescendre de classe, on la remet avec les enfants de sixième ; puis comme elle ne suit pas non plus, on la remet avec des enfants de septième. Elle ne peut pas suivre davantage et semble se complaire dans son incapacité et son infériorité. Si son père essaie de lui parler, elle boude, s'il essaie de lui faire une gentillesse, elle se dégage avec une mimique répulsive et haineuse. Elle dort mal et se met à avoir des phobies alimentaires invincibles.

C'est alors qu'il est conseillé au père d'aller consulter un neuropsychiatre lequel m'envoie l'enfant.

La première visite a lieu le 14 octobre 1943 ; aux tests préalables à cette visite, Marie-Louise accusait un retard de trois ans avec un âge de base de sept ans. Elle atteint le score de onze ans pour une des performances, la mémoire (trouvaille de rimes). Elle manque de jugement, ne peut pas donner de définitions supérieures à l'usage. Son test est très dispersé, elle semble désorientée dans le temps. Elle n'a pas été négative à la psychologue, mais elle fatigable, semble lutter contre des idées obsédantes qui l'absorbent. Le test est fait à l'hôpital et la personne qui les lui fait passer n'a pas parlé avec son père mais seulement avec sa belle-mère. Par contre, avec moi, Marie-Louise est très négative. Je la vois après avoir vu ses deux parents — plus longtemps son père, car en effet, la belle-mère n'avait pas grand-chose à me dire. C'était une femme très bonne, elle s'est mariée tardivement, après une grave péritonite dans sa jeunesse qui devait probablement la rendre stérile, ce qui a été le cas. Désolée de l'état de santé psychique de cette jeune fille, elle ne perdait pas espoir.

Quand je vois Marie-Louise seule, je lui explique les raisons de l'inquiétude de ses parents et je lui expose la règle fondamentale : elle viendra régulièrement, elle pourra parler, dessiner ou modeler pour que je comprenne avec elle ce qui l'empêche de se faire des amis, de vivre comme une fillette de son âge et de suivre la classe qu'elle pouvait suivre très facilement il y a quelques années. Elle pourra tout me dire, même si elle veut quitter son père et retourner chez ses cousins en Savoie. Je lui garantis de l'aider dans cette solution si c'est celle qu'elle choisit. Les parents avaient déjà pensé à cette solution, mais ce n'était plus possible, paraît-il, car les cousins ne voulaient plus de la petite après qu'elle eut goûté « de la vie des riches à la ville ». Ils l'avaient prise chez eux comme future servante tout en prétendant à la générosité. Le père les avait fort bien dédommagés des deux années où ils l'avaient gardée, et ces cousins éloignés de la mère, qui la connaissaient à peine, ne s'étaient pas attachés à l'enfant.

Mais à ce moment-là je ne le savais pas et le propos que je lui tins allait dans le sens de son retour éventuel auprès d'eux, ce qui d'ailleurs n'éveilla aucune mimique d'attention dans son visage. Marie-Louise accepte facilement de revenir me voir ; nous décidons de deux visites par semaine. Marie-Louise vient à trois séances. Les trois fois, pendant trois quarts d'heure à chaque fois, elle reste assise, tête baissée, muette et immobile ; je respecte son silence. À la troisième séance, je lui dis qu'elle est longue à prendre confiance et que je la comprends ; elle me lance à ce moment-là un coup d'œil qui semble me regarder pour la première fois.

Quatrième séance : je vois le père de Marie-Louise au début de la séance, il est très malheureux, il est toujours repoussé. Il voudrait tant réparer tout ce temps passé à ignorer sa fille, il a tant souffert de n'avoir pas d'enfant et si celle qu'il a, la seule, « devient folle comme sa mère ! » Je tente de lui expliquer que le point de vue de l'enfant est tout différent du sien, qu'elle n'est peut-être pas « folle » mais seulement très déprimée, tant de changements qu'elle n'a pas demandés lui étant arrivés depuis l'âge de six ans : elle avait vécu en nourrice à la campagne jusqu'à cet âge-là, chez les mêmes parents nourriciers et bien portante, puis en internat, aux vacances seule avec sa mère, puis au moment de la guerre séparée d'elle brusquement, dans l'angoisse peut-être de ne pas la retrouver. Et cette retrouvaille d'une mère dérangée, jusqu'à ce que les voisins alertent la police. Puis, lorsqu'on l'avait séparée de la mère, mise à l'Assistance publique, en pension et, à la mort de sa mère, de nouveau, séparée de ce milieu d'internat, auquel peut-être elle s'était déjà habituée, pour être confiée à la campagne à des cousins qui ne s'étaient pas montrés aussi paternels et maternels qu'on aurait pu le souhaiter. C'est à ce moment-là d'ailleurs que le père me dit que les cousins sont absolument opposés à reprendre la petite chez eux même si elle le désirait. Je lui dis que cette enfant s'est adaptée à ce destin et que lui-même, en arrivant dans sa vie, a tout changé sans lui demander son avis (c'est en effet ce qui s'est passé).

Ensuite, Marie-Louise vient seule avec moi. À cette séance, elle accepte de dessiner et elle fait trois dessins, deux vases et un buste de profil, puis elle se tait, reste silencieuse. À un moment, elle prend dans son petit sac une enveloppe qu'elle me tend ; je la prends, et comme elle ne bouge pas, que cette enveloppe est là, je l'ouvre ; ce sont des souvenirs de sa mère. Les a-t-elle montrés à quelqu'un d'autre ? Non. Si, à la bonne qui était chez son père ; quand elle était arrivée, elle lui avait montré certaines de ces photos, mais pas toutes. Il y a des photos de sa mère, celles-là, elle ne les a pas montrées. Il y a des photos de ses cousins et du pays où elle était ; celles-là, elle les lui avait montrées. Il y a aussi une lettre de sa mère où celle-ci « demande pardon à Monsieur B.[81] et à sa fille ». Nous parlons de cette lettre, ou plutôt je lui parle de cette lettre et je lui demande ce qu'elle en pense. Que pouvait vouloir dire ce « demander pardon » ? Marie-Louise ne répond pas, je tente alors une interprétation et je lui dis que sa mère demandait pardon peut-être parce qu'elle se croyait toujours coupable de tout et que cela, c'était une maladie, qu'elle n'avait rien fait de mal mais toujours son devoir, qu'elle était très travailleuse et très seule par crainte des gens, que cela je le savais par son père qui l'avait connue lorsqu'elle était jeune employée dans la même administration que lui. Ce n'était pas commode pour une femme seule, sans mari et sans famille, d'élever une fille. Marie-Louise écoute puis, avant de partir, reprend ses souvenirs et ses photos, et elle part.

Cinquième séance : silence. Puis Marie-Louise essaie de dessiner une maison et un arbre dont elle ne fait que le tronc, elle ne peut achever. Elle me dit une donnée de problème qu'elle ne sait pas faire, c'est une question de périmètre de champ; j'interviens en lui proposant que le sens de son dire implicite dans ses dessins et dans ce qu'elle me dit pourrait être compris comme le fait qu'elle n'a pas de maison; elle avait commencé à croire qu'elle en avait une et cette maison n'a pas pu se terminer, je lui dis qu'elle n'a jamais eu une campagne tout à fait à elle ni une maison tout à fait à elle, qu'elle n'a jamais su, même avec sa maman, qui elle était et ce qui était à elle. Je lui parle de son père. Que savait-elle de lui (puisque la mère en parlait dans la lettre qu'elle m'avait montrée) ? Marie-Louise me répond que sa maman lui disait que ce monsieur était son papa, mais qu'il ne la croyait pas. On lui portait toujours des fleurs au 1er janvier, mais on ne le voyait jamais. Un jour, elle avait vu de loin un monsieur dans la rue et sa mère lui avait dit que c'était son père. Sa maman lui avait dit cela et lui avait dit aussi qu'elle lui ressemblait; mais elle n'avait pas compris pourquoi elle ressemblait à un monsieur qui passait dans la rue et que sa mère n'avait pas l'air content de cette rencontre. Elle trouvait à sa mère un air drôle — elle avait une expression inquiète en disant le mot « drôle », ce qui probablement pour elle voulait dire insolite, insécurisant. Je lui parle de son air « drôle » à elle, furieux, quand son père l'approche. Elle me dit qu'elle est fâchée qu'il n'ait pas cru qu'elle était sa fille quand elle était petite et que sa maman le disait, et qu'elle était fâchée d'aller le voir en espérant toujours le connaître pour le 1er janvier, sans que jamais elle ait pu le voir; et pourquoi donc lui laissait-on un bouquet puisqu'il ne répondait jamais ?

Je lui demande si elle sait comme les parents conçoivent les enfants; elle ne paraît pas l'ignorer. Je lui dis qu'un homme peut croire qu'il n'est pas le seul à avoir des rapports sexuels, ce qu'on appelle « coucher avec une femme », quand il ne la connaît pas beaucoup; et que sa mère étant très silencieuse, son père ne la connaissait pas beaucoup. Je lui dis qu'un père a besoin d'être sûr par la ressemblance peut-être ou par d'autres choses qu'il est le père de son enfant; une mère, elle, sait toujours qu'elle est la mère puisqu'elle a porté l'enfant en elle. Mais comme son père et sa mère n'étaient pas mariés, son père pouvait croire que sa mère voyait d'autres hommes que lui.

Je lui dis aussi que son père ne l'a pas prise avec lui pour lui faire plaisir à elle, mais par besoin paternel et je lui explique qu'un homme à partir d'un certain âge est heureux de se dire que lorsqu'il mourra, il laissera des enfants par lesquels il se continuera dans la vie. Je lui dis que son père était malheureux de n'avoir pas d'enfant du fait que sa femme ne pouvait pas en avoir; car elle avait été malade des voies génitales maternelles; et c'est pour cette raison que prêt à adopter deux enfants, d'abord un garçon, puis une fille, son père a repensé à cette petite fille dont la maman lui disait qu'elle était la sienne. Il s'était dit : « Si la maman n'est pas remariée, je m'occuperai de cette petite fille-là puisque j'ai de l'argent pour l'élever. » Et il a recherché sa mère, il a retrouvé les traces de leur appartement, du départ à l'hôpital, de la mort de sa mère.

La petite n'avait jamais été avertie véritablement de la mort de sa mère et elle se mit alors à pleurer. Je lui dis que lorsque son père a su qu'elle était à la campagne, par l'Assistance publique qui donnait pour elle une somme d'argent mensuelle à ses cousins, il était venu chez ces cousins, et qu'il m'avait dit avoir été frappé de sa ressemblance à elle avec lui, qu'il avait alors eu beaucoup de regrets de n'avoir pas cru sa mère quand l'enfant était petite. Aussi il a préféré tout de suite la reconnaître au lieu d'adopter une autre fille qui serait née d'une autre mère, puisque certainement elle était sa fille. Marie-Louise écoute tout cela; ses larmes qui avaient commencé au moment où je lui avais dit la mort de sa mère se sont arrêtées, et elle est très détendue en m'écoutant, elle me serre la main. Ses règles reviennent après cette séance.

Sixième séance — 5 novembre. Marie-Louise arrive, beaucoup plus souple dans sa démarche et dans son attitude physique. Elle dessine une maison, dans laquelle vit un garçon prénommé Bruno, comme son pseudo-frère, mais il est plus grand qu'elle, et plus haut de taille. Elle est en bas de la maison alors que lui est au premier étage; elle est dehors avec un sac à provisions, elle écrit; elle revient du marché, il pleut. Je lui parle de son frère qui, lui, est adopté, c'est-à-dire qu'il n'a plus du tout ses parents, et je lui dis qu'il est plus jeune qu'elle bien que ses parents l'aient adopté avant elle. Pour lui, il n'y a aucune ressemblance ni avec son père ni avec sa mère et s'il ressemble à sa mère qui l'a mis au monde, il ne pourra jamais la connaître puisqu'on n'a pas sa trace. Elle, en arrivant chez son père, a cru qu'elle serait aussi chez ce monsieur la servante, comme chez ses cousins qui avaient aussi des enfants plus jeunes qu'elle. Marie-Louise me dit qu'en effet, elle pensait que son père lui ferait faire les besognes ménagères qu'elle faisait chez ses cousins; elle avait été étonnée de voir qu'il y avait une bonne à la maison et qu'à elle, on lui achetait des habits et qu'on la mettait dans une école.

Septième séance — 9 novembre[82] : dessins d'une classe et d'activités scolaires. La fillette se représente assise à une table, avec une main et un chapeau à plumet. Les chaises ont leur siège très noir, l'éclairage est traité comme un bassin qui a un trou. La jupe de la fillette aussi a des trous. Le stylet qu'elle tient pour écrire est énorme, et la fillette a les mains dirigées vers la gauche, ce qui, dans les dessins d'enfants qui sont droitiers, est un signe de retour vers le passé. L'idée générale du dessin est la valorisation du travail, de ce que l'on fait, travail domestique, travail scolaire. Nous reparlons de sa scolarité autrefois réussie. Sa maman, dont elle se souvient, l'aidait quelquefois dans ses devoirs de vacances ou le dimanche. Elle était bonne élève; maintenant, elle dit qu'elle comprend mieux à l'école. Elle ira où elle voudra après, elle travaillera comme le faisait sa mère. Quand elle était petite, sa mère lui disait qu'il fallait devenir secrétaire ou infirmière.

Je saute à la *quatorzième séance* : à cette séance, on me raconte qu'il y a eu un incident avec son père : elle a reçu une gifle de lui; à la surprise du père elle a souri et depuis, il y a une nette détente. Marie-Louise a fait beaucoup de progrès au cours de ces sept dernières séances dans son habitus avec moi. Elle s'assoit et dessine un train qui va maintenant vers la droite, mais les rails se chevauchent comme s'ils s'emmêlaient; c'est un homme qui donne le départ. Je lui parle de son dessin et je lui fais remarquer les rails emmêlés, le train pourrait dérailler, et puis ce train traîne derrière lui un wagon qui n'a pas de roues; comment se débarrasser de ce que l'on traîne — non ce n'est pas la peine de s'en débarrasser, il faut s'en servir et comprendre.

Je lui parle de l'incident qu'il y a eu avec son père — qui me l'a raconté. Elle sourit encore — pourquoi sourit-elle ? Elle est « contente que papa l'ait giflée ». C'est qu'elle se sentait toujours coupable. En Savoie, elle désobéissait souvent à son oncle ; elle l'aimait beaucoup mais quand on jouait avec les enfants et qu'on faisait une bêtise, il giflait toujours sa fille qui était plus jeune qu'elle, mais jamais il ne la giflait, elle ! Alors, comme son père l'a giflée, elle a senti qu'il avait fait comme un vrai papa, en effet, il ne giflait pas la servante avant son départ.

On voit ici comment cette agressivité kinétique du père a été reçue par elle comme un signe du droit de sa paternité sur elle[83]. À partir de cette séance, Marie-Louise fait des progrès continus dans la vie caractérielle, sociale et intellectuelle, tandis qu'à chaque séance elle aborde des sujets plus régressifs dans ses souvenirs. Après la classe, elle parle du manger — ce sont des salles à manger, le monde oral, qui nous mettent sur la voie. Puis c'est la plage où elle allait quand elle était petite en vacances avec sa mère, le dessin qu'on peut regarder dans les deux sens, la maison dans l'eau, le mur et l'eau se confondent, on pourrait mettre le dessin à l'envers, il aurait encore un sens.

À partir de cette séance de la régression la plus archaïque — qu'est la confusion de la représentation des éléments dans l'espace, de la non-discrimination du haut et du bas, de la confusion des éléments air et eau — les idées exprimées par Marie-Louise sont de plus en plus progressives ainsi que le contexte de ses paroles. Elle aborde en dessins, en rêves, en paroles, le travail, la vie en société, la façon d'organiser les salles de réception, le salon, puis les arts d'agrément, la musique, les gens qui apprennent le piano, ses petites cousines avec un professeur de piano. Ses dessins donnent un thème dont les caractéristiques graphiques sont de plus en plus régressives, avec des images floues de corps morcelé, très primitives ; mais le contexte des associations est de plus en plus celui d'une fillette de douze à quatorze ans.

Enfin le 16 décembre, l'idée de l'adaptation sociale œdipienne interdisant l'activité sexuelle vient dans un fantasme ou un souvenir-écran très ancien. Le voici : au Champ-de-Mars, elle avait mis quelque chose dans le trou d'une dalle d'égout et un gendarme était venu lui dire qu'on mettait en prison les enfants qui jetaient quelque chose dans les trous défendus. Elle était ce jour-là avec sa mère, elle a eu très peur, et elles sont parties du jardin au lieu de rester l'après-midi comme c'était convenu. Le dessin qui a conduit à ce souvenir-association d'idées, souvenir-écran, était d'une facture schizophrénique. Avec ce dessin et ce fantasme, nous avons pu parler de ce qui était défendu dans le sexuel ; ce qui était défendu n'était que l'inceste, mais sa mère avait tellement souffert d'avoir aimé et désiré son père dans des rapports sexuels hors mariage, d'en avoir reçu un enfant — elle-même — et d'avoir été obligée sans mariage de l'élever toute seule, que pour elle et pour sa maman, c'était comme si cela avait été mal d'avoir eu un amour et des rapports sexuels avec le monsieur qui était son père. Sa mère l'avait élevée à ne jamais rien faire contre la loi, même si on en a envie, pour qu'elle ne soit pas malheureuse comme elle plus tard. Elle confirme que sa mère lui disait qu'il ne fallait parler à personne et ne jamais faire de visites à personne. Quand sa mère lui parlait de ce monsieur qu'elle lui avait dit être son père, elle disait que son père avait eu raison de la faire pleurer, parce qu'elle avait fait quelque chose de très mal avec lui, qu'une fille « propre » ne doit jamais faire, et qu'elle avait bien mérité d'être punie.

Je lui ai parlé alors de l'éducation que sa mère avait dû recevoir et qu'elle avait beaucoup souffert de sa solitude, que le plus triste c'était d'avoir cru mal la plus belle chose qui soit, qui est pour une femme comme pour un homme de donner la vie avec son corps, et que non seulement elle lui avait donné la vie, mais qu'elle lui avait donné une bonne éducation. Je lui dis que cette idée d'avoir mal agi en aimant un homme et d'avoir conçu de lui une fille hors mariage était une idée qui l'avait rendue encore plus solitaire qu'avant, et qui l'avait rendue malade dans sa tête — parce qu'on ne peut pas rester isolé et tout seul sans tomber malade. Heureusement, elle, Marie-Louise avait été élevée par une nourrice à la campagne. D'ailleurs elle se souvenait de sa maman et de son papa nourriciers et de plus grands frères qui étaient revenus dans le dessin de la maison. Elle avait cru ces jeunes garçons et filles ses frères et sœurs alors qu'ils étaient en fait ses frères et sœurs nourriciers. Sa mère le lui avait un jour expliqué. Je lui dis aussi que sa mère était devenue de plus en plus solitaire parce qu'elle avait pu avoir des malheurs avant sa naissance (à elle,

Marie-Louise), quand elle, sa mère, était petite, et je lui ai demandé si elle savait quelque chose de ses grands-parents maternels. Non, jamais sa mère ne lui avait parlé de sa famille, ni de son grand-père maternel ni de sa grand-mère maternelle ; elle n'en avait pas de photos chez elle.

À la séance suivante, Marie-Louise m'apprend qu'elle a été première au classement du mois à son école, qu'elle a retrouvé tout ce qu'elle savait en Savoie, et qu'en janvier, elle va sauter une classe et entrer dans la classe du certificat, cette même classe où elle allait entrer en Savoie quand son père était venu la chercher. Elle me reparle avec beaucoup d'animation de l'institutrice et de l'instituteur : c'était un ménage très aimé dans le village et elle allait souvent aider l'institutrice pour s'occuper de ses petits enfants, avant le moment où son cousin avait voulu qu'elle travaille pour remplacer une petite bonne qui avait dû s'en aller parce qu'elle allait se marier. À ce moment, elle me parle du départ de la petite bonne chez son père, départ qui semblait avoir déclenché sa décompensation brusque alors qu'elle ne s'était pas encore bien adaptée à son nouveau milieu familial. Elle me parle des lettres d'un jeune homme que recevait cette jeune fille qui travaillait chez son père et sa mère. Il ne fallait pas leur dire (« à ses patrons »). Elle faisait comme si ce n'était pas bien de recevoir des lettres de jeune homme. Elle avait dit à ses patrons qu'elle allait se marier, mais elle, Marie-Louise, n'avait pas entendu dire qu'elle s'était mariée.

Il est intéressant de raccorder l'affection transférentielle qu'elle avait eue, en identification à cette petite bonne, avec des émois revécus voisins de ceux qui avaient existé vis-à-vis d'une autre servante chez les cousins, partie se marier celle-là, et dont elle avait pris la place en quittant l'école où elle aimait le ménage des instituteurs. Son père en la prenant chez lui ne lui faisait-il pas prendre la place de sa propre mère ? Je ne lui interprétai pas ces transpositions, je me contentai d'en faire pour moi-même ces rapprochements. Il est visible aussi, à la façon dont elle m'en parlait, que Marie-Louise avait transféré une situation œdipienne sur son instituteur et son institutrice.

C'est Noël dans deux jours. Il y a un dessin avec le papa qui a deux bras, un sexe (comme les enfants plus petits en montrent), deux jambes, et il y a deux enfants debout, avec un visage de facture très primitive, et qui correspondent à des représentations des personnages que font de très jeunes enfants. Un de ces enfants a un visage avec trois points, l'autre a un visage avec un point central ; cinq personnes assistent, représentées comme les premières images du corps telles qu'en font les enfants de vingt-cinq mois, deux ronds superposés, l'un, plus petit, étant la tête et l'autre le ventre ; de ce rond inférieur sortent les jambes et il n'y a pas de bras. Ce dessin nous permet de parler du mythe de Noël et des croyances des enfants concernant la magie de Noël. Lorsqu'elle était chez ses cousins, ses petits cousins croyaient au Père Noël et elle aurait bien voulu encore y croire, mais c'était dans le pensionnat où elle était allée après la séparation d'avec sa mère qu'elle avait appris — ce qu'elle croyait sans en être sûre — que c'étaient les parents qui mettaient des cadeaux dans les souliers.

Le dessin de la séance suivante, c'est une maman qui regarde son enfant dans un parc. Les caractéristiques de la représentation corporelle sont des caractéristiques de la plus profonde régression et c'est l'image fœtale du corps qui est représentée. C'est une des premières fois que je voyais cette image dans laquelle il y a deux pôles couchés, un pôle caudal et un pôle céphalique avec au milieu une protrusion ombilicale.

Le 1er janvier est arrivé. Sur ce terrain déblayé de culpabilité, cet anniversaire a dû apporter un revécu à nuance de bonheur retrouvé. Marie-Louise revient après les vacances du 1er janvier, elle a monté de classe, est entrée dans la classe du certificat, et la première quinzaine après laquelle je la vois a été très prometteuse. On pense qu'elle pourra rester dans cette classe. Le soir, sa mère adoptive l'aide pour faire ses devoirs et Marie-Louise me dit qu'elle est très gentille. À cette occasion, elle se rappelle les tensions et les agressions de sa mère qui lui déchirait ses devoirs quand elle faisait des taches. Quand elle voit son père arriver, me dit sa belle-mère — qu'à sa demande je vois devant elle, et qui semble très heureuse des progrès de sa fille adoptive —, elle court prévenir sa belle-mère en disant : « Maman, voilà Papa. » Elle se laisse gentiment embrasser par lui et elle continue à jouer dans le jardin ou dans la maison. Elle aime maintenant demander des conseils à sa mère adoptive pour ses devoirs ou pour la couture et elle l'aide dans les travaux ménagers. Son père, dit la mère, la trouve encore très enfant pour quatorze ans, dans la vie, à la maison, par les réflexions qu'elle fait, mais elle est gaie et serviable. À l'école, on n'en revient pas de son changement, elle est aussi, me dit la mère, très gentille avec Bruno. Elle a demandé à sa mère pourquoi elle ne lui faisait pas faire à elle sa prière le soir comme elle la fait faire au petit Bruno, et sa mère lui a dit que si cela lui faisait plaisir, elle pouvait venir aussi. Depuis lors, tous les soirs, Marie-Louise vient comme une plus petite faire la prière avec son petit frère.

À la séance suivante, avec Marie-Louise, je reparle du dire de sa mère adoptive à la précédente séance et nous voilà sur le sujet de la prière et de l'église. Elle me dit que sa mère ne faisait pas la prière mais qu'elle avait une croix dans sa chambre. Chez sa nourrice, on s'habillait avec les habits du dimanche et on allait à l'église manger du pain, elle aimait bien les chants de l'église. En Savoie, ses cousins allaient à l'église, mais son oncle n'y allait pas et sa tante n'allait qu'aux enterrements et aux fêtes. Leur fille y allait parce qu'elle faisait sa communion. Mais elle, Marie-Louise, n'y allait pas non plus, parce qu'il fallait aller aux champs pour les vaches avec les employés de la ferme qui, le dimanche, ne venaient pas tous. Marie-Louise était baptisée, elle avait été dans des pensions religieuses, mais il semble qu'elle n'avait pas eu d'instruction religieuse. Elle voudrait bien savoir toutes les prières qu'il y a dans le livre de sa mère adoptive. Je lui dis de lui en parler, que sûrement sa mère voudra bien.

Nous sommes en février 1944, les bombardements sur la région parisienne se font intensifs, il y a black-out, Marie-Louise cesse de venir, nous ne savons pas pour combien de temps. Cet arrêt de son traitement fut définitif. J'appris plus tard par le médecin qui avait conseillé au père de me la conduire que Marie-Louise avait été reçue non seulement à son certificat d'études mais ensuite à son examen de troisième, qu'elle avait fait un apprentissage de secrétariat, puis qu'elle s'était mariée, qu'elle avait eu un premier bébé et qu'elle en attendait un second.

Nous voyons que, dans le cas de Marie-Louise, j'avais une attitude d'expectative et de réceptivité à ce qu'elle apportait, même si ce n'était que du silence. L'articulé au vécu dans le transfert s'est fait par l'intermédiaire des représentations symboliques graphiques et à ma surprise, car je n'en avais pas encore l'expérience, avec des représentations de plus en plus archaïques dans son dessin, les derniers dessins étant des dessins comme en feraient des petits enfants, par rapport au premier dessin qui n'était pas terminé mais qui était de facture de plus grands enfants (de dix à douze ans ou plus).

Marie-Louise a trouvé elle-même son chemin à travers une régression en cours au moment où je l'ai prise en traitement. Elle a davantage régressé encore au début de ce traitement mais dans une régression qui était étayée par la relation transférentielle. Elle a pu s'adapter ensuite à une nouvelle situation d'abord préœdipienne puis œdipienne. La situation œdipienne de son enfance s'était préparée sur un plan de rivalité avec sa mère vis-à-vis d'une image mythique du père, mais il y avait en même temps rivalité de culpabilité devant la loi car la mère vivait sa génitalité comme coupable. Il fallait sans doute pour Marie-Louise, si elle devenait jeune fille, être ignorée, rejetée, punie, internée en asile par des hommes, les pères. La gifle du père a été pour elle une réalisation symbolique d'un désir d'identification ; une fille qui avait père et mère, sa cousine, recevait des gifles de son père. En même temps, c'était une identification à sa mère qui, dans un contact de corps avec son amant de l'époque, le père de Marie-Louise, avait reçu une fécondité coupable dans son corps génital. À partir de cette consommation « masochique » due à une gifle du père, Marie-Louise a pu s'identifier à l'épouse actuelle de son père, et retrouver ses sublimations scolaires et sociales existant avant le drame de son adoption régressivante, adoption qui ne lui permettait qu'une identification manquée à une servante. L'important dans le cas de cette enfant est que son époque infantile de relations à la « mère-provende », sa structuration orale, anale, prégénitale et génitale sans doute déjà, dans son corps viscéral et dans son corps kinétique, s'était très normalement construite en famille nourricière jusqu'à l'âge de six ans. Elle avait eu, grâce à ces six ans chez cette même nourrice, dans un foyer construit avec des frères et sœurs nourriciers aînés, une petite enfance normale. Cela avait été aussi pour elle l'époque où sa mère espérait encore se marier avec le père et ainsi sortir de sa déréliction narcissique. C'est en effet aux environs des six ans et demi de Marie-Louise que le père s'était marié. Sans doute sa mère l'avait-elle su. Cette régression de Marie-Louise avait, me semble-t-il, nécessairement fait table rase de tout ce qui avait été acquis secondairement, au contact d'une situation affectivement et socialement perturbée de ses six ans à ses dix ans, par ses changements continuels de pensions dus à l'inquiétude jalouse de sa mère qui craignait qu'on ne lui rafle son enfant. Or, l'évacuation avait été pour la mère une sorte de réalisation magique de ses fantasmes de rapt de son enfant, et je pense que c'est cela qui l'avait projetée dans un délire régressif. C'est toujours un élément psychosant quand la réalité semble confirmer un fantasme.

Mais avec qui et comment refaire ce chemin de six à quatorze ans qui avait été détruit par la régression ? Le transfert sur une psychanalyste était nécessaire, et mon rôle avait été d'être un catalyseur quasi passif de la restructuration de la personnalité de cette enfant, simplement parce que j'avais parlé de la réalité de sa situation chaque fois que, grâce à un dessin, un fantasme arrivait recouvrant un souvenir ou un souvenir-écran, allusion à des expériences passées. J'avais pu dire des paroles justes qui avaient réhabilité dans le cœur de Marie-Louise l'image de chacun de ses parents.

Deuxième cas — Lionel Ségolène[84]

Lionel Ségolène a quatre ans et demi. Il est orphelin de père et de mère et soi-disant l'ignore. Il est amené en décembre 1955 à la consultation de Trousseau par sa grand-mère maternelle, femme en pleine maturité encore, qu'il croit être sa mère, et par une assistante sociale de mairie ; toutes les deux l'amènent à la consultation neuropsychiatrique afin qu'il soit placé en asile psychiatrique. Son état physique et mental va en s'aggravant depuis qu'avec la mise à l'école maternelle sont apparues encoprésie, énurésie de jour et de nuit, et violence sur les autres enfants. Tout le monde veut se débarrasser de Lionel, il faut le placer, telle est la demande qui est formulée tant par l'assistante sociale au nom de l'école que par la grand-mère de Lionel. Outre qu'il est encoprétique et énurétique, cet enfant est couvert d'ecchymoses et de cicatrices sur tout le corps. Elles sont dues, dit-on, au fait qu'il tombe tout le temps partout, comme s'il faisait exprès de se cogner et de tomber volontairement. Il aime à voir couler le sang tant chez les autres que chez lui-même et il serait sadique avec les animaux. Il ne joue pas mais il aime à tripoter la saleté, à jouer avec ses propres excréments. Il aime s'il le peut se rouler dans la boue et dans les ordures, il mange tout ce qu'il trouve, ne refuse jamais aucune nourriture ; il a souvent la diarrhée, dort mal, ne pleure et ne crie jamais mais déchire tout, détruit tout ce qu'il peut.

Mais Lionel parle encore. Au test Binet-Simon que lui fait passer la préposée de l'hôpital, il n'a que douze mois de retard mental. Depuis quelques semaines qu'il est à l'école, il n'est plus supportable ni à l'école ni à la maison, il vole tout ce qui est comestible, n'importe où, même dans les magasins. Lionel a le type métis négroïde, couleur café au lait, sa mère et sa grand-mère maternelle sont de race blanche. L'assistante sociale qui a connu l'enfant avec sa mère dès l'âge de quatre mois aurait su par sa mère que son père était arabe ; il l'aurait abandonnée quand l'enfant avait six mois. La grand-mère me répète ces dires comme elle les a répétés au médecin qui a examiné l'enfant avant de me l'envoyer. Lionel vit chez sa grand-mère. Il y a trois pièces, Lionel a son lit. Elle a eu elle-même six enfants ; l'aînée, la mère de Lionel, est décédée à vingt-quatre ans, elle en aurait vingt-six actuellement ; ensuite elle a une fille qui a dix-neuf ans, c'est-à-dire sept ans de moins que l'aînée, laquelle fille est mariée, son mari est au régiment ; elle n'habite plus chez sa mère, elle travaille et est brouillée avec sa mère qui la blâme de n'être pas sérieuse. Après ces deux filles, la grand-mère a eu quatre autres enfants de seize à six ans qui vivent à la maison et qui portent le même nom de famille que Lionel. Ce sont ses oncles et tantes, les deux derniers Gérard et Paul ont respectivement neuf ans et six ans ; ils croient que Lionel est leur frère et on ne les en a pas dissuadés. Ils aiment bien Lionel, mais comprennent qu'il faut qu'il soit mis dans un hôpital pour des « enfants comme ça ».

La grand-mère dit avoir divorcé il y a six ans, mais elle vit maritalement avec un ami de son ex-mari qui est très paternel avec tous les enfants et que Lionel croirait être son père. D'après les dires de la grand-mère, Paul, le dernier de ses fils, est donc soit le fils de son mari, soit le fils de cet ami (?). Elle prétend qu'il est le fils de son ex-mari. La grand-mère ignorait l'existence de ce petit-fils, Lionel, jusqu'aux deux jours qui ont précédé la mort de sa fille, la mère de Lionel, en décembre 1954. Celle-ci qui n'avait pas vu sa mère depuis ses vingt et un ans l'a fait appeler à son chevet à l'hôpital pour lui confier son enfant alors âgé de trois ans et demi auquel elle était très attachée, mais qui n'était pas à ce moment-là à Paris. Elle l'avait élevé jusqu'à l'âge de deux ans et demi, l'avait ensuite placé en aérium hélio-marin, parce qu'elle était tombée trop malade pour s'en occuper elle-même et que l'enfant se ferait une santé là-bas. L'assistante sociale qui amenait l'enfant avait été la médiatrice pour l'envoyer pendant un assez long temps de placement en colonie sanitaire. C'est à son retour, sa mère étant morte entre-temps, que la grand-mère a repris Lionel avec elle, il y a plus d'un an de cela. Revenu de l'aérium vers trois ans et demi, Lionel marchait difficilement, parlait correctement, était propre le jour et la nuit, la propreté de jour étant reperdue deux mois après son retour. Il avait à son retour un appétit extraordinaire, un sommeil agité et une toux nerveuse exclusivement nocturne « pour empêcher sa grand-mère de dormir », dit celle-ci. Il ne manifestait aucune affection à l'égard de personne, bien que tout le monde l'ait accueilli, dit-elle, avec beaucoup d'affection. La grand-mère dit de Lionel qu'il est un vrai lion (sic) avec les autres enfants.

La grand-mère cite des attitudes et des propos déconcertants. Ainsi, au début, on a voulu punir Lionel de sa malpropreté en le privant de dessert; depuis ce jour il n'a plus jamais voulu accepter de dessert. Quand il a fait dans sa culotte, il vient demander un bonbon comme si cela méritait une récompense, elle en est outrée. Il voudrait tout le temps qu'on lui mette des pansements, elle pense même que l'habitude qu'il a prise de se blesser partout est venue du fait qu'une fois sa grand-mère lui avait soigné un « bobo » en mettant dessus un sparadrap collant et, depuis, on dirait qu'il s'ingénie à ce qu'elle lui pose tout le temps des sparadraps. C'est la raison pour laquelle elle ne s'en occupe plus, cela ne fait qu'augmenter sa propension à se blesser.

Avant d'entreprendre une prise de contact avec Lionel, et à l'écoute de ce tableau, je parle d'abord à la grand-mère sans la présence de l'assistante sociale. Comment se fait-il, lui demandai-je, qu'il y ait sept ans entre son aînée, Marguerite, la mère de Lionel, et sa seconde fille, Suzanne — sont-elles du même père ? La grand-mère me raconte alors une partie de la vérité. Elle me dit qu'elle était du Nord, l'aînée d'une famille nombreuse avec des parents sévères. Elle s'est mise en ménage à quinze ans parce qu'elle était chassée par ses parents qui voulaient l'empêcher de sortir. Elle a vécu quatre ans sans avoir d'enfants avec le père de Marguerite, et sans être mariée avec lui. À dix-neuf ans, elle s'est trouvée enceinte mais ne s'est pas mariée et elle a été abandonnée quelques mois avant l'accouchement de sa fille (qu'elle espérait être un fils). Elle a accouché dans une maison pour filles mères dans laquelle elle est restée comme berceuse ; elle a nourri sa fille au sein pendant près d'un an et élevé d'autres bébés en même temps que sa fille. Au moment où les enfants quittent cette maison parce qu'ils ont atteint l'âge de deux ans ou deux ans et demi, elle aurait pu y rester pour s'occuper des enfants et mettre sa fille en nourrice, mais elle a préféré mettre sa fille dans un orphelinat de religieuses de la région ; puis elle a quitté cette pouponnière et, après une place dans le Nord, est venue dans la région parisienne. Elle travaille alors et à vingt-deux ans, elle connaît un homme de dix ans plus âgé qu'elle, tôlier de son métier, M. Ségolène, qui l'a épousée et qui a reconnu sa fille — que cependant elle n'a pas reprise et qui n'a pas connu son mari. Elle a payé pour cette fille jusqu'à ses seize ans dans cette maison religieuse du Nord dans laquelle on lui a appris la couture et la profession de bonne ménagère. Ayant besoin d'aide au foyer parce que déjà trois filles étaient nées de son couple avec M. Ségolène, et qu'elle attendait un quatrième enfant, elle décide avec son mari de faire venir près d'eux sa fille aînée. Celle-ci se montre, dit-elle, de caractère buté et paresseuse. La mère s'aperçoit peu après de manières déplacées entre son mari et cette fille aînée, son père légal inconnu d'elle jusqu'à ses seize ans. La mère est alors enceinte du dernier, Paul. Plaintes au commissaire de police, flagrant délit, prison pour le mari et Marguerite est placée par la justice au « Bon Pasteur » jusqu'à l'âge de vingt ans. La mère demande le divorce et elle l'obtient ainsi que la déchéance paternelle. Elle obtient de reprendre sa fille de l'internat où on l'a placée à l'âge de dix-neuf ans. Elle apprend plus tard par Suzanne, sa seconde fille, et c'est là la raison de sa brouille avec celle-ci, que dès sa sortie d'internat, Marguerite et son ex-époux, sorti lui-même de prison, avaient renoué leurs relations à son insu. Elle fulmine encore de jalousie en le racontant. Finalement, l'ingrate quitte sa mère quand elle a vingt et un ans, ce que la loi alors l'autorise à faire et elle n'envoie plus de nouvelles à sa mère jusqu'à ces deux jours avant sa mort, lorsque Marguerite a près de vingt-quatre ans. Son ex-mari, l'amant « légalement » incestueux de Marguerite, serait mort six mois avant celle-ci.

Je demande à la grand-mère si éventuellement elle accepterait de payer pour Lionel, du moins pendant un certain temps, car j'hésite à le mettre immédiatement dans un hôpital psychiatrique et je me demande s'il ne faudrait pas tenter auparavant un placement éducatif dans un home d'enfants. La grand-mère réfléchit, elle hésite, mais ne refuse pas. Je lui dis que Lionel est peut-être devenu malade de n'avoir pas retrouvé sa mère à son retour de l'aérium et de n'avoir plus rien compris à lui-même. Sa mère devait être comme elle, une bonne mère. La grand-mère m'est visiblement reconnaissante de dire d'elle et de sa fille de bonnes choses et surtout de reconnaître ses qualités de bonne mère. Elle me dit alors que Lionel est peut-être curable, si ce n'est pas moralement au moins physiquement, car elle a vu des photos de lui quand il était bébé et que c'était un très beau bébé. Elle dit aussi que sa fille, Marguerite, a fait de l'albumine pendant la grossesse de Lionel et qu'ensuite c'est d'urémie qu'elle est morte à vingt-quatre ans, que Lionel n'a plus été robuste à partir de ses six mois et qu'il a fallu un an d'aérium, qu'il se tenait encore mal sur ses jambes à trois ans et demi, le pauvre petit, et la grand-mère s'attendrit fantasmatiquement sur cet enfant qu'elle ne peut supporter.

Ce jour-là, par hasard (il n'y a pas de hasard !), se trouvait dans la salle d'attente de ma consultation, pour un de ses pensionnaires qui étaient en psychothérapie, une religieuse responsable d'un home de garçons de trois à dix ans. Avant de voir moi-même Lionel, je fais venir cette religieuse afin de savoir si éventuellement elle aurait une place dans son home pour prendre ce petit en observation. Nous parlons de ce petit Lionel. Elle avait parlé, elle aussi, dans la salle d'attente, avant de me voir, avec la grand-mère de Lionel et elle avait vu cet enfant, que moi je n'avais pas encore vu. La grand-mère de Lionel avait confié à cette religieuse que ce n'était pas sa faute si Lionel était si mal portant, elle avait beau l'élever comme ses propres enfants, il n'y avait rien à faire car il devait être taré, fils d'une fille morte urémique et qui avait fait de l'albumine pendant sa grossesse ; quant au père, il l'avait abandonnée. Elle avait montré alors à la sœur des photos de ses propres enfants et la sœur me dit que ces enfants étaient tous métis et ressemblaient à Lionel comme frères et sœurs. La religieuse avait demandé à la grand-mère de Lionel si la mère de cet enfant avait aussi le « type exotique » des autres enfants. La grand-mère lui avait dit : « Non, la mère de Lionel était blanche, je l'avais eue avec un homme qui ne m'avait pas épousée, tandis que le père de tous les autres était antillais. » À la religieuse, elle avait chanté les louanges des Antillais, époux et pères exemplaires, et parlé en veuve éplorée dont le mari était mort il y a six ans. Elle avait refait sa vie pour élever ses enfants avec un ami intime de ce mari si merveilleux. Elle disait d'ailleurs à la religieuse que cet ami était martiniquais également, qu'il l'aidait matériellement pour ses enfants, qu'il était aussi un très bon père et peut-être partiraient-ils tous bientôt aux Antilles.

Que son mari fût antillais, que l'ami du mari fût aussi antillais noir, et que tous ses enfants fussent métis, manquait complètement à mon savoir (l'assistante sociale qui amenait l'enfant l'ignorait elle-même, ne connaissant que Lionel et sa mère mais cela, je ne le sus que bien plus tard). Il apparaissait selon toute vraisemblance que d'après les deux versions différentes qu'elle donnait à la religieuse et au médecin, la grand-mère de Lionel devait se douter que son petit-fils était aussi le fils de son ex-mari. Mais sans doute essayait-elle en le cachant à autrui de ne pas se l'avouer. Mais Marguerite était-elle aussi la fille d'un premier Antillais ?

Je suis revenue à la grand-mère après avoir parlé à la religieuse et avant de voir Lionel. Je lui dis que je viens d'apprendre par la religieuse — à laquelle je demandais si elle pourrait prendre son petit-fils en observation — ce qu'elle avait oublié de me faire savoir, que son mari était antillais et que son ami actuel l'était aussi et je lui dis qu'on pourrait alors se demander si Lionel n'était pas le fils de son ex-mari puisque, d'après ce qu'elle m'avait dit, sa fille aînée avait vécu avec lui ; alors dans ce cas-là, Lionel qui en effet n'avait pas le type arabe, mais un type négroïde, serait sans doute le fils de son ex-mari ; à moins, lui dis-je, que Marguerite ait été elle aussi la fille d'un Noir et qu'elle ait été métisse comme les autres enfants. Elle se révolte à cette supposition, mais elle se révolte encore plus à la supposition que Marguerite, sa fille qui lui ressemblait tellement, qui était belle, etc., que sa fille ait pu avoir un fils avec son propre père, comme elle dit ; ce serait alors un taré et puis il avait trente ans de plus qu'elle, ça serait contre nature, ce serait un enfant de la débauche ! Enfin, la grand-mère saute sur sa chaise en regardant à droite et à gauche pour voir s'il n'y a personne pour la justifier, en cherchant des appuis contre les fantasmes qu'elle a et qu'elle se fait à l'idée que je pourrais supposer que Lionel puisse être le fils de son ex-mari. Elle se calme et me dit : « C'est bien tout ce que le voisinage a cru quand on a vu le petit ressembler autant à mes enfants. » Elle-même ne savait pas du tout comment son petit-fils était fait quand elle a promis à sa fille de s'en occuper, elle ne l'avait jamais vu et elle ne croit pas qu'elle aurait accepté si elle avait su, à cette époque, que Marguerite avait, après sa sortie d'internat, revu son ex-beau-père à sa sortie de prison, encore moins si elle avait pu supposer qu'elle avait eu un enfant de lui. Et puis la grand-mère réfléchit, secoue la tête et me dit : « Il était fou d'elle. » Maintenant, avec le temps, elle se rend compte que ce n'est pas possible d'aller contre des choses comme ça, « il était fou d'elle, elle lui avait tourné la tête ».

Partie dans ce discours positif sur son mari, elle me dit : « Ah, vous ne pouvez pas savoir combien c'était un bon mari et un bon père jusqu'à l'arrivée de Marguerite au foyer ; quand il a été mis en prison, eh bien pour elle, c'était terrible, et il aimait tellement sa femme et ses enfants — parce que vous savez, il avait beau coucher avec ma fille, il m'aimait — qu'il a demandé à son ami antillais comme lui, tôlier comme lui, et qu'il aimait beaucoup, il lui a demandé de se charger de moi et des enfants », et c'est avec cet ami de son mari qu'elle vit maintenant. « Il est véritablement comme s'il était mon mari et le père des enfants. »

Elle-même n'a jamais voulu revoir son ex-mari, le tribunal l'a déchu de ses droits sur ses enfants : « Ça, ça a été le coup pour lui. — Et pour eux ? » lui demandai-je. Alors cette femme reprend son air fermé et dit : « Ce qu'il avait fait, c'était pas pardonnable. »

À ma demande : « Comment était sa fille ? », la grand-mère sort alors de son sac une photo qui ne la quittait pas, dit-elle, et me montre la photo de Marguerite. Marguerite était une réplique de sa mère à vingt ans de distance, on aurait cru qu'elle me montrait là une photo d'elle-même plus jeune. Je le lui fis remarquer, elle me confirma que tout le monde disait la même chose, et j'eus l'idée de lui dire que son ex-mari avait dû la retrouver elle-même dans Marguerite qui avait en fait l'âge qu'elle avait quand il l'avait connue. Sans doute était-ce sa ressemblance avec sa mère qui avait fait qu'il avait tant aimé cette fille qu'il ne connaissait pas avant qu'elle eut seize ans. Ces paroles ont alors le don d'ouvrir les écluses des larmes de la grand-mère et elle dit : « Vous croyez ? Vous croyez ?... » Je lui dis alors que son petit-fils Lionel est donc le demi-frère de père et neveu à la fois de ses enfants et que, portant le nom de sa mère, de ce fait il porte le nom de son vrai père, que cet amour soi-disant contre nature de son ex-mari pour sa fille n'était contre nature que devant la loi, puisque cet homme l'avait à sa demande reconnue, mais ni pour elle ni pour lui il n'était son père. Bien sûr il était le mari de sa mère, mais il ne l'avait jamais élevée et elle non plus n'avait jamais élevé sa fille. « Mais, dit-elle, il avait tout de même trente ans de plus qu'elle, et c'était le mari de sa mère. — Oui, oui, c'est vrai. » Cette grand-mère encore jeune — puisqu'elle avait à peine trente-neuf ans — était un personnage curieux, très maternelle pour ses enfants, féminine et passionnée ; mais quel conflit pour elle d'avoir eu à s'occuper de Lionel !

Bref, la grand-mère accepte de ne pas abandonner complètement son petit-fils à condition qu'on l'en débarrasse. Elle dit qu'elle a en projet de partir à la Martinique avec son ami qui veut l'épouser, et j'apprends à ce moment qu'elle a une petite hésitation, parce qu'il a quinze ans de moins qu'elle*. Elle me demande mon avis, je ne réponds pas, mais je lui dis : « C'est la différence d'âge que vous aviez avec votre mari dans un sens, et avec Marguerite dans l'autre, donc votre ami actuel avait lui trente ans de moins que son ami, votre mari. Depuis quand vivaient-ils ensemble ? » Et la grand-mère me dit : « Depuis toujours, ils sont venus en France ensemble et ils travaillaient ensemble. » Je lui demande : « Mais comment s'appelle-t-il, votre ami actuel ? » et elle me dit : « Oh, vous savez, dans ces pays-là, à la Martinique, tout le monde s'appelle pareil, il s'appelle donc Ségolène », comme son ex-mari. Était-il son fils, son père ou son ami ? — je n'insiste pas davantage, et je

* Son homme actuel a donc à peu près le même âge qu'aurait la mère de Lionel.

lui demande si ses enfants ressemblaient à son ami actuel. Elle me dit : « Oh, comme deux gouttes d'eau, on dirait des frères. » (Ils en étaient sans doute !)

Je lui demande encore de ne pas abandonner ce petit Lionel qui fait vraiment tellement partie de la famille et qui n'a qu'elle comme seul répondant au monde. Je lui fais espérer une guérison de l'enfant et je l'engage à pardonner à son ex-mari défunt et à sa fille défunte. Elle me dit alors que cela avait été très dur pour elle d'amener cet enfant chez elle à cause de la moquerie des voisins qui déjà se moquaient de ce qu'avant le départ de son mari, son ami vivait beaucoup à la maison, et puis elle avait craint un jugement de ses aînés. Mais son ami avait trouvé que c'était son devoir et leur devoir à tous de s'occuper de Lionel. Si l'enfant n'était pas malade, il l'aurait obligée à le garder. Je lui dis que la religieuse à qui je l'ai demandé pourra sans doute prendre Lionel en observation et je renvoie la grand-mère à la salle d'attente. J'apprendrai ensuite que la religieuse a eu à entendre des propos révoltés contre mes insinuations, mais que je devais avoir raison. Il fallait arriver devant la sœur à passer de la version édifiante à la version soi-disant délinquante de sa fille, mais avec force larmes pour se faire pardonner tout ce qu'elle savait de ce problème de famille compliqué. La grand-mère acceptait d'assumer la vérité peu à peu pendant que dans le même temps se déroulait dans la salle de consultations un étonnant entretien avec Lionel.

Lionel, quatre ans et demi, paraît à peu près trois ans de taille ; c'est un petit déchet humain, pitoyable, maigrelet, apathique, atone, truffé d'ecchymoses et criblé d'écorchures, certaines impétigineuses. Il sent très mauvais, sa culotte est souillée, son petit visage méfiant avec de grands yeux las aux paupières lourdes, fuit la rencontre de tout autre regard. J'attire Lionel un peu près de moi et je m'aperçois en touchant ses bras qu'ils sont complètement refroidis. Je demande à l'infirmière de venir contrôler ma perception et elle me dit : « Mais il est gelé, cet enfant ! » Ses jambes sont glacées, le tronc et la tête seuls sont chauds au toucher, il est pourtant très couvert. À tout essai de contact verbal et quoi que je dise, Lionel répond « non ». Je l'approche encore plus près de moi, il s'appuie sur mes genoux, à ce moment-là je le prends et je l'assois sur mes genoux. Il se laisse faire, indifférent, en me tournant le dos, la tête baissée. Je lui explique la vraie raison de sa venue à l'hôpital; en réalité, je parle à sa nuque. Je lui dis que la dame qui l'a amené et avec qui j'ai parlé avant lui n'est pas sa maman : « Est-ce qu'il le savait? » Lionel, à notre surprise, à l'infirmière et à moi, répond tout bas : « Oui. — Est-ce qu'il se rappelait sa vraie maman? — Oui. — Est-ce qu'il savait qu'elle était morte? » À ce moment-là, il retourne sa tête et, les yeux dans les yeux, il me regarde d'un regard inoubliable. Je répète que, si sa maman était vivante, il ne serait pas resté si longtemps sans la voir, parce qu'elle l'aimait beaucoup et je lui parle du grand hôpital où il est allé par le train dans un pays où il y a du soleil, où il y avait la mer. Il était parti en quittant sa maman et peut-être son papa, moi je ne savais pas, sa grand-mère non plus, et puis sa maman avait été très malade, et comme elle sentait qu'elle allait mourir et que son papa aussi était très malade et qu'on ne savait pas où, je lui glissai qu'il était peut-être mort. Tout cela il l'écoutait les yeux dans les yeux, sa maman avait appelé cette dame qui était sa maman à elle, sa grand-mère à lui, pour lui dire qu'elle avait un petit garçon, Lionel, qui était dans un grand hôpital pour enfants et que, quand il irait bien, il reviendrait, et elle lui avait demandé de s'occuper de lui. C'était pour ça qu'il était avec sa grand-mère, parce que sa maman l'avait demandé. Après cette déclaration, j'attendis et Lionel dit très distinctement « pappelé ». Je sens ses membres se réchauffer, le corps se nide contre mon corps. Pendant qu'il était là-bas, lui dis-je, sa maman était malade : Est-ce qu'il y pensait? Est-ce qu'il était sûr qu'elle était morte? Et Lionel dit : « Oui »; peut-être il le savait? « Oui. » Comment il le savait? Quelqu'un lui avait dit? « Non. » Et il le savait? « Oui. » Lionel est donc attentif à ce que je dis avec cet air dépressif et indifférent.

Je lui parle de son retour; l'assistante sociale qui est venue aujourd'hui le connaissait quand il était petit avec sa maman et elle savait par sa maman qu'elle voulait qu'il aille chez sa grand-mère quand il reviendrait de l'aérium. C'est elle qui l'a conduit chez sa grand-mère et cette dame qui est sa grand-mère, il ne la connaissait pas, mais elle avait été, quand sa maman était petite, sa maman à elle. Je lui dis les noms que sa grand-mère m'avait dits de ses deux oncles les plus proches de lui qui étaient pour lui comme des frères. Lionel répond : « Non », et il dit encore « pappelé ». Peut-être était-ce le nom qu'il donnait à l'ami de la grand-mère ou peut-être « pappelé », c'était son papa qui vivait avec sa maman ? Pas de réponse. Je lui demande s'il veut devenir grand : « Non » ; s'il veut vivre et grandir : « Non. » Peut-être qu'il voudrait voir maman ? « Oui. » Peut-être qu'il voudrait avoir des joujoux ? « Non. » Il voudrait voir son papa ? Il répond « pappelé ». Voudrait-il redevenir petit ? « Oui. » C'est malheureux que ça ne soit pas possible, les docteurs ne peuvent pas faire redevenir petit.

Je tente de lui parler du modelage, c'est-à-dire des quatre petits morceaux plats séparés qu'il a étalés à la demande de l'infirmière (selon la technique habituelle tout enfant avant de me voir est invité à travailler la pâte à modeler ou à dessiner[85]). Il avait détaché quatre petits morceaux de pâte que l'infirmière m'avait apportés. Il regarde, indifférent, et refuse d'y porter la main. J'essaie de guider sa main pour lui faire toucher son modelage ; à ce moment, Lionel retire sa main de la mienne et se couche sur mes genoux nidant sa tête dans le creux de mon bras gauche comme un tout petit bébé nourrisson, sa tête complètement relaxée de côté, comme s'il ne pouvait plus la tenir. Je verbalise : « Lionel voudrait retrouver la maman de quand il était tout petit et on ne peut pas, Lionel voudrait mourir » ; il se blottit encore plus, yeux mi-clos, replié en posture un peu foetale, et je continue : « La maman de Lionel et le papa de Lionel sont toujours dans son cœur, Lionel est gentil, le papa de Lionel et la maman de Lionel aiment Lionel » (Lionel respire comme s'il dormait). Je le laisse un moment comme ça, puis je fabrique deux boudins de terre à modeler, je lui en mets un dans chaque main, ses deux mains dans les miennes, et je dis en montrant l'une « Papa », en montrant l'autre « Maman ». Lionel regarde et en le touchant lui-même au ventre avec nos quatre mains, je dis : « Lionel, papa, maman, Lionel sur les genoux de Madame Dolto, Lionel qui n'a plus sa maman en viande*. Papa et maman seront toujours dans ton cœur, Lionel, quand même tu ne peux plus les voir. » Il ne répond pas, garde ses mains sur les deux boudins de terre à modeler ; je redis « Papa » et je prends le boudin avec la main droite, je le pose debout sur la table. Je dis « Maman » et je pose le boudin de sa main gauche à distance de l'autre sur la table ; il regarde, intéressé. Je

* Ce mot choque les adultes qui l'entendent, mais il correspond à la relation régressée archaïque cannibale imaginaire des tout-petits au sein.

propose de mettre un canard entre les deux, entre Papa et Maman. Joie de Lionel qui devient tonique du regard et du corps, tête et tronc, et me regarde alternativement en regardant les deux formes sur la table; mais il ne quitte pas sa pose, appuyé de tout son corps sur moi. Je fais alors un canard, une sorte de forme oblongue relevée aux deux bouts et je la pose entre les deux boudins; il dit : « Un chat », je fais rapidement un soi-disant chat. Il rit un peu et dit : « Pas un chat, un chien. » Je transforme ledit chat en dit chien. Lionel dit : « Ils sont méchants, les chiens. » Je dis : « Ils ont quatre pattes. » Lionel répond : « Non. » « Et le papa et la maman, qu'est-ce qu'ils disent? » Je continue : « Ils disent : les canards ont deux pattes et les chiens ont quatre pattes » (je fais le chien plus petit que le canard). « Qu'est-ce qu'il dit, le canard? » Lionel pris au jeu répond : « Le chien est méchant, il va manger le canard. » Je prête ma voix au canard et mime vocalement un appel angoissé : « Papa! Maman! le chien va me manger. » De même par ma voix, Papa et Maman répondent : « Mais non Lionel, le chien est plus petit que toi, canard; toi tu es le canard mais le chien il est bien plus petit, il ne peut pas te manger! » Je fais toucher le chien et le canard l'un par l'autre, museau du chien au cou du canard, bec du canard au cou du chien et je dis : « Ils essayent de jouer à se manger, mais tu vois, ils ne sont pas mordus, ils ne sont pas morts, ils sont amis, ils sont tous amis, papa, maman, canard, chien et Madame Dolto. »

Lionel a les yeux brillants et s'est redressé sur mes genoux; il regarde le modelage et s'assoit, très droit, puis il se met debout et va pour toucher aux modelages sur la table, et il les fait s'animer l'un vers l'autre. Je fais revenir à ce moment la religieuse qui attendait dans la salle d'attente et j'explique à Lionel qu'il va partir avec cette dame, sœur Untel, et d'autres amis garçons, et qu'il reviendra voir sa grand-mère et la doctoresse avec la religieuse; et devant lui, j'explique à la sœur qu'il sait maintenant que sa maman est morte, etc., que c'est triste, que son papa aussi est sans doute mort puisque sa grand-mère me l'a dit et que Lionel sait maintenant que cette dame est sa grand-mère et que les garçons qui sont à la maison sont ses oncles et le monsieur qui vit avec la grand-mère n'est pas le papa de ses oncles et qu'il n'est pas son papa à lui. Lionel écoute tout ce que je dis à la religieuse et tour à tour regarde la religieuse et moi-même.

Cette première séance a eu lieu le 27 janvier 1956. La religieuse, responsable d'un home d'enfants dans un département assez lointain de celui de la Seine, était venue à Trousseau avec deux enfants perturbés par l'abandon de leur père et que leur mère lui avait confiés pour aller travailler. Il fut décidé que, étant donné le voyage très long pour venir à Paris, je les suivrais à peu près tous les deux mois. L'un des enfants de son home, bègue et plus perturbé que l'autre, avait vu le départ de son père se produire peu de temps après la naissance de son jeune frère. Gérard était jaloux jusque-là, hostile à tous les enfants du home et apparaissait comme préschizoïde. Que se passa-t-il ? Avait-il entendu dans la salle d'attente la conversation entre la grand-mère et la religieuse ? Toujours est-il qu'il adopta immédiatement Lionel, faisant couple avec la religieuse par rapport à ce nouvel enfant, et qu'il fut sans doute l'un des artisans de l'intégration rapide de Lionel dans le home.

J'ai des nouvelles téléphoniques de Lionel. La sœur l'a d'abord couché dans sa propre chambre pour qu'il ne réveille pas les autres, car il ne dormait plus la nuit. Sur mon conseil, elle lui a permis de la suivre partout, elle le prenait sur son bras quand elle allait vite car c'est un enfant qui était très fragile sur ses jambes fluettes. Il mange à côté d'elle à table ; au début, il mangeait avec ses doigts mais très vite proprement alors qu'elle n'a pas eu à le lui dire. Il ne vole plus jamais de nourriture et ne mange plus n'importe quoi, il ne se cogne plus, il s'accroche à ses jupes dans la maison, partout où elle va. Il appelle la religieuse par son nom et non pas « sœur Untel ». Le soir, elle lui parle de sa maman, de son papa qui sont morts dans leurs corps, mais qui ne sont pas morts dans son cœur ; elle lui parle aussi de sa grand-mère, de Madame Dolto, de ses oncles qui sont vivants comme lui et comme elle qu'elle nomme « sœur Untel ». Peu à peu le sommeil est tout à fait revenu. Il a été accepté par tout le home, on l'y a surnommé le « négro » ; il est le plus petit de taille mais non le plus petit d'âge. La grand-mère a écrit deux fois, elle a payé deux mois puis elle a envoyé des vieux vêtements de ses fils au lieu de payer.

En juin 1956 — il y avait six mois que je n'avais vu Lionel —, la religieuse qui n'avait pas pu venir entre-temps est revenue avec les deux autres enfants à la consultation. Lionel me reconnaît et est tout content. Ses rythmes végétatifs sont tout à fait régularisés, sommeil, appétit, propreté sphinctérienne ; il a grandi et pris du poids. La sœur me dit qu'il prétend l'aider dans toutes ses besognes ; il est très adroit aux jeux d'encastrements ; il n'aime pas qu'on l'appelle le « négro » ni au home ni dans le village, mais comment faire ? Il commence à rester avec les autres au jardin d'enfants mais il est très jaloux. Il prend maintenant ses repas avec tout le monde et couche dans le dortoir. Il dit : « Je veux manger beaucoup pour grandir, je veux toucher aux choses défendues qui sont trop haut. » (Dans le home, les confitures sont sur les planches les plus élevées des placards et les enfants ne peuvent pas les atteindre.)

Un épisode mérite d'être relaté, la sœur emballait les œufs de leur poulailler pour l'expédition. Lionel très adroit, avons-nous dit, aide la sœur. Il casse un, puis deux œufs au cours de sa besogne et déclare à la sœur : « Tant pis pour les poussins qui ne vivront pas, les autres vivront et on mangera les œufs pour être fort. » Il dit souvent à la sœur que Mémé est morte, or il appelait sa grand-mère maman ; qui est cette « mémé » ? Est-ce la femme chez qui il était en nourrice avant l'aérium ? Nous ne le saurons jamais. Il dessine des herbes, des grands filaments et fait un modelage en trois parties accolées, trois boules superposées qu'il appelle un bonhomme. Je lui explique encore qu'il va aller voir sa grand-mère, ses oncles, et le monsieur de sa grand-mère qui est noir comme l'était son papa, mais qui n'est pas son papa.

La troisième séance se passe à peu près à l'anniversaire de la première, en octobre 1956, tout va bien sauf qu'il a commencé à bégayer il y a un mois et bégaie encore, et surtout si on l'appelle le « négro ». Il y a un mois qu'il s'est mis à bégayer. Il faut se rappeler que Gérard, son premier ami du home, bégaie. Gérard et lui sont amis, sans plus, après le coup de foudre du protecteur le jour de la consultation. Lionel s'est depuis choisi un « grand frère », Daniel, un autre pensionnaire — le plus âgé du home, qui a onze ans. Lui-même, Daniel, est le dernier d'une famille nombreuse ; il est fier pour une fois de se montrer en grand frère. S'il dit quelque chose à Lionel, c'est un ordre ; Lionel a pour lui estime et respect. Or, un jour, Daniel s'est moqué de Gérard en imitant son bégaiement ; aussitôt Lionel s'est mis à bégayer, identifié à celui dont Daniel se moquait, et depuis lors (un mois) le bégaiement a persisté.

La visite qu'il avait faite à sa grand-mère la fois précédente, quand ils étaient venus à Paris, s'était très bien passée. Il avait été bien accueilli par tous et avait sauté au cou du monsieur noir en l'appelant « Papa », ce dont celui-ci avait été très touché. Il avait regardé les mains de cet homme, paume et face dorsale, et celles de la religieuse qui était avec lui et les siennes, il avait observé la différence de peau noire et de peau blanche. En sortant de là, la sœur avait répété les mêmes explications que celles que je lui avait données ; il n'avait plus reparlé de rien, ni de mémé morte. Dans le train pour revenir à Paris, aujourd'hui, il a dû repenser à tout cela car il a expliqué aux voyageurs du compartiment qu'il allait voir un monsieur noir qui était comme son papa mais que c'était un monsieur gentil qui habitait avec sa grand-mère et ses grands frères, mais c'était pas son papa. Lors de sa venue à Paris, la religieuse couchant dans un couvent de son ordre, les enfants qu'elle avait avec elle ont reçu chacun un petit cadeau du couvent ; pour Lionel, c'était un cheval à roulettes. Ramené à son home, il le chevauchait en le prénommant du nom de la sœur ; celle-ci en était un peu gênée et lui a dit : « Mais non, appelle ton cheval Paris. » Lionel a répondu : « Paris, c'est des maisons, c'est pas un cheval » et le cheval a gardé le nom de la religieuse avec laquelle il est maintenant dans les mêmes rapports apparents que tous les enfants du home. Il va à l'école du village, semble très vif, apprend bien à lire et à écrire et se montre très déluré dans les jeux, susceptible quand on l'appelle « négro » ; et c'est Daniel qui dit à tous les enfants qu'il ne faut pas l'appeler « négro » mais Lionel.

Au cours de la séance, Lionel fait des modelages. Ce sont des formes maladroites, douées de têtes, avec des yeux et des membres — qu'il qualifie de grenouilles, baleines, chiens et cheval. Je lui reparle des choses de sa famille, je lui parle de son surnom de « négro » qui l'ennuie, les autres sont blancs, Daniel est comme un grand frère mais il est blanc, lui il a eu le même papa que Gérard et Paul. Je lui dis que sa maman était blanche comme sa grand-mère, comme la religieuse, comme la doctoresse, comme la surveillante, comme la dame qu'il a vue dans la salle d'attente. La maman de sa maman c'est sa grand-mère, son papa était le même papa que ses cousins, qui était noir comme l'ami de grand-mère, c'est pour ça que lui, il ressemble à ses cousins et je lui montre les cheveux en disant qu'on l'appelle « négro » parce que de beaux cheveux qui frisent, ce sont des cheveux comme seules en ont les personnes qui ont la peau noire, et je lui rappelle l'épisode de la comparaison de ses mains avec celles de l'ami de sa grand-mère. Je lui dis que quand on a un papa noir et une maman blanche, ça s'appelle être métis, les gens ne savent pas, alors ils disent négro ; quand ils se moquent c'est parce qu'ils sont jaloux, ils voudraient avoir des cheveux comme lui. Lui, il peut être fier de son papa noir qui s'appelait Monsieur Ségolène ; ça a l'air d'un nom de fille, Monsieur Ségolène, mais c'est un vrai nom dans le pays où était né son papa, comme son cheval qui a l'air d'avoir un nom de bonne sœur, mais c'est aussi un vrai nom de cheval fort. Lionel est ravi, il regarde tout le monde comme si vraiment il était totalement narcissisé.

Je n'ai plus revu Lionel : les dernières nouvelles me disent qu'il va fort bien. Il a demandé qu'on lui coupe ses cheveux très ras pour « que je n'aie pas l'air d'une fille ». Il est fort, musclé, pétillant de vie et d'intelligence, tout à fait coopérant dans la maison et très bon camarade, batailleur sans brutalité excessive. La religieuse me dit qu'il ne bégaie plus du tout, que cela a disparu dans le voyage pour revenir au home. Il va à l'école du village, il est un bon élément de classe élémentaire ; or, il a juste six ans.

Pour ce deuxième cas, on assiste à une psychothérapie rapide[86]. Cette psychothérapie s'est d'ailleurs faite en consultation publique telle que je pratique à l'hôpital[87]. La situation de deuil était à faire. Lionel avait atteint déjà le fond de la régression, on pouvait donc lui permettre de se reconstruire à partir de la réalité symboliquement exprimée, déclarée à sa personne. Donc induire le deuil de la mère sensorielle, l'acceptation de la conservation de la mère symbolique, pour bien dire la conservation de la situation de recherche de père et de mère transférentiels ; car cette recherche même était la preuve de son existence symbolique à lui Lionel, fruit de cette scène primitive rendue incestueusement coupable par la grand-mère, et du fait de la loi des hommes mais non de la loi inscrite au cœur et au corps ni de son père ni de sa mère, par-delà la disparition de ses parents. Son nom, celui de sa mère, se trouve bien être le nom de son père géniteur, père aussi de ses cousins.

C'est ainsi que me semble prouvé le fait que lorsque l'association de régression est très profonde, il n'y a plus de résistance à la reconstruction si le traumatisme peut être verbalisé, justifiant le désir de non-vie, qui n'est pas strictement le désir de mort mais qui peut y conduire. La thérapeute, et là autant avec la grand-mère qu'avec Lionel, sert d'objet de transfert — la religieuse dans la salle d'attente, de même — de la relation dont l'absence a été traumatisante. Dans ce cas, c'était une mère aimante, une mère phallique qui avait nourri cet enfant au sein, m'avait dit l'assistante sociale, une mère qui lui avait donné un père. Sa mère représentait à elle seule déjà le papa-maman pour lui. Et pourtant, il y avait eu dans l'histoire relationnelle de Lionel sans doute une « mémé » et un « pappelé » dont l'évocation est arrivée dans le transfert immédiat avec moi. Était-ce une famille d'accueil de Marguerite en vacances de pension, ou ses grands-parents à elle ? Je n'ai pas pu reprendre en paroles cet épisode ignoré de tous et encore plus de moi. On a vu Lionel se reconstruire en suivant le schéma de fixation orale/anale passive à Gérard et à la religieuse, Gérard jouant lui-même son Œdipe sur lui, enfant mythique de sa relation à la religieuse. Son adaptation au home a commencé quant à Lionel par une situation duelle de fixation à la sœur et ensuite à un « frère aîné » qu'il s'est choisi ; il ne s'agissait plus de Gérard mais de Daniel. L'activité de maîtrise entre ses jambes du cheval prénommé du nom de la religieuse était sans doute une réminiscence des jeux sexuels qu'il avait pu voir entre son père et sa mère lorsqu'il était petit. Il ne voulait pas appeler ce cheval du nom de Paris, puisque Paris eût été un nom référé en réalité au lieu géographique incestueux de sa mère et de sa grand-mère. C'est ma personne, Madame Dolto, qui lui a rendu en paroles son père et sa mère et qui lui a rendu aussi le droit à sa relation canard et chien qui sont en bêtes à l'intérieur de lui-même comme les instances agressives de niveau différent, le canard oral et le chien anal, c'est ce transfert qui a permis à son désir de le soutenir dans le home où la religieuse qui semblait avoir intuitivement bien compris, lui rappelait en paroles son curriculum vitae en n'omettant pas la charnière de l'hôpital et de la relation à ma personne qui l'avait conduit chez elle. Il est probable que Lionel ne sera jamais repris au cours de son enfance par sa grand-mère. Il semble avéré que celle-ci ne veut plus le voir, et il est probable aussi que toute la famille s'en ira en Martinique. Ce qu'on peut espérer, c'est qu'en grandissant, confié à la religieuse, puis probablement à l'Assistance publique, il retrouve l'ami de son père qui est peut-être aussi un fils ou un jeune frère du père, en tout cas de la famille du père, et que cet enfant puisse mener une vie autonome et évite jusqu'à la puberté une régression; ensuite, courage, Lionel!

CONCLUSION

La désorganisation de la structure de la personnalité qu'on appelle régression est entraînée, me semble-t-il, par la perte d'un objet de fixation libidinale spécifique qui se trouvait être nécessaire réellement, sensoriellement, aux sentiments d'existence du sujet dans l'intégrité de l'image inconsciente de son corps au moment de cette disparition. Le fait que l'objet n'ait pu être symbolisé est l'élément traumatisant et régressivant. En quête de cet objet disparu avec tout ou partie de lui-même, celui qui a subi ce traumatisme invisible pour autrui n'a plus ni appelant ni répondant de son être. Il ne peut revenir au lui-même répondant de son être d'aujourd'hui qui, avec l'objet disparu, s'est perdu. Étranger dans un monde devenu étrange, abscons, il ne peut tenter de se retrouver qu'imaginaire ailleurs dans un autre temps ou dans un espace imaginaire différent de celui de son schéma corporel actuel dont le sujet angoissé se désolidarise. Il s'agit donc toujours pour l'entourage témoin d'une régression de vitalité chez cet individu qui traduit la perte de son narcissisme, du sentiment de sa valeur humaine, soit en perte ou en désordre de fonctions d'entretien, perte des contrôles sphinctériens, des échanges digestifs, appétit, blocage urinaire, excrémentiel ou respiratoire, ou encore quête inconsciente vis-à-vis de l'entourage de jouer le rôle d'objet partiel oral ou anal, soit, si la circulation sanguine se perturbe, le retour au rôle d'objet fœtal, la posture nidante, la torpeur, le refroidissement qui traduit la panique devant l'angoisse mortifère. Ainsi s'installent, axés le long d'un trajet imaginaire à la fois biologique et langagier, les degrés involutifs visibles de la régression à l'image du corps inconsciente passée ou même archaïque.

Lorsque cette régression peut être vécue ou revécue par souvenirs dans la symbolisation de l'entourage connu de l'individu au moment de cette régression, la personne qui contribue à cette reconstruction symbolique devient le thérapeute. Le thérapeute joue ainsi le rôle de fil d'Ariane vivant, substitut des objets de relation essentielle disparus sans symbolisation ni représentation imaginaire, jusqu'à être dans certaines régressions le substitut pour le sujet du cordon ombilical enraciné dans la scène primitive conceptionnelle de chacun. La cicatrice ombilicale représente la trace du premier lien perdu à soi-même placenta, associé par le schéma corporel à la nidation structurante. De cette mère conjointe à son père, qui, de la vie physique d'être parlant et désirant, ont été l'origine de son propre désir à vivre en corps d'homme ou de femme, le thérapeute par sa présence et sa parole peut répondre. Transfert de placenta, de papa-maman originel, il peut permettre au sujet de restructurer son histoire. Le sujet est ainsi relié dans son imagination à travers les avatars de son histoire aux objets liminairement indispensables à sa vie de relations tout au long de son curriculum. Grâce au transfert, les fantasmes s'articulent à la personne de l'analyste qui sert, qu'il le sache ou non, d'objet de relation symbolique par langage parlé et par le vécu régressif; l'individu mime sa relation au thérapeute comme représentant prothèse temporaire du Moi jusqu'à la retrouvaille par le sujet de personnes dans la réalité accordées à l'indispensable manquant auquel s'articule le désir des vivants, objet manquant différent à chaque étape libidinale. Cela permet ainsi au sujet marqué par l'insuffisance de la sécurité narcissique de base, du fait de la mutilation de cette première image fonctionnelle ou du fait de la perte de possibilités de sthénie musculaire, de retrouver son intégrité narcissique grâce à cette prothèse momentanée du transfert de relations à l'objet du stade auquel le sujet (l'enfant dans le cas de Lionel; la jeune fille dans le cas de Marie-Louise) a régressé. Pour les premiers exemples que j'ai donnés[88], il s'agit de sensations symboliques de la présence illusoire rendue au nourrisson de sa mère fusionnelle, fœtale puis ombilicale puis buccale à téter (pour le premier exemple). Pour l'autre nourrisson, c'est la mère olfactive manquante qui lui étant rendue présente lui permit de retrouver la capacité de téter. Dans la jalousie du puîné, ce sont des paroles symbolisant la non-valeur de modèle exemplaire que lui paraît être le nouveau-né, image involuée de son corps pour l'image du corps d'un enfant pas encore œdipien.

Il est certain que cette personne thérapeute ne peut pas faire à elle seule tout le travail, surtout chez un enfant, et que le hasard — mais y en a-t-il? — avait, dans le cas de

Lionel, permis que se trouve à la consultation cette religieuse responsable d'un home de garçons, milieu tutélaire de remplacement du milieu familial pathogène. Par la façon dont se sont articulées les choses, Lionel a pu trouver là un milieu social parafamilial de restructuration de ses pulsions archaïques homo- et hétérosexuelles, castrées grâce aux paroles de sa thérapeute.

L'étude des dessins et des modelages des enfants sains en cours de développement montre la similitude qui existe entre leurs représentations et celles des enfants plus grands (ou des adultes) atteints de profondes perturbations régressives. Là encore, dans ces représentations transitoires projectives et créatrices, on saisit quelque chose d'autre que ce que la parole peut exprimer. C'est aussi un langage, et qui permet d'exprimer ce qui ne peut se dire en mots.

Un être humain peut avoir perdu la notion qu'il a un corps, ici et maintenant; il peut considérer imaginairement les parties qu'il voit de son corps comme obéissant à des impératifs concernant d'autres espèces vivantes — canard, chien — ou même des choses, des choses aimées, des choses détestées, des choses utiles. Lionel cassait tout, il se cassait lui-même en se jetant contre les murs et contre les objets, en provoquant les agressions d'autrui.

Une partie du corps peut, après avoir été imaginairement présente au sujet, devenir imaginairement absente de façon irréversible, soit parce que l'être humain a subi à travers cette partie du corps des expériences exceptionnelles sur le plan de la sensation, soit parce que des émois concernant cette partie du corps en relation avec un être disparu, ont amené des tensions d'expressivité sans issue, soit parce que cette partie du corps est intégrée à un langage inconscient de la personne tout entière chez qui certains affects inconscients ne peuvent plus s'exprimer par des paroles et qui, du fait de la régression psychosomatique à un âge préverbal, ne peut alors s'exprimer que dans un langage de dysfonctionnement organique et viscéral.

Il m'est apparu au cours de mon travail que les images inconscientes qu'a de son corps un être humain — sans aucun rapport avec l'image consciente visuelle ou volumétrique de son corps dans le temps et l'espace de la réalité[89] — que ces images inconscientes sont sous-jacentes à tout ce qu'il ressent et exprime. Elles sont sujettes à une mobilité constante, des mutations qui sont toujours profondément significatives. Dès qu'une angoisse s'exprime, verbalement reconnue comme telle par un patient adulte en analyse, je la lui en fais sur-le-champ localiser la perception au lieu où elle surgit dans son corps (schéma corporel dans l'espace) et je lui demande de décrire la modalité de sa sensation (fantasmes) ; puis j'incite le patient à associer librement sur les paroles qu'il a dites et à réfléchir aux souvenirs qui pourraient se rapporter à ce style verbal d'expression de son angoisse corporelle : « Quand, où, a-t-il éprouvé une sensation semblable, avec qui, dans quelle situation ? » On oublie trop souvent que toute sensation exprimée avec des mots est inéluctablement reliée au corps actuellement présent et actuellement focalisé et que la méconnaissance consciente de cette base de résonance, le corps dans sa réalité actuelle temporo-spatiale qui accompagne toutes les expressions, peut entraîner un mode de relations soi-disant interhumaines, mais sans références au passé et à des expériences connotées de façon semblable dans le langage, ni au vécu avec ce même corps en d'autres moments.

Les relations de ce sujet au monde dans la réalité deviennent de plus en plus robotiques, alors que son langage verbal devient de plus en plus abstrait[90]. C'est dire que les mots sont devenus dépourvus d'un sens vivant pour le sujet qui les prononce ; il parle pour être entendu d'un autre, il recherche une communication qui n'est plus que verbigérée, comme un aveugle-né qui peut parler de couleurs parce que ce sont des mots qu'il entend dans le vocabulaire des voyants et qu'il cherche désespérément à communiquer avec eux. Mais les mots qui désignent les couleurs n'ont pas, pour l'aveugle-né, le sens qu'ils ont pour le voyant à qui il parle ; aussi, en parlant de couleurs, l'aveugle-né communique son désir de communiquer, mais il nc communique pas sa vérité de la perception ressentie de la couleur dont il parle. Le retour au vécu actuel corporéisé pour en donner une représentation imagée et verbale aboutit souvent à une représentation spatiale en deux dimensions (un schéma en dit plus long qu'un discours), un dessin, ou bien en trois dimensions, un modelage. La confrontation de cette autre expression, aux dépens d'un matériau étranger au corps du sujet mais venu du sujet, permet à son auteur de parler de ce qu'il vient de dessiner ou de modeler, d'associer librement sur ce dessin ou ce modelage comme il le ferait sur un rêve; comme le rêve, c'est un témoignage de l'inconscient. Ce mode de travail apporte du matériel inconscient que le patient ne pourrait pas, tel il est, apporter sans ce support créé par lui dans la réalité. Il apporte dans la cure, en relation au transfert, des aspects immédiatement analysables de ce transfert.

Les enfants expriment spontanément par le moyen mimique, gestuel, puis graphique ou plastique, ou bien encore par le jeu ou par le refus de jeu et de communication, les associations inconscientes qui surviennent dans la situation psychanalytique. C'est ainsi qu'on peut étudier chez eux par leurs représentations en deux et en trois dimensions au cours de l'analyse, et par les modalités du contact tranférentiel à l'analyste, comment ils ressentent leur corps au contact du corps de l'analyste, comment ils se ressentent dans leur narcissisme au contact des paroles que dit l'analyste. Confronter ces représentations avec celles que donnent les adultes en analyse sur le divan apporte la confirmation que certains modes de relations au monde que manifestent en paroles et en silences les névrosés et les psychosés adultes sur le divan, s'accompagnent de représentations inconscientes détériorées de leur corps imaginaire ou de représentations archaïques contemporaines des stades précoces ou précocissimes[91] de l'organisation de la libido dans leurs relations à l'analyste. Ils taisent ces fantasmes, mais si on les incite à y être attentifs, ils peuvent les verbaliser. On demeure confondu d'admiration devant le génie de Freud quand on voit, chaque jour plus féconde et plus conforme à la réalité observable, son hypothèse des stades archaïques de l'organisation de la libido et de régression aux modes d'intégration révolus tant dans l'organisation de la libido d'un sujet que dans sa recherche complémentaire d'objets dans sa relation à autrui, en même temps que sa découverte qui se confirme des polarisations érogènes électives par rapport aux objets médiatisés dans ces relations interhumaines[92].

[93]Je voudrais esquisser l'évolution de l'image du corps aux stades successifs de l'évolution de la libido, orale, anale, génitale, préorale, respiratoire ou fœtale que les schizophrènes nous permettent d'étudier. Il s'agit d'un survol très rapide, mais il est possible que ce survol schématique permette à certains lecteurs de mieux comprendre ce qui se passe dans les relations de transfert.

À chaque époque de l'organisation libidinale, l'être humain élabore, semble-t-il, deux images dynamiques de son corps, deux images contemporaines dont l'alternance rythmée lui donne la sensation d'exister dans le temps et l'espace comme unité vivante limitée par ses téguments[94]. Premièrement, pour ne parler que de l'image inconsciente adulte que nous avons tous, l'image de sécurité de base implique une tête et un tronc; si nous imaginons notre tête séparée de notre tronc, nous ne pouvons pas continuer de nous imaginer existant. Deuxièmement, une représentation dynamique d'accomplissement d'échanges structurants d'entrées et de sorties énergétiques, image éphémère et dont l'apparition rythmée par les tensions d'échanges donne la notion temporelle en situation de désir qui s'ignore; cette image de représentation dynamique d'accomplissement peut être entendue aussi comme image de tonus potentiel érogène[95]. L'image inconsciente qu'un adulte a de lui en tant que vivant, alors que pour sa représentation dynamique de base c'est la réunion indissociable de sa tête à son tronc, pour la représentation dynamique fonctionnelle et potentielle, c'est l'intégrité de sa circulation et de la masse sanguine en lui; si un adulte s'imagine saigné à blanc, il ne peut pas continuer de s'imaginer vivant ou désirant.

Chacune de ces images du corps de base et fonctionnelle se construit au décours des relations interhumaines de l'enfant à sa mère et son père tutélaire et nourricier; ce sont, pour chaque intégration de l'image d'une étape nouvelle, les images dites de fixation à une période antérieure révolue. Nous sommes obligés chez l'humain de voir toutes les relations au monde être médiatisées inconsciemment tout au moins par ces premières personnes humaines qui l'ont désiré et accueilli au monde. Peut-être ne concevons-nous la spécificité humaine qu'à quelques semaines ou à quelques mois; mais au début de la vie, la nature dans son acception de provende vitale est représentée par la relation à la mère. La parole entendue dès la naissance prend sens d'être le moyen de communication entre ces adultes familiers dès avant que les éléments sonores et les rythmes de langage livrent le sens des mots qui sont dits. Ainsi, le prénom de l'enfant dit et redit à propos de son être et de son avoir, de son faire, bref de tout ce que les autres ont à dire le concernant, le prénom est pour chacun le symbole de ses images du corps inconscientes dans leur organisation narcissique première[96]. Le prénom articule l'évanescent du sujet à son corps en tant que lieu de rencontre du temps et de l'espace que la matérialité de son corps assume chacun pour soi-même et pour les autres. Son patronyme symbolise sa filiation aux yeux d'autrui pour la vie sociale. Mais seul son prénom l'authentifie pour lui-même depuis sa naissance et en deçà, depuis sa conception, son désir de prendre vie d'homme ; sa naissance est avec sa nomination le premier acte qui le signifie au monde. Toutes les images du corps sont axées par le prénom du sujet.

Le refoulement successif des images de fonctionnement et de ces images de zones érogènes par lesquelles les fonctionnements servent à la fois à l'entretien de la vie et à la complémentation tant de besoins que de désirs, se fait par l'intermédiaire de l'introjection[97]. L'introjection est un phénomène psychologique par lequel l'objet de satisfaction des désirs partiels devient intériorisé à l'image de base du stade précédent au cours des fonctionnements de l'image fonctionnelle. À partir de là, une perte de l'image de fonctionnement ou d'une zone érogène élective, associée à cette image de fonctionnement, peut, après l'épreuve de sa non-retrouvaille dans le temps et dans la réalité (castration ou deuil), être ou non symbolisée dans le langage interrelationnel. Si cette image est symbolisée dans une relation interpsychique, par le langage par exemple, la frustration ou même la perte de la zone fonctionnelle, faute d'objet adéquat de plaisir pour ce fonctionnement, est remplacée par la relation symbolique qui la restitue signifiée dans la communication avec les autres et permet au sujet de retrouver grâce à la symbolisation, son narcissisme réactualisé. Frustrations et castrations, épreuves narcissiques n'incitent pas toujours à la régression. Elles ne le font que dans le cas où la symbolisation a manqué[98].

L'image du corps viscéral se structure à l'origine dans la période orale et anale passive qui précède le sevrage et la marche à quatre pattes, la déambulation délibérée de l'enfant. La représentation du corps viscéral dont l'image cœnesthésique est inconsciente peut être représentée par un enfant plus âgé, à partir de dix-huit ou vingt mois. Il la représente en modelage sous forme de deux boules reliées tangentiellement ou par un cylindre plus ou moins long jusqu'à parfois une sorte de forme d'haltère, signifiant la relation fonctionnelle à la mère. Les deux masses solidaires, ou le pôle céphalique et le pôle caudal dans la forme d'haltère, sont les lieux, céphalique et du siège, lieux d'échanges énergétiques articulés l'un à l'autre où prévaut la notion de soumission relationnelle de l'enfant à sa mère et de la dépendance de la petite masse de l'enfant à la grande masse dans l'espace de sa mère. La représentation projective de ce mode de relation dans cette forme d'haltère ou de deux boules accolées qu'il n'est pas possible de séparer sans que le corps de l'enfant soit ressenti comme mutilé, souligne cette soumission non maîtrisable. Pour subsister, c'est la dépendance de l'enfant à la mère, d'une des boules de l'haltère dans sa relation à l'autre, qui ne doit pas être brisée, c'est une image prénarcissique et de co-naturalité et de complicité vitales à la mère. Cette représentation d'images du corps cooptées au corps de la mère peut se voir aussi d'une autre manière allégorique dans le graphisme, celle d'un bateau sur l'eau par exemple ; le bateau est totalement dépendant de l'élément porteur. Le bateau dans les dessins d'enfants sert de projection de leur relation passive démunie de défense, face à l'imparable de l'affectivité du milieu porteur tutélaire qui est représenté par la mer calme, agitée, engloutissante ou au contraire à distance du bateau qui ne la touche pas.

Je parlais de l'image d'un haltère, cette image est pour un enfant la seule représentation de lui qu'il peut donner, la preuve qu'il réactualise dans le transfert avec l'analyste une totale dépendance morbide et obsédante à la personne avec qui il est en relation. Le plus souvent, en se développant de façon normale, cette image spontanée d'haltère se scinde et c'est l'image de deux boules accolées tangentiellement, pouvant même s'agglomérer en masse ovoïde. C'est un enfant qui peut supporter d'être dépendant ou indépendant de sa mère, il en a intégré la présence sécurisante à lui-même. Elle-même est représentée comme une autre boule qui va et vient. Lorsque la mère est présente, il se sent trois boules ; lorsque la mère est absente, il se sent lui deux boules et lorsque la mère revient, il est de nouveau trois boules[99]. Au bout d'un certain temps de présence et d'absence de la mère, l'enfant sait qu'il a des moyens de relation, l'appel, le cri, qui sont représentés alors dans le dessin par des filaments ou des protrusions-palpes qui sortent de l'une et de l'autre boules. Ces protrusions, ces filaments, ces points marqués dans les représentations du corps que sont ces boules, servent à signifier pour la boule céphalique les organes des sens, et pour la boule tronculaire les prolongements bras et jambes; sur la boule céphalique, des prolongements qui servent à représenter les oreilles sont dressés vers le haut, et pour la boule tronculaire de part et d'autre vers le bas. Ces prolongements qui portent le nom d'oreilles, de bras, de jambes, sont en fait des images inconscientes du corps qui servent ensuite à être baptisées oreilles, bras, jambes. Le sujet représente des sensations inconscientes de communication avec le monde d'images formelles en état potentiel de communication, active pour les prolongements-palpes, passives pour les trous dans les boules. C'est la représentation de son image du corps en situation potentielle de relation à autrui et au monde.

La forme d'une boule avec un seul prolongement qui sert à représenter les arbres, les champignons par exemple, est la première forme individualisée du corps sans la présence de la mère et capable de survivre momentanément sans angoisse en son absence[100]. Les enfants projettent cette forme de leur image individuée sans angoisse dans la représentation des arbres qui sont des arbres anthropomorphisés; les arbres ont comme fonction dans les dessins d'enfants de représenter l'image du corps viscéral de l'enfant. À partir du moment où les protrusions sont représentées aux boules — une, deux ou trois —, il s'agit de projections de l'image du corps dans des corps animaux ou humains. À cette image du corps viscéral sont reliés au pôle céphalique des organes sensoriels qui ne sont pas des protrusions mais des trous ou quelquefois de toutes petites boules qui servent d'yeux, d'oreilles pour la vue et l'odorat, sorte d'instruments radars passifs au guet servant à apprécier les modes d'approche ou d'éloignement de la mère provende dans l'espace et le temps actuel du schéma corporel de l'enfant ainsi représenté par son image plastique ou graphique. Les perceptions venues du monde extérieur associées à la mère sont ainsi montrées comme potentiellement recevables.

L'image du corps kinétique prévaut à partir de la marche à quatre pattes, et à partir de ce moment aussi l'enfant imagine et présentifie dans ses dessins des prolongements filiformes ou phallomorphes qui sortent de la boule ou de l'ovoïde bassin-tronc et qui sortent de la boule céphalique[101]. Cette image kinétique est constituée d'une tête, d'un petit cou parfois réduit à presque rien, d'un tronc, de quatre membres articulés et assez vite, d'une protrusion filiforme pour les filles et phallomorphe pour les garçons, ce que les enfants appellent le « pipi »; ils signifient ainsi toutes les sensations fonctionnelles inconscientes uro-ano-génitales. La boule céphalique (ou la circonférence céphalique dans le dessin) est le siège du visage qui présente de une à cinq ou sept ouvertures lorsque l'image est totalement achevée; des dents à la bouche, une langue gustative, une forme souvent protrusive qualifiée du nom de pipe. Il y a aussi souvent une notification de l'issue de déglutition : il s'agit d'un point de couleur plus foncée au cou, c'est le lieu de l'image du corps où hystériquement chez l'adulte est ressentie la « boule d'angoisse ». Quant aux membres qui sont des protrusions représentées dans la région scapulaire, ils peuvent être déplacés dans la région tangentielle de la boule céphalique et de la masse ovoïde représentant deux boules accolées, servant à représenter le tronc; ce ne sont pas alors des bras membres squeletto-musculaires, ce sont des représentations des cris qui appellent à l'aide la mère. Quant aux prolongements bras et jambes, lorsqu'ils sont représentés comme squeletto-musculaires scapulaires et pelviens, ils sont aussi marqués très souvent dans les dessins à l'endroit du genou d'une intensité de couleur et ils portent à leurs extrémités des petits prolongements de membres qui vont de un à cinq chez la plupart des enfants bien portants, mais qui aussi chez d'autres peuvent avoir beaucoup de « doigts », c'est-à-dire beaucoup de petites protrusions pétaloformes.

L'image kinétique se construit à partir de l'âge de la marche autonome et l'enfant se projette lui-même autant dans les images animales que dans les images dites humaines qui sont des projections de son Moi-Idéal, c'est-à-dire des imagos[102] qu'il se fait inconsciemment de son avenir de croissance. L'être humain à l'âge kinétique n'est pas verticalisé dans ses images graphiques avant l'époque de la découverte de ses organes sexuels. C'est pourquoi l'enfant se représente beaucoup plus dans les représentations animales, dans lesquelles les zones érogènes buccale, auditives, olfactives et oculaires et les zones caudales, sont pour lui signifiantes de son érogénéité orale et uro-génito-anale confondues en relation à la mère. Lorsque l'enfant se projette dans les représentations animales graphiques, les visages d'animaux sont comme des visages humains, des ovoïdes à grand axe vertical. Cet ovoïde à axe vertical est relié à un cylindre à grand axe horizontal qui est perpendiculaire à l'axe vertical de la tête de l'animal ; la queue n'est pas dans le prolongement dorsal mais axiale à la masse en arrière, des prolongements nommés « pattes » en nombre variable sont ventraux. Ce n'est que lorsque l'enfant est fier de son sexe qu'il peut se représenter en modelage ou en dessin debout avec une tête et un tronc tous deux dans le même axe vertical. À ce moment, il met toujours trois petites boules (qu'il appelle parfois trois boutons) le long du corps ovoïde de la représentation dite humaine. Si c'est en modelage, il met deux « jambes » et une troisième plus petite entre les deux pour représenter un garçon, deux « jambes » seulement s'il représente une fille. Quant à la masse céphalique, il y ajoute un boudin retourné aux deux extrémités pour une fille et un « chapeau » au garçon puis, pour les deux sexes, des yeux, nez, bouche, oreilles avec des trous ou des petites masses accolées. En dessin, toujours les trois marques rondes sur le corps et il ajoute une jupe aux filles sous forme d'un trapèze à sommet étroit à la taille et un pantalon aux garçons avec une des jambes de pantalon beaucoup plus large à sa racine au tronc que l'autre, ce qui signifie que dans l'une des jambes du pantalon, il y a spatialement la représentation imaginaire du sexe protrusif du garçon.

Lorsque l'image du corps inconsciente est ressentie verticalisée, juste au moment qui précède la rivalité œdipienne, on voit dans les dessins apparaître la transition de cette verticalisation qui est représentée par le cavalier, lequel semble faire partie du cheval, tel le Centaure des païens soumis à l'Idéal du Moi, Apollon, qui orchestre les satisfactions instinctuelles des Centaures qui ont commis le rapt des Lapithes. (Le fronton d'Olympie est une extraordinaire représentation des images du corps, des plus archaïques aux plus évoluées de la représentation humaine.) Momentanément, dans l'image du corps kinétique, le rôle du cheval dans lequel le cavalier a ses jambes qui disparaissent, représente l'essai de maîtrise que l'enfant, à l'instar du parent de sexe semblable, essaie de faire de son animalité — qui voudrait posséder sa mère si c'est un garçon. La représentation féminine de l'animalité des désirs incestueux cauteleux et séducteurs des filles est représentée par elles dans des images de filles-lapins ou de chattes habillées verticales.

Le corps membré des animaux est donc chez les enfants avant la résolution de la crise œdipienne, toujours anthropomorphisé. Cette bête obéit à l'homme, qu'il la chevauche en s'y fusionnant ou qu'il soit debout à côté de la bête en laisse et qui lui obéit. C'est le désir sexué masculin qui s'exprime à la fois dans la bête et dans la représentation du cavalier qui a généralement les attributs phalliques de son sexe au bout de ses bras. Quant à la fille, lorsqu'elle arrive à la représentation de sa verticalité, elle se représente alors toujours en relations sociales, c'est-à-dire avec des attributs des fonctions phalliques des femmes, un panier, un sac, des talons, des garnitures de coquetterie qui signifient son désir de séduction et l'attrait de la féminité par des objets partiels phalliques esthétiques surajoutés : coiffures phalliques, bijoux, toilettes, nœuds, volants bouffants, artifices du vêtement qui sont signes d'acceptation des lois sociales et font partie à ses yeux de la valeur compensatrice à son manque de pénis et de seins[103]. Bien souvent, cette femme est représentée tenant en laisse un petit animal domestique enrubanné au poil frisé ; c'est l'ensemble des deux qui est la représentation de l'enfant et non pas la femme ni l'animal. C'est typique des relations à soi-même narcissiques de la crise œdipienne en cours et non encore complètement résolue. Lorsque les instincts sont entièrement assumés comme génitaux et non sadiques, c'est-à-dire à but procréateur dans l'organisation sociale, que l'objet est l'objet hétérosexuel parental lui-même en puissance de l'autre sexe, alors, l'enfant représente les deux conjoints avec les attributs symboliques ou plutôt allégoriques de leurs génitoires : les femmes un sac, les hommes une canne, une pipe ou une arme, et l'enfant se représente lui aussi toujours dans le dessin, reconnaissable comme je l'ai dit toujours comme garçon ou comme fille. C'est qu'il est en train de vivre de façon inconsciente le repli sur la scène primitive à partir de laquelle l'interdit de l'inceste pourra être dépassé, et en train d'entrer dans la phase de latence de façon féconde du point de vue de son adaptation à la société dans l'individuation génitale de son corps castré du désir incestueux. À partir de là, les dessins ne sont plus des dessins d'enfants et les représentations graphiques et plastiques sont des représentations dues au style qu'a chacun dans sa représentation de la réalité objective par lui observable. Quant à l'image inconsciente du corps, elle demeure toute la vie mais elle n'est plus, sauf chez de grands artistes, représentable dans leurs dessins et dans leurs sculptures[104].

Tous les niveaux de résonance de l'image du corps peuvent être vécus dans la relation transférentielle et le sont en effet au cours du traitement psychanalytique. L'acceptation de sa vivifiance imaginaire et la représentation qui en est élaborée, permet aux fruits de cette complémentation archaïque qui est au jour le jour la structure d'un sujet en évolution, d'être acceptée sans la culpabilité inhérente aux situations de réalités sensorielles consommatrices dans le corps à corps, et par-delà l'irréversibilité du temps qui a été marqué par les castrations symboliques successives. Castration de l'oralité, sevrage qui a permis la parole. Castration de l'analité, continence sphinctérienne spontanée qui a permis l'intérêt pour le plaisir tactile des créations industrieuses et du jeu, et l'intérêt dans son corps au plaisir des sensations de désir sexuel. Castration génitale du désir incestueux qui permet la sublimation du désir génital vers des objets hors de la famille proche mais qui ne se verra qu'après la poussée pubertaire. Son effet opérationnel structurant est en potentialité tout le temps de la phase de latence quand l'interdit de l'inceste n'a refoulé que les pulsions incestueuses et non les pulsions génitales en tant que telles qui s'adressent à d'autres personnes de l'entourage que les géniteurs et la fratrie.

Les expériences de morcellement et de mort sont parmi les plus angoissantes à vivre en analyse et aussi les plus restructurantes lorsqu'elles peuvent être dites dans les rêves et dans le transfert, grâce à l'accomplissement imaginaire conduit comme un travail symbolique en contrepartie duquel le sujet paie, c'est-à-dire donne un objet partiel symbolisé référé à l'objet partiel anal. Aussi, lorsque le patient ne paie pas du tout (si le traitement est entièrement payé par la Sécurité sociale, par exemple), il est presque impossible pour le patient de revivre dans la relation analytique ce qui se rapporte aux situations archaïques sans que sa relation à l'analyste soit pervertie dans le sens d'une idéalisation mythique de l'analyste à l'instar des parents quand l'enfant était petit. Le travail dans l'analyse qui se rapporte à ces relations archaïques, et porte leur fruit symbolique, du fait de l'écoute de l'analyste, est l'élaboration d'une image de soi-même réelle, sensoriellement intègre, par-delà l'expérience imaginée dans l'angoisse de la mutilation et dans celle de la mort. Cette angoisse, le patient peut l'éprouver pour lui-même mais le plus souvent il la projette sur la personne de l'analyste dont il redoute que ses fantasmes se réalisent selon la pensée magique avec un effet pathogène ou mortifère sur lui ou elle. À ce moment de l'analyse, le sujet est très près de revivre la scène primitive et d'analyser ainsi le rôle pseudo-mythique qu'il a donné à son analyste de représenter l'entité bicéphale originelle des deux parents du patient. On est tout près de la fin de l'analyse et le moment est venu d'analyser définitivement le transfert afin de rendre une valeur narcissique au patient égale à celle qu'il prête à son analyste. Là encore, le fait du paiement est un levier absolument nécessaire*.

Le truchement médiateur de l'expression symbolique de ceux des fantasmes qui s'actualisent au cours du temps imparti aux séances de rencontres analytiques permet au remémoré vécu d'être ressenti moins dangereusement régressif et en tout cas de n'être plus régressivant du fait de l'échange actuel, corps présent du médecin dans sa réalité, corps présent du patient adapté à la réalité de la société, l'expression se faisant à distance des corps par des paroles, des représentations culturelles, comme le dessin et le modelage, dont le sujet parle mais que ne touche et ne manipule pas l'analyste. C'est ce respect de l'œuvre de l'analysant prise comme un dire que l'on ne peut toucher non plus, mais qui est un point de départ d'associations

* Le paiement symbolique est aussi nécessaire dans l'analyse d'enfants, adjoint au paiement des parents qui est un paiement dans la réalité, mais ce paiement personnel de l'enfant est nécessaire à partir du moment où il revit la pose de l'Œdipe et le narcissisme de sa propre responsabilité sexuelle et de sa motivation personnelle, indépendamment de celle de ses parents ou éducateurs dans la continuation de sa relation analytique. Il suffit d'ailleurs que ce paiement soit symbolique, cinq centimes, deux centimes, un centime, ou même un caillou ou un simili-timbre. Mais si l'enfant n'apporte pas le paiement contractuellement décidé entre l'analyste et lui, l'analyste prendra cet oubli comme le signe positif du droit de l'enfant à refuser ce jour-là une séance qu'inconsciemment il ne désire pas en son nom. C'est qu'il se sent encore objet partiel et non sujet, et qu'il vient encore en dépendance à ses parents ou en dépendance à l'analyste mis à la place des parents. L'important pour la cure c'est que l'enfant ne soit jamais culpabilisé de ce refus ou de cet oubli du paiement symbolique, mais qu'il arrive à assumer le sens qu'il a pour lui.

libres, qui est la clé de l'utilisation de ces moyens représentatifs langagiers dans l'analyse. C'est pour cela aussi qu'il est impensable qu'un dessin ou un modelage qui a été fourni en cours de séance analytique puisse être exposé dans une salle de consultations. C'est une confidence marquée du secret professionnel. Pas plus qu'on ne peut montrer à ses parents un dessin d'enfant fait en séance ni lui donner une valeur, « joli » ou « pas joli ». De même qu'un fantasme, un rêve ou un dire concernant la réalité d'un patient adulte, un dessin ou un modelage d'enfant en cure est le point de départ d'associations d'idées où son inconscient s'exprime à travers son transfert dans le seul but que ce sujet y retrouve son désir ordonné à sa réussite existentielle.

Si le contenu émotionnel est très archaïque, c'est encore plus important. Si le contenu émotionnel est progressif, c'est-à-dire conforme à des potentialités encore virtuelles pour le sujet, il voit dans son psychanalyste un être humain qui est dépositaire de ses projets, dont la relation fantasmatique a manifesté l'existence dans son désir. Ces ébauches non encore actualisées de désir sont déchargées de la dimension délirante par le vécu sensoriel dont il s'accompagne et qui peut transparaître dans la mimique ou le geste, et qui, verbalisé avec l'analyste qui assiste, écoute sans angoisse, donne ainsi le droit aux pulsions de se dire et non de s'agir. Ce travail de décodage des dires et non-dits de séance en séance, restitue au sujet la fonction imaginaire de ses pulsions. L'expression d'abord allusive ou allégorique qu'il en a donnée promeut leur expression symbolique dans des paroles au jour le jour réordonnantes et restructurantes de la fonction symbolique du sujet aux prises avec son histoire à retrouver dans sa relation à l'analyste.

Il s'agit aussi, et surtout chez l'enfant dans le transfert sur un adulte, d'une anticipation imaginaire qui prend l'analyste comme partenaire imaginaire prothétique pour prolonger, sans qu'il y ait rupture dans l'image du corps du patient, l'existence du sujet au-delà du présent de la séance, sujet lui-même articulé à son passé, dans un continu imaginaire et se projetant dans l'avenir d'une réalité dont l'analyste est le garant[105]. Nous sommes là encore dans la notion fantasmée d'un cursus temporel à travers l'extension dans l'espace de la séance discontinue alors que le sujet, lui, reste dans l'espace de son corps continu. Le contenu relationnel inconscient sous-jacent au contenu exprimé de ces séances ainsi déroulées dans le temps à leur rythme régulier reste en mémoire autant chez l'analyste que chez l'analysant; l'analyste étant par sa réceptivité disponible, au service du travail de l'analysant. C'est symboliquement la preuve de l'existence de la personne de l'analyste dans la vie, cette personne qui sert d'« autre de service » pour le transfert du sujet; lequel, avec cet autre, peut être en relation fonctionnelle restructurante imaginaire appelée à se dire, et qui se mute en expressions symboliques. C'est alors que le fruit vivant de ces rencontres demeure par-delà l'épreuve répétitive de la disparition sensorielle dans l'interséance, et l'effet de ces rencontres répétitives est toujours nouveau; jusqu'au moment où le sujet atteint à sa propre symbolisation de lui-même autonome et créatif, indépendant de la personne de son analyste — qu'il se met alors parfois à oublier comme il peut aussi oublier les séances qui ne lui sont plus nécessaires, qu'il les prenne ou qu'il ne les prenne pas, assuré qu'il est dans la réalité qu'il peut toujours se référer à cet analyste dans le cadre qui est le sien s'il en éprouve la nécessité en cas d'angoisse ou de tension régressivante. Mais il est évidemment très nocif que l'analyste soit vu par l'analysant comme celui qui l'attend au tournant et qu'il ne devrait pas oublier. C'est encore la raison pour laquelle chaque séance prévue doit être payée, qu'elle soit prise ou non; ainsi, la symbolisation du sujet en tant que tel par rapport à lui-même, à son histoire, à son présent et par rapport à la société tout entière, s'affirme, et le moment arrive où le transfert pourra être définitivement coupé par l'annonce à temps de l'arrêt de la psychanalyse, ce qui d'ailleurs n'est pas un arrêt de la psychanalyse du sujet devenu lui-même son propre psychanalyste; mais c'est l'arrêt des séances répétées où le processus analytique avec un autre — en tout cas avec cet autre-là — n'a plus de sens puisque le sujet a revécu son image du corps jusque dans les temps archaïques.

Quels que soient les comportements dits régressifs, il m'apparaît donc qu'ils n'en sont pas moins toujours humains; et qu'ils soient joyeusement ou dramatiquement humains, cela ne peut se voir que devant l'angoisse à résonance corporelle quand ils sont dramatiques et dans l'oubli de la séance avec une joie et une absence totale de culpabilité lorsque ces émois sont progressivement humains. Si les émois peuvent ainsi tous être vécus en sécurité et peuvent aussi être tous symbolisés dans le langage, communiqués en séance, ils deviennent signifiants d'une recherche de cohésion symbolique qui peu à peu advient au sujet, même si celui que nous observons se présente à notre observation (je dirais cinématographique et nosographique) à l'origine de son traitement avec nous comme un délirant assisté ou un déchet animal ou végétal. En effet, un être humain qui a atteint le plus profond de la régression est quelqu'un dont le désir parfois, du fait de cette régression où le sujet est piégé, dépouillé apparemment de sa dignité humaine, ne peut s'exprimer en langage sensé. Ce mot signifie dans tous les sens du terme la communication interpsychique du psychanalysant au psychanalyste, depuis ses manifestations viscérales, son système locomoteur, son expressivité mimique, ses gestes, son expression verbale, jusqu'à la parole véridique qui, lorsqu'elle peut clairement s'articuler, nous rend toujours inséparables d'un vécu émotionnel inconscient dans l'image du corps, et témoigne alors de toutes les nuances d'une sensibilité et d'une pensée informées de son désir reconnu hic et nunc vivant et viable[106]. En fin de récupération de soi, de son narcissisme, de sa viabilité en société par lui devenue support, acceptant les irréversibles cicatrices de ses épreuves — ce qu'on appelle la guérison —, le sujet a simplement retrouvé à travers toutes les images archaïques demeurées mais non prévalentes, l'image actuelle inconsciente de son corps nécessaire à l'exercice et l'accomplissement de ses besoins, de son travail, de son désir, de sa parole, partout et non plus seulement avec la personne de l'analyste qui lui a été un temps une prothèse à tout faire des relations symboliques de tous les âges et de tous les stades qu'il a eu à reconstruire à travers les fantasmes que sa présence suscitait tant dans l'actuel jour après jour, les rêves qui lui étaient dédiés où le transfert se faisait jour, réactualisant les souffrances et les malentendus qui dans sa relation à lui-même et aux autres l'avaient réduit à l'impuissance, aux sentiments de culpabilité et à la déréliction.

Le but de la cure est atteint quand rien n'étant changé du passé difficile, tout a pris un sens humanisant pour un désir vivant qui n'en finit pas mais au jour le jour peut s'assumer et ne désespère plus.

DEUXIÈME PARTIE

Les premières images du corps, théorie et clinique[107]

[Il s'agit dans ce travail d'une recherche sur les images du corps, de ce qui concerne leur toute première élaboration. Dès lors que cette élaboration en passe par la relation et la communication, on va s'apercevoir que cela constitue aussi] la recherche, dans la relation de deux personnes, de *qui parle à qui*, ou si l'on me permet, de *qui parle à quoi.* Parce que, dans certains cas, l'image du corps d'un sujet se chosifie[108].

La personne humaine n'aboutit que tardivement à une connaissance claire de son corps, conforme à la matérialité objective du corps masculin ou féminin qui est le sien. L'image du corps n'atteint sa forme achevée qu'après la résolution de la crise œdipienne, après que le sujet ait reçu la castration symbolique qui va faire de lui un être humain dans la loi — en tant que sujet qui, définitivement marqué par elle, exprime et manifeste son désir dans la liberté qui s'instaure de l'intégration de cette loi[109]. Seule la crise œdipienne résolue et dépassée peut permettre la vigueur et le rayonnement des pulsions d'un sujet dans l'activité sociale en tant que responsable, industrieuse, créatrice, l'efficacité et le plaisir dans le commerce avec les autres, au sens large du terme, langage, travail, jouissances réciproques, épreuves partagées, justes concertations. C'est aussi, à plus long terme, après la maturité génitale, la possibilité pour le sujet d'assumer la responsabilité affective des partenaires de plaisir et l'accomplissement de ses désirs sexuels. Sans la castration œdipienne, l'acte procréateur ne peut être assumé tant dans le corps à corps sur le plan naturel que dans la visée concertée de conjoints capables d'affronter ensemble, avec l'autre, durablement, les épreuves que toute vie comporte — dans la visée de fonder famille, pour ceux qui se sont choisis, de concevoir et d'éduquer des enfants, et assurer par leur éducation la relève de la génération déclinante des adultes par les jeunes générations dont leurs enfants sont des représentants.

Notre corps est à la fois pour notre expérience lieu de référence et, hors de toute expérience, dans le repos, centre de notre sécurité, lieu de repli, de mémorisation et d'imagination dans la solitude, le silence, que nous soyons endormis ou à l'état de veille. C'est en leur corps que les êtres dits « adaptés » focalisent l'existence de leur personne, que ce corps soit ou non dit « handicapé ».

L'image que chacun de nous en a, cette image invisible, conjuguée à la présence visible de notre corps qui donne dans le miroir sa représentation scopique inversée, cette image inconsciente que chacun de nous possède est lieu opérationnel, passif et actif, de notre personne[110]. C'est de ce lieu que, dans le langage verbal, chacun émet ses dires, agit ses actes, et aussi qu'il perçoit le monde, sans que personne puisse dire comment. En effet, personne ne peut savoir comment une perception, une couleur par exemple, est vue par deux personnes qui s'entendent sur le mot qui signifie pour tous deux la couleur qu'ils voient. Que leurs yeux perçoivent de la même façon cette réalité physique est déjà impossible à prétendre, que dire alors des sentiments, des pensées, des souvenirs, des projets sur lesquels avec des mots nous paraissons nous entendre[111] ?

Dire « je » signifie que l'on se veut sujet de ses actes qui sont agis par « moi », le corps, objet pour les autres, certes, mais aussi pour le sujet de ce dire, dans une acceptation délibérée devenue le plus souvent inconsciente de la relation désir-corps[112]. Au contraire, celui ou celle qui parle ne se sert que du signifiant « moi », lorsque la petite ou la « grande personne » que selon la jeunesse ou la maturité de son corps il croit être, est consciente de jouer ou d'avoir joué un rôle d'objet vis-à-vis d'une autre personne, ou d'une entité qui, l'une ou l'autre dans l'espace-temps, considérée comme maître de son être en tant que sujet (de gré ou de force assujetti à ce maître), lui a imposé un rôle dont l'intentionnalité n'était pas la sienne. Je donnerai un tout petit exemple : « Je vais à tel endroit... devine sur qui je tombe... sur Untel » comparé à : « Je vais à tel endroit et devine qui me tombe dessus ? C'est Untel. » Le « je » et le « moi », on le voit, ne sont pas interchangeables. La première phrase en permet une seconde : « je pris garde à ne pas me faire reconnaître »; la seconde ne permet ni cette phrase ni surtout l'agir d'évitement dont elle parle.

Notre corps, dont nous avons à chaque instant à notre insu une image, est une masse spatialement délimitée. La conscience que nous en avons est nécessaire à notre certitude d'être vivant dans le temps présent et à la notion que nous nous faisons de nos servitudes par rapport au temps et à l'espace : lorsque quelqu'un est présent à un spectacle qui le surprend, il dit : « Pince-moi, est-ce bien moi qui suis là ? » Pour être sûr qu'il ne rêve pas, il lui faut la perception d'être agressé là dans l'espace, dans son corps-masse. Cela désigne le Moi qui n'est pas dans l'imaginaire mais dans la réalité de la relation de masse présente dans l'espace en même temps que le corps d'autrui, comme objet. Cette masse et son organisation physiologique et neuromusculaire situe pour chacun de nous, spécimen de l'espèce humaine, individu anonyme si l'on peut dire, un mode d'existence : celui des êtres organisés de notre espèce. Et c'est cela qui nous introduit à la compréhension rationnelle des comportements de ce corps, pour qu'il puisse rester en vie et répondre du sujet qui parle, se meut et est animé de désir, et d'une histoire accolée à un nom, ce qui fait un sujet au sens de citoyen d'une société dont rien d'autre ne témoigne dans l'espace que son corps individualisé et vivant. Or, ce corps dans sa réalité organique n'est pas du tout le même que dans l'image que nous en avons inconsciemment et consciemment en tant qu'il est également support exposé au langage d'autrui, porteur lui-même et source lui-même de langage[113].

Il m'est apparu, en tant que psychanalyste d'enfant, qu'à chaque stade du développement libidinal s'élabore, à propos de ce corps qui croît et se construit, une image particulière, pérenne et moirée, image particulière qui persiste et coexiste avec les images qui demeurent des stades antérieurs, ainsi qu'avec des images anticipées que notre désir nous fait préfigurer des stades à venir, à l'image enviée des objets qui, à nos yeux du moment, sont valeureux. Ceci se passe à mesure de la croissance, de l'évolution du corps et de la petite personne humaine dans ses relations à l'espace de l'entourage, animé et inanimé, et surtout l'espace humain, qui seul est langagier de part et d'autre — je veux dire du côté du sujet et de l'objet de son désir qui dépend d'un autre sujet.

Cette image inconsciente qui, aux stades prégénitaux, fixe les expériences sensorielles qui la constituent, parallèlement à l'intégrité si fragile à ces stades dans l'espace et dans le temps de l'organisme lui-même, cessera de dépendre nécessairement de cette intégrité lorsque, vers sept ans, l'enfant aura atteint au savoir concernant sa conception par père et mère, puis à celui de sa gestation et de sa naissance par une seule femme, sa génitrice, qui lui est pour le commerce génital interdite — ainsi que les filles et les garçons engendrés par l'un ou l'autre de ses géniteurs. Ce savoir de l'interdit de l'inceste qu'il implique à jamais — qui amène chacun à la connaissance du sexe, du sien, et du rôle futur qu'il lui permettra dans la société lorsque, devenu responsable de ses actes et potentiellement fécond, il assumera l'union sexuelle et ses conséquences physiques, émotionnelles et sociales —, c'est cela qui fait que l'image du corps inconsciente[114] disparaît définitivement de son usage fantasmatique préconscient chez l'individu. Il en reste des franges dans le langage de tous en tant que métaphores. Ces métaphores de l'image du corps dans le langage sont très nombreuses, il suffit d'en citer quelques-unes comme : « je ne peux pas le sentir », « il m'éblouit », « j'ai vu rouge » ou image viscérale : « il me met le cœur à l'envers » — sens tout autre que « ça me fait mal au cœur » ou « tu m'écœures ». Autres exemples : « c'est le bras droit d'Untel », « il me casse les pieds », « les bras m'en tombent », « il a pris ses jambes à son cou », qui sont des images motrices[115].

Mais pour que puissent se former et se structurer, en évoluant d'une façon qui permette au sujet d'intégrer toutes les références que son corps lui apporte, et l'observation et la mémoire de ces expériences de la réalité charnelle et sensorielle du corps, cela demande que bien avant sept ans, cet âge de la génitalité dans la loi — où l'interdit de l'inceste est connu de tous les enfants de façon consciente —, cela demande que l'enfant ait déjà une image viable de son corps propre, même si ce corps est encore à ses yeux quant à son bassin, lieu de besoins fonctionnels excrémentiels et donc non encore marqué des caractéristiques de tel sexe qu'il n'a pas encore remarqué quant à ses génitoires. Il faut donc que l'enfant ait déjà acquis une certaine autonomie de mouvement, et qu'il ait atteint au contrôle libre du jeu de ses besoins : manger tout seul, aller aux cabinets tout seul, s'endormir tout seul. Tout cela implique non seulement que le système neurologique ait atteint à la maturité du faisceau pyramidal (vingt-six, vingt-huit mois), mais surtout que l'enfant ait l'usage du langage, et que la personne tutélaire lui ait laissé assumer toutes ses initiatives au jour le jour de leur possible assomption du fait du développement de ce corps. En bref, cela veut dire que l'enfant ait au moins trois ans de maturité physiologique, et que cette maturité physiologique, il en ait le libre exercice. Alors, son image du corps s'est constituée pour les stades prégénitaux et il est prêt à assumer l'image du corps génital.

Avant trois ans, donc, l'image inconsciente du corps, celle du désir, prédomine de façon absolue sur la réalité morphologique. Mais par la suite, de trois à sept ans, la découverte des particularités des formes provoque chez l'enfant la curiosité et la découverte de la forme qu'il porte et qu'il présente en ses génitoires, différente de celle des autres enfants. De même observe-t-il la forme particulière du corps des femmes, sa mère, par rapport au corps des hommes, son père — qui sont l'un et l'autre les modèles de ces deux sexes à l'état adulte. Au moment de cette découverte de la différence des formes, l'image inconsciente du corps de l'enfant en tant que nous la décrirons plus loin orale et anale, subit une mutation, du fait que l'apparence sexuée du corps ne permet plus au sujet, sans refouler le témoignage de ses sens, de continuer d'imaginer son corps propre dans la région génitale, le bassin, sans le sexe physiologique particulier qui lui est dévolu et qui, de ce fait, engage son évolution en direction d'un devenir d'homme, ou d'un devenir de femme, à l'exclusion du devenir l'autre[116].

De trois à sept ans, cette problématique construit la sexualité du sujet dans sa valeur de langage, selon l'attitude mimique, vocale, et les paroles que l'enfant reçoit en réponse à ses questions directes ou indirectes — par gestes concernant ses observations et sa curiosité ou sa perplexité devant les questions que lui pose la différence aux génitoires des garçons et des filles qu'il a pu observer, ainsi que la sensualité qu'il en perçoit dans son corps propre. Le pourquoi, les pourquoi concernant ce lieu du corps, comme d'ailleurs tous les pourquoi sur les différences et les observations qu'il fait, sont la manière dont l'enfant perçoit ce qu'il est en droit de comprendre ou qu'il doit refouler. Et ceci est affaire d'éducation par le langage. C'est pourquoi, à partir de trois ans, de ce que nous appelons en psychanalyse la castration primaire (du garçon et de la fille) — l'apercevance de la différence sexuelle et la nécessaire compréhension de ne faire partie que d'un seul sexe —, l'image du corps devient affaire seulement de relation interhumaine quant au refoulement ou, au contraire, à son évolution vers une image langagière créatrice et procréatrice[117].

À partir de sept ans, âge qui pour la psychanalyse est celui de la résolution du complexe d'Œdipe — pour tout le monde l'âge dit « de raison » —, l'image du corps n'est plus du tout verbalisable comme elle l'est par le tout petit enfant, à condition de savoir l'entendre quand il en parle. Et elle n'est représentable qu'à son insu par le sujet, beaucoup plus attentif à ce qu'il donne à voir par son corps dans la réalité et ce qu'il fait avec, par et pour ce corps, qu'à ce qu'il ressent en lui d'invisibles sensations pour lui-même et dans sa relation de désir vis-à-vis d'autrui.

L'image scopique du corps, qui commence à prendre valeur à partir de deux ans et demi, trois ans, refoule l'image préexistante[118] et prend désormais le pas sur elle, parce que cette image scopique, l'enfant a appris à savoir que c'est celle qu'il donne à voir et que l'autre supporte de sa présence, alors que l'autre ne supporte pas toujours les questions qu'il pose ou les gestes qu'il fait en référence aux problèmes que lui pose son image du corps inconsciente. Cette distinction entre l'image inconsciente et l'image consciente du corps, je veux dire celle qui correspond à ce que les autres voient de ce corps, ou du moins ce que chacun de nous croit que les autres voient de ce corps, réside en ceci que lorsqu'un enfant parle du corps avec des mots, il emploie fatalement les mots entendus du vocabulaire qui sont ceux du parler de ceux qui l'entourent, la langue maternelle. Il ne parle pas du tout de son corps de la même façon que l'adulte, car les mêmes mots n'ont pas le même sens, d'où le malentendu constant entre ces petites personnes que sont les enfants à partir de deux ans et demi et les grandes personnes qui sont leurs parents et les éducateurs[119]. C'est vrai lorsqu'il s'agit du corps, mais c'est vrai aussi pour un peu tout ce dont l'enfant parle. Il a des références différentes de celles de l'adulte ou, s'il a les mêmes références perceptives, il en parle directement alors que l'adulte interprète ces références. Je n'en donnerai comme exemple que ce qu'un enfant peut dire de quelqu'un ou quelque chose qu'il voit loin, en disant : « Oh, comme il est petit, petit, petit... », alors qu'il s'agit d'un paquebot à l'horizon, par exemple. Pour lui, c'est un paquebot tout petit, comme il le perçoit, alors que pour l'adulte c'est une question de perspective. C'est parce que le paquebot est au loin qu'il est petit en apparence, mais pour lui il reste un paquebot de la dimension qu'il a.

Il est d'observation courante que pour un enfant, est « loin » tout ce qui est au-delà de sa rue à lui, de ses maisons familières, que l'inconnu spatial commence pour lui à partir du point où il sort de l'espace dont il a l'expérience. « Petit », comme nous l'avons vu pour un objet au loin qui peut être en fait immense, n'est pas du tout la même chose que pour une grande personne. De même, « vieux »; pour un enfant de six ans, avoir huit ans, c'est être « vieux ». Qui n'a pas entendu ces jeunes filles se révolter de ce qu'une compagne de dix-sept ou dix-huit ans soit amoureuse d'un « vieux de vingt et un ans », comme elles disent?! Autant d'exemples qui nous permettent de comprendre le fossé qui sépare enfants et adultes, même lorsque apparemment ils parlent avec les mêmes mots. Je donnerai encore cet exemple pris sur le vif : un enfant de vingt mois qui a très grande envie d'un jouet, une petite auto dont il parle depuis quelque temps, voit sa mère revenir avec une boîte carrée de quinze centimètres sur quinze et haute d'un centimètre, de ces boîtes à petits mouchoirs de luxe. Il se précipite sur cette petite boîte plate en disant : « Oh! c'est l'auto! c'est la petite auto! » Tout le monde sait qu'une auto ne pourrait pas être dans une boîte de cette forme. Mais un enfant de vingt mois, non. Autre exemple : un enfant de vingt-quatre mois, qui désirait beaucoup un vélo et qui, voyant une boîte comme une grande boîte d'allumettes, avec l'image d'un vélo, s'écrie : « Oh! ben voilà, tu peux me l'acheter, le voilà, mon vélo! » Le père lui montre cette boîte en lui disant : « Mais il ne peut pas y avoir un vélo pour toi... — Si, si, si... il y a un vélo pour moi dedans! » Pourquoi ? Mais parce qu'un vélo vu au loin, dont l'enfant avait envie en voyant un autre enfant pédaler avait, en effet, au point de vue de la perspective, la même taille que cette boîte. Très difficile à comprendre, cette logique d'un enfant pour un adulte ! On a tendance à leur dire qu'ils sont bêtes. Il s'agit d'autre chose : c'est une question d'image du corps.

Dans toutes les langues, le vocabulaire courant contient des références aux images inconscientes révolues que se font les spécimens de l'espèce humaine, mais en tant qu'êtres organisés autour d'une masse anonyme, dont tous ont les mêmes références. Et pourtant, il y a dans le langage les locutions imagées, des expressions figurées, à la disposition de tous, dans toutes les langues. Par exemple en français : « J'en ai plein le dos! » que drolatiquement on entend bien des femmes enceintes dire à la fin de leur grossesse. Eh bien, cette image ne se réfère pas à l'image du corps, mais au schéma corporel[120]. Lorsque quelqu'un l'utilise, il parle au figuré d'une épreuve psychologique qu'il compare à une charge matérielle qu'il aurait à porter sur ses épaules. L'expression « être le bras droit de quelqu'un » traduit de façon figurée que cette personne est le principal agent exécutif de telle autre. C'est une allusion au schéma corporel d'un droitier. Un gaucher l'emploiera pourtant, cette locution, s'il est un adulte; il trouvera cela tout à fait naturel. Mais un enfant qui écoutera cette locution ne comprendra absolument pas, s'il est gaucher, que cette personne est un être valable, et qu'on l'appelle « bras droit », car pour lui son bras droit est beaucoup moins important que son bras gauche. Lorsque, dans le langage courant, un adulte dit d'un autre : « Je ne peux pas le sentir », il n'évoque pas du tout, du moins consciemment pour lui, le mode de sympathie archaïque du tout petit enfant qui distingue l'être humain par son odeur, odeur qui le met en sécurité ou en insécurité, et qui fait la base de l'intuition sympathique de certains êtres pour les autres (avec des erreurs, d'ailleurs). On voit là qu'il y a des locutions qui sont en rapport avec le schéma corporel de tout un chacun, et d'autres qui sont en rapport avec l'image du corps différente suivant un individu ou un autre —, c'est-à-dire le langage particulier que l'image que l'on donne se rapportant au corps peut avoir pour un être humain, gaucher ou droitier, qui aime telles odeurs ou qui ne les aime pas[121].

Dans toutes les langues le vocabulaire fait appel à ces références au corps. Or, prises à la lettre, ces références se rattachent à des expériences sensorielles et libidinales des temps archaïques, qui ont été émotionnelles au cours de notre développement, et c'est dans la mesure où elles ont été émotionnelles différentes pour chacun, qu'elles touchent à son image inconsciente du corps. C'est l'image du corps qui donne au langage son foisonnement d'expressions référées au corps propre pour en exprimer tous les émois, et dont se servent tant les romanciers et les poètes. Il y a ainsi des images, il y a des mots du vocabulaire qui sont différents dans les références à l'image du corps selon le sexe. Je ne donnerai comme exemple que la drôlerie et l'ambiguïté du mot « tirer » quand un homme et une femme se trouvent à faire un lit ensemble. Pour un garçon, lorsqu'il tient un drap en main, tirer ne veut absolument rien dire, puisque tirer veut dire « pan ! pan ! » (geste du fusil), alors que pour la femme, cela veut dire tirer à soi ce tissu avec une main prenante. Nous voyons déjà là poindre le fait qu'il y a des mots qui, selon le sexe, ont une valeur dynamique spatiale centrifuge ou centripète. Et ces mots touchent à l'image inconsciente du sexe.

L'intérêt qu'il y a à étudier cette imagerie précoce du corps pour le psychanalyste est que beaucoup de troubles fonctionnels que l'on appelle aujourd'hui psychosomatiques ne sont pas autre chose que l'expression inconsciente, langagière, que le sujet utilise pour exprimer ce qui est refoulé et qui ne peut être verbalisé.

CONSTITUTION DE L'IMAGE DU CORPS

On peut distinguer à chaque stade libidinal et pour chaque image du corps qui s'y rapporte, trois aspects qui communiquent les uns avec les autres.

Premièrement, une image dynamique inconsciente de base, que nous appellerons plus brièvement « image du corps de base » ;

deuxièmement, une image dynamique inconsciente de fonctionnement, qui sera dite « image de fonctionnement » ;

troisièmement, une image dynamique érogène que la dialectique subtile de la castration peut aliéner ou sublimer par rapport à son accord avec les deux précédentes[122].

L'image du corps de base est une représentation dynamique potentielle et statique. Son intégrité absolue conditionne, pour le sujet, au niveau de son inconscient, la sécurité de son existence même. Cette image, si elle est menacée dans son contour, dans son intégrité, met le sujet dans un état de panique. Le corps est figurable par une masse douée d'un potentiel d'énergie, axée sur un point focal d'échange, ou sur un lieu de points focaux articulés entre eux. Le simple risque d'une atteinte, pour le sujet, qui menace l'individu qu'il est dans cette image de sécurité d'être et de ce ressentir source de besoin, peut le faire entrer dans un état d'absence ou de convulsions. L'image de base est l'amarre inconsciente du sujet à la vie.

L'image du corps de fonctionnement est une représentation dynamique qui rend compte des expériences de cette masse qui figure l'image de base. L'image de fonctionnement est le lieu des pôles où se résolvent les tensions attractives ou répulsives du désir insécable dans cette masse corporelle spatialement circonscrite qu'est l'image de base. L'image de fonctionnement, c'est la représentation des accomplissements du corps. C'est une image de fonctionnement dynamique, passive en état de non-manifestation et active dans des lieux qui sont des polarisations excentrées par rapport à la masse du corps figurée par l'image de base. Ces lieux excentrés d'accomplissement du désir, grâce à l'image fonctionnelle, vont devenir les zones érogènes[123], c'est-à-dire aboutir à la troisième image, *l'image érogène*, qui communique, comme je l'ai dit, avec les deux précédentes. C'est l'expérience du fonctionnement du désir à travers l'image du corps de fonctionnement qui continue l'image de base, qui provoque certaines zones de l'image de fonctionnement à devenir, par excitabilité particulière et répétitive au plaisir et à la séparation de l'objet du plaisir, des zones érogènes. L'image fonctionnelle du corps s'entretient et se développe à condition d'être répétitivement liée dans l'expérimenté vécu à la notion de plaisir qui est l'accomplissement aux zones érogènes, et à la notion de restitutio ad integrum, du retour de l'image fonctionnelle au repos en se remettant, si je peux dire, au service de l'image de base, après l'apaisement des tensions d'accomplissement de l'échange énergétique aux zones érogènes.

On peut dire que l'image du corps se présente donc toujours sous cette forme triple et rythmiquement alternée : image de base focalisée par un centre ou un lieu de centres qui sont des lieux de perception subtile de certaines sensations, et image polarisée ou polarisable à des zones érogènes quand surgissent des tensions provoquées en des lieux excentrés de la masse individuelle du sujet qui a de lui-même une image de base. Les zones érogènes sont les issues par lesquelles se font les échanges énergétiques de l'image de base avec le monde extérieur, par la médiation de l'image fonctionnelle, ces échanges apportant la possibilité de survivre en même temps qu'ils sont, du fait des objets du monde extérieur, sources de connaissance partielle, continue ou discontinue, alors qu'un soi-même permanent demeure dans un développement alternativement de veille et de sommeil, ressenti continu dans l'image de base.

Ce soi-même permanent qui porte référence des phonèmes du prénom du sujet se constitue par des rapports de masse à masse avec la mère, à la fois support et sein, puis avec les choses au contact du corps et autour du corps, qui apportent les perceptions de ses limites cutanées et qui sont associées, plus ou moins, à la mère présente ou occasion de ces expériences. Ce soi-même où s'origine le sujet, dans ses images de base, fonctionnelle et érogène, est essentiellement figuré dès la naissance par une masse céphalique et par une masse thoraco-abdominale, qui sont ensemble image de base; donc une image de base bipolaire, tant par la masse que par les deux zones érogènes substantielles pour les échanges digestifs : bouche à fonction centripète pour le besoin, anus et méat urinaire confondus à fonction centrifuge pour la satisfaction du besoin. Ces deux masses, articulées entre elles sans que l'enfant le sache encore, par le cou, se retrouvent plus tard sous forme de ronds dans le dessin, de boules dans le modelage. Ronds ou boules sont polarisés par des points qui figurent les zones érogènes subtiles — je veux dire les yeux, les oreilles et le nez, qui perçoivent à distance du corps à corps[124].

La masse céphalique est d'abord centrée, dans le dessin, par un point unique, et la masse abdominale par un trait. Point et trait, comme une épingle avec sa tête, c'est la première image du corps dynamique d'un être humain[125].

Boule et prolongement, première image dynamique aussi de l'être humain, en modelage, c'est-à-dire dans les trois dimensions. Plus tard, ce trait disparaît, tandis que trois points apparaissent pour le remplacer dans la boule, situés dans l'un ou l'autre de ces deux ronds, de ces deux boules, de cette toute première image archaïque du corps. Ces points représentent les lieux d'accomplissement du désir et du besoin, confondus au départ, lieux d'échange et de communication entre l'enfant et sa mère. On peut dire qu'il y a deux (yeux-oreilles-narines) et une (bouche-nez-cavum).

Dans les mois qui suivent, ces deux masses accolées sont complétées par des prolongements, sortes de palpes, qui représentent la communication à distance, c'est-à-dire l'image fonctionnelle, les perceptions visuelles, olfactives, auditives, qui, à des distances différentes, permettent de percevoir l'arrivée de la mère. En même temps, les représentations en dessin et en modelage font état d'une troisième masse, qui s'accole à la masse abdominale, aux antipodes de la masse céphalique. N'avons-nous pas alors une représentation figurée de l'image du corps à ce stade dans la locution « haut comme trois pommes » ?!

Cette troisième boule, ce troisième rond en graphique, que l'on retrouve dans les dessins d'enfants, est focalisée à son point le plus distal par rapport à la masse céphalique, par une trace, un point, ou une saillie, qui figure les échanges urinaires et anaux génitaux confondus en un pôle unique, qu'on pourrait appeler cloaco-génital, tant il est vrai que la figuration de la sphère ano-uro-génitale est ici à l'image du cloaque des mammifères. Mais toujours représentée comme une intention centrifuge ; que ce soit garçon ou fille, le siège est vu comme dynamique centrifuge, expulsive. La dynamique centripète d'attraction du sexe vaginal fille dans le langage du désir, se verra vers deux ans et demi, trois ans ; cela se ressent alors et se voit dans le dessin, en effet, comme un point apparemment passif, sans trait qui en sort, chez les filles qui ont la conscience de leur réceptacle désireux. Mais elles le montrent aussi par la représentation du schéma corporel, en y ajoutant un panier, alors que les garçons s'ajoutent un bâton ou un fusil au bout des bras. Cette incidente concernant la représentation du sexe, je la dis tout de suite, mais il est évident qu'au début, dans la première image orale-anale, il n'est pas question d'une image métaphorique des génitoires réceptifs ou expulsifs. Tout est expulsif, parce que c'est génito-urinaire-cloacal, génito-urinaire-anal-cloacal.

Je fais remarquer avec quelle fréquence, dans le langage courant, on emploie le mot « sphère » pour parler de la région génitale des humains; on dit : la sphère génitale, mais aussi : la sphère céphalique, la sphère abdominale. Ce sont des expressions pour dire globalement la région. D'ailleurs, il y a le mot « globe ». Ce sont des images de base dans lesquelles, inconsciemment, nous mettons les images, fonctionnelle et érogène, attenantes à cette image de base — sécurité de l'être humain.

Avec la continuation de la constitution de cette image inconsciente, ces trois boules accolées, ou ces trois ronds, avec leurs points de focalisation, sont peu à peu remplacés par une figure ovoïde globale, où deux boules se fondent en une seule, qui représente la masse thoraco-abdominale, avec un pôle uro-ano-génital parfois plus foncé, surmontée de la boule céphalique qui continue de garder les points de focalisation yeux-oreilles-nez-bouche : trois, puis cinq. Voilà comment, tout à fait au début, se constitue l'image du corps oro-anale, à l'époque passive de la structure libidinale chez le petit enfant. C'est ainsi qu'il se présentifie à lui-même dans sa solitude, avec les pseudopodes-palpes à la tête et à cette masse thoraco-abdominale, au niveau de l'apex ou au niveau de la base, et auxquels il donne le nom d'oreilles, de bras, de jambes. La mère elle-même est appréhendée comme une masse sphérique ou ovoïde qui est douée comme l'enfant de protrusions émettrices et réceptrices, prenantes ou à prendre ; et il associe les protrusions de l'image du corps de sa mère aux issues érogènes de son corps à lui, dont l'image fonctionnelle a comme répondant érotique et utilitaire cette représentation de la masse du corps maternel[126].

Tous ceux qui connaissent les dessins d'enfants savent que l'enfant se représente et représente autrui à l'aide d'ellipses plus ou moins allongées et de ronds, de formes, qui empiètent les unes sur les autres selon ce qu'il veut représenter; les protrusions et les palpes sont quelquefois représentés par des petites formes allongées ou rondes annexes, et parfois par des filigranes qui sortent de ces masses et qui vont comme des antennes à la rencontre du monde extérieur, palper, donner, prendre, entendre, percevoir.

L'expression libre par le dessin ou le modelage jointe au travail psychanalytique — qui est une écoute des associations que l'enfant donne à propos de ces représentations — permet d'observer de façon continue au fur et à mesure des séances et de la relation transférentielle qui s'installe, les variations de l'image du corps telle qu'elle est donnée par les enfants en situation de relation, variations dans le mode de focalisation de l'image du corps de base, variations aussi de l'image fonctionnelle, lacunes ou survalorisation de certaines zones érogènes. Par exemple, chez les enfants aveugles, les zones érogènes des palpes, du palpe dit « bras », sont, à la terminaison (des mains), énormes par rapport aux enfants qui voient. Il est certain que le « palper par les yeux » est considérable pour les voyants, et remplacé par le palper par les pulpes des doigts chez l'aveugle. Il n'est que de voir notre infirmité à nous, adultes voyants, lorsque dans un escalier que nous connaissons bien, la lumière s'éteint complètement. C'est dire à quel point nos yeux nous servent de palpes constants; mais nous en avons perdu la notion. Les aveugles ont conservé la notion de la nécessité du palpe constant du monde extérieur pour préserver le schéma corporel dans ses déplacements dans le monde extérieur.

Lorsqu'un enfant commence à dessiner, c'est-à-dire vers dix-huit mois, ce qu'il essaie de figurer pour représenter son mode d'être, il le ressent depuis belle lurette[127]. Mais ce n'est évidemment qu'à partir du moment où il acquiert la maîtrise motrice qu'il peut exécuter ces graphismes ou modelages dont j'ai parlé, et qu'il peut exprimer ce qu'ils représentent pour lui dans les relations de ces objets dans lesquels il se projette avec les autres objets dans lesquels il projette d'autres personnes.

L'hypothèse freudienne de la régression selon sa double modalité, soit par rapport à l'objet de désir, soit par rapport au stade libidinal, m'avait plusieurs fois mise sur la voie de l'hypothèse d'une régression du ressenti du sujet à une image archaïque potentielle de son corps, image à laquelle dans certains cas il n'arrive pas à renoncer, qu'il n'arrive pas à dépasser, parce que aucune image plus actuelle ne s'offre à lui pour apporter un jouir au moins aussi intense que le jouir perdu associé à une image archaïque de son corps[128]. Il arrive à un enfant qu'à défaut de jouir de son désir, parce que cela lui est impossible, quelles qu'en soient les raisons — le plus souvent par absence de l'objet de ce désir attendu —, le sujet mette son image du corps en tension ; cette tension justifie son désir — qu'il ne satisfait pas —, mais cette image de tension peut devenir substitut de l'image de l'objet désiré et se mettre à fonctionner sur elle-même, un peu comme un disque qui tournerait sur le même sillon.

C'est quelquefois cela qui s'est passé à l'insu de la mère, au moment d'un sevrage qui a été mal verbalisé, mal fait, et a laissé un désespoir non exprimé par l'enfant. Cela ne se voit pas sur le moment, mais à l'occasion de la naissance d'un autre enfant, ou de la vue d'un autre enfant bébé qui tète sa mère, alors que lui est devenu grand — il a trois ans, quatre ans —, on le voit qui se met à hurler en se ratatinant sur lui-même et en disant d'une façon désespérée, dramatique : « Je veux téter, je veux téter, c'est à moi, ça, je veux, je veux...» Et les parents ne comprennent pas, pensent que c'est un caprice, et nous avons vu des névroses commencer par ce caprice apparent qui était la preuve d'une jalousie térébrante du bébé qu'il voyait téter, mais qui en fait était seulement le reliquat d'une image du corps où l'image du sein de la mère avait été traumatiquement refoulée en même temps que la bouche du téter. Ainsi pour cette fillette qui a commencé sa névrose de la sorte, qui a en effet perdu sa bouche du parler à partir du jour de cette vision du téter d'un petit. Malheureusement, cela n'avait pas été compris par un psychanalyste à ce moment-là, et on a attendu trois ans avant de conduire cette enfant à une rééducatrice de parole, parole perdue le jour où elle avait vu un petit bébé téter, deux ans et demi après qu'elle-même eut été sevrée. Personne ne savait que ce sevrage l'avait à ce point traumatisée, et l'image de fonctionnement du téter avait fait que ce désir revenant dans son intensité avait déprivé la bouche de l'image qu'elle avait constituée, pour un parler de la langue maternelle qui était excellent déjà pour une enfant de deux ans et demi. Le jour où le spectacle du téter a ainsi frappé de façon traumatique son regard, ce qu'elle en a manifesté n'a pas été compris comme une demande de parler du sevrage qu'elle avait subi ; et personne ne s'était aperçu qu'une enclave psychotique à bas bruit s'était constituée dans l'image du corps de la langue et du palais de la bouche pour téter[129].

L'enfant ne peut pas perdre la notion de sa continuité spatiale et temporelle. Pour retrouver, dans certaines épreuves physiques ou psychiques, sa sécurité de base nécessaire et minimale essentielle à sa survie, il lui faut revenir en période d'épreuve aiguë aux images les plus archaïques de base et de fonctionnement, je veux dire même les images antérieures à l'image orale que je viens d'ébaucher. Je vais en continuer plus loin la description, mais il faut parler dès maintenant des images préorales anales, c'est-à-dire les images fœtales ou néo-natales. Celles-ci sont très souvent restées intègres et c'est à elles, à mon idée, que reviennent les enfants traumatisés dans les images fonctionnelles ou érogènes anales et orales. Et ce, à l'occasion de ruptures avec les personnes tutélaires sans explications médiatrices, ou à l'occasion de refoulement du désir, sans explications humanisantes de ces interdits par le fait de parler ce qui est interdit si cela ne peut pas se satisfaire corps à corps. Je désigne ainsi ce qu'on appelle les *castrations* que l'éducation doit délivrer aux enfants humains pour les mettre dans la loi des relations de langage.

OBSERVATIONS

Plusieurs observations d'enfants m'ont conduite à cette hypothèse d'image du corps respiratoire olfactive néonatale et d'image du corps fœtale antérieure à la naissance, images qui peuvent être celles à laquelle certains enfants régressent tout ou partie en devenant psychotiques quant à la description clinique qu'on en fait.

Première observation[130]. C'est le cas de ce bébé fille qui refusait toute boisson, tant à la cuiller qu'au biberon. Ce bébé de quelques jours, nourri au sein, avait été brusquement séparé de sa mère, obligée de partir en clinique pour des soins gynécologiques.

J'étais alertée par téléphone sur le conseil du médecin de famille. J'ai fait l'hypothèse que ce nourrisson était attaché à sa mère par son image du corps olfactive, ce qui me conduisit à suggérer non pas qu'on m'amène le bébé comme le conseillait le médecin de famille (qui m'avait vue travailler avec des nourrissons anorexiques à l'hôpital), mais, cette enfant habitant à deux cents kilomètres de Paris alors que nous étions en pleine guerre, qu'on lui entoure le cou avec une pièce de linge imprégnée de l'odeur de sa mère. Ce qui fut fait. L'enfant sut immédiatement boire le biberon qu'on lui présentait dans cette ambiance odoriférante évoquant la mère présente, et ce bébé put ainsi se réalimenter. Ce cas me prouvait, du moins me semblait-il, la justesse de mon hypothèse.

Je dois dire que beaucoup d'autres cas confirmèrent cette hypothèse, cas dont j'eus moi-même l'expérience, ou dont d'autres pédiatres eurent l'expérience. Pour moi, même si l'image du corps de base était complète quant au cavum anatomique de cette enfant bien portante de quelques jours, il fallait, pour que l'image fonctionnelle du corps, indispensable pour le téter, puisse permettre l'action de la bouche et du pharynx et la déglutition, que la zone érogène olfactive soit présentifiée au bébé par une référence postnatale de sa mère et l'odeur reconnue comme donnant sens vital à l'image de fonctionnement. L'objet du désir de l'enfant était le sein, absent avec la mère, mais je pensais que l'odeur de la mère re-présentifierait l'objet partiel du sein à la bouche et au cavum de cette enfant et à son entendement. Je me disais, et je crois que j'avais raison, que ce nourrisson avait régressé à une image prénatale de sa mère, par absence d'odeur de celle-ci, et que gardant alors une image prénatale de sa mère, elle ne savait plus téter la tétine qui lui était offerte, ni déglutir le lait qui lui était donné à la cuiller et qu'elle laissait se répandre autour de sa bouche sans la refermer ni déglutir le lait. L'image, pour moi, était bien là, l'image de base était bien là, mais l'image fonctionnelle orale du téter conjuguée à l'odeur de la mère qui en était la garante, n'était plus présentifiée à ses sens. Le bébé ne savait plus téter ou plutôt il ne se savait plus vivant tétant. Il ne se savait que vivant respirant et attendant dans l'espace odorant de sa respiration l'odeur de la mère provende. C'était bien l'image de fonctionnement pour la tétée qui n'était pas complète. Il ne s'agissait pas du schéma corporel, la bouche était physiquement intacte, il ne s'agissait pas d'un malaise existentiel, car la personne qui s'occupait de l'enfant depuis sa naissance était bien présente ; seulement la mère, avec sa poitrine lactante, était absente. Ce n'était pas non plus le téton de chair quant à sa rénitence dans la bouche du bébé, puisque dès que l'odeur fut là, le biberon avec sa tétine en caoutchouc fit l'affaire.

Il me semblait bien que j'avais là une confirmation de cette hypothèse : image de base, image fonctionnelle et image érogène en continuation l'une de l'autre, et que l'une manquante, le reste attendait que revienne l'image érogène pour que le fonctionnement marche, et que l'image de base soit en effet réconfortée de sa faim et de sa soif. La guérison de cette anorexie par impuissance à téter et non pas refus, ni par manque de faim et soif, me semblait prouver la justesse de l'hypothèse d'une régression à une image antérieure, régression à laquelle le fait de ne pas retrouver sa mère, joint à l'angoisse ambiante devant cette anorexie, avait entraîné ce bébé. Le retour dans le cavum de l'odeur de la mère avait restauré l'image fonctionnelle orale dans son intégrité achevée : pour ce stade libidinal, l'olfactif est essentiel. Au premier jour de la naissance, l'odeur de la mère est l'amarre de l'image du corps à une référence connue qui permet au nouveau-né de fonctionner le téter en sécurité : c'est bien mon lait, c'est bien moi — ma maman qui suis là. Au cours de l'absence brusque de la mère chez ce nouveau-né, l'image de base était demeurée intacte, ce bébé avait continué de dormir et de respirer normalement, son tube digestif dans son péristaltisme fonctionnait, puisqu'il y avait urine et défécation, mais ce nourrisson affamé ne savait plus téter. Peut-être que si la mère, qui l'avait déjà nourrie trois fois vingt-quatre heures, c'est-à-dire dix-huit tétées, lui avait dit qu'elle s'en allait, et lui avait elle-même donné la première fois un biberon avant de s'en aller, peut-être que cette enfant n'aurait pas eu cet épisode de sidération et d'anorexie qui avait tellement inquiété le médecin de famille. Pour moi, l'odeur de la mère était le seul signifiant de la relation mère-enfant particularisés sujet à sujet dans leur communication interpsychique, et les lèvres, la langue, dans leur fonction buccinatrice du téter, étaient fusionnelles au mamelon maternel par manque probable de paroles qui auraient pu les remplacer[131]. Mais c'était cet accolement de la bouche à la masse du sein dans l'odeur de la mère qui, pour l'enfant, était la continuité de son image de base antérieure à la naissance avec son image respiratoire postérieure à la naissance, estomac, œsophage, pharynx, image digestive. Voilà du moins ce que j'en avais compris.

Et de cette compréhension, j'ai émis une hypothèse que m'avait semblé accréditer le conseil que j'avais donné. La thérapeutique de ces brisures symboliques des articulations saines des images du corps consiste à trouver des leurres médiateurs, qui permettent la restitution de la continuité symbolique. Bien sûr, ce leurre médiateur doit être parlé par les personnes dont la voix est connue de l'enfant, et ainsi le leurre être démystifié, afin que la relation vraie de sujet à sujet dans la communication interpsychique prenne la place prépondérante sur la relation de sujet à sujet par le leurre du corps à corps. Car le corps à corps est un leurre chosifiant par rapport à l'être humain de parole.

Deuxième observation[132]. Il s'agit là d'une enfant de trois mois, une petite fille tombée sur la tête en échappant aux bras de sa mère qui la tenait. Elle présentait une fracture en bois vert du rachis, avec angulation vertébrale au niveau des vertèbres cervicales. L'accident remontait à une quinzaine de jours. L'enfant, depuis l'accident, ne savait plus avaler, ne pouvait plus se nourrir, ne dormait plus. En quelques jours son poids fléchit et tomba à une livre en dessous du poids de naissance. Cette enfant gardait constamment les yeux ouverts, anxieuse, sans crier. Les sons qui sortaient de son gosier ne ressemblaient plus à des cris de nouveau-né et son cœur battait à un rythme si rapide que les battements en étaient incomptables. Cette enfant avait vu des sommités de la pédiatrie, et elle survivait grâce au goutte-à-goutte et des injections de sérum physiologique. Toutefois, son cas paraissait sans espoir.

Un traitement kinésithérapique d'élongation de la colonne vertébrale avait été conseillé par les pédiatres qui n'espéraient d'ailleurs de cette kinésithérapie qu'une psychothérapie de soutien pour les parents. Quant à eux, ils s'attendaient à la mort de cette enfant à brève échéance.

Je connaissais la jeune femme, kinésithérapeute et sage-femme, qui avait été chargée de ce traitement. Avertie de la gravité du cas dont on lui demandait de s'occuper, elle eut l'idée de venir me voir pour me demander conseil. Tout ce qu'elle me racontait me semblait plaider en faveur d'une régression de cette enfant de trois mois à une image du corps antérieure à la naissance. Je n'étais armée que de cette seule hypothèse de la régression à l'image du stade fœtal que peut avoir de soi un sujet qui a déjà trois mois dans une relation à sa mère et à son père, image dernière de la sécurité dans sa relation à sa mère, puisque c'était d'une insécurité dans son image de base par la chute sur la tête dont elle gardait l'image de sa mère dans sa relation de souffrance et d'angoisse, car la mère depuis cet accident n'osait plus toucher à son enfant, et vous pensez les reproches et les remords qu'elle avait de sa maladresse. En parlant ainsi de ce cas avec la jeune femme, je lui conseillai, au lieu des élongations vertébrales classiques comme on les pratique pour les adultes, de tenter de donner à l'enfant la posture fœtale, ce qui aurait comme effet aussi des élongations, mais qui donnerait de plus à l'enfant cette image du corps prénatale à laquelle, dans mon hypothèse, elle voulait retourner.

Après le premier contact avec ce bébé, la jeune femme revint et me dit que la souffrance de cette enfant qui avait en outre perdu le sommeil, paraissait frappante. Ce bébé, bossue, ratatinée, de côté dans son lit, avait un regard impressionnant, disait la jeune femme après sa première visite. À la seule approche d'elle, elle avait ébauché un gémissement, un grincement si angoissé que la jeune femme se demandait comment seulement arriver à la toucher dans ces conditions, tellement ce bébé semblait redouter tout toucher de son corps. Je lui conseillai alors de prendre contact avec l'enfant d'abord par le regard, et par la voix, en l'appelant par son nom avec un timbre doux et de lui raconter avec des mots simples du langage courant ce qui lui était arrivé, et de lui dire que les médecins l'avaient appelée pour essayer de l'aider. Je pensais ainsi qu'elle pourrait établir une communication subtile par la voix, la vue et l'odeur, sans contact du corps à corps, sans contact corps à corps qui, par le toucher, faisait peur à l'enfant. Je pensais qu'ainsi elle arriverait à apprivoiser cette enfant terrorisée et qu'à la deuxième ou à la troisième visite, l'enfant serait rassurée; et comme tout bébé comprend parfaitement ce qu'on lui dit, je pensais que ce bébé comprendrait que la jeune femme venait pour l'aider et l'aiderait elle aussi à l'aider. Je pensais que si l'on brûlait les étapes, l'angoisse développée chez l'enfant irait à l'encontre du but proposé. Il y avait déjà près de trois semaines de cet accident, on n'était pas à un ou deux jours près pour l'exécution physique du projet des élongations souhaitées. Il fallait d'abord que l'image, la voix et l'odeur de cette personne s'approchant d'elle soient pour l'enfant promesse de sécurité et d'amitié compatissante à ce qu'elle avait subi et qu'elle vivait. Et en même temps espoir de guérison car, par hypothèse, je suppose qu'un bébé qui naît est, en tant que sujet, aussi valable que nous autres adultes[133]. Ce sont seulement ses moyens d'expression qui diffèrent des nôtres. Mais par rapport à la vie et à la mort, sans doute le bébé en sait-il autant que nous.

La jeune femme allait donc deux fois par jour voir ce bébé. En quelques visites, l'enfant accepta son simple contact, sans plus. Puis supporta les mouvements passifs qu'elle lui imposait sur le plan du lit, sans la changer de place, pour arriver à la mettre très progressivement et la maintenir quelques instants en posture fœtale. Ceci fut acquis le troisième jour. En une huitaine de jours, l'angulation vertébrale avait disparu, la fillette avait retrouvé un cri de nourrisson normal, plus jeune que trois mois, mais ce cri devenait plus sthénique à chaque fois. Elle avait aussi retrouvé le sommeil, le rythme respiratoire et cardiaque normal pour un bébé de trois mois. Mais elle ne déglutissait toujours pas, et ni sa bouche ni sa langue ne savaient plus téter. Le réflexe jugal des bébés qui cherchent par la bouche à quoi s'agripper lorsqu'on leur caresse la joue était absent. Il semblait littéralement que la peau du visage ne percevait pas le toucher des caresses, et que la bouche de cette enfant fût hors circuit d'expression. Elle ne refermait pas la bouche sur la tétine, et la langue ne se mettait pas en forme d'U préhensive sur la tétine pour coapter celle-ci contre le palais, comme chez tous les enfants qui savent téter. Elle laissait couler le lait hors de la bouche, comme si elle ne le sentait pas.

Or, nous savons que le fœtus in utero tète et déglutit. Il urine aussi. Cette enfant urinait, et elle avait quelques selles. Or, les selles ne sont pas présentes in utero. Tout nouveau-né sain, comme cela avait été le cas de ce bébé, n'expulse le méconium qu'après la sortie des voies génitales maternelles, et après la césure du cordon ombilical. C'était donc une enclave postnatale reliée à une image prénatale infirmée de la tétée et de la déglutition. Le rythme respiratoire et cardiaque était redevenu celui d'un enfant déjà né, et de son âge. Comment rendre le réflexe de la déglutition à un bébé qui l'a perdu, quand on sait que ce réflexe existait in utero ? Comment faire retrouver ces mouvements ? Je pensais qu'il fallait essayer de lui rendre la sécurité de l'image de base in utero. La sécurité avait été transférée sur la mère relationnelle postnatale qui s'était occupée de son enfant après sa naissance. Cette sécurité avait été retrouvée entre le bébé et les deux femmes, la kinésithérapeute qui lui avait rendu son image de sommeil et de bien-être, et l'infirmière qui s'en occupait constamment et la changeait. Elle avait donc pour beaucoup de choses, avec ces deux personnes, une relation de nourrisson. Il ne manquait que la relation à la mère à intérioriser, le lait à téter. Il me semblait que la clé en était le cordon ombilical disparu, qui avait été le médiateur de l'image d'apaisement des tensions in utero, avec l'image fonctionnelle de la circulation placentaire qui se ressentait par là et qui était articulée à la mère gestante, puis à la mère nidante. L'image d'apaisement des tensions et l'image fonctionnelle, donc, associées à l'image de base de cette enfant, devaient être amarrées à l'ombilic, vestige du cordon ombilical relié au placenta disparu. Je me disais que si l'enfant pouvait retrouver la sensation vivace à son ombilic peut-être retrouverait-elle aussi la déglutition pharyngée qu'elle avait connue in utero, préhension buccale y compris, puisqu'elle avait retrouvé le cri, l'expulsion d'air laryngé de la même façon qu'un nouveau-né.

Je conseillai à la kinésithérapeute d'opérer de façon nouvelle. L'enfant serait mise dans la posture fœtale qu'elle savait bien conserver sans souffrir du tout, et qu'elle aimait bien maintenant ; mais dans cette posture, au lieu de rester dans son berceau, elle serait placée dans les bras de l'infirmière, de cette infirmière qui s'en occupait de jour en dehors des séances de kinésithérapie. La kinésithérapeute expliquerait au bébé que l'infirmière — en nommant celle-ci par son nom — la tiendrait dans cette posture, la même que celle qu'elle avait dans le ventre de sa mère avant de naître et de respirer. Et tout en parlant, elle ferait d'une main un massage vibratoire léger, dans le but d'associer la posture fœtale à une présentification et une valorisation érogène de l'ombilic et de la région péri-ombilicale pendant que, de l'autre main, elle présenterait à la bouche du bébé un biberon contenant dix grammes d'eau tiède salée, ceci pour permettre au bébé de retrouver le goût voisin de celui des eaux amniotiques qu'elle déglutissait en effet in utero. Ainsi fut fait. Le bébé se laissa parfaitement faire et, dans cette posture, en même temps que cette voix caressante lui parlait et que la main de la kinésithérapeute lui présentifiait les sensations de sa région ombilicale par massage vibratoire doux et continu, le biberon offert fut immédiatement et goulûment tété.

Imaginez la joie de tous ! La jeune femme me téléphona immédiatement : que faire ? Je lui conseillai de s'arrêter là, de ne pas donner plus au bébé, d'autant plus qu'après l'ingurgitation de ce petit biberon, l'enfant s'était endormie ; mais de retourner la voir assez rapidement, une heure, une heure et quart après, et cette fois en procédant exactement de la même façon, en lui donnant un biberon qui contiendrait du lait coupé d'eau comme au début de la vie de ce bébé. Au cas où ce biberon serait refusé, d'en avoir un tout prêt avec de l'eau salée comme pour le biberon précédent. Il ne fallait pas brûler les étapes. De toute façon, le goutte-à-goutte continuait pour assurer et conserver à cette enfant l'hydratation suffisante. On n'était pas à un jour près. Il ne fallait pas rater la restructuration de l'image du corps. Au contraire, si le bébé tétait bien ce biberon, la kinésithérapeute lâcherait peu à peu la maintenance de la posture fœtale pour permettre à l'enfant de se sentir allongée en train de téter. Et ce fut un succès. Et, chose surprenante, quand elle éloigna le biberon de l'enfant avant qu'il ne fût terminé, la petite tournait la tête : le réflexe jugal était revenu, elle voulait happer de nouveau avidement ce téton qui s'échappait. L'enfant se montra fort affamée, cria quand le biberon fut vide, mais je n'osai conseiller d'aller plus vite. Au début, on lui donna des repas très fréquents, puis le coupage du lait fut diminué, et l'enfant n'avait plus du tout besoin d'être mise en posture fœtale. Elle buvait son biberon dans les bras de son infirmière, la présence de la kinésithérapeute s'espaça, elle ne vint plus que deux fois, puis une fois par jour ; puis sa présence fut tout à fait inutile, et l'enfant poursuivit sa croissance sans elle. En quelques semaines la guérison fut totale, il n'y eut aucune séquelle. Plus jamais aucun incident chez cette enfant devenue une jeune femme actuellement d'une trentaine d'années[134].

À ces deux cas particulièrement exemplaires que je viens de relater, j'ai pu rattacher de nombreux autres qui m'ont orientée vers l'étude des articulations et surtout des mutations des images du corps précoces chez les enfants. J'ai pensé que ces mutations pouvaient être recherchées en psychanalyse avec des patients adultes et des enfants beaucoup plus grands dès qu'une angoisse apparaissait. Cette image inconsciente me semblait jouer un rôle déterminant dans les fantasmes et dans le ressenti des lieux du corps où l'angoisse se focalise chez les grands enfants et les adultes, tandis que la verbalisation et les associations libres me permettaient de les repérer chez les adultes[135] ; chez les enfants, c'étaient les représentations graphiques, plastiques et fantasmées, colorées et auditives, rythmiques, qui me semblaient en rendre compte. Un vécu émotionnel se rapportant à ces expériences sinon très archaïques, du moins toujours très antérieures à celles de l'époque actuelle, me semblait donner la valeur et la coloration au transfert. C'était lié à la sursensibilisation de certaines zones érogènes archaïques, sursensibilisation qui se traduit parfois en mimiques et en gestes, mais toujours en fantasmes et exprime la relation de transfert sur le psychanalyste, ou sur des objets magiques de terreur ou d'amour évoqués par les enfants. Il semble que l'image du corps soit particulièrement importante à connaître dans le cas des enfants phobiques, quelles que soient leurs phobies, qu'elles soient connues ou non (car il y a des phobies qui provoquent des comportements incompréhensibles et dont on n'a la clé qu'il s'agit de phobies qu'à la fin du traitement) [136].

Troisième observation[137]. Il s'agit d'une petite fille qui m'avait été adressée avec un diagnostic de psychose. Elle avait cinq ans, elle ne parlait qu'en écholalie (répétition des propos qu'on adresse à l'enfant). Elle ne pouvait exprimer, signifier, ni par mimiques ni par gestes, aucun de ses besoins, ni de ses désirs. Son visage était sans expression et ne regardait pas vraiment, car son regard n'accommodait pas. Son cas m'apparut particulièrement riche pour l'étude des images du corps, images archaïques d'avant l'âge du langage, car elle s'exprimait seulement par quelques postures et mimiques stéréotypées dans les moments d'angoisse de sa relation avec moi. En dehors de ces moments intensément vécus du transfert, elle pouvait tripoter du modelage ou dessiner. Les images du corps humain qu'elle formait alors, elle montrait que c'était elle ou que c'était moi ; si ce n'était ni l'une ni l'autre, elle répondait d'un air affirmatif ou négatif, que c'était sa mère ou que ça ne l'était pas. Le contact fut progressivement assez bon entre nous. La première représentation d'image du corps qu'elle me livra fut un colombin de pâte à modeler qu'elle appela « Madame Untel[138] ». C'était une sorte de serpent allongé d'une quinzaine de centimètres, qu'elle marqua à la pointe du crayon d'une trace d'enfoncement, « un trou », à chaque extrémité. Ce qu'on aurait pu prendre pour la bouche et l'anus d'un ver, c'était pour elle les deux yeux de cette forme, plus proche du serpent que de la figuration humaine, mais qui pour elle était « Madame Untel ». Au milieu de cette forme, elle traça avec son ongle quatre traits obliques qui représentaient ce qu'elle appelait « le reste ».

Chaque émotion obligeait l'enfant à se ramasser sur elle-même, tête dans les épaules, bras repliés, mains tétanisées à la hauteur des oreilles, tête et corps figés, bouche arrondie, lèvres raidies, fixées en protrusions; elle hurlait un long cri aigu, décérébré aurait-on pu dire, que je ne peux comparer qu'à celui d'une sirène automatique à timbre fixe. Les yeux restaient fixes, sans accommodation du regard sur quoi que ce soit, les globes oculaires comme propulsés. L'enfant maintenait quelques minutes cette posture et les cris de sirène, reprenant une ou deux fois son souffle, et puis elle se détendait et semblait avoir oublié ce qui venait de se passer. Elle ne me regardait pas; calmée, elle se remettait à son occupation comme si de rien n'était, dessin ou modelage. Après cette représentation de « Madame Untel », j'eus droit, en effet, à cette scène que je viens de décrire, et que m'avait décrite la mère comme étant sa manière de réagir à toute émotion. Elle se remit donc à son dessin et à son modelage, et elle me donna une autre image du corps : un anneau modelé fait d'un colombin bien refermé sur lui-même et circulaire, et elle me dit encore : « C'est Madame Untel. » C'était pour elle « Madame Untel » tout autant que la forme allongée restée sur la table, qui était aussi « Madame Untel ». Il me semblait que la forme circulaire correspondait à une image fonctionnelle sphinctérienne, sphincter orbiculaire qui pouvait se refermer sur la première image de fonctionnement d'objet partiel passant à travers un sphincter oral ou anal. La mère m'avait dit que lorsqu'elle éprouvait ces grands moments d'angoisse — comme celle que je venais de lui voir m'exprimer devant moi, mais où elle n'avait fait aucun mouvement vers moi —, si la mère était présente l'enfant l'enserrait à l'étouffer de ses bras tétanisés sur son cou. Cette crispation préhensive sur la mère me semblait du même ordre que ce que j'avais vu, la crispation des muscles des lèvres et des muscles orbiculaires des paupières, crispation dilatée et figée devant tout fantasme phobogène qui passait dans l'idée de l'enfant.

Peu à peu, les images du corps représentées au cours des séances évoluèrent, grâce au transfert sécurisant sur ma personne. Je n'étais, je dois dire, pas anxieuse du tout lorsqu'elle traduisait son angoisse intense, mais je me sentais questionnée et désireuse de comprendre ce qu'elle signifiait à mon égard dans cette relation transférée sur moi qui étais le témoin de ses angoisses. Il me semblait qu'incorporation, nidation, agression, s'exprimaient, expulsion aussi sur la colonne d'air, avec le cri soutenu de sirène, et la propulsion des globes oculaires qui, dans ces moments d'angoisse, semblaient exorbités. L'enfant passa peu à peu à la conscience d'elle-même, après qu'elle eut reproduit trois fois de suite l'une et l'autre des représentations de « Madame Untel ». L'échange verbal remplaça alors avec moi l'écholalie. Elle répondait à mes questions, à mes dires, au lieu de répéter ce que je disais. Et elle verbalisait ainsi son écoute et son entente avec moi par rapport à ce qu'elle représentait — ou ce qu'elle vivait sans pouvoir le représenter.

Elle put alors un jour représenter un corps. Il s'agissait d'une boule, un ovoïde touchant la boule par sa partie pointue ; et en bas, cet ovoïde était arrêté par une surface plane. C'était un peu comme un œuf de Pâques qui eût été surmonté d'une grosse bille. Il y avait deux protrusions pour les bras et une seule pour les membres inférieurs, appelés « jambes ». Elle représenta ainsi deux formes : deux œufs avec des têtes-boules, chaque œuf ayant deux bras et une seule jambe. L'une des formes c'était moi, l'autre c'était elle. Mais entre ces formes, elle mit un boudin allongé semblable aux deux protrusions figurées sur le corps de chaque personnage. Cette forme isolée, c'était une jambe, ce qui faisait trois jambes pour deux personnes[139]. À qui serait la jambe qui n'était pas fixée sur un corps ? C'était ça la question. L'enfant laissait cette jambe entre les deux personnes représentées, et toutes les deux voulaient cette jambe. Mais il n'y en avait pas deux ! Avant d'arriver à cette représentation, qui me parut très claire, en rapport avec un objet partiel phallique appartenant à deux personnes qui se le seraient disputé, l'enfant avait exprimé toutes ses angoisses de rupture de contact avec l'autre par des formes qui se brisaient en deux parties, sans paraître pouvoir se recoller. C'étaient des formes désaxées, décentrées, des visages qui se brisaient ; la bouche était sous un seul œil, tandis que l'autre œil était absent. Ces images me semblaient évoquer de façon caractéristique le stade néo-natal immédiatement postnatal, stade respiratoire et olfactif, époque où l'enfant est couché sur le côté, a la sensation de son hémiface appliquée contre le sein de la mère ou sur le plan du berceau contre l'oreiller, et ne peut voir qu'avec un seul œil libre. Mais était-ce cela ?

Cette enfant qui paraissait à tous psychotique, avec ses manifestations stéréotypées gestuelles et ses cris de sirène, cette posture tétanisée qui arrivait brusquement comme je l'ai décrit, était en fait une grande phobique, et probablement en rapport autant avec l'absence de la mère qu'avec la découverte, plus tard, bien avant que je ne la voie, de l'absence du membre pénien à son sexe à elle (et qu'elle avait dû voir chez un petit garçon), ou l'absence des seins chez son père, ou du pénis chez sa mère. Tout ceci devait être très confus et n'avoir jamais été verbalisé par personne. Peut-être aussi avait-elle eu peur des sirènes qui, vous le savez, fonctionnent tous les jeudis à midi et qui peuvent faire très peur à des enfants à qui on n'explique pas ce que c'est que ce bruit qui vient tout d'un coup lorsqu'ils passent dans la rue non loin d'une sirène automatique. Quoi qu'il en soit, les psychiatres la disaient prépsychotique et, en effet, peut-être l'était-elle, mais pour moi il ne s'agissait encore que d'une névrose phobique précocissime qu'il fallait arriver à parler, et dont il fallait décoder les articulations qui avaient structuré cette névrose dans une image du corps insécurisée.

Son cas me paraissait typique. Les enfants chez qui le stade oral reste prédominant traduisent dans le dessin ou le modelage, la résurgence fantasmatique soit de l'image fœtale sans masque, liée par le cordon, soit de l'image du corps orale et alors incomplète, mutilée. Normalement, dans l'image du corps qui s'est fixée à ce stade, la sphère représentant la tête possède au moins, dans le dessin comme dans le modelage, trois points de focalisation, trois orifices. Plus tard, si l'enfant évolue bien et développe des échanges sociaux sans trop de barrages, ces trois points deviennent quatre, puis cinq, puis sept. Ce sont les yeux, les oreilles, les trous du nez et la bouche. Au fur et à mesure que l'enfant progresse vers l'investissement oral actif, d'abord, anal passif puis anal actif ensuite, l'image du corps dans le dessin ou dans le modelage se prolonge par des protrusions, des traits comme des antennes, des effilés ou des palpes — des effilés en dessin ou des palpes en modelage — qui représentent les prolongements sensoriels moteurs sensitifs. Ce sont ces images que nous voyons les enfants faire en piquant des crayons dans tous les azimuts d'une hémiboule sur la table, ce sont ces soleils avec un visage, tous ces palpes sont vecteur d'érogénéité, soit réceptrice centripète dans leurs sensations, soit centrifuge et expulsive émissive, comme les rayons du soleil. Il s'agit de prolongements sensitifs sensoriels, ou d'une érogénéité exécutoire, comme des pulpes de doigts dans les caresses, ou la voix dans la réceptivité que l'enfant en a. Ces protrusions, ces palpes, se structurent dans l'image inconsciente du corps à l'occasion de tous les contacts avec la mère, l'adulte tutélaire, prenante et palpante et donnant conscience de façon tangentielle aux téguments de l'enfant dans les régions plus ou moins érogènes de son corps et particulièrement les régions fessières anales génito-urinaires. Les mains de l'enfant elles-mêmes deviennent des images érogènes grâce aux doigts et à l'opposant du pouce qui font de la main un véritable orbicule prenant ou lâchant, comme à l'image du sphincter oral ou du sphincter anal. Et la force des doigts qui rentrent dans le modelage sont comme une image métaphorique des dents et des mâchoires qui se resserrent sur l'objet partiel alimentaire. L'activité motrice potentielle de l'enfant s'exprime par des représentations fonctionnelles de l'image du corps pour qui agir nécessite un schéma corporel acquis. Le schéma corporel est celui de tout individu de la même espèce, tandis que l'image est construite par langage relationnel érogène accepté, expérimenté, frustré et parfois interdit[140].

Dans les dessins, l'enfant va placer les mêmes représentations de protrusions aussi bien à la boule céphalique pour les nommer « oreilles » qu'à la boule thoraco-abdominale où il va les nommer « bras » ou « jambes » lorsqu'elles sont au pôle inférieur de ces figurations. En fait, il s'agit de palpes imaginaires qui traduisent un désir de contact et qui représentent tout aussi bien la protrusion mammaire de l'image maternelle que la protrusion linguale préhensive ou manuelle du nourrisson lui-même sur le sein, ou sur le téton pour la langue. Tout ce qui est offert de la masse du corps maternel — qui par lui est donné — est un présent associé à l'adulte aimé qui fait partie de lui. Tous les objets d'échange entre l'enfant et la mère, ainsi que tous les objets partiels qui figurent dans son espace et qu'il peut mémoriser, sont pour lui des objets de sécurité associés à son image du corps. Ce sont des objets que j'appelle « mamaïsés », selon un terme qui dit bien ce qu'il dit[141].

Ces images de communication sensorielle, corps à corps, n'ont d'intérêt que parce qu'elles représentent en fait des moyens de communication langagière potentielle, c'est-à-dire des objets partiels du désir en acte, en acte qui a été fait, en acte qui sera peut-être faisable, ou en acte interdit. C'est le désir de communication interpsychique avec la mère qui s'exprime par ces représentations graphiques ou modelées, et il faut savoir que ce sont des valeurs de contact, centrifuges ou centripètes, entre des valeurs de sécurité de base ou fonctionnelle, que représentent les dessins ou les objets de modelage. Selon l'âge de l'enfant, ce sont des représentations du fonctionnement oral ou urinaire ou anal, et ce fonctionnement dialectise la relation entre l'enfant et la mère qui est métaphore de relation alimentaire par ses mains, alternativement bouche ou anus, préhensives ou émissives, la mère en étant réceptrice ou émettrice elle-même. Quant aux protrusions situées dans la masse céphalique, elles sont des représentations de contacts subtils des organes de perception avec l'objet émetteur maternel. C'est soit l'organe olfacteur, perceptible par l'enfant qui sent l'odeur de la mère, c'est soit l'oreille pour la voix de la mère, soit les yeux pour la vue de son visage. C'est pourquoi les points deviennent des représentations de nez, d'oreilles, de bouche, de langue. Ce sont ses propres orifices sensoriels, ses propres organes sensoriels dans leur fonctionnement potentiel récepteur au guet, préhensifs ou rapteurs à l'occasion, que l'enfant projette sur le fonctionnement des mains de sa mère qui le manipulent et qu'il projette aussi sur les dessins et les modelages qu'il fait de la relation à autrui, que l'on peut percevoir dans les séances comme relation de transfert à l'analyste. Transfert de la relation à la mère à une époque passée de l'enfant, et même peut-être à une époque très archaïque, mais évidemment pas du tout transfert de la mère actuelle, qui n'a rien à voir. Cette relation aux éducateurs actuels, à la mère et au père actuels, n'a rien à voir en analyse, où nous ne nous occupons que du transfert fantasmatique des relations passées[142].

Quelles sont les relations érotiques supposées de la mère à son bébé quand elle s'en occupe ? Vu du côté du bébé, que fait la mère quand elle prend ses excréments ou ses langes ? Elle ne peut que les manger, si la mère n'a pas fait son bébé l'accompagner dans le travail de mise à la poubelle ou aux cabinets des excréments et des couches, avec des paroles pour expliciter ses actes, et pour montrer que la relation personnelle de sujet à sujet de la mère à l'enfant n'est pas une relation érotisée à ses objets partiels, en tout cas pas plus érotisée pour la mère comme objet de manducation et d'avalement que ce n'est le cas pour l'enfant. Il lui est interdit de les manger, mais à elle aussi ; elle ne les consomme pas. Tout enfant à qui cela n'a pas été expliqué à temps pense que la mère consomme ces objets partiels qu'il lui donne au siège, de même qu'elle pourrait le manger. C'est d'ailleurs cela qui donne toute la valeur aux ogres des histoires, la valeur anxiogène ou au contraire leur valeur ludique, maîtrisant l'angoisse qui n'existe plus, mais qui a existé quand l'enfant était tout petit, car il projette sur autrui sa façon à lui d'entrer en communication interpsychique avec l'autre à l'occasion de ces besoins.

Chez l'enfant qui représentait « Madame Untel », ses yeux exorbités, propulsés au-dehors pendant la phase d'angoisse, étaient à mon avis un déplacement de sa représentation de la zone anale et de l'angoisse ressentie du fonctionnement d'un rapt de ses couches par la mère, qu'elle avait transposé sur sa zone céphalique à elle dont elle craignait qu'elle ne soit raptée quand elle ressentait trop fort une émotion. Quant au cri monotone et strident de la sirène, il représentait un processus de défense, visant à occuper l'ouïe de l'autre à tout prix par une certitude sonore qui pour elle la reliait au monde extérieur, lieu spatial, n'importe lequel, ou n'importe quel visage, pourvu qu'il ne fût pas celui de sa maman, un visage qui la rassurait, qu'il fût celui de n'importe quelle dame, « Madame Untel ». « Madame Untel », c'était précisément ce visage non reconnaissable, morcelé en trois entités de forme allongée, les zones érogènes oro-anales, ou en trois entités de forme circulaire, des objets partiels phalliques érogènes semblant émis ou pénétrant des zones érogènes. Il s'agissait du corps morcelé, mis en parcelles, de cet objet total — la mère. Bien sûr, ce qu'elle me représentait n'est pas l'image qu'ont de leur mère actuelle les enfants de cinq ans, c'était une image qu'ont tous les enfants quand ils sont petits dans les bras, qu'ils subissent tout des parents, et que les enfants intelligents interprètent à la façon dont eux prendraient contact si eux étaient les géants et les parents les petits, lorsqu'ils ont de la communication interhumaine une image de consommation orale ou de consommation par la mère des objets émis au pôle génito-urinaire. Tout ceci n'arrive d'ailleurs qu'à des enfants dont la mère ne parle pas plus qu'elle ne geste, qui ont des mères faisant pour eux tout ce qu'il y a à faire au moment des soins, des tétées et des changes, donc des enfants qui n'ont pas avec les parents de relations de parole sans soins au corps. Cette petite, en plus, était une enfant qui avait été changée de nourrice je ne sais combien de fois, et qui était dans une fantastique insécurité avec n'importe qui.

Ce qui est certain, c'est que j'ai pu remarquer, chez tous les enfants phobiques, qu'ils représentent des images du corps infirmes par insuffisance de structuration, ou par absence ou défaut de certaines issues ou de certaines formes qui ne sont pas en nombre suffisant pour le nombre de personnes représentées, alors que ces enfants au point de vue organique et neurologique sont parfaitement sains. Cela peut être aussi un manque dans la représentation des membres, des diverses protrusions, le fait de ne pas en avoir assez, soit deux pour les bras, deux pour les jambes, une pour le sexe masculin et un trou pour le sexe féminin. Cela peut être un défaut de motricité potentielle dévolue à l'image du corps. Bien que l'enfant soit parfaitement intègre dans son schéma corporel, il a une représentation due à l'image du corps qui lui manque[143] ; comme par exemple cette enfant, il y avait une jambe pour les deux formes représentant des humains, et cette jambe, elles se la disputaient : ce n'était qu'en restant accolées l'une à l'autre que l'une des jambes servait aux deux. Donc, l'une des images (et les deux si elles n'étaient pas accolées ensemble) était incapable de se mouvoir et d'avancer et d'éprouver un libre désir moteur. Dans les situations de relation de l'enfant à quelqu'un d'autre, elle ne pouvait être sujet de son désir, puisqu'elle n'était pas un individu humain complet, mais infirme. Et c'est cette infirmité dans une relation privilégiée qui était signifiée par ce manque dans la représentation graphique ou plastique d'une des parties fonctionnelles du corps. En effet, l'enfant pouvait très bien représenter quelqu'un d'autre qu'elle ou moi, qu'elle ou sa mère, avec un corps complet. Mais c'est quand elle aimait quelqu'un que le corps n'était plus complet. C'est ce que nous avons compris au bout d'un certain nombre de séances et qui a pu être ramené à « on n'a pas le droit de parler quand on est avec maman » ou bien « on n'a pas le droit d'être la femme à papa quand maman est là ». En effet, j'ai su que la mère avait fait une scène épouvantable parce que la petite avait dit à son père, un jour, qu'il était son mari à elle. La mère l'avait frappée, avait dit à son mari qu'il devait lui dire qu'il n'était pas son mari, et le père avait ri et rien dit du tout, ce qui avait fait faire à la mère une colère épouvantable. Elle avait couché son enfant sans dîner ce soir-là, et comme elle me le disait, cette pauvre maman qui elle-même n'avait pas pu faire un Œdipe normal avec son père : « Si nous laissons la petite dire que mon mari est le sien, alors quel est mon rôle dans cette maison ? »

Chez les phobiques, à tout âge, l'image du corps de base n'est intègre que s'ils vivent sans angoisse au contact du corps d'une autre personne, en participant en quelque sorte de façon sensorielle et langagière au corps propre de cette personne. Ce contact est indispensable à leur sécurité, parce que, inconsciemment, cette personne est supposée leur prêter telle ou telle partie de son corps, ou telle ou telle valeur s'y rapportant. Ainsi, le sujet ne peut se sentir complet sans cet emprunt imaginaire. Son corps propre n'est complet que dans la présence de cette personne. À partir de quoi il peut alors exprimer son désir. Cette infirmation représentée du sujet qui désire mais qui est incomplet sans la présence de l'autre est une très grande gêne dans la vie de ces personnes phobiques, et cela peut s'illustrer dans le transfert.

L'analyste, en effet, est un autre privilégié. Il devient le substitut de cet être complémentaire transféré de la présence parentale quand l'enfant est petit, mais c'est aussi un être érotisé et érotisant, et c'est un être qui est une réserve de parcellisation d'objet manquant pour la sécurité du sujet. Ce mode de transfert que font dans l'analyse les personnes phobiques arrive à un moment d'une façon quelquefois insidieuse, dans toutes les cures, en fin d'analyse. Et c'est ce qui fait l'angoisse de l'arrêt de la cure, si on n'analyse pas cette phobie de la perte du retour régulier à l'analyste qui fait craindre un véritable danger à l'analysé ; pourtant, par le fait même qu'il traduit cette phobie qu'il n'avait pas, il traduit aussi qu'il doit vivre cette angoisse de mort en quittant ce réservoir d'objets partiels qu'est son analyste. L'intensité de ce mode d'angoisse touche à des doutes concernant la potentialité sexuelle, ou même la potentialité vitale du corps propre du sujet. C'est à ce moment que se revivent les angoisses de mort chez l'analysant, qui sont le signe de la fin de l'analyse, tout au moins s'ils sont pris comme tels et analysés comme tels, c'est-à-dire comme l'analyste étant devenu dans le transfert l'objet contraphobique de la mort et de tous les échecs. Il s'agit là du transfert de la relation du nourrisson à la mère dans les premiers jours de la vie, avant qu'il n'ait « dispatché » sur beaucoup d'autres personnes tutélaires et sur beaucoup d'objets partiels le leurre suffisant de la présence maternelle donnant la certitude de son retour à cet enfant, et surtout la certitude qu'il est complet, même sans la présence de la mère, sans la présence de cet autre privilégié avec qui il n'a pas de relation génitale. Si ce mode de transfert arrive en fin d'analyse, c'est précisément parce que le psychanalysant n'a pas de relation génitale avec son analyste. C'est peut-être d'ailleurs à cause de cette souffrance de mort que nous voyons tant de cas où l'analyste se sent appelé par son analysant à des relations génitales — qui n'ont aucun sens dans la vie ni de l'un ni de l'autre et qui, malheureusement, font échouer tout ou partie de l'analyse chez l'analysant. Je me demande si l'explication par la régression à l'image du corps archaïque néo-natale avait jamais été dite dans ces cas d'échec, car il faut appeler ainsi l'échec de l'analyse du transfert à ces moments, autant pour l'analyste que pour l'analysant.

Ces infirmations des images précoces qui provoquent des phobies connues ou inconnues et résiduelles dans l'analyse du transfert, viennent-elles de ce que le nourrisson, certains nourrissons, ont eu trop de personnes tutélaires au début de leur vie pour s'occuper d'eux, et qu'ils n'ont pas pu se fixer l'autre à eux-mêmes dans une sécurité telle qu'ils n'aient plus jamais peur de la mort quand un objet les abandonne et qu'ils aient beaucoup de substituts libidinaux à leur vitalité tout le reste de leur vie ? Est-ce parce que cette image du corps archaïque s'est référée à un trouble physiologique précoce passé inaperçu quand l'enfant était petit ?

Est-ce qu'il y a eu un accident traumatique dont personne ne se souvient dans la relation mère-enfant ? Ou bien est-ce que la personne qui s'occupait de l'enfant était elle-même phobique en l'absence de l'enfant et qu'elle-même fantasmait des dangers constants pour cet enfant quand elle ne le voyait pas ? Tout ceci est à rechercher dans chaque cas.

Voilà donc comment une petite phobique avait pu arriver à cinq ans à la notion d'un corps kinétique commun à elle et à sa mère ou qui s'est exprimé dans le transfert commun à elle et à moi. L'image fonctionnelle se devait, en relation fonctionnelle de désir, de prendre à l'autre une partie de son corps, ce qui faisait de l'autre un infirme pour que l'un ne le fût pas. On pourrait, si on voulait analyser ces symptômes phobiques en référence à l'Œdipe, ou plutôt au refus de la castration génitale primaire, parler du refus de n'appartenir qu'à un seul sexe et vouloir les seins de la mère et le pénis érogène du père accolés ensemble à soi-même, comme si soi-même sujet se devait d'être autant sexué que le père et que la mère. Garder pour soi le père et la mère incestueux. Mais il est exact que les images orale et anale doivent être autant réceptrices qu'émissives pour le corps complet, c'est-à-dire pour les pulsions du corps propre. Il n'y a qu'aux génitoires que la fille est animée génitalement de pulsions centripètes vaginales, et le garçon de pulsions centrifuges péniennes. Mais cependant, le désir au moment du stade génital et au moment de l'interdit de l'inceste n'a pas été valorisé comme autant castré chez le père et la mère que chez l'enfant. Et c'est pourquoi je pense que c'est sur les plans prégénitaux qu'il faut revenir pour analyser ces attitudes phobiques, parce que, en effet, le garçon ne peut pas être fille si la femme n'est pas là, et la fille ne peut pas être phallique si la femme n'est pas là. Mais ce sont des infirmations des images autant actives que passives dans les stades prégénitaux. Et je pense qu'elles sont venues de ce que la mère n'a pas été un sujet de parole pour le fils comme pour la fille, de même que le père. Les parents n'ont pas été des sujets de parole avec la fille comme pour le fils par-delà la castration génitale, voulant continuer d'être les maîtres de leur enfant, comme s'ils avaient des droits de vie, de mort, de mutilation, de morcellement sur le corps de leur enfant et sur son désir, au lieu d'être à égalité de désir face à la loi eu égard à une expérience moins grande chez l'enfant que chez l'adulte.

C'est cela qui rend l'enfant phobique, et le psychanalysant phobique de l'absence de l'analyste qu'il suppose une plus grande personne qui va lui manquer si lui ne la voit plus. Il ne croit pas qu'il est une aussi grande personne que l'est son analyste; et ceci doit être analysé dès l'âge de six ou sept ans. Ceci vient du leurre du schéma corporel par rapport au schéma corporel de l'enfant. Du fait que l'adulte est fort, l'enfant pense qu'il a tous les droits sur son schéma corporel à lui, enfant. Je dois dire que dans l'éducation aussi bien qu'à l'école, on ne fait rien pour faire comprendre à l'enfant que l'adulte est à son endroit tout aussi castré que lui l'est à l'endroit de l'adulte, que la loi ne donne aucun droit de vie ou de mort et de sadisme sur l'enfant; l'adulte le prend, hélas! Parce que d'éducateur en éduqué, une mutilation de l'image du corps se transmet qui a l'air de faire partie de la castration symbolique que l'adulte donne à l'être humain, alors que c'est justement le contraire. La castration symbolique qui est faite sur l'objet du désir incestueux génital devrait avoir comme effet *symboligène* pour l'être humain, que tout ce qui est de l'ordre de l'image du corps archaïque, avant l'image génitale, reste aussi puissant en activité qu'en passivité, aussi bien chez l'enfant que chez l'adulte, mais se parle et ne se vit pas dans le corps à corps dangereux pour le faible vis-à-vis du fort.

Quatrième observation. Il s'agit d'un garçon de cinq ans, mutique, et qui est amené avec le diagnostic de psychose. En réalité, c'est aussi un enfant trop phobique pour se sentir jamais en sécurité et qui, à cause de cela, a un habitus qui le rend absolument incapable d'être accepté dans aucune collectivité d'enfants[144]. Il ne peut pas déambuler seul si la mère ne lui donne pas la main, il ne peut pas manger s'il ne touche pas le corps de sa mère pendant qu'elle lui donne à manger. C'est un enfant dans une angoisse terrible. Après qu'il a été assis par sa mère sur une chaise et que sa mère reste à distance de lui, l'enfant est d'accord pour rester près de moi et le signifie par une mimique d'accord avec sa mère. Il lui demande acquiescement chaque fois qu'il va me montrer quelque chose, et voyant que sa mère est en accord pour qu'il communique avec moi, de fait il peut le faire un peu. Il donne alors en modelage une représentation d'une stèle cylindro-conique prolongée en haut par une boule, qu'il fixe sur la table par sa base circulaire. À côté de cette forme, il en pose une autre, aussi cylindrique, avec deux prolongements.

Et il montre que la stèle cylindrique c'est lui — il se montre du doigt —, et l'autre avec les deux protrusions, c'est ou bien sa mère, ou bien moi. En fait, si l'on réunissait ces deux formes par leur base, qu'il a posée sur la table, cela ferait un être complet sans les bras, les bras étant ces protrusions aussi bien oreilles que jambes. C'est comme s'il avait divisé un corps par la ceinture, au niveau du cordon ombilical, au niveau de l'ombilic, les pieds en haut, la tête en haut.

Cet enfant psychotique a un habitus compulsif. Il n'est même pas écholalique. Il fait quelques gestes pour s'exprimer. Mais surtout, il a sans cesse le même geste de rapprocher les paumes de ses mains, doigts écartés se touchant et se lâchant par la pulpe, index à index, médius à médius, annulaire à annulaire et cinquième doigt et pouce en même temps, formant ainsi un globe qui se referme et qui se sépare sans arrêt, en disant : « la m'sique, la m'sique... » sans arrêt. Lorsqu'il ne fait pas quelque chose, immédiatement c'est cela qui l'occupe. Le geste s'accélère et devient rapide et excité si l'enfant est angoissé. Je pus savoir par la mère que lorsqu'il était tout petit, elle ne lui parlait jamais, très occupée par ses propres problèmes avec le père de l'enfant, et aussi parce qu'elle travaillait et qu'elle le voyait fort peu. Elle est restée les trois premiers mois de sa vie à s'occuper seule de lui et en voyant très peu le père, et seulement le dimanche quand il pouvait revenir de son travail. Quand je la questionnai sur la musique : « Qu'est-ce que vous pourriez dire ? », elle répondit : « Ah oui, lorsque j'allais le prendre dans son berceau pour m'occuper de lui, ou lui donner son biberon, j'allais toujours vers lui en disant : “Et allons, en avant la musique !” »

Je suppose que cet enfant en était resté à cette époque très précoce de sa toute petite enfance, après les séparations et les traumatismes successifs qui lui étaient arrivés. En effet, la mère avait dû le lâcher à deux mois et demi pour reprendre son travail, elle avait eu plusieurs fois des personnes qui n'étaient pas restées, puis elle l'avait mis à la crèche, puis essayé de le reprendre, puis déposé, pendant la journée, chez des nourrices différentes. Il faut mentionner aussi, quand elle voyait son ami, des scènes et une passion physique par frustration pour tous les deux car, dans la réalité, ils n'avaient pas pu se conjoindre et vivre ensemble, et maintenant elle n'avait plus l'espoir de vivre avec le père de l'enfant.

Je n'ai pas pu suivre cet enfant, la situation dans la réalité obligeait à ce qu'elle s'en sépare, qu'il soit mis dans un internat. Je n'ai eu que cette première observation tellement typique d'un enfant entré dans la psychose par phobie et qui avait comme geste à la fois sécurisant et dramatiquement anormal pour qui le voyait, ce rapprochement des mains qui se référait à l'union avec sa mère dans la sécurité de base d'avant les deux mois de sa vie.

Chez ces enfants tellement phobiques qu'on les dit prépsychotiques, ou même psychotiques, ce qui me paraît caractéristique, c'est que leur image du corps est infirme, alors que leur corps ne l'est pas du tout. Mais l'utilisation des facultés de ce schéma corporel intègre ne peut se faire que si ce corps participe réellement ou imaginairement du corps de la mère tutélaire de quand ils étaient petits. Il leur faut cette masse maternante comme s'ils en étaient encore des parasites fœtaux, ou des parasites dans les bras de la personne qui s'occupe d'eux. C'est en effet impossible pour eux d'atteindre une autonomie corporelle sans tout un long travail psychanalytique. Dès que cette personne s'éloigne, ils sont menacés de morcellement, et c'est pour cela qu'ils établissent une régression si forte dans l'état de veille.

Ce qui caractérise ces enfants, c'est aussi un sommeil extrêmement profond et, si je puis dire, normal et calme. Dans le sommeil, ils ne sont absolument pas psychotiques ; ce n'est pas comme d'autres qui n'ont pas une minute tranquille, même dans le sommeil. Dans les pulsions de mort qui prévalent pendant le sommeil[145], ces enfants très phobiques revivent une parfaite réminiscence de la vie fœtale dans la mère. Ils ne sont plus du tout menacés de ce morcellement qui réapparaît dès l'état de veille. Dans la réalité, ce sont des enfants pour lesquels il faut tout faire, car laissés à eux-mêmes, ils risquent, par incapacité de repères spatiaux, de fuguer, de se faire écraser ; ils n'ont aucun sentiment de l'instinct de conservation. Ce sont des enfants qui transfèrent la relation à la mère sur n'importe qui, soit pour maintenir leur sécurité et l'intégrité d'une image du corps de base, soit pour la sécurité de l'image de fonctionnement. Cela veut dire que celle-ci possède des potentialités émissives et réceptives demeurées telles qu'aux stades archaïques pour l'accomplissement libidinal du sujet. Ils sont pervertissables et pervertis et ce sont en effet des enfants totalement inadaptés.

Pour l'enfant dont nous venons de parler, le geste compulsif antiphobique le fixait à évoquer le corps, son propre corps entre les deux mains de sa mère, tel que c'était le cas avant deux mois et avant les traumatismes subis de ces séparations et du défilé de toutes les personnes qui s'étaient occupées de lui. En même temps, le renouage, si je peux dire, de la relation du père et de la mère dans des tensions difficiles, le dimanche, était aussi associé à la musique, car c'était au concert que les géniteurs de l'enfant s'étaient connus. Ces mots compulsifs, « la m'sique, la m'sique », en même temps que ce geste de rapprochement des deux mains, semblaient signifier se retrouver avant le temps où, quand elle disait : « Et allons, en avant la musique ! », l'enfant n'était pas séparé d'elle, et le père et la mère encore en relation qu'on pouvait espérer devenir conjugale. Cela signifiait : « je m'occupe de toi, nous sommes deux ensemble, je suis en sécurité, il y a papa-maman et moi ».

[L'ENFANT, SA PHOBIE, ET LES PARENTS[146]]

L'éclosion de la phobie chez un enfant peut être due à une mère traumatisante de façon chronique lors de la phase préœdipienne, soit par la nature des choses ou des événements — la mort, des séparations successives de la personne tutélaire —, soit parce que la mère avait elle-même été abandonnée ou traumatisée précocement par sa propre mère. Je voudrais que le lecteur comprenne bien ce que je veux dire ici, car l'image du corps de l'enfant est héritée d'une image du corps telle qu'elle s'est construite chez le parent, généralement le parent du même sexe que l'enfant. Si la mère a été, par exemple, abandonnée ou traumatisée par son père, c'est son premier fils qui deviendra phobique. L'imago paternelle sécurisante est restée chez la mère tellement fragilisée[147] — et surtout si le traumatisme est resté consciemment méconnu — que personne n'en avait parlé avec cette femme ; elle avait refoulé cette infirmation de l'image de relation chaste paternelle. Et ces mères d'enfants phobiques, quand on parle avec elles de leur histoire, prennent conscience qu'elles ont toujours vécu dans une sorte d'inquiétude latente, mais chose curieuse, sans savoir exactement de quoi elle était faite. Et surtout, chose autrement curieuse, cette inquiétude avait totalement disparu, comme effacée, à partir du moment où elles étaient enceintes de ce bébé pour lequel elles viennent consulter aujourd'hui. On peut dire qu'à leur insu, c'est cette fixation fétichique à leur enfant qui, par sa présence réelle, a colmaté leur angoisse latente inconsciente. Mais c'est alors l'enfant lui-même qui développe à un niveau inconscient une image de son corps infirme, incomplète. En effet, il manquait un père à sa mère et l'enfant le lui a remplacé, non pas comme père, mais comme relation dans l'image du corps qui avait manqué lorsqu'elle était enfant. Et c'est cela qui a fait de lui un phobique. La fixation à mode d'attirance, de captation, de rapt, ou bien une image parfois répulsive de la mère au corps de cet enfant, signe la fixation orale ou anale que la mère a développée sur son propre parent absent, ignoré ou idéalisé, mais non symbolisé par elle. Son traumatisme infantile à elle était resté inconscient parce qu'il n'avait jamais été verbalisé. L'absence de ce grand-parent maternel n'avait jamais été non plus verbalisée à l'enfant avant de venir en séance chez un analyste, ni par elle, la mère, ni par le père — en comparaison à l'existence d'un grand-parent paternel connu de l'enfant. Si cette absence n'a pas été une absence physique mais une absence de reconnaissance, ou une absence d'intérêt, d'amour de ce parent pour son enfant (la mère du petit qu'on nous amène), celle-ci n'a jamais été en droit d'en prendre connaissance avant d'en parler avec l'analyste, et c'est la découverte de cet état traumatique en elle qui peut être un début de guérison de l'état phobique de son enfant en relation à elle.

Beaucoup d'adultes élevés par un parent veuf ou célibataire disent n'avoir jamais vraiment ressenti l'absence de l'autre. Mais ce qui n'est pas ressenti a pourtant toujours été en question et c'est l'expérience de la psychanalyse d'enfants qui nous a montré que ce sont les enfants de ces personnes ignorantes de leur souffrance qui héritent de cette souffrance qui n'a pas dit son nom, et qui ignorent une partie de leur image du corps, ce qui fait d'eux des enfants inadaptés. Ce n'est pas « la faute des parents », comme le disent bien des gens qui s'informent de psychanalyse, mais c'est du fait de la souffrance des parents que les enfants aussi héritent d'une mutilation dans leur image du corps archaïque.

Le manque dans l'enfance du père ou de la mère d'une existence réelle, qui a fait échouer leur relation triangulaire œdipienne, était un manque parce que cela n'a pas été parlé. Si cela avait été parlé, si le parent restant avait dit à l'enfant la souffrance de manquer de compagnon sexuel, l'Œdipe de cet enfant eût pu se faire grâce à des substituts. Il ne s'agit donc pas d'une histoire dans la réalité, mais d'une histoire symbolique, d'une infirmation symbolique et qui est héréditaire inconsciente dans les représentations de l'image du corps. Il s'agit généralement de la carence d'un grand-parent du même sexe que l'enfant, et c'est cela qui est un des facteurs majeurs de l'éclosion d'une phobie précocissime, c'est-à-dire des prémices d'une psychose si cela ne peut pas être compris et dit entre les deux parents à l'enfant. Leur premier nouveau-né du sexe de ce parent absent présentifie à la mère ou au père le sexe de leur géniteur qu'ils n'avaient pas connu ou avec qui ils n'ont pas établi de relation symbolique les ayant présentifiés dans une relation triangulaire.

C'est l'enfant qui le premier leur fait vivre cette relation génétique triangulaire. Il devient un point de convergence de désir fétichique inconscient chez ces parents, chez l'un de ces parents qui, par exemple, peut faire son Œdipe sur son enfant. C'est ainsi le père qui est jaloux du fils au lieu d'avoir été jaloux de son père, ou c'est la mère qui est jalouse de sa fille, au lieu d'avoir pu être jalouse de sa mère vis-à-vis de son père. Les enfants perçoivent très précocement ce renversement des choses, ce renversement de la situation génitale symbolique, et cela provoque chez eux des névroses très profondes et des interdits de vivre leur désir. L'enfant, en effet, grandit alors dans l'impossibilité de structurer son image du corps à l'envi de ses parents, puisque ce sont les parents qui envient en lui le schéma corporel du sexe qu'il représente. L'état névrotique grave de l'enfant peut n'arriver qu'à un certain moment de son développement, à l'âge où son parent a perdu l'image réelle structurante pour lui. Mais si le père ou la mère de l'enfant était privé tout petit d'un des pôles de sa structure triangulaire, c'est dès le début de la vie que leur bébé sera comme spolié symboliquement de la réalité de son être. Il ne sera qu'un substitut narcissique de ce qui a manqué à son père ou à sa mère dans leur relation filiale au même âge que lui, c'est-à-dire tout bébé. Et si la carence est intervenue plus tard dans la vie des parents, c'est à partir de l'âge que ses parents eux-mêmes avaient à l'époque de la disparition de leur géniteur défaillant que l'enfant, à son tour, présentera des problèmes de carence symbolique. Ce sont des névroses plus tardives et, grâce à cela aussi, moins invalidantes dans la vie courante.

L'enfant réagit à cette situation particulièrement difficile par des troubles phobiques. S'ils sont précocissimes, cela entraîne chez l'enfant une inadaptation à la société ; s'ils sont plus tardifs, cela n'entraîne que des troubles dits de retard affectif ou de retard de symbolisation pour l'écriture ou pour la lecture, et parfois aussi des troubles de la psychomotricité à partir d'un certain âge. De toute façon, ce sont des troubles de la dynamique de l'inconscient. Il s'agit dans ce trio formé par l'enfant, le sujet dans son psychisme et les deux imagos — ce qui résulte du modèle paternel et du modèle maternel —, que chacun arrive à freiner une désagrégation ou un état dépressif qui commence. Cela provoque soit une disparition du tonus amoureux d'un des parents pour l'autre, soit une disparition du tonus vital de l'enfant (d'origine psychique mais dont on cherche la cause dans le corps pendant très longtemps). Ou cela peut être aussi une non-organisation de la confiance en soi de l'enfant en tant que sujet de son désir, soit au stade actif oral avec des difficultés d'expression verbale, soit au stade anal avec des difficultés de contrôle sphinctérien, soit au stade génital plus tard, avec des difficultés de désir pour des individus de l'autre sexe. Il est profondément nécessaire pour lui de ne désirer que des individus de son propre sexe. Ceux de l'autre sexe provoquent immanquablement le sentiment d'un morcellement dangereux qui menace son image inconsciente de base précoce.

Ce que je viens de dire touchant les carences des images du corps des parents au cours de leur enfance, qui sont passées inaperçues cliniquement et qui n'apparaissent qu'en se répercutant inconsciemment chez leurs enfants du fait de leur relation libidinale à eux, c'est cela qu'on retrouve dans l'anamnèse des parents des enfants fragilisés symboliquement et qui nous sont amenés pour des troubles plus ou moins profonds de la personnalité. Les incidents qui se sont produits à l'occasion du sevrage, de la castration primaire, de l'arrivée à l'école, de l'autonomisation de leur corps, incidents et petites épreuves que d'autres enfants dépassent, les marquent, eux ; et sans psychothérapie psychanalytique, ils peuvent devenir grands phobiques, pré-psychotiques et, sans traitement, tout à fait psychotiques. Au contraire, le travail que l'on fait avec leurs parents — et qui permet de mettre en paroles ce que l'enfant, si ce n'est mis en paroles, devra exprimer et qu'il exprime en effet par une souffrance inconsciente de l'image fonctionnelle de son corps — permet à ces enfants (parfois en ne soignant même pas l'enfant lui-même mais seulement par des contacts psychothérapiques psychanalytiques des parents), cela permet à ces enfants qui sont beaucoup plus riches en sensibilité que les autres et plus précoces, de dépasser leurs épreuves. Il faudrait que ceci fût davantage connu par les pédiatres et les éducateurs, car c'est dès l'âge de la marche et de la maternelle que les difficultés de contact au monde extérieur, qui viennent de l'absence de structure de l'image du corps en rapport avec le schéma corporel dans l'autonomie, signent ces attitudes phobiques précoces.

En psychanalyse d'enfants, nous assistons à ces malvivances de petits parmi ceux qui ont été les plus désirés par les parents. Or, on dit que c'est nécessaire pour qu'un enfant soit heureux qu'il soit désiré par les parents. Et c'est vrai ; mais nous ne savons pas ce que ce mot de désir signifie. En effet, les parents désirent un garçon, désirent une fille, mais dans leur vie imaginaire, et l'apparition dans la réalité de cet enfant leur montre que ce qu'ils désiraient ardemment et consciemment n'était pas cette relation de filiation blessée qui se répercute dans leur relation à ce bébé dans sa réalité, bébé qui réagit immédiatement à ce qu'il reçoit de projection inconsciente de la part du parent qui a souffert de la carence de son propre parent, de son géniteur. La présence de cet enfant provoque une transformation libidinale pour le père ou pour la mère qui a manqué du parent de ce même sexe, et cela bouleverse fatalement l'équilibre du couple, quelquefois l'équilibre des deux conjoints, du fait d'un des deux seulement si l'autre n'est pas aidé à comprendre ce qui se passe pour son mari ou pour sa femme devant la naissance de cet enfant pourtant tellement désiré et qui provoque une telle catastrophe. Il faut bien savoir, lorsqu'un enfant est désiré, si c'est en effet un être humain tel qu'il sera qui est désiré, ou si c'est un enfant dont on a besoin, et qu'il reste petit fétiche pour combler un manque chez le parent qui le désire tant.

Le traumatisme passé inaperçu dans l'enfance du parent ressurgit exactement semblable à ce qu'il était. Le désir réalisé d'avoir un enfant se résout par un relâchement des liens conjugaux qui peut aller jusqu'à l'abandon du foyer, ou simplement au désintérêt pour une vie commune qui devient habitudinaire. C'est l'autre, ce troisième, l'enfant, qui apparemment est cause de tout. « Il crie la nuit », « il me fatigue, je ne peux plus dormir », « il ne veut pas manger », « j'ai peur qu'il étouffe », autant de projections d'angoisse qui provoquent en effet chez le nourrisson ces réactions qui ont l'air d'être primaires mais qui, en fait, sont secondaires et calquées sur ce que les parents appréhendaient et qu'ils disent. Il ne peut supporter... parce que l'un de ses parents ne peut supporter sa présence à la maison. « C'est lui ou moi ! » Mais cela n'est pas dit, cela n'est même pas connu de la conscience du parent. Il s'agit à l'insu de tous de pulsions de mort qui prévalent dans la relation libidinale du trio père-mère-enfant.

Entendons-nous bien, ces parents ne veulent pas consciemment donner la mort à leur enfant, pas plus que ce bébé ne veut donner la mort à ses parents ; ils se ressentent tous les trois éprouvés les uns par les autres et ils le sont. Il s'agit de pulsions d'annulation du sujet du désir qui est présent dans cet enfant[148]. Avant la naissance de ce bébé, ils n'avaient jamais connu en famille une situation triangulaire chaste entre engendré et engendreurs. Si le bébé est éloigné du cadre de ce couple, pour une raison d'observation à l'hôpital, par exemple, il mange très bien, il se rétablit. Mais tout recommence dès qu'il revient à la maison. Ses parents, tous les deux ou l'un des deux, n'avaient pas eu à vivre dans leur enfance la castration œdipienne, et cet enfant la leur fait éprouver. « Lui ou moi » dans la situation, soit dans le couple, soit vis-à-vis de la génération des grands-parents, car parfois c'est par rapport aux grands-parents que tout s'embrouille chez les géniteurs jeune homme et jeune femme. C'est le beau-père ou la belle-mère qui sont soi-disant la cause de toutes les difficultés avec ce bébé. Or, tout cela est à la fois vrai et pas vrai. Il était nécessaire de prendre ces personnes comme boucs émissaires, et les choses ont marché un peu comme dans une formule mathématique, il fallait que ça se passe et les pions sont là pour jouer leur rôle. Jusqu'à la naissance de cet enfant particulier, garçon ou fille, un pion manquait et une partie de la pièce ne se jouait pas, la partie œdipienne. À partir du moment où cet enfant est né, le jeune père ou la jeune mère joue son histoire œdipienne vis-à-vis de son père ou de sa mère, en relation avec ce bébé qui lui est rapté, dont « elle ne sait pas s'occuper », ou le père « n'est pas ce qu'il devrait »..., etc. Tout ceci existe de tout temps dans l'éducation des enfants, mais c'est une découverte de la psychanalyse que ces difficultés et ces conflits familiaux qui ont tellement d'influence sur la désadaptation et la non-autonomie du développement de l'enfant, emprisonné dans les conflits inconscients de ses parents et de ses grands-parents. C'est une découverte de la psychanalyse que ceci puisse se guérir, à condition d'une étude psychanalytique et d'une compréhension tant par les parents que par ce bébé lui-même au contact d'un psychanalyste.

Le travail psychothérapique qui est fait par un psychanalyste sachant écouter ces parents montre que c'est la venue de cet enfant-là, attendu et désiré, qui a provoqué la rupture des liens à la famille personnelle de l'un ou de l'autre des parents, ou la modification du style de ces liens, ou bien la rupture de liens entre les conjoints, à partir du moment où l'enfant est né. Parfois à partir du moment où la femme est enceinte, alors que le couple désirait beaucoup cette grossesse. Il est indispensable d'analyser ainsi les parents, car s'occuper seulement de l'enfant ne sert, on peut le dire, absolument à rien. Au contraire, cela met l'enfant dans un état d'angoisse plus grand, et les parents peuvent croire qu'ils sont étrangers à la situation. C'est à leur insu qu'eux-mêmes sont la matrice de l'image du corps perturbée de leur enfant, sans en avoir aucune notion au départ. C'est souvent ce qu'on entend dire : « Mais les psychanalystes disent que c'est la faute des parents... » Il n'y a aucune faute, les parents ont supporté une situation avec un courage inconscient formidable, et la présence de leur enfant joue le rôle persécuteur du parent absent dont ils avaient pu surmonter l'angoisse. Pourquoi ces enfants sont-ils phobiques ? — parce que dans l'image du corps archaïque orale ou anale, ou même néo-natale, l'image de base est tout le temps menacée chez eux ou chez leurs parents par l'image fonctionnelle qui est dans l'autre.

C'est la nouvelle situation triangulaire qui révèle à ce père ou à cette mère — eux-mêmes orphelins ou abandonnés dans leur enfance —, la souffrance insupportable d'accueillir un enfant trop désiré consciemment. Et cela se passerait quel que soit l'enfant. Cela peut être aussi bien avec un enfant tout à fait différent de celui qui est né. Ce sont eux, au départ, qui, par leurs projections, provoquent les comportements du petit, et ensuite c'est lui qui répond à la façon dont ils attendent qu'il réponde. Le traumatisme d'abandon qui était inconnu est mis en acte dans la réalité. L'un des conjoints s'éloigne. L'enfant en est la cause apparente et cette triangulation ratée et désaccordée, qui est nécessaire pour les adultes parentaux, mutile chez l'enfant la dynamique du sujet de son désir qui a besoin de ses deux adultes parentaux pour se construire. L'enfant devient alors phobique, tout juste capable de s'identifier aux besoins d'un corps, le sien, dominé par les pulsions de mort*.

Il peut arriver, après la naissance d'enfants qui provoquent des situations pareilles, que l'un des conjoints n'ayant pas souffert comme l'autre de ce traumatisme infantile, l'enfant soit alternativement accaparé et repoussé, voire rejeté d'un parent à l'autre, ce qui permet alors aux parents, en dehors de leur vie intime qui fait désormais problème pour eux, de rester en apparence unis aux yeux de la société ; en réalité, il n'y a entre eux de contact affectif que pour l'intérêt de cet enfant, mais chacun a un intérêt différent. Pour l'un, c'est la revendication de ses responsabilités, pour l'autre c'est le chantage à propos de cet enfant rival ou trop aimé, qui accapare l'activité affective du conjoint, ou alors ce sont des attitudes possessives destinées à combler une image du corps prégénitale, comme si l'enfant était le petit chien ou la poupée de son père ou de sa mère. Ce ne sont plus des parents éducateurs, ce sont des parents administrateurs ou des parents possessifs. L'enfant phobique ne se sent pas — et il ne l'est pas — une personne qui peut véritablement devenir une personne entière et autonome. Il est comme un animal chéri, un fétiche, un nounours. On parle de lui, on ne parle pas à sa personne. L'existence de cet enfant est vouée, si le couple reste ensemble, à l'accaparement total ou au rejet total de

* Sachons qu'en psychanalyse on appelle « pulsions de mort » ce qui, venant du sujet, lui permet de vivre inconscient de lui-même dans le sommeil et ce qui permet de vivre le corps en tant que celui d'un spécimen de l'espèce, anonyme, théâtre de besoins, mais en éliminant la conscience du désirant qui, dès qu'il se réveille, met en difficulté le corps de celui qui désire.

l'un des deux, l'accaparement étant le fait d'un des parents et le rejet celui de l'autre. Ceci peut se passer aussi à la naissance d'un autre enfant, à partir de la naissance duquel, l'aîné qui a pris tout l'effet de la névrose en creux, ou plutôt de la psychose en creux qui existait chez son parent, est à ce moment-là rejeté, parce que l'autre enfant arrivant prend toutes les valeurs affectives; et il est mis dans une mort apparente, comme a été le parent de son père ou de sa mère, et c'est à l'autre d'assumer ou de faire assumer par la société la charge de cet enfant définitivement inadapté sans une aide psychothérapique.

En effet, l'image du corps inconsciente de l'enfant reste obligatoirement incomplète, puisque c'est par la relation à la mère qu'elle se compléterait. Il reste fixé au stade oral ou anal, du fait de la confusion que de tels parents ont introduite et entretenue entre les soins de besoins et leur désir à eux, parents, qui en disparaissant ne laisse plus à l'enfant qu'un corps de besoin. Il y a donc une absence de castration; c'est une aliénation de l'enfant lui-même à son corps de besoin. Il n'y a pas d'accès pour lui au langage gestuel ou mimique, il n'y a pas d'accès à la motricité signifiante. Il ne fait pas la différence entre ses parents et ses grands-parents, ni avec d'autres personnes qui les entourent, et il entend constamment parler de lui comme l'objet qui leur donne angoisse. Finalement, il s'identifie à l'objet angoissant pour tous.

Lorsque nous avons à nous occuper d'enfants présentant de tels symptômes phobiques précocissimes, nous nous apercevons souvent que les géniteurs sont liés l'un à l'autre par une dépendance ambivalente agressive ou persécutoire. Chacun prétend que c'est de la famille de l'autre que vient le « mauvais sang ». Chacun cherche à rejeter la responsabilité d'une tare prétendue sur les ascendants de l'autre. Encore actuellement, alors que la psychanalyse a découvert ces maladies symboliques et ces hémiplégies, ces infirmités d'ordre symbolique, il est très difficile que les parents ne cherchent pas encore des causes organiques qu'on appelle « des tares ». Et pourtant, quand on étudie la situation de ces gens, il est clair comme de l'eau de roche que lorsque l'enfant naît, il n'y a jamais eu aucune chance pour un bébé dans ce couple d'accéder à la moindre réalité existentielle, aucune chance d'avoir sa place bien à lui, bien différente de ce que les parents en attendaient, entre des parents heureux, vivant leur couple, quelle que soit la personne-enfant présente à la maison. Il ne pouvait devenir qu'un objet partiel, membre supplémentaire que s'arrachent deux êtres qui n'auraient en effet qu'une seule jambe et qui vont maintenant se disputer leur progéniture comme le complément indispensable de chacun d'eux.

Les observations que j'ai rapportées en témoignent. L'enfant ne peut sortir, en règle générale, du symptôme phobique, qu'au prix, pour la phobie des parents — surtout le parent le plus traumatisé —, d'un épisode névrotique ou psychosomatique ou dépressif grave, pénible en tout cas, qui est provoqué par le traitement analytique de l'enfant. Lorsque ce sont les deux parents qui ont été traumatisés dans leur propre enfance, il est bien rare que le traitement psychanalytique de l'enfant puisse être mené à son terme. Il se produit fatalement un événement qui empêche les parents de continuer à amener l'enfant. Ils s'estiment satisfaits que l'enfant soit déjà suffisamment amélioré pour être accepté dans une institution pour inadaptés, à laquelle souvent ils donnent toute leur force, car ils ont besoin d'aimer cet enfant et de l'aimer restant inadapté pour, eux, rester adaptés à la société. Je pense donc, maintenant que j'en ai l'expérience, qu'il est indispensable de voir longuement et plusieurs fois, ensemble, ces père et mère qui veulent vous amener un enfant psychotique, dit psychotique parce que très phobique.

S'il n'est pas possible d'avoir ces entretiens avec les parents, il est inutile d'essayer d'aider cet enfant, car on lui nuirait. Il souffrirait beaucoup plus d'être aidé que de rester dans cette situation. Mais si les parents acceptent de venir à toutes les séances, le fait que l'enfant soit là ne peut être que bon pour lui. Mais il est là et l'on parle aux parents, il n'est pas là pour lui tout seul. Ils sont là tous les trois pour étudier leur situation d'économie inconsciente de la libido. Dans les premiers temps, le psychanalyste parle aux parents, et chaque chose qui est dite par le père ou la mère est redite à l'enfant. Ce qui étonne déjà les parents, et qui donne à cet enfant une place d'interlocuteur valable. Car pour le psychanalyste, il ne va pas de soi que l'enfant l'ait entendu du seul fait qu'on le dise devant lui. Un enfant n'entend ce qui est dit que s'il a l'autorisation de l'entendre, surtout un enfant atteint aussi profondément.

Avant l'âge de cinq ans, cinq, six ans mettons, l'enfant psychotique ou grandement phobique — dorénavant c'est vraiment la même chose à mon avis — se présente massivement comme le symptôme de ses parents. S'occuper exclusivement de lui, sans la présence si possible d'au moins un de ses deux parents, n'a aucun sens. Il ne pourra advenir à son propre désir que si les parents peuvent reconnaître sa personne à lui, réagissant à leur personne à eux, selon ce qu'ils expriment. Et il ne pourra acquérir une autonomie que parce qu'elle va être révélée à leurs yeux par le psychanalyste devant les comportements langagiers qu'a cet enfant pendant la séance où ses parents parlent. Cette autonomie naît sous leurs yeux lorsqu'ils assistent, éclairés sur ce qui se passe, au fait que tous les actes de l'enfant dans la séance, ou ses postures, sont des réponses à ce qu'ils disent. C'est le psychanalyste qui leur révèle la réalité de ce fait.

L'analyste, quels que soient son sexe et son âge, devient donc le répondant qui a été absent pour les parents et dont l'enfant, à leur insu, avait pris la place. En leur faisant découvrir l'intelligence réagissante de leur enfant, qui ne verbalise pas, l'analyste fait surgir pour l'enfant une place nouvelle dans la réalité. Mais il est important que l'analyste fasse comprendre aux parents le transfert qui s'établit ainsi, ce transfert parental sur la personne de l'analyste. Il y a risque, en effet, si ce leurre de remplacement de bon père ou de bonne mère qui est donné à l'analyste, n'est pas dit. Car sinon, les parents vont continuer d'attendre de cette personne des conseils pour leur comportement vis-à-vis de l'enfant. « Dites-moi ce que je dois faire » est leur question. Alors qu'ils sauront très bien ce qu'ils ont à faire à partir du moment où ils pourront devenir l'égal du psychanalyste. C'est l'analyse du transfert parental qui fait éclater la vérité de leur immaturité due à leur carence œdipienne, et c'est le travail principal de l'analyste, avant d'entamer le traitement de l'enfant lui-même. Cela peut durer quelques mois.

Ce préalable au traitement de l'enfant, lorsque les parents l'acceptent, leur donne le moyen de voir évoluer le comportement langagier de leur enfant, non seulement là, en séance, où ils le comprennent, mais aussi dans l'intervalle des séances. Car même sans la présence de l'analyste, ils deviennent attentifs à ce que leur enfant signifie lorsqu'il est à la maison et qu'il est tout seul, qu'ils l'observent, ou à ce qu'il veut leur signifier; c'est-à-dire qu'ils deviennent attentifs à cet enfant pour lui, en tant que personne animée de désir et de réactions bien à lui. Chaque séance est l'occasion pour eux de parler de ce qui s'est passé, de parler de leur angoisse concernant l'enfant ; mais en associant en présence du psychanalyste, ils peuvent relier cette angoisse à ce qu'ils ont vécu dans leur propre enfance, mutilés par des événements qui ont blessé leur narcissisme, événements dont ils avaient refoulé le souvenir et que la venue au monde de leur enfant a réactualisés.

À partir du moment où l'enfant est tout à fait en sécurité avec l'analyste et avec ses parents, c'est lui qui ne veut plus que ses parents assistent à la séance. Il le leur fait comprendre en les mettant à la porte, ou en voulant venir seul et les laissant dans la salle d'attente. C'est un moment difficile, car les parents se sentent frustrés, sevrés, comme si leur enfant ne les aimait plus. Et il est important de faire comprendre aux parents qu'ils recueillent là le fruit de leur propre travail. Il est important aussi que les parents acceptent de venir, bien que, comme ils disent, « ça ne ne leur serve à rien » et restent dans la salle d'attente, parce que, pour l'enfant, lorsqu'en lui surgit un émoi phobique rémanent qui fait revivre en lui une angoisse d'être abandonné ou rejeté, il faut qu'il ait la possibilité de quitter le cabinet de l'analyste pour aller chercher son père et sa mère et les ramener avec lui dans la pièce où est l'analyste. Parfois c'est seulement y aller et revenir, comme pour vérifier que d'avoir communiqué directement avec l'analyste ne les a pas fait disparaître en salle d'attente. Cette crainte, en rapport avec les pulsions de mort, doit d'ailleurs être verbalisée et interprétée par l'analyste pour que l'enfant puisse continuer son chemin et que parents et enfant sachent que c'est dans l'intervalle de relation entre l'enfant et eux qu'il va établir des relations directes avec d'autres personnes, dont la relation à l'analyste est le modèle. Au bout d'un certain temps, l'enfant court de lui-même chez l'analyste et il n'est plus même nécessaire que les parents l'accompagnent, toute autre personne peut le faire. Mais c'est un moment difficile encore pour les parents et pour qu'ils ne se sentent pas à nouveau délaissés, puisque rien ne les oblige à voir l'analyste ; et qu'à ce moment-là aussi l'enfant commence à aller un peu avec tout le monde, bien qu'il ne soit pas encore tout à fait guéri et que son comportement laisse voir encore des différences entre ce qu'il fait et ce que font les enfants de son âge. Mais enfin, comme disent les parents, « on ne le remarque plus dans la rue, il faut être avec lui pendant quelques heures pour s'apercevoir qu'il n'est pas tout à fait comme les autres ».

Lorsque cet enfant va mieux, qu'il peut se passer de la présence constante de ses parents, l'occasion est alors venue de le mettre dans une petite institution ou une petite école spécialisée, ou même un internat de semaine. C'est un moment très difficile pour la continuation du traitement de l'enfant, car cette amorce de socialisation satisfait suffisamment les parents. Ils sont angoissés à l'idée que leur enfant puisse aller au-delà dans son développement. C'est, bien sûr, tout à fait contradictoire avec leurs vœux conscients, ceux qu'ils ont exprimés de le voir tout à fait comme les autres enfants. Mais ils ne le supporteraient pas ; lorsque seulement il s'éloigne de cent mètres dans un jardin public pour aller voir quelque chose, les voilà complètement affolés, alors qu'un enfant de son âge irait même seul au jardin et reviendrait. Donc, ils sont rassurés : on l'admet en société, ils peuvent souffler. Et puis, dans ces collectivités, peut-être a-t-on besoin d'eux ? Si bien qu'ils s'insèrent souvent dans les rouages administratifs de ces écoles, ce qui est très dommageable pour l'enfant — alors qu'il serait excellent que ces parents s'occupent d'enfants en difficulté comme l'est ou l'a été encore plus le leur, mais qu'ils ne s'occupent pas de l'école même où est leur enfant. D'une école semblable mais où leur enfant n'est pas, afin que là où est leur enfant ce soit vraiment sa maison à lui, sans jugement possible, par les parents, des éducateurs et du personnel enseignant. Il est dommage que ces maisons soient pour les enfants comme des maisons latérales familiales. Et certainement est-ce une des causes d'arrêt de l'évolution des enfants. Et puis, il faut le dire, ces petites écoles, ces collectivités spécialisées, secourues et entretenues en partie par la Sécurité sociale, ne sont pas faites pour aider l'enfant à continuer le travail psychanalytique. Tout se passe comme si, maintenant qu'il est pris en main par une pédagogie spécialisée, il était inutile d'approfondir davantage le tissu fragile du réseau symbolique entre l'enfant et sa famille. Ces parents se groupent alors en associations de parents d'inadaptés, qui colmatent entre eux leurs angoisses et ils deviennent ainsi des modèles de super-parents de super-enfants collectifs dits handicapés et reconnus socialement en tant qu'inadaptés, assistés en partie par l'État. Tout cela est dommageable. Peut-être ne peut-on pas faire autrement, étant donné l'importance symbolique du travail psychanalytique qui est à faire avec chaque groupe parental. (Et peut-être aussi avec les personnes dont la vocation est de s'occuper de ces enfants, et qui le font avec tant de cœur.)

On peut seulement regretter qu'en grandissant dans ce milieu de ségrégation, de protection, l'enfant refoule les potentialités symboliques de son désir lorsqu'il devient génital. Il est maintenu ainsi en tutelle comme un enfant plus jeune et il ne devient pas autonome pour le reste de sa vie. Il a récupéré de quoi vivre dans une collectivité protégée et il en reste là, généralement, sans dépasser son angoisse à désirer et ce, par un traitement psychanalytique qui seul pourrait l'aider — à condition qu'il trouve le moyen, dans ce milieu protégé, de gagner de quoi se payer ce traitement qui pourrait être en partie aidé par la Sécurité sociale, mais surtout ni imposé ni payé en totalité.

Il y a des psychanalystes à demeure dans certaines institutions, ce qui est bien utile pour le personnel de l'institution qui est en butte à tant d'angoisse venant des parents et venant des enfants. Mais le problème reste entier pour chacun des enfants quant à un traitement personnel, qui est impossible à assumer dans le milieu où vit l'enfant par des psychanalystes qui, eux aussi, partagent les repas et l'espace de vie de ces enfants[149]. De plus, si les psychanalystes, dans ces locaux, reçoivent les parents pour leurs séances à eux, qui sont indispensables, c'est comme si les parents prenaient la place de leurs enfants. C'est-à-dire que l'on continue le malentendu : les parents sont les enfants, ils sont chez leurs enfants comme si leurs enfants inadaptés étaient leurs parents d'autrefois, ils sont entretenus par ce parent représentatif qu'est leur enfant inadapté. C'est, dans la réalité, ce qui était la cause symbolique de la maladie psychotique de la structure de leur enfant. Il en est ainsi, malheureusement, dès lors que les instances officielles croient bien faire en mettant des psychanalystes dans ces maisons, et font d'ailleurs bien pour le reste de la maison. Mais on n'a pas compris que l'enfant doit avoir son traitement dans un autre lieu et à condition qu'il le désire, et que les parents doivent avoir un traitement ailleurs que là où se trouve l'enfant. Tant que ce n'est pas le cas, c'est une annulation du travail psychanalytique qu'on peut faire par ailleurs. Mieux vaut alors des thérapeutes non psychanalystes.

Que font, vis-à-vis de l'enfant, des thérapeutes non psychanalysés dans ce qui est une psychothérapie de soutien? Eh bien, ils aident l'enfant à être d'accord avec l'éthique de cette école, ils l'aident à voir la différence entre la réalité et sa vie imaginaire actuelle, et ils lui permettent une certaine catharsis de ce qui n'est pas utilisé dans ses pulsions par le projet pédagogique collectif ou particulier que lui donnent ses maîtres et ses éducateurs. Mais cela n'a aucun rapport avec le transfert sur un psychanalyste, qui permettrait à l'enfant de vivre les pulsions refoulées néo-natales et fœtales, de revivre avec cette personne toute particulière ce qui n'a pas pu s'établir pour sa structure quand il était petit — du fait que ses parents ne le voyaient pas comme un être humain de plein droit, mais comme un substitut de leurs parents quand eux-mêmes étaient petits, ainsi que je l'ai dit ci-dessus.

Autant il est important, lorsque l'enfant est tout petit et qu'il est psychotique ou retardé, que l'adulte psychanalyste comprenne à qui il s'adresse quand il parle à l'enfant — je veux dire à qui, dans quelle image du corps résiduelle ce sujet peut l'entendre, et à quoi dans ce corps il a affaire en cet enfant par ailleurs complètement intériorisé et prisonnier du désir de ses parents —, autant il est important que l'enfant qui a accepté et qui désire une psychothérapie sache lui-même à qui il parle, lorsqu'il parle à son analyste, et qu'il sache que cet analyste est totalement différent de tous les autres adultes tutélaires ou pédagogues qui l'entourent. En effet, un psychanalyste n'a aucune intention directive, aucun désir de faire agir un sujet de telle ou telle façon, avec telle ou telle éthique. Son seul rôle est de mettre le sujet en condition d'exprimer son désir, où qu'il soit, quel qu'il soit, de la façon dont il a à l'exprimer, et par la seule médiation du langage qui n'est pas d'abord un langage parlé, pour l'amener à un langage parlé. L'analyste est toujours ailleurs que dans la seule réalité, bien qu'il y ait une certaine part de réalité dans sa présence. C'est tout le contraire des parents et des éducateurs qui ont, eux, une éthique sociale devant servir de modèle à l'enfant : ils doivent aussi donner des blâmes et des satisfecits, des repères pour sa conduite dans le bien, le mal, le désirable, le complimenter, ils doivent aussi provoquer des frustrations, des répressions, etc. Conflits utilisables après, certes, dans les séances d'analyste, à condition que l'analyste ignore tout des relations de l'enfant avec les autres de l'école, que l'enfant sache que cet analyste ignore tout, et qu'ainsi ce qu'il revit de façon métaphorique, de façon métonymique, de façon mythomaniaque fabulée en séance soit analysé par l'analyste par rapport à lui, l'enfant, et non par rapport à ce qui vient de se passer, puisque de toute façon ce qui se passe dans l'école réédite des choses qui se sont passées autrefois dans la vie de l'enfant.

Il est très dommage que l'extraterritorialité du psychanalyste par rapport au lieu de vie de l'enfant n'ait pas été comprise par les institutions organisatrices de ces lieux d'accueil; que la mise à l'écart du psychanalyste pour tout ce qui se passe dans la vie à l'école de l'enfant ne soit pas non plus quelque chose d'institutionnel. Cela vient de ce que les éducateurs et les maîtres d'école ont aussi besoin d'être aidés. Ils pourraient l'être, mais par un autre psychanalyste que celui qui assume le traitement de l'enfant. Ainsi, beaucoup de ces enfants — qui, parce qu'ils sont non adaptés à l'école par rapport à la majorité de ceux de leur âge, vont dans ces institutions particulières — ne peuvent pas profiter de l'élucidation psychanalytique de leur infirmation symbolique, de leurs réactions de défense, de leurs réactions provocatrices dans ce milieu particulièrement bon éducateur. Et à cause de cela, pour la plupart, ils grandissent en s'estimant des inadaptés et en le restant. Ils sont presque toujours incapables de s'assumer en totale liberté et de quitter la tutelle parentale à l'âge où ils devraient la quitter, parfois plus tôt d'ailleurs que les enfants qui ont réussi une adaptation scolaire et sociale dite « normale ».

LES IMAGES DU CORPS LES PLUS ARCHAÏQUES

La psychanalyse des enfants phobiques, c'est-à-dire prépsychotiques, nous montre que, pour eux, le corps propre n'a pas eu accès à une autonomie en rapport avec le développement de leur schéma corporel souvent tout à fait normalement développé et bien achevé, parfois même précocement (avant vingt-huit, trente-mois pour la queue de cheval[150]), malgré les dysfonctionnements d'apparence mimique ou fonctionnelle; ce schéma corporel parfaitement intègre les laisse en dessous du niveau de comportement habituel des enfants même beaucoup plus jeunes qu'eux. C'est ce qu'on appelle, dans le langage courant, un retard affectif, et en réalité c'est une image du corps archaïque qui empêche l'enfant de se servir de son schéma corporel pour vivre autonome. Cette image du corps archaïque, orale passive, par exemple, lui fait désirer être pour sa mère l'objet d'embocage pour la nourriture, l'objet de soins tactiles des mains de sa mère pour son corps. Il n'a pas de bras ni de mains pour la masse de son corps et il reste ainsi un petit bébé dans les contacts à autrui. Et la perturbation créée par le fait que l'adulte réponde à sa demande est d'autant plus grande que c'est de la réalité éducatrice ; ce que la mère ou l'éducateur fait pour l'enfant lui donne des sensations de corps agréables auxquelles il n'a alors aucune raison de renoncer.

La cure psychanalytique d'enfants névrosés précoces, ni psychotiques ni grands phobiques, capables de s'exprimer, nous a par ailleurs permis de comprendre que, chez ces enfants, une partie de la personnalité est adaptée au monde extérieur, à la fréquentation des enfants du même âge, tandis qu'une autre part d'eux-mêmes les retient sur des positions archaïques, sources de leur angoisse et de troubles mineurs d'adaptation dont ils sont atteints. C'est ce qu'on appelle les névroses infantiles. Ces enfants présentent — certains par moments, dans certaines circonstances, d'autres constamment — des enclaves plus ou moins importantes de comportements archaïques et des manifestations de désir qui ne sont pas celles que l'on rencontre habituellement à leur âge de développement physique ou d'intelligence. Le traitement psychanalytique de ces enfants nous permet de percevoir que, préexistantes à l'image du corps correspondant aux stades digestif et moteur, c'est-à-dire les deux stades oral et anal, actif et passif[151], intégrés pour la motricité, image qui se forme vers l'âge de deux ans, deux ans et demi, subsistent des images plus archaïques. L'enfant en cure ne peut évidemment pas nous en rendre compte verbalement, mais il nous en révèle la persistance par le dessin ou le modelage ; et grâce à ces enfants névrosés, nous pouvons comprendre ce qui se passe chez les enfants qui souffrent d'une psychose. Il y a une rémanence des images du stade oral et du stade anal passif, même après l'apparition de l'image du corps motrice dominante chez l'enfant qui déambule à quatre pattes et dont les expressions utilisent surtout les images du stade oral anal actif. On retrouve même, au cours des séances, dans le transfert des enfants névrosés, des figurations de l'image du corps d'un tout premier stade, que j'ai appelé respiratoire olfactif, voire du stade fœtal.

Il faut connaître l'existence et la persistance des images du corps précocissimes, car le narcissisme du sujet s'y amarre et, dans le transfert des pulsions inconscientes, elles correspondent chacune à des modalités différentes de reconnaissance de l'autre semblable ou dissemblable et du style d'amorce des communications interpsychiques, que ce soit en cas de désir du sujet comme en cas de son angoisse, lorsqu'il s'imagine par projection être en butte à l'autre, mû par un désir à son égard, un désir d'objet qui est dangereux pour son image fonctionnelle ou son image de base archaïque, c'est-à-dire image fœtale ou image néo-natale olfactivo-respiratoire.

Stade fœtal et stade olfactivo-respiratoire

Remarques préliminaires. Je rappelle que pour ces deux stades, comme pour les stades suivants, l'image du corps est double : elle comporte deux phases qui alternent sans que cette alternance entraîne aucun temps de rupture[152]. Elles se complètent pour traduire la dynamique du désir comme la trame et la chaîne d'un même tissu. Il s'agit d'une part :

— de l'image de base, représentant liminaire primordial de l'être, métaphore de la faculté pour le sujet de se situer dans l'espace comme être vivant. Son intégrité est essentielle à la sécurité de l'être vivant qui se meut dans l'espace de la réalité ;

— d'une image de fonctionnement d'autre part, champ orienté, lieu opérationnel expérimenté des zones érogènes en activité aux extrémités des particularités de l'image fonctionnelle. Cette image permet la mobilisation des pulsions vers l'objet du désir. Après l'accomplissement réussi, il y a restitutio ad integrum. L'image de base et l'image fonctionnelle coïncident à nouveau en même temps qu'elles s'éclipsent pour le sujet qui n'y trouve plus qu'un sentiment de sécurité ramassé sur les focalisations de son image de base.

Quand il n'a pas faim, un bébé nourrisson vit sur son image de base. Il respire tranquillement et il y a un péristaltisme inconscient qui va constamment de la bouche à l'anus. Il dort en sécurité, respire en sécurité. Puis, quand surviennent la faim et la soif, l'image de base se sent menacée et tend à guetter l'objet partiel adéquat à la zone érogène orale par olfaction, audition : l'image fonctionnelle s'éveille. La représentation d'un courant liquidien met en tension les lèvres, c'est comme s'il rêvait qu'il va téter; de fait, il remue ses lèvres, il rêve. Ces rêveries, ces hallucinoses, pourrait-on dire, conservent le sommeil un certain temps, puis la faim et la soif le réveillent en intensifiant la sensation de faim dans la gorge, la bouche et l'estomac. La tension provoque le cri, qui est une pulsion active s'exprimant par l'image olfactivo-respiratoire de façon expulsive, à la demande d'une satisfaction centripète de liquide nutritif qu'il appelle. Quand le sein ou le biberon apparaissent dans son espace d'olfaction, de vision, et la voix de la mère dans l'espace d'audition, la mise en jeu de l'image fonctionnelle permet au bébé de saisir ces objets et, par la coaptation bouche-langue avec le sein ou la tétine, de rétablir l'intégrité de son organisme, d'apaiser soif et faim.

Mais l'oralité n'a pas lieu que corps à corps, n'est pas que promesse de l'aliment pour investir seulement bouche-langue. L'oralité investit en même temps toutes les muqueuses du cavum, les oreilles et les yeux aussi, qui ont apporté au bébé le plaisir de l'apparition de sa mère, médiatrice de toute provende, et d'entendre sa voix. L'image fonctionnelle bouche s'efface lorsque la soif du bébé est apaisée, mais la zone érogène demeure pour le jeu avec le téton. La zone érogène laryngée aussi, pour les lallations, les petits grognements de satisfaction émis dans la sécurité des bras de la mère après la tétée. L'image fonctionnelle des muqueuses pituitaires de l'appareil auditif et de l'appareil de vision demeure en tension, en état de désir de la présence de la mère. Puis la digestion commence et ces images s'apaisent, le bébé ferme les yeux, n'entend plus, retourne au silence du sommeil, en réalité aux pulsions de mort du sujet de son désir[153] (oral), parfois après une expulsion anale qui lui a donné des références olfactives agréables et amené la mère à le changer, ce qui lui donne aussi des références tactiles agréables au siège. Le bébé garde seulement en mémoire les représentations de son désir au moment du lâcher de l'objet. Ce sont des objets partiels qui sont articulés peu à peu à la connaissance de l'objet total, la personne de la mère, laquelle focalise la majorité des plaisirs partiels substantiels et subtils. Elle est provende pour les besoins de satisfaction, et elle est promesse de plaisir pour les satisfactions du désir de communication — qui s'éveille extrêmement tôt chez l'enfant, en discriminant extrêmement tôt odeur et voix de la mère, du père et des familiers.

La mère est aussi, par la sécurité qu'elle offre à l'image fonctionnelle, le repère de l'être en sécurité lors du silence des tensions, quand l'image de base revient dans le repos après la jouissance. De tétée en tétée, l'image de base s'étoffe du reste mémorisé associé aux perceptions de tous les sens qui viennent des images répétitives de leur satisfaction, allumées par le désir. Et dont l'enfant peut rêver dans son sommeil, comme quand il commence à avoir faim (ainsi que je l'ai montré plus haut). À chaque réveil, que le bébé ait un besoin ou non, son désir reprend aux aguets de la présence de l'objet total-mère pour le seul plaisir de la communication interpsychique avec lui-même-l'autre. Car la mère, c'est cela qu'il faut comprendre, est devenue un aspect de lui-même. La mère, c'est lui se connaissant apaisant son désir, elle est lui-même-l'autre.

Cette tension peut provoquer le cri, qui est un appel, un cri de désir à la présence maternelle, que les femmes maternelles distinguent fort bien du cri du besoin. Elles signalent leur présence au bébé, par bercement, sonorités vocales; l'image fonctionnelle s'apaise alors d'entendre la réponse de la mère et le sujet retourne à l'image de base. Le sommeil reprend, jusqu'à ce que des besoins nouveaux, joints au désir, tendent à nouveau à provoquer la venue de l'objet, la nourriture et la mère. Peu à peu, pour l'objet total-la mère, l'objet du désir se distingue des objets du besoin, pulsions partielles associées au début à la mère, mais dissociables d'elle et pouvant s'associer à d'autres personnes, d'autres objets; la mère restant toujours l'objet privilégié du désir, tandis que n'importe quelle personne peut devenir une personne élue quant aux besoins, mais sans jamais pouvoir supplanter la mère quant à être l'objet et en même temps le sujet participant au sens existentiel de cet être désirant qu'est le bébé. Et c'est pourquoi, tout au long de la vie, la première personne qui a fait se connaître un enfant à lui-même, c'est-à-dire sa mère, est l'être auquel il tend à revenir. L'image archaïque de lui-même qui lui fait présentifier la mère est le refuge qu'il recherche quand une épreuve terrible l'a entamé dans l'intégrité de son image fonctionnelle et surtout quand cela a menacé son image de base. C'est le retour à la mère du petit âge auquel probablement chacun cherche à revenir dans le sommeil profond[154].

Le stade fœtal

Les représentations du stade fœtal — d'après les dires des enfants, les associations qu'ils donnent à propos de leurs dessins ou de leurs modelages — sont une image de masse dessinée ou modelée, incurvée, avec deux pôles : un pôle céphalique et un pôle caudal, marqués chacun d'un point de focalisation fonctionnelle. Et entre ces deux pôles, un prolongement qui peut aller jusqu'à entourer la première image incurvée. Il semble que l'enfant représente ainsi, entre le pôle céphalique et le pôle caudal, quelque chose d'une intuition du cordon ombilical en continuité avec les enveloppes placentaires qui l'ont quitté à la naissance. Il y a aussi dans les associations que donnent les enfants une référence à un milieu liquide qui constituerait l'espace de cette image archaïque du corps.

Chez le sujet qui régresse momentanément à une image du corps aussi archaïque, le temps est alors remplacé par des rythmes. Les yeux sont vides d'expression, ils semblent ne rien voir, ne rien regarder, ne rien signifier. Il y a une mimique qui consiste à clore les paupières à demi, à cligner comme pour se défendre de la lumière, mimique associée peut-être au stress angoissant de la naissance, au froid, à la césure du cordon ombilical, à la séparation du placenta, support nutritif et respiratoire. Quant aux oreilles, très souvent, ces enfants miment alors de les refermer, d'en refermer le pavillon sur le trou de l'oreille avec leurs mains, comme s'ils voulaient boucher l'issue auditive. Quel que soit le temps, hiver comme été, ces enfants ont une « chandelle », de la morve qui leur pend aux narines, et dont ils ne peuvent supporter sans désagrément qu'on la leur essuie. Leur langue va chercher cette chandelle qu'ils réingurgitent. Cela semble nécessaire à leur sécurité de base. Cette morve constamment appendue à leurs narines, bouchant généralement pour la respiration et l'olfaction, une seule narine, rarement les deux, serait une référence sécurisante à la sensation fœtale d'avoir les narines constamment immergées dans le liquide amniotique. Peut-être. Toujours est-il que ces enfants sont constamment mouillés de pipi — à moins que la personne qui s'occupe d'eux ne les terrorise — et encoprétiques, sinon constamment, du moins à l'occasion, comme s'il était indispensable à leur sécurité d'avoir le siège mouillé et enduit du gâteau excrémentiel, signal pour eux d'un mode de vie prénatal et néo-natal, lorsqu'ils étaient dans la proximité renidante de l'objet maternel dont ils n'ont pas encore en totalité émergé, ou bien parce qu'ils y ont fait un retour marsupial imaginaire à l'occasion d'épreuves vécues dans les ruptures de relation symbolique.

Le processus de la naissance occasionne à la masse réelle du corps propre une mutation. Certains mouvements compulsifs, comme la déflexion de la colonne vertébrale avec tension de la boule thoraco-abdominale, le diaphragme qui saute, témoignent que chez certains enfants psychotiques, l'image du corps garde la trace du passage du fœtus de l'utérus de la mère à l'air libre et la vie aérienne[155]. Ce tic corporel — tête-thorax-ventre projetés par les secousses du diaphragme — est même pour certains enfants névrosés le recours à l'expression d'une sécurité retrouvée, archaïque, après une angoisse dépassée que l'on peut parfois comprendre dans le transfert au cours d'une séance.

L'enfant nous donne ici dans les dessins et dans les modelages qui se réfèrent à ces stades archaïques une représentation tout à fait caractéristique de sa relation à la mère, alors qu'il n'est pas complètement détaché d'elle. C'est par exemple une sorte d'oiseau (représentant vaguement un oiseau pour l'adulte qui voit le dessin ou le modelage), dont le centre serait un pédicule s'étalant sur la table. Ou alors une sorte de grand chapeau coiffant surplombant une boule allongée elliptique qui pourrait être un pédicule. Ce pédicule collant très fortement sur le plan de la table produit une image qui ressemble à un champignon, à un bolet. C'est là une représentation de l'image du corps de base du stade néo-natal[156]. Le corps ne peut être détaché de son support sans perdre sa stature verticale. Il y a là, en cet enfant, un éprouvé rémanent de fœtus, tandis qu'il confectionne ce modelage ou qu'il fait ce dessin : c'est une angoisse ancienne de fœtus due à la raréfaction de l'air amené au cerveau, et qui s'exprime dans le transfert. Très souvent, cette raréfaction de l'oxygène a provoqué à la naissance la déflexion de la colonne vertébrale et elle provoque actuellement, quand l'enfant fait ces objets représentatifs (de lui), des tics de la tête et parfois des absences que l'on voit dans la révulsivité de ses yeux en arrière, pendant qu'il continue son travail. Il semble que ce soit une métaphore de la déflexion du corps à la sortie de l'utérus, la tête ayant cogné contre l'utérus pour s'en libérer au cours de la dilatation. Il peut y avoir eu chez ces enfants une circulaire du cordon qui a aggravé le sentiment d'angoisse par non-irrigation du cerveau en même temps qu'ils étaient dans cette maîtrise de l'angoisse néo-natale. Il semble qu'une expérience de la sorte laisse au sujet le souvenir d'une angoisse qui est à effet dynamogène quand elle est retrouvée. Car c'est l'effort de la déflexion qu'il a tentée qui a réussi à le faire naître, donc de continuer à vivre dans une situation difficile. C'est un éprouvé expérimenté qui a été réussi et qui a finalement forcé la réalité à accueillir cet enfant; l'obstacle a cédé, il est sorti du tunnel de son épreuve, il en est sorti par l'issue des voies génitales maternelles. Ce mouvement de détresse, donc, la déflexion brusque de la tête, s'est finalement traduit par une mutation réussie vers la vie aérienne. Peut-être reste-t-il à l'être humain le souvenir que c'était là un pattern de libération, et dans le rappel de la tension musculaire de la nuque, une façon de se remémorer comment passer une épreuve, actuelle, qui s'associe pour lui à cette épreuve première parce qu'il sent en lui un élan vital interdit de vivre par le Surmoi introjecté qu'il projette sur le psychanalyste. Il revient à ce langage physiologique moteur, alors qu'il est devenu plus grand et qu'il est devant un obstacle différent de celui-là, mais qui le lui réévoque. Et c'est l'analyse de cette réévocation de sa butée néo-natale qui peut faire céder ses comportements tout à fait inconscients — qui s'accompagnent d'un arrêt de la relation de l'enfant avec la personne présente autour de lui.

La naissance s'accompagne d'une transformation totale du fonctionnement circulatoire. Le péristaltisme du tube digestif, déjà installé in utero, fonctionne dès la naissance mais va alors jusqu'à l'expulsion du contenu de la masse du méconium progressivement accumulé pendant la vie fœtale. Il y a aussi pour le nouveau-né la sur-sonorisation brusque de l'ambiance, en même temps qu'il a la sensation nouvelle de la masse de son corps, la sensation de la pesanteur; puis l'expérience vécue irréversible de la césure ombilicale, et celle de l'appui périphérique de la masse du corps (dans les bras de la mère ou dans le berceau), sensation d'appui dorsal et non plus d'être enserré de toutes parts dans une enveloppe, partout également chaude. L'ampliation pulmonaire rythmée remplace la perfusion oxygénante qui se faisait par le canal du cordon ombilical. La séparation d'avec le placenta — qui n'est pas séparation d'avec l'objet maternel, total, mais seulement abandon d'une partie de son corps pour le fœtus, à savoir les enveloppes qui lui appartenaient et qui, incluses dans le corps maternel, provoquaient une modalité particulière de nidation —, la séparation d'avec le placenta provoque l'apparition de la défécation du méconium. La miction et la déglutition du liquide amniotique qui, absorbé par les narines, baignait le cavum et la bouche, existaient déjà in utero, mais non l'expulsion anale.

J'ai pu rencontrer au cours de mon existence maint adolescent, maint adulte traumatisé à la naissance dans la réalité de son corps par une atteinte infectieuse ombilicale. Je parle là de gens que j'ai pu connaître au hasard des rencontres, et non de névrosés qui faisaient une demande de cure. C'étaient des gens adaptés à la vie, mais ils avaient tous une particularité, c'est que dans leur enfance, déclarait leur mère, lorsqu'ils avaient une émotion, ils devenaient blancs presque subitement, une tache blanche circulaire se formant surtout autour du nez et de la bouche, parfois une tache bistre, produisant cet aspect que l'on voit à certains nounours qui ont une tache blanche autour de la truffe, des naseaux. Et en même temps, ces enfants, garçons ou filles, avaient des sensations viscérales bizarres. Certains tombaient en état quasi lipothymique quelques heures, certains d'entre eux manifestaient une grosse fièvre qui cédait toute seule, sans qu'on ait jamais pu la rattacher à aucune infection. Et les mères attentives remarquaient qu'il s'agissait d'angoisse due par exemple à la peur de rater une composition, au fait d'avoir été humilié par un camarade, bref une blessure narcissique. Ce style particulier de réaction aux émotions chez les enfants qui ont eu dans la réalité un traumatisme au cordon ombilical — et qui l'ont très bien dépassé puisqu'ils ont survécu — peut être une résurgence d'un mode très archaïque de lutte contre l'angoisse qui, s'étant avéré adéquat puisqu'ils ont survécu, s'exprime à travers une image du corps tout à fait passive, autour de ce point focal qui, dans les dessins et les modelages, est ce petit trou à l'endroit d'une des protrusions de l'image fœtale[157].

Ces protrusions qui sont au nombre de trois : céphalique, caudale et une centrale qui est l'ombilic et qui, celle-là, se continuait par les enveloppes. Il semble, quand un danger réveille une impression de mort imminente, pour le sujet et non pour le corps, qu'il y ait une réaction qui rappelle qu'au moment de leur naissance où il y a eu la césure ombilicale suivie d'angoisse pour l'accoucheur, toujours, et pour la mère parfois quand elle est mise au courant, c'est à leur visage, à leur aspect, que la vie se manifestait. Et c'est pour réagir à cette angoisse au lieu central de leur corps, qu'ils ressentent aussi dans leurs émotions, que tout d'un coup, le sang se retire de la région péri-bucco-nasale. C'est peut-être une vue de l'esprit; n'empêche que toutes les fois où cet accident à la naissance est arrivé, les mères nous ont déclaré que les enfants avaient ultérieurement ces particularités émotionnelles. On peut comprendre qu'ils avaient alors réussi à survivre malgré l'angoisse ambiante projetée sur le danger qui les menaçait, et qu'ayant dépassé ce risque vu comme mortel par l'entourage, ils reprennent ensuite le même pattern pour dépasser un risque mortel pour leur propre narcissisme, au cours de l'angoisse actuelle qu'ils vivent, étant devenu grand enfant ou adolescent, ou même adulte avec ses émotions péri-ombilicales. Du point de vue fonctionnel médical, on parlerait de spasmes circulatoires; mais pourquoi dans la région péri-naso-buccale et péri-ombilicale? C'est cela qui m'importe par rapport à l'histoire précoce de la lutte d'un sujet contre l'angoisse, à travers une image du corps qu'il s'est faite aux dépens d'un schéma corporel existant pour autrui dans son anatomie en danger. Cela a servi d'engramme au sujet, un engramme qui est une métaphore de la relation d'autrui à son corps propre dans le schéma corporel qui va se construire plus tard, après le stade du miroir — où chacun de nous considère son corps à la fois comme s'il était un autre qui voyait son corps propre en même temps qu'il le ressent aussi d'une façon cénesthopathique, à la fois corps objet et corps support de sujet[158].

Un exemple. Cette idée, cette hypothèse qui était la mienne concernant le lieu vivant de la relation la plus archaïque et donc la plus sécurisante au niveau de l'ombilic, j'eus l'occasion de m'en servir et d'une façon qui m'a semblé confirmer mon hypothèse. Un jour où j'étais à l'hôpital, la consultation fut mise en émoi par un enfant de cinq-six ans qui était en rééducation — je ne sais plus laquelle, psychomotrice ou langagière —, et qui tout d'un coup, à la surprise totale de la rééducatrice qui le connaissait et ne l'avait jamais vu dans cet état, s'est mis à faire, on pourrait dire une crise de nerfs, totalement inattendue, en se roulant par terre. Comme un cheval qui gigote des quatre fers, il agitait violemment ses pieds, ses jambes, ses mains, en se tournant par terre sur lui-même, couché sur le dos, et en hurlant. La consultation tout entière était en émoi, et la personne pourtant fort expérimentée qui était avec lui ne pouvait pas s'en approcher, car ses pieds repoussaient quiconque essayait de s'en approcher; tous les meubles étaient déjà sens dessus dessous dans cette pièce. Tout le monde sort, alerté par cette crise, et la personne qui était là vient me chercher, en me disant : « Je ne sais que faire, voilà dix minutes que cela dure, il semble qu'il est complètement absent dans cette crise; je ne sais pas comment le calmer! » Et comme c'était un enfant qui n'habitait pas très loin, la mère n'était même pas dans la salle d'attente, elle était allée faire des courses, cet enfant étant habitué à venir régulièrement à cette consultation sans y faire aucune difficulté.

J'entre dans cette pièce et voyant, en effet, que cet enfant est dangereux, je me dis : il est là à tourner sur lui-même, sur le dos; or, dans mon idée, la façon pour un bébé de se rassurer, c'est d'être appuyé sur l'ombilic. Comment faire pour que cet enfant retrouve une sécurité ombilicale, alors qu'il est un peu comme une tortue à l'envers sur sa carapace? D'autant qu'il est là dans une telle angoisse qu'il n'entend rien; on ne pourrait qu'attendre qu'il s'épuise à cette crise. À un moment, moi adulte et lui par terre, je me dis que j'allais tenter de le présentifier à son ombilic. Je vais alors vers lui et avec ma main droite que j'ai assez forte, je le saisis à travers son vêtement à la peau du ventre, au niveau de l'ombilic, et je le soulève par là[159]. Immédiatement, cet enfant me regarde, rassuré; il se calme, je le prends alors et je le mets sur la table; il s'assoit, il me regarde, totalement en relaxation, et je lui demande : « Mais qu'est-ce qui t'est arrivé ? ». Il me dit : « Maman est pas là ? — Peut-être. Je ne sais pas. » Il était totalement calmé. Je suis sûre que les personnes de la consultation s'en souviennent, car tout le monde avait été frappé de ce passage brusque de l'agitation décérébrée au calme total et à la relation. J'ai formulé, après, que c'était venu à cause d'un sentiment de menace qu'il avait eu dans son image de base orale passive et sans doute fœtale, et que c'était peut-être très bon signe que cet enfant ait pu, dans une séance de rééducation psychothérapique, faire une crise pareille qui lui faisait revivre son insécurité néo-natale. J'ai su par la suite que cet enfant n'avait plus jamais fait d'autre crise. Mais il n'était pas en psychanalyse, et je n'ai pas eu d'autres détails.

Voici *deux autres observations*, à l'appui de cette compréhension de l'image fœtale et néo-natale.

Première observation. Un couple de parents, envoyés par leur pédiatre, m'amène un jour leur bébé de quatre mois et demi, un garçon mince, blond, très éveillé. Ils viennent parce que cet enfant se cogne sans cesse la tête en se jetant en arrière, qu'il se meurtrit et qu'on ne sait pas comment empêcher cela. Par exemple, m'explique-t-on, on le met assis par terre, avec tous ses joujoux autour de lui : il observe et il jase. Et si on prend contact avec lui — ce qu'il semble désirer en appelant constamment de la voix —, il regarde ce qu'on veut lui donner, avec une excitation passionnée que traduit une respiration raccourcie et les yeux brillants, il prépare sa main pour atteindre l'objet. Mais alors, brusquement, il se jette en arrière, hurle et se cogne la tête si fort que son cuir chevelu est en effet marqué de beaucoup d'hématomes. Voilà ce qui m'est raconté.

En présence des parents, je prends contact très facilement avec ce bébé si précoce, assis sur les genoux de sa mère. Il agrippe mes doigts, sourit, s'amuse avec, regarde son père et sa mère comme pour les prendre à témoin de sa relation à moi ; tout son être réagit, ses doigts de pied aussi éloquents que le corps tout entier et la tête qui tourne sur l'axe du cou avec énormément d'aisance pour un enfant de quatre mois et demi. Il est alors attiré, vivement intéressé par un petit objet rouge que je lui montre : il bat des bras, son visage tendu vers l'objet, le souffle raccourci... quel désir ! Il est fasciné, comme momentanément immobilisé dans cette tension suraiguë. J'approche un peu l'objet, et au moment où ce petit Pierre voit l'objet être à portée de sa main, il ébauche d'une façon imperceptible le geste de rapter l'objet, puis se lance en opisthotonos (en arrière). Il était sur les genoux de sa mère, sa mère le rattrape — il allait tomber de ses genoux —, et il pleure. « Voilà exactement, me dit la mère, comment cela se produit ; où qu'il soit et suivant l'endroit où il est, il se cogne ou non, cela dépend. Ensuite, c'est le désespoir, je ne sais comment le consoler, et puis il se blesse. » Bon. Nous avions donc le tableau pour lequel ces parents étaient venus. Nous attendons que Pierre soit remis de ses émotions, sa mère le console. Et une fois qu'il est de nouveau souriant — il ne s'était d'ailleurs pas fait mal cette fois-ci —, je demande qu'on le mette par terre et j'entoure de coussins épais tout l'espace derrière lui, à gauche et à droite, les parents étant un peu plus loin ; et nous recommençons, Pierre et moi, à jouer et se remettre en confiance comme il l'était sur les genoux de sa mère. Tout se passe bien, de la même façon, il est tout heureux, et je lui retends cet objet rouge qui l'avait tellement attiré. Même fascination excitée, même tension, l'œil brillant et comme immobilisé de désir par cet objet. Et au moment où il n'aurait eu qu'à le prendre, immédiatement, il s'est produit ce même rejet brusque en arrière. Mais Pierre ne s'est donc pas cogné la tête, puisqu'il y avait des coussins. Et alors que ni les parents ni moi n'avions bougé et que l'objet était resté exactement à la même place dans ma main, en moins de temps qu'il n'en faut pour le dire, Pierre, comme mû par un ressort, était de nouveau assis et raptait d'un geste vif l'objet rouge que je tenais. Puis immédiatement, il a joint la main gauche à sa main droite autour de l'objet, le secouant pour le plaisir avec les deux mains jointes, en prenant à témoin nos trois regards, de ses parents et de moi, à témoin de sa réussite et de son plaisir qui le faisaient jaser de bonheur. Il me semble que c'était réussi. Nouvel essai, avec un autre objet tentateur : exactement le même scénario. Rejet brusque d'un coup de reins en arrière (en opisthotonos) et immédiat retour d'un coup de contraction musculaire en avant pour rapter l'objet avec la main. Les parents assistaient à cela.

Recherche d'explication : dans son berceau, depuis qu'il était petit, Pierre avait eu des objets de couleur accrochés à la capote. Tant qu'il ne s'asseyait pas, il n'avait pu les voir que couché ; or, c'est très précocement qu'il avait eu envie de s'asseoir. Était-ce dû à ce pattern de corps couché tenté par les yeux, son image du corps réduite à n'être qu'une image de base sans fonctionnement ni zones manuelles de « bouche de mains[160] », image érogène pour prendre, était-ce cela, ou était-ce l'image fœtale du désir d'avoir une main ombilicale pour prendre cet objet, qui le faisait se retourner en arrière — comme pour la déflexion de la naissance — pour atteindre à son but fascinant ? Je ne sais pas. Quoi qu'il en soit, les parents avaient appris que l'intensité désirante de Pierre était le déclic à son rejet en arrière, lequel n'était que la première syllabe gestuelle du mot « prendre », mot qui se disait en acte si l'enfant ne se faisait pas de mal à sa tête au cours de cette déflexion produite par son coup de reins en arrière. C'était comme si, par ce geste, il prenait son élan pour mieux attraper ce qui le tentait. J'ai donné aux parents le conseil de mettre des tas de coussins autour de l'enfant dès qu'il était assis par terre et de supprimer les barreaux de son berceau, auxquels il se faisait du mal ; mettre plutôt un matelas par terre, contre le mur, lui-même capitonné, beaucoup de coussins, des tapis autour de lui, et le laisser très en liberté, avec beaucoup de joujoux, de formes et de couleurs différentes, que la mère lui nommerait. Car c'est un enfant visiblement précoce et très intelligent qu'il faut alimenter en vocabulaire. Cette façon particulière d'agir pour la prise d'objets dura, paraît-il, encore deux à trois semaines. Cela se passait aussi bien quand l'enfant était tout seul que quand il était avec quelqu'un. Après deux à trois semaines, les parents ayant suivi les conseils que je leur avais donnés, Pierre ne se fit absolument plus de mal, il perdit cette curieuse habitude d'élan en arrière et il se développa très rapidement : il marchait à neuf mois et demi.

Deuxième observation. Un bébé de trois mois — une petite fille — qui, après ses aînés atteints de coqueluche, contracte aussi la maladie. Première quinte vraie avec secousse asphyxiante ; le nourrisson est aussitôt pris dans les bras par sa mère, elle est violette à la fin de la dernière secousse de quinte et brusquement, ce mailloton se retourne en arrière, échappant presque aux bras de sa mère, heureusement au-dessus du lit et donc sans aucun dommage. Repos, biberon, sommeil ; quelque temps après le réveil, malaise et seconde quinte. Exactement le même processus : secousse où le bébé se replie comme dans une posture fœtale en devenant violacée, tout en toussant de cette manière tellement asphyxiante, puis à la dernière quinte, brusquement, le bébé met sa tête en arrière d'une façon violente, se met en opisthotonos ; si la mère ne s'était méfiée, elle serait tombée à la renverse. Mais la maman tient le crâne du nourrisson qui, tout d'un coup, se recroqueville en avant et se niche dans les bras de sa mère en respirant tranquillement. À chaque quinte cela a été la même chose, avec cette émotion à la fin de la dernière quinte (dont on ne peut pas savoir si c'est la dernière), et le brusque opisthotonos en arrière. La nuit, les quintes étaient tellement nombreuses que le père a pris le relais de la mère, et heureusement qu'il était prévenu car le bébé a failli lui échapper, à lui aussi, au moment de cet opisthotonos. Ce qui est remarquable, c'est que lorsqu'on empêchait ce bébé de faire ce brusque retour en arrière, ou quand on essayait de la faire revenir en avant avant qu'elle n'ait fait l'effort musculaire du ventre, eh bien les entre-quintes étaient angoissées, malaisées, « grognonnes ». Au contraire, quand l'enfant avait pu finir sa quinte de cette façon, elle était souriante et absolument sans aucune angoisse. C'est une enfant qui a fait une coqueluche grave à cent vingt-cinq quintes par vingt-quatre heures sans aucune trace d'allergie et en continuant à prendre son poids, ce qui a stupéfié le médecin auquel la mère avait expliqué comment l'enfant récupérait complètement son angoisse à la fin de la quinte gravissime qu'elle faisait à certains moments. L'entrave apportée par l'angoisse de la personne porteuse au processus moteur réflexe gâchait le climat émotionnel qui suivait la quinte. C'est très important à comprendre. Exactement comme le petit enfant dont j'ai parlé dans l'observation précédente, qui pleurait de s'être fait mal à l'occasion de ce réflexe qui était pourtant un réflexe de préparation pour l'assomption de sa joie, si l'on peut dire. De même, chez la fillette, la quinte de coqueluche faisait réveiller le processus si proche — trois mois avant — de la naissance et de la menace d'asphyxie à la naissance, avec cette déflexion suivie d'une force musculaire extraordinaire pour retourner en avant, se redresser verticale, et récupérer ce qu'on peut appeler l'image du corps de base et fonctionnelle complète, y compris la relation interémotionnelle entre deux sujets, au niveau du stade olfactivo-respiratoire dont je vais parler maintenant.

Stade olfactivo-respiratoire

Ce stade est celui des premières semaines de la vie. L'image est celle d'une ampliation pulmonaire libre et profonde, constamment entretenue dans une masse ovoïde thoraco-abdominale qui est assumée par autrui, car l'enfant est encore passif, sauf dans sa préhension orale du téton, dans la déglutition et dans l'expulsion, miction et défécation. La zone érogène fonctionnelle de cette image de base globale est figurée — dans le graphisme ou dans le modelage des enfants en cure chez qui cette image du corps persiste et prévaut — par des trous qui sont souvenir ou représentation des narines. On sait combien les narines sont particulièrement turgescentes chez le nouveau-né bien portant, comme si la force de l'enracinement du cordon ombilical sur le placenta s'était déplacée sur cette intensité avec laquelle, les narines turgescentes, le nouveau-né se greffe avec son arbre respiratoire — poumons, trachée et soufflerie entretenue par les muscles respiratoires — sur ce placenta commun à toutes les créatures terrestres : l'atmosphère.

Ce qu'il faut comprendre, c'est que la masse thoraco-abdominale n'est pas ressentie comme faisant partie du sujet. C'est la mère qui est la masse ; et le sujet, c'est-à-dire l'individu nourrisson, est représenté par les trous, ou par des petites marques que font les enfants, qui sont des marques de trous, dynamiques, des petits graphismes d'escargot tourné sur lui-même. C'est leur manière d'investir le papier ou le modelage que de tracer ces petits signes. Mais ils ne font pas les boules dans lesquelles ils marquent des trous. Les boules sont faites, ils vont y faire des trous. De même, les représentations dessinées sont faites sur le papier, et ils vont faire ces petits escargots minuscules à certains endroits du graphisme qui leur est proposé ou de la feuille de papier. C'est important : ce ne sont pas eux qui font le support, eux tracent les lieux de communication libidinale pour le plaisir d'être ou le plaisir de reconnaître l'autre et soi-même simultanément.

En dehors de ces tracés de points focaux, la présentification du sujet à ce stade est faite également par des petits fragments de papier déchiré ou des petits fragments de pâte à modeler, que l'enfant étale sur la table les uns à côté des autres. Or, ces petites surfaces, « amiboïdes » pourrait-on dire, sont dans son idée des représentations de conscience, de ressenti de l'agréable et du désagréable (quant au climat), du lourd et du léger, du lumineux ou de l'obscurité, du « a peur » ou du en confiance, etc. De même, ils peuvent colorer ces petits fragments de papier qu'ils ont déchirés ; et ces petits fragments de papier colorés, dans leur projection, sont des sujets qui ont des relations avec le monde ambiant. Les aveugles-nés[161], par exemple, vous parlent à ce moment-là de couleurs, ce qui veut dire que la verbalisation de couleur connote des affects ressentis dans les zones érogènes de la face qui ne sont pas dus à des perceptions de couleurs existantes dans la réalité. Nous pensons qu'il s'agit de couleurs appréhendées par les perceptions scopiques des yeux, c'est faux. Les couleurs correspondent, en plus des pulsions scopiques par ailleurs éduquées, chez les voyants, à des pulsions tactiles et baresthésiques sous-jacentes qui demeurent verbalisables chez les aveugles. Ceci vient du fait qu'aux stades néo-natal et olfactivo-respiratoire, il y a confusion dans les images fonctionnelles entre les images auditives, tactiles, visuelles, gustatives et olfactives, dans la relation du corps à corps proximal ou distal avec la mère, où les perceptions doivent, quand elles sont liminaires, servir de substrat détecteur, ce qu'on appelle l'intuition entre deux sujets qui communiquent. Il faut en retenir que lorsque l'enfant parle de couleurs, de pulsions scopiques, il s'agit d'expression langagière de relations émotionnelles de plaisir-déplaisir. Qui n'a pas entendu un enfant dire : « Oh, il n'a pas de chance, il a une maman rouge ! — Ah ? Il a une maman rouge ? Mais moi je suis comment ? — Toi tu es verte » ou : « Toi tu es bleue...», des choses comme cela que notent les maîtresses. Ce sont des réflexions concernant la couleur que l'on entend très souvent chez les enfants petits. Ces formes que fait l'enfant aux dépens du modelage ou du papier, et qui ne sont pas des formes orales mais bien des formes se référant au stade olfactif, servent aussi à représenter les fantômes, ou bien le fumet qui sort des plats ; et ils disent alors par avance si « ça va être mauvais », si « c'est du poison », ou au contraire si « c'est très bon ». Cela sert également à faire des bulles qui sortent de la bouche des gens et qui contiennent ce qu'ils ont à dire, c'est-à-dire le climat de leur relation avec autrui.

Il est à remarquer que le diaphragme qui, dans la réalité, sépare la partie respiratoire du corps de la partie digestive, la masse intestinale, n'est pas représenté dans les dessins d'enfants avant un âge assez avancé, à savoir l'âge où la marche est confirmée et où la continence sphinctérienne est obtenue et maîtrisée par le désir de l'enfant lui-même (et non par dressage dû à la mère). D'où cela vient-il ? Ces surfaces fines dont je parlais plus haut — nuages, créatures fantomatiques naines ou lourdes, légères, agréables, colorées — ne seraient-elles pas des représentations de fantasmes dus à la perception des variations ressenties de ce muscle plat, le diaphragme, limite entre le thorax et l'abdomen, et qui est associé aux perceptions respiratoires, agréables ou désagréables, dues tant à l'excitation de la rencontre d'autrui qu'à la perception des odeurs des personnes, aimées ou non. Je ne sais, mais rappelez-vous précédemment, l'observation de Pierre que j'ai relatée, et la façon dont son muscle diaphragme était morcelé et court dans son fonctionnement quand il désirait quelque chose, juste avant de se lancer en arrière en opisthotonos. C'est certainement que toutes ces sensations inconscientes de plaisir, d'angoisse liminaire du désir, doivent être présentables, et c'est certainement de cette façon que l'enfant agit pour les représenter[162].

En tout cas, il est certain que ces images, ces lacunes pourrait-on dire, ces taches que l'enfant signifie dans le ciel, dans la robe des animaux, dans les troncs des arbres, soit même dans la terre ou sur les maisons — je parle des enfants plus grands qui représentent la nature et qui rationalisent toutes ces représentations morcelées de petites traces partout —, eh bien je pense que ce sont des références, transférées sur ce que représentent les objets du dessin, au langage interrelationnel qui renvoie au stade olfactivo-respiratoire et à la relation de cette époque totalement végétative passive à la mère. Ce seraient en somme des intuitions du diaphragme et de son rôle dans l'ampliation pulmonaire, en manifestation de désir plus ou moins suscité et excité par la relation à l'autre. Cette image de ceinture, qui vient tardivement dans la représentation des êtres humains habillés, pourrait être une projection de la conscience du muscle diaphragmatique séparant le haut — en rapport avec le langage verbal, le dicible —, distinct d'un bas ; et le reste, en dessous de cette ceinture, pourrait être une manifestation de ce qui se tait dans tout ce qui, dans le bas du corps, est émotionnel quant à la relation à autrui.

En effet, les objets excrémentiels, le rapport avec l'expulsion et le péristaltisme intestinal, sont beaucoup moins thèmes d'échange entre la mère et l'enfant que thèmes de beau ou de laid (excrémentiel), suivant qu'il « fait plaisir » à la mère, ou qu'il l'angoisse lorsqu'il traduit par ses selles qu'il ne se porte peut-être pas aussi bien que la mère voudrait. Et c'est ce dont on parle : « il a de belles selles... », «comment va-t-il à la selle? » — ceci se passant entre le médecin et la mère, entre le voisinage et la mère quand l'enfant est tout petit, à l'époque du stade olfactivo-oral. Ou encore : « ne touche pas... n'en parle pas... c'est caca... »; ce qui veut dire quelque chose dont on ne doit pas parler dans la relation interhumaine valable. Aussi, comme tout ce qui est excrémentiel et dont on ne parle pas est très odorant et ne doit pas se manger, il est très possible que ce soit à partir du moment de la ceinture que l'enfant a structuré ce tabou. D'ailleurs, il n'y a pas que les excréments et ce qui se passe dans le bassin qui est refoulé, il y a aussi tout ce qui est l'expression du langage des pieds, leur agilité digitale et leur expressivité tactile que nous avons vue être si importante chez le petit Pierre[163]. Je l'avais remarqué être aussi vivant avec ses pieds que par sa mimique de visage et de mains. Or, tout cela est refoulé très précocement du fait que ça n'entre pas dans la communication échangée en langage avec la mère, et que ce n'est pas verbalisé dans la complicité avec l'adulte tutélaire, dans le sens du langage dicible entre l'être humain et le monde qui l'entoure. Ce langage pourtant serait possible, puisque l'image fonctionnelle des pieds, l'érogénéité des pieds, continue d'exister. Et d'ailleurs, comme on l'a vu récemment, des individus qui sont nés sans bras, du fait de maladies in utero, ont une activité des pieds considérable, ce qui peut leur servir à travailler et à gagner leur vie. (Je parle des podurges.) Mais chez les humains normaux, eh bien, il n'y a pas de représentation langagière à partir du bas du corps, sauf par retour à des expressions représentées du stade olfactif, tant dans leur langage que dans les dessins et les modelages.

Les représentations des images du corps de l'enfant concernant le stade oral[164]

Je n'ai retenu ici que ce qui était toujours semblable, quel que soit ce qui caractérise et spécifie différemment chaque enfant. Au stade oral, l'enfant se représente l'image du corps fonctionnelle dans le péristaltisme du tube digestif, et il représente l'image du corps de base dans la masse charnelle de son corps porté. Il y a donc une image de base qui est boule ou cercle plus ou moins fermé, et une image fonctionnelle qui est un boudin, un ver péristaltant. En effet, si l'on veut bien se représenter ce qu'est le tube digestif de l'enfant, eh bien c'est exactement comme un ver qui péristalte de la bouche à l'anus et qui avance à travers sa mère-nourriture, mère qui lui devient interne sous forme de liquide, de bol alimentaire, d'objet désiré[165]. Objet d'une zone érogène orale dont le désir, dynamiquement centripète, incorpore ce que la mère met à l'issue orale, ce bol alimentaire incorporé, cette mère parcellisée à l'intérieur de lui, prend forme par le moule du tube digestif, après déglutition, et péristalte de la bouche à l'anus ; avec, au moment de l'estomac, un carrefour que l'enfant sait très bien représenter sous la forme : un bras preneur et un bras donneur, une main en l'air, et une main en bas, ce qui est toujours la manière de représenter les premières images du corps qu'a l'enfant vers trois ans et demi. C'est d'ailleurs la même que celle des derviches-tourneurs lorsqu'ils tournent jusqu'à s'hypnotiser : ils ont une main paume ouverte vers le ciel, et une main paume qui regarde la terre. C'est une image olfactive orale passive où le tournis est l'image du bol alimentaire tout le long du tube digestif, et c'est une image mystique de relation au dieu maternel qui pénètre l'individu et qui le fait vivre, qui fait sa dynamique. Le péristaltisme de ce bol alimentaire, le bébé en a une sensation totale, depuis la vie de la bouche jusqu'au cardia, puis du cardia au pylore, avec le brassage de l'estomac qui tourne sur lui-même, comme je viens de dire, et ensuite du pylore à l'anus. C'est une représentation substantielle intériorisée liée à sa mère dans le contenu cheminant du bol alimentaire. Le péristaltisme sain va toujours de la bouche à l'anus, tandis que, lorsqu'il y a des difficultés émotionnelles, le péristaltisme peut être bloqué et la partie qui va du cardia à l'anus peut être animée d'un péristaltisme inversé, comme pour revenir à la partie supérieure du tube digestif : d'où les vomissements[166].

Sinon, cette mère intériorisée sous forme de liquide alimentaire arrive à l'étape rectale de la sensibilité du tube digestif, où la masse stercorale et urinaire appuyant sur les muscles du périnée provoque le nourrisson à l'expulsion des fèces et de l'urine. La sécurité de cette image de fonctionnement digestif est dépendante de la bonne marche péristaltique du contenu digestif avant et après le processus de digestion. Et la sécurité d'accomplissement est informée du fonctionnement alternant entre l'issue attractive centripète au niveau bouche, langue, pharynx, œsophage, et l'issue centrifuge expulsive, du jet liquidien au méat urinaire d'une part, d'autre part à l'anus, de la masse molle et rénitente des fèces — dont la perception spécifique, l'humidité, la chaleur et le volume ressentis dans la région fessière et génitale du siège de l'enfant dans ses couches produit un plaisir tactile à la fois fessier, mais aussi vulvaire chez les filles et scrotal chez les garçons. Ce stade oral, joint au stade anal passif, ce stade digestif pourrions-nous dire, est des plus importants quant à la première relation de l'être humain à ses semblables, dont la mère est le premier représentant. Et, quand on y arrive, nous retrouvons en psychanalyse toutes ces images, agréables ou désagréables, selon les tabous concernant l'expression de ces sensations exprimées.

De la zone érogène bouche, issue préhensive du visage, origine du tube digestif, le bébé se fait l'image d'une pince sphincter orbiculaire dans laquelle la langue joue un grand rôle, pince qui est incorporante et animée d'un désir attractif centripète. À partir du stade oral, il y a une image dynamique orientée centripète, alors qu'au stade olfactif il y avait une image tant centripète que centrifuge, du fait que par l'arbre respiratoire il y a entrée et sortie (attractive et expulsive) pour vivre. Mais il n'y a qu'attractif pour « olfacter », c'est-à-dire pour percevoir l'objet d'accomplissement du désir, ou son absence, ou sa substitution par un autre objet dont le sujet ne veut pas pour accomplir son désir. À partir du stade oral, il y a un désir à expression centripète, en la partie supérieure de l'image du corps, qui est rapportée au visage, et une expression centrifuge excrémentielle autant pour le garçon que pour la fille. Ce qui va d'ailleurs compliquer l'image du désir puisque, dès l'origine et très petite, une fillette est attractive du sujet (mâle) qui vient à elle, alors que le garçon est, en bas de son corps, dans la région du bassin, habité par un désir émissif et érectile centrifuge par rapport au sujet féminin qui approche de lui. Il faut retenir cette image dynamique orientée dans l'espace, parce que c'est elle qui fait la particularité et la complication des images du corps du garçon et de la fille quand s'y superposent des interférences d'images olfactives de désir et de discrimination de l'objet, avec les images orales et anales s'ajoutant aux images, utéro-vulvaire (chez la fille) et ano-urétrale (chez le garçon), articulant alors les images des génitoires chez les enfants des deux sexes avec des images archaïques anales.

Mais revenons à l'époque de l'image orale du corps, à la pince orale dans l'issue du visage que constitue la bouche. Cette pince est complexe. La langue est en effet préhensive, à condition d'être en U. Elle se plaque au palais pour refermer cette pince succionnante autour de la tétine. Cette prise du téton est accompagnée de sensations tactiles naso-jugo-labiales de la masse du sein maternel tout contre le visage, et particulièrement au niveau de la lèvre supérieure et du nez. Cette caresse qui accompagne la tétée est souvent recherchée par les enfants après la tétée et, dans l'absence de la mère provende, sous forme de frottements caressants, soit de ses doigts pendant que l'un d'eux est dans la bouche pour le leurrer du téton qu'il aime à sucer — et ainsi il se console de sa solitude —, soit parfois de la tactilité d'un linge entre le nez et la lèvre supérieure, dont il ne peut plus se passer : couverture, « doudou », couche, objets fétiches de la relation caressante à sa mère pendant la tétée, relation que l'édredon et le drap lui ont peut-être représenté en l'endormissement lorsqu'il hallucinait sa mère, parce qu'il n'avait pas eu avec elle assez de relation intersubjective de conversation en dehors de la simple tétée d'apaisement du besoin, ceci non suffisant pour l'apaisement du désir de communication[167].

À l'anus et au méat urinaire, le nourrisson se fait de ses issues l'image d'une ouverture érogène, par poussée de décorporation centrifuge par rapport à la masse de son corps. Il « décorpore » ainsi le contenu excrémentiel rectal et vésical. Là aussi, le linge mouillé ou sécurisant de la présence maternelle de l'époque archaïque au sein, le cataplasme d'excréments, joue chez les énurétiques et chez les encoprétiques un rôle de substitut de la présence maternelle pour une conversation anale. En effet, les choses n'ont pas été assez parlées au moment du change de l'enfant et surtout, n'a pas été assez parlé le destin de ce qui se passait avec le contenu que la mère prenait à ses langes. L'enfant a projeté sur la mère qu'elle faisait avec ce qu'elle trouvait dans les langes ce que lui faisait quand il prenait ce qu'il trouvait à sa mère : c'est-à-dire qu'elle dévorait (ce contenu excrémentiel) [168].

L'image de base de son corps que se fait le nourrisson, c'est la masse thoraco-abdominale reliée à la masse céphalique et reliée aussi au pôle périnéal, à la masse d'abord non discriminée de ses sensations érogènes génitales. Il se réfère d'une façon confuse au désir de sa mère et aux expressions qu'elle formule lorsqu'elle s'occupe de lui. L'image de base de l'enfant — qu'il produit en dessin ou modelage — est une métaphore du sein maternel et des sensations et des perceptions qu'il avait dans la relation interpsychique avec sa mère. L'enfant construit les références de son corps par le retour tangentiel de sa mère à la masse de son propre corps à lui, limité par ses téguments. C'est pourquoi c'est toujours par des images tangentielles que la notion de son corps propre s'est construite chez l'enfant, notion tangentielle ou d'interpénétration de masses ovoïdes ou sphériques les unes avec les autres. Ainsi, des images de ballons les uns contre les autres, par la communication qui s'établit entre eux, font surgir des zones érogènes liées au souvenir de cette communication. La mère nourrice est pour l'enfant une masse totale, autant extérieure qu'intériorisable et qui, dans son odeur corporelle personnelle croisée à l'odeur de lait et d'excréments du bébé, est toujours associée à la voix maternelle et à ses formes, à la couleur particulière de ses yeux et de ses cheveux discriminée par les yeux de l'enfant, en même temps qu'il en éprouve un ressenti de présence intérieure à son corps digestif pendant qu'il tète, ou extériorisante de son corps pendant qu'il excrète, avec simultanément une image olfactive à la muqueuse pituitaire.

C'est d'ailleurs par cette image olfactive que le nouveau-né à la fois reconnaît sa mère et retrouve sa possibilité de la téter. Dans le cas d'allaitement au sein, le contact de peau à peau et de muqueuse à muqueuse informe l'enfant de l'érogénéité érectile du téton maternel ; ou l'informe de l'érogénéité rénitente du caoutchouc de la tétine dans le cas du biberon. Mais celui-ci est une chose qui n'est pas en relation avec son attitude particulière à lui de préhension de la tétine. La tétine est toujours semblable, alors que le téton maternel obéit aux injonctions des préhensivités diverses et des morsures que l'enfant, avec ses gencives, fait au sein maternel, y compris ses manipulations manuelles du sein. La représentation de l'image du corps chez un enfant au sein est différente de ce qu'elle est chez un enfant au biberon, sans que j'aie pu encore bien le repérer ; mais on peut dire par exemple que le nombre d'enfants qui, vers six, sept ans, représentent des « corps-bouteilles » est en rapport avec l'inflation de la nourriture artificielle par rapport à la nourriture au sein. Jamais les enfants nourris au sein ne font des représentations d'image de corps-bouteille. Mais on peut dire aussi que les enfants nourris au biberon, c'est-à-dire « à la bouteille », comme on dit, par des mères qui s'occupent énormément d'eux au point de vue tactile, au point de vue parole, au point de vue éducation, ne représentent pas non plus des corps-bouteilles. Les enfants qui représentent des corps-bouteilles sont des enfants dont les relations à la personne de la mère ont été réduites aux soins de nourriture. Ou la mère croyait, par exemple, chaque fois que son bébé l'appelait, que c'était pour manger, ou parce qu'il avait un trouble digestif ; elle n'avait pas compris que c'était aussi pour des relations de parole, de plaisir partagé dans la connaissance de soi, les uns les autres, pour l'agrément de la vie en commun et la verbalisation de ce que l'on ressent, beaucoup plus que par la seule communication substantielle, d'objet alimentaire à prendre par l'enfant à la mère, ou à prendre par la mère à l'enfant en son siège.

C'est avec l'odeur connue et reconnue de la mère par l'enfant que l'érogénéité jaillissante de lait s'inscrit en lui, en même temps que s'apaise son besoin, sa faim et sa soif. Les mains de la mère ressenties par le tact à la peau de toute cette masse du corps de l'enfant sont appréhendées inconsciemment par le bébé — ainsi que nous le retrouvons dans les premiers modelages et graphismes des tout-petits — comme des « palpes » larges ou ténus, prolongements protrusifs de la masse maternelle elle-même, appréhendée alternativement comme masse globale vocalisante, odoriférante, et comme sein géant centrifuge — comme siège fessu bijugal pourrait-on dire, dont le centre fonctionnel est appréhendé dans un fonctionnement centrifuge potentiel pour son désir à lui, par rapport à sa bouche à désir centripète de prendre à la masse maternelle. Cette forme hallucinée ou fantasmée l'est comme visage, donc, ou comme « derrière », comme sein ou comme fesse. C'est cela la représentation de l'image du corps de la mère qui sert de représentation de base à l'image orale et anale de l'enfant. En effet, l'enfant prête ses propres fantasmes de sensations, qu'il projette dans toutes les formes qu'il appréhende — dont sa forme à lui qu'il imagine toujours ressentie grâce aux soins maternels. Il tire ses références par les modes d'attraction qui font effet sur la venue à lui de sa mère qu'il ressent à son image[169], aussi satisfaite ou insatisfaite lorsqu'elle vient à lui, qu'il l'est lui-même, aussi satisfaite (ou pas) de prendre ou de se laisser prendre quelque chose à son corps, aux issues de ce corps de base, aux limites cutanéo-muqueuses du fonctionnement érogène de son image du corps fonctionnelle.

Mais ce qu'il faut bien comprendre, c'est que sur ce fond de besoin répétitif entretenu au long des jours, c'est le désir de communication interpsychique que ces fonctionnements initient à leurs corollaires sensoriels, subtils pour ce qui se passe à travers l'air, la vue, l'audition, l'olfaction, et substantiels pour ce qui se passe à travers la nourriture et les excréments[170]. Ils sont en fait un langage sensoriel, tactile, discontinu du désir qui s'entretient des éclipses du besoin et qui élit les éclipses, les éléments de langage affectif entre lui-réalité et la mère-réalité. Lui est continu, mais la mère est à éclipses, et c'est cela qui rend érogènes les zones de communication, à cause de l'absence de tension, du retour-détente par la présence et la satisfaction. Les zones érogènes s'en élaborent de jour en jour, tissées de paroles et d'affects qui sont l'image des relations à la mère. Du fait de la discontinuité dans le temps et dans l'espace de sa relation de masse à masse, de son corps à corps avec la mère, l'image de fonctionnement manduquant, succionnant oral ou de fonctionnement expulsif excrémentiel anal se construit à la fois référée à la mère et référée à l'espace que l'enfant en connaît, l'odeur connue et l'aspect visuel de la mère entourant et meublant ses absences par les discriminations des objets partiels qui demeurent pendant l'absence de la mère, et qui sont l'espace qu'elle a « mamaïsé », auquel elle a donné son climat de présence chaque fois qu'elle revient. Par rapport à la mère soignante, il y a une discontinuité relative, car les vêtements et le berceau dans lequel l'enfant repose sont tout entiers colorés, si je puis dire, de la présence maternelle, par l'odeur de ce qui se passe en présence de la mère, la nourriture et les excréments étant manipulés par elle, avec par conséquent le souvenir tactile de ses mains palpantes, caressantes, le souvenir de sa voix, de ses inflexions de voix, de ses variations de voix selon son plaisir ou son déplaisir, de ses accents doux ou grondeurs, avec aussi les souvenirs scopiques : car il commence à voir au bout de quelques semaines et à discriminer le visage de sa mère par son approche du visage de ceux de son entourage[171]. Tout cela sert de substrat à l'élaboration de l'image orale de base et de fonctionnement, ainsi que de l'image dynamique orale passive, puis orale active, anale passive puis anale active.

L'image du corps de base, irréductible dans ses perceptions pour que l'enfant se sente en sécurité, devient une image continue de lui-sa mère, sorte de sphère céphalique dure quant au crâne et molle rénitente quant à la face ressentie marquée d'ouvertures : yeux, narines, oreilles, bouche, dans lesquelles se discrimine une pince : les mâchoires associées à la langue qui tour à tour prend la tétine ou la repousse. Cette boule céphalique dure d'un côté, molle de l'autre, avec des trous, est ressentie fixe mais d'abord sans la notion de cou qui s'élabore peu à peu, elle est en relation de continuité avec la masse sphéro-ovoïde thoraco-abdominale dont j'ai parlé comme étant la représentation de l'image olfactive précédente. La trace de la cicatrice ombilicale a disparu de l'image que l'enfant en a. Lorsqu'on retrouve la trace de l'image ombilicale dans les dessins des enfants, c'est qu'il y a eu un traumatisme au moment néo-natal ou du sevrage, qui a fait régresser l'enfant à une image olfactive. C'est à ce stade-là qu'il faut retrouver les interprétations pour retrouver une image orale dans laquelle l'image de la trace ombilicale aura disparu. Cette masse ovoïde ventrale (puisqu'il y a une masse céphalique et une masse ventrale), cette masse ovoïde est marquée dans sa surface ventrale de projections de points focaux — les yeux, disent les enfants — mais qui, en fait, sont le voir invisible du tube digestif et de son fonctionnement. Les représentations focalisées sur les dessins sous forme de points, de petits trous, de boutons rajoutés sur le modelage, de petites boules rajoutées sur les grosses boules, doivent être en rapport avec les sensations utérines dues au pylore et au cardia, à la communication entre l'intestin grêle et le côlon. Ces lieux de passage autrefois ressentis dans le cheminement du bol alimentaire puis du contenu péristaltant, sont en fait des lieux de communication avec la mère intériorisée, et c'est pourquoi ils se retrouvent dans les yeux de la tête, les yeux du corps, qui veulent dire comment je sens en moi, comment je vois en moi la maman dehors et dedans, et comment elle, elle me voit, et si je suis heureux de sa manière à elle de me voir.

Contrairement à la bouche et à l'anus, ces points, ces boutons, ces signes focalisants ne sont ni centripètes ni centrifuges dans les représentations imaginaires que l'enfant en a. Ce sont des repères, des souvenirs de traces, sans aucun fonctionnement érogène qui leur soit dévolu, du moins dans les projections que l'enfant en fait. Les boutons, comme ils disent, comme si tout le monde avait trois boutons dans la face ventrale du corps. Ces repères axiaux de projections, les Asiatiques vous diraient que ce sont des « chakras[172] ». Mais cela se représente chez tous les enfants d'ici qui n'ont jamais entendu parler des chakras. Il me semble que ce sont des projections des phases différentes du péristaltisme ressenti dans la relation à la mère, euphorisant ou non, euphorisant suivant la présence sécurisante ou non de la mère dans le voisinage de l'enfant. S'agit-il d'une projection sur la périphérie du corps d'un ressenti de plexus ? Peut-être plexus solaire, plexus mésentérique ou un autre plexus qui se trouverait entre l'ombilic et le sexe ? Je ne sais. En tout cas ces représentations de boutons font partie des représentations de toutes les images du corps orales/anales et lorsqu'elles manquent, on peut être sûr qu'il y a quelque chose qui a manqué dans la relation de sécurité narcissisante pour l'enfant avec son père et sa mère, c'est-à-dire à un âge d'avant deux ans et demi.

Les enfants phobiques, qui n'ont pas eu une mère maternante (pour des raisons que nous ne pouvons savoir dans l'histoire de la mère), au lieu de se faire de la masse thoraco-abdominale une représentation ovoïde avec les trois points axiaux dont j'ai parlé, font longtemps dans le visage deux yeux sans bouche et dans le corps un seul point ombilical, ou encore une représentation de trois points en triangle, semblables à ceux du visage, comme si c'était la représentation de deux seins et d'une bouche entre l'ombilic et le sexe ; ce qui fait des représentations de corps inquiétants, comme si le corps de la mère représentait un immense visage dévorant, dont la bouche est toujours marquée d'une sorte d'ovale très noir. Ces dessins d'enfants où un visage rond est superposé à un visage allongé qui sert de corps avec ce triangle de points dans le visage, ou seulement deux points dans le visage et un triangle dans le ventre, ces représentations viennent toujours d'enfants qui ont élaboré inconsciemment une très fragile représentation de sécurité de base et qui ont constamment besoin d'une dépendance à l'adulte, ou bien d'une dépendance à un fétiche qui représente l'adulte. Dans leur comportement, ils sont « collants », comme disent les mères, caractériellement agressifs, camouflés sous une dépendance lourde et pesante pour la mère, persécutrice même. Il faut que l'adulte constamment les informe de leur existence dans leur corps car, en l'absence de l'adulte, ils ne savent plus s'ils occupent un espace de sécurité avec leur masse corporelle complète — tête et corps non dissociables — car l'image est morcelable[173].

Toute insécurité venue de la mère dans son acception de support chez l'enfant petit va se traduire plus tard par une intensification de l'image inconsciente fonctionnelle, au détriment de la sécurité de l'image de base, c'est-à-dire produire chez l'enfant un désir accru de fantasmer constamment un fonctionnement buccal incorporant, soit chez lui soit chez l'autre. Cette constante manducation supposée de l'objet de son désir le met en danger au contact d'autrui, et c'est pourtant cette instabilité chez lui qui est nécessaire pour compenser une insécurité d'image de base. Ce désir de compensation pour combler un besoin de sécurité entraîne une intensité plus grande de la relation à la mère, qui est réclamée sous forme de continuels bonbons, de continuelles preuves d'amour, par un continuel fonctionnement de pipi-caca pour empêcher la mère de faire toutes autres choses, et surtout pour assurer l'enfant qu'il existe toujours. Il est frustré s'il n'a pas verbalisation et relation d'amour psychique de caresses. Sinon il déclare des troubles psychosomatiques fonctionnels, éruptions, coliques, insomnies, anorexie...

Tout dérythmage de la satisfaction du besoin d'expulsion provoque un besoin, ou plutôt une tension, qui sert à surcompenser cette tension par la dépendance à la mère-support, parce qu'elle est substitut d'image de base. En effet, lorsque l'enfant est dans ses bras, son image de base est confondue avec l'image de la mère, et c'est cela qui le sécurise. L'allant-devenant de l'enfant — sorte de prééthique, prénarcissisme —, cet allant-devenant dans un ressenti de sécurité agréable et plaisir d'avoir un corps entier, se vit alors ou cherche plutôt à se vivre en rapprochant la boule céphalique du pôle mictionnel ; c'est-à-dire qu'on voit l'enfant chercher à mettre à sa bouche n'importe quoi et, plus les parties sont distales, plus l'enfant semble heureux de les mettre à sa bouche, en remplacement des téguments de la mère. Car toutes les parties du corps qui sont touchées par la mère sont pour l'enfant des substituts d'elle. C'est ainsi que, par ce manque de présence constante de la mère, l'enfant cherche à mettre, à approcher de son corps tout ce qu'il peut, surtout quand on le change, et c'est par cet agrippage de la peau de son ventre, de ses pieds, de ses mains l'une à l'autre, qu'il essaie, qu'il tente, grâce à l'articulation de sa colonne vertébrale que ses muscles font travailler, de rapprocher sa tête de ses pieds, et ainsi de faire communiquer les issues que la mère fait communiquer. Car c'est la mère qui fait communiquer la bouche à l'anus, par l'intérieur du corps, comme elle les fait communiquer par l'extérieur, puisqu'elle est la même personne qui, avec son odeur et sa présence tactile, intervient à la bouche comme au siège. L'enfant tente dans sa bouche-cavum d'incorporer tout ce qu'il trouve, d'abord, comme je le disais, ce qu'il trouve dans les parties distales de son corps. Et c'est par intelligence et désir de la présence de la mère si, restant esseulé, il veut mettre son caca dans la bouche, sa morve dans sa bouche en allant la chercher avec sa langue dans ses narines ; tout ceci est un défaut de paroles mises par la mère sur ses sensations. Si la mère a pris soin de parler tous ces gestes de l'enfant, c'est inutile pour lui de se sécuriser en les faisant, il lui suffit de se rappeler les paroles de la mère concernant les parties de son corps, et il n'a alors pas besoin d'exécuter ces gestes corps à corps avec lui-même.

Le début de la motricité permet aussi à l'enfant désirant la recherche du plaisir dans l'autre, pas seulement dans son propre corps. C'est ainsi qu'il pétrit les seins de la mère pendant la tétée comme, à l'intérieur de son corps, il continue de pétrir le bol alimentaire pour sa progression par le péristaltisme. L'enfant est tout entier dans son corps, dans la masse de son corps qui est langage sur objets, et tout objet est un objet articulé à la mère. Son système nerveux est loin d'être terminé et il n'a pas les références qui lui permettent une articulation de son corps, pas plus de s'asseoir encore malgré les efforts qu'il fait pour rapprocher le pôle céphalique du pôle caudal, ni pour marcher à quatre pattes ou marcher debout. Il a donc, pour ses images motrices, absolument besoin de la déambulation de la mère. Ce sont les bras de la mère et les jambes de la mère qui sont ses bras et ses jambes pour la déambulation. Et tous les objets partiels sont pour lui des représentations de seins-bouche cooptés quand il peut les prendre dans ses mains. Tous ces comportements préhensifs de mettre en bouche sont une manière pour lui de jouer à la communication interpsychique totale avec sa mère, par la médiation de ces objets partiels. Il découvre ce qui reste de sa mère quand elle n'est pas là. (Rappelez-vous, dans l'observation, l'enfant qui dit : « le *reste* de Madame Untel ».) Et c'est lui-même, dans sa masse potentielle de fonctionnement, par sa bouche dans laquelle il essaie de tout engouffrer; il est le reste de sa mère fonctionnant et lui donnant sécurité.

La mère est ainsi présente dans tous les mouvements laryngés qui produisent des phonèmes concernant ces objets, leur tactilité, leur couleur, leur rénitence, leur forme, tandis que ses mains deviennent habiles à les tourner pour en mieux lécher ce qui provoque des sensations de discrimination de leur texture, de leur goût. Ces perceptions digitales et bucco-linguales muqueuses s'associent dans le langage si la mère lui donne des paroles, et c'est ainsi que la langue maternelle s'intègre à l'enfant lui-même comme traduction du sujet en communication. Il est certain que si les mères pensent à ce moment-là à donner à l'enfant le vocabulaire de toutes ces petites activités différenciées et ludiques pour lui, les mots justes concernant tout ce qu'il appréhende par le regard, par l'audition, par le toucher, par la langue, par la préhension, par le jeter, tout ce qu'il voit, tout ce qu'il fait en complicité avec la mère, tout cela lui permet d'entrer dans la communication langagière, et c'est un enfant qui aura du vocabulaire très tôt, qui n'aura pas de troubles de la parole. Ces enfants font beaucoup moins de troubles fonctionnels viscéraux et psychosomatiques que les autres, car ils ne souffrent pas de l'absence psychique de leur mère, puisqu'elle est représentée dans ce qu'elle leur laisse par des paroles qu'ils ont en leur mémoire. C'est du deuil de la présence de la mère nourrissante que naît la connaissance de l'approche jouissive de son retour à elle, avec sa masse verticale qui se déplace dans la lumière de la chambre et qui découpe son ombre, cette silhouette phallomorphe, sur les parois de la pièce et sur la fenêtre d'où vient la lumière. Ce plaisir de l'attente de l'approche de la mère développe chez l'enfant une image excitée de toute sa musculature, de ses mains, de son visage, de son corps ; tout frémit en lui à l'approche de la découverte de sa mère qu'il entend venir vers lui, soit par sa voix, par le rythme de son corps, soit par sa façon d'ouvrir la porte de la pièce. C'est étonnant de voir à quel point un enfant discrimine le mode moteur de sa mère par rapport à toutes les autres personnes. Elle va le prendre dans les bras, elle va s'occuper de lui, l'emmener, et son désir informe alors toutes les découvertes kinétiques de ses potentialités passives et actives musculaires. Sa motricité maladroite par inachèvement neurologique se développe de toutes ces sensations associées au contact global du corps de la mère au sien, au contact parcellaire de ses mains, de ses seins, des parties de son corps quand elle lui donne ses soins.

Au stade anal passif, nous avons à peu près la même image que celle que j'ai décrite précédemment pour le stade oral, image des deux boules ou d'une boule et d'un ovoïde, sauf pour le fonctionnement des zones érogènes anales volontaires, rétensif et expulsif par plaisir et qui, dans le désir, peuvent faire revenir — aussi imaginairement — la mère partie dans sa réalité. En effet, ils peuvent réévoquer la mère en souvenir en survalorisant les images de palpes et de force associées aux fèces, ces scybales expulsifs, forts et odorants, qui peuvent la faire revenir, ou à cette miction en jet fort destinée à se soulager au point de vue du besoin mais, en désir, à faire revenir la mère.

L'image du corps à l'époque active anale, c'est-à-dire de la motricité qui se développe du fait de l'achèvement du faisceau pyramidal du système nerveux dans le schéma corporel, cette image du corps dans sa masse sécurisante se forme alors d'une tête-boule, d'un tronc ovoïde ou boule, et de membres articulés. En fait, ces protrusions — qui portent le nom de bras et de jambes plutôt que de pieds — sont finalement des pieds ou des mains qui sont au bout de bras palpeurs plus ou moins longs. Et il est assez curieux d'apprendre que ces pieds ou ces mains sont comme des bouches prenantes ou des doigts pénétrants, c'est-à-dire associés pour plus tard à des images soit vaginales soit péniennes. C'est important à savoir quand on parle de l'« envie du pénis » chez la fille. En effet, c'est parfois quelque chose qui date de l'époque de la castration primaire, mais c'est parfois à analyser très antérieurement dans la vie, au moment des pulsions orales et anales des images du corps précoces, le désir d'entendre la voix de la mère qu'on n'entendait jamais et le désir d'être pénétrée du son pénétrant que les oreilles attractives de l'enfant symbolisaient comme les désirant. Ainsi les oreilles peuvent-elles être plus tard investies de pulsions vaginales, de même que le vagin peut être investi de pulsions orales auditives[174].

Au moment du stade anal actif, les dessins sont marqués de graphismes rythmiquement forts qui parfois trouent le papier. Ils sont accompagnés d'associations verbalisées concernant la force, la vitesse, le bruit. Ce qui est intéressant, c'est que dans cette représentation kinétique du corps de l'image du corps anale, la masse céphalique n'est pas orientée dès le début dans le même axe que le corps, et c'est cela qui donne aux images des animaux que produisent les enfants leur anthropomorphisme d'apparence. C'est-à-dire que nous voyons un corps d'animal allongé horizontalement, par exemple, avec des protrusions qui vont à terre, que l'enfant dit être les membres, une protrusion caudale, et un visage qui est semblable à ceux qu'il fait pour représenter les visages humains. C'est-à-dire une ellipse (en modelage un ovoïde) qui est une projection en tout petit de l'ovoïde thoraco-abdominal par lequel l'enfant représente le corps humain à l'époque olfactivo-respiratoire. Mais cet ovoïde qui sert de visage aux animaux est toujours surmonté de deux protrusions — comme les jambes dans la première image de l'enfant — qui, dans son dire, servent d'oreilles réceptives ou de cornes agressives ou les deux confuses, les oreilles expulsives refusant d'entendre comme des oreilles réceptives qui entendraient. Et le visage de l'animal a forme de visage humain avec les trois points initiaux, deux yeux et la bouche. Dans ce type de représentations d'animaux, il n'y a pas de cou entre la tête et le corps de l'animal, et cet animal n'est pas indépendant. Son maître est l'enfant lui-même si l'animal est une représentation de l'adulte, ce qui se voit très facilement dans les projections, par ce qu'il raconte de l'animal. Ou bien c'est l'enfant qui représente l'adulte et l'animal est une représentation de l'adulte que l'enfant mène, comme on dirait,

« par le bout du nez ». Cette forme humaine, dite humaine, qui est à côté de l'animal, est toujours, elle, représentée avec une tête ronde qui a un chapeau, une perruque à nattes, des prolongements phalliques toujours, un thorax-ventre, deux jambes, deux bras, prolongés d'un bâton pour les garçons et d'un panier pour les filles. La coiffure, substructure céphalique, le machin sur la tête ou le chapeau, sont des attributs de la puissance anale protrusive de qui commande par rapport à l'autre qui est commandé, et qui à cause de cela a des oreilles mais pas de chapeau. Il s'agit dans ces représentations d'images de corps prêtées à des animaux dans les fantasmes des enfants, mais d'images de corps de l'époque non encore ressentie sexuée, une image non encore castrée anale de l'enfant, c'est-à-dire vers vingt-quatre mois, non encore différenciée quant au sexe. Mais l'aspect de la coiffure, le bâton ou le panier au bras, montrent que l'enfant se sait déjà garçon ou fille soit par le langage, soit par son désir, et le sens centripète ou centrifuge de son désir de relation à l'objet génital complémentaire.

Au moment où les enfants donnent ainsi des images du corps projetées dans le fantasme d'animaux et d'êtres humains, leurs maîtres ou leurs esclaves, les images du corps archaïques préanimées d'eux-mêmes, d'avant l'époque du stade kinétique anal actif, sont alors projetées dans des représentations végétales, où l'on retrouve une boule céphalique avec un tronc fixé au support de la table, ou ces images-champignons dont je parlais plus haut, et qui représentent justement la non-indépendance de l'enfant par rapport à la nécessaire référence pour sa sécurité (qui n'est pas acquise) à la dépendance vis-à-vis de l'adulte tutélaire, sinon pour sa déambulation, du moins pour sa nourriture. En tout cas, pour son transport loin du lieu de son domicile; car la déambulation peut être acquise dans un milieu « mamaïsé » mais pas dans la ville, et c'est pourquoi l'enfant qui a déjà une image motrice de lui-même est obligé de se représenter encore comme un végétal fixé à son sol, le sol étant sa mère porteuse.

L'objet d'échange des stades oral et anal, c'est l'objet partiel. À prendre, à manger ou à donner et jeter. Il est représenté, si c'est en modelage, par des formes phalliques morcelées ou rondes, allongées ou sphériques. Ces deux formes dans l'espace, allongée ou sphérique (elliptique ou sphérique), semblent valorisées comme étant également puissantes, l'une passive, la ronde, l'autre active, la plus allongée avec des pôles plus pointus. Ces représentations sont des représentations d'objet total qui sont des réserves d'objets partiels. On voit les enfants les découper en rondelles lorsqu'il s'agit de ces formes allongées, ou au contraire les découper ou les percer lorsqu'il s'agit de formes rondes. L'enfant en fait des biftecks, comme il dit, il joue à la marchande pour en faire des tartes, des objets de consommation. En fait, ce sont des représentations de bol alimentaire ou des représentations de fèces, et nous sommes bien confirmés dans le fait que dans le transfert, il transfère son faire de l'époque non parlante des soins maternels. Et plus les enfants découpent ainsi des biftecks pour les donner à la marchande moyennant des finances imaginaires, plus il s'agit d'enfants qui ont été privés de vocabulaire par la mère et dont les relations interpsychiques à la mère étaient toujours des relations de satisfaction ou de soins au corps, ou de satisfactions de besoins. On voit bien qu'il est question d'analité du fait des bruits dont les enfants accompagnent ces productions industrieuses : bruit des pets, du pousser, ou l'enfant est pris du besoin impérieux d'aller faire pipi ou caca, et c'est cela qui nous permet d'en faire l'analyse. L'objet partiel phallique de plaisir oro-anal se voit muté, transféré dans toutes ces représentations industrieuses et manuelles de l'enfant, à la noblesse de jeu de communication interpsychique.

Un enfant qui peut, pour le plaisir de jouer, arriver à représenter des formes par la manipulation de la pâte à modeler est déjà un enfant qui se sert de ses mains avec des pulsions anales déplacées sur les protrusions digitées de ses bras que sont les doigts. Les enfants qui ont eu une mauvaise représentation de masse de leur corps, par une insuffisance de portage ou de bercement par la mère nourrice, ont cette particularité de se comporter kinétiquement en étant beaucoup par terre, ou même en aimant s'asseoir sur la table, au même niveau que ces représentations, ou bien en mettant ses jambes en l'air, en appuyant son dos sur un meuble et en marchant sur ses mains. Ils appellent cela, je ne sais plus comment... l'arbre à l'envers[175]. Se mettre ainsi debout sur la tête, c'est conquérir une valeur d'adulte avec des moyens de communication du bassin, du siège. Ce sont toujours ces enfants qui ont manqué de communication avec une mère nourrice ou une mercenaire qui ne s'occupait que des soins matériels et jamais de leur personne. C'est tout le plaisir de la conversation et de ses joies qui viennent dans les mimiques avec ces enfants qui sont incapables de représenter encore les relations dans un faire industrieux de leurs mains sur un matériau. Il faut qu'ils commencent par se servir de leur corps tout entier. Ce sont ceux qu'on appelle instables, ils ont « la bougeotte ». Mais en fait, ce comportement traduit une recherche d'échange et de reconnaissance de leur valeur dans l'échange interpsychique de personne à personne. Ils déplacent sur une jouissance kinétique qui est un fonctionnement anal uro-excrémentiel transféré sur le corps propre, pris tout entier comme un objet partiel survalorisé, sans que la mère nourrice s'en soit aperçue. L'enfant mangeait et faisait pipi-caca absolument comme s'il avait été un fétiche. Il avait l'air de se porter bien et il était pourtant en train de développer une psychose et une impossibilité de parler.

C'est souvent le fait d'enfants dont les mères sont très occupées par leur travail et qui, quant au temps, donnent beaucoup plus d'importance aux soins physiques d'entretien du corps de l'enfant, de son poids, du change de ses langes, qu'elles n'en donnent aux échanges psychiques, auditifs, visuels, langagiers, pour élever l'enfant à la manipulation de toutes choses, tout en lui délivrant le vocabulaire de toutes les choses courantes. Aussi ces enfants, instables dans la relation de transfert, ces enfants qui sont conduits à la psychothérapie pour un retard de parole ou une instabilité psychomotrice grave, une encoprésie-énurésie qui les fait refuser à la maternelle ou à l'école, ne sont des retardés psychomoteurs que d'apparence, que dans la relation à autrui. Ils sont au contraire des survoltés psychomoteurs, mais sans le sens langagier de la psychomotricité. Leur turbulence motrice apparemment dépourvue de sens est une jouissance. Ils ont encore toutes les potentialités de leur corps kinétique. Mais ils n'ont pas eu la kinésie éduquée au parler langagier du comportement kinétique, parce qu'il n'y a pas eu à temps des paroles signifiantes discriminatoires de leurs activités dans les relations de désir, ni avec la mère ni avec les autres enfants qui se trouvaient là (s'ils ne sont pas des enfants uniques). Ces enfants ont absolument besoin de sécuriser leur masse corporelle dès qu'ils sont au contact d'autrui, par cette gymnastique continuelle dans l'espace qui les assure de leur continuité existentielle conforme à la relation érotique anale que leur mère a surinvestie sans le savoir. Ils péristaltent dans l'espace comme un bol alimentaire de la bouche à l'anus. Et ce sont eux qui sont les représentants fétichiques de la maman qui n'était pas là. Ils se comportent en fait d'une façon métaphorique. Ils donnent le tournis aux adultes qui les voient, mais ce sont finalement des enfants qui, paraissant retardés, sont en fait très intelligents si on peut les récupérer par la psychanalyse; sinon, ils restent retardés. Ils peuvent entrer, même, dans des états de psychose, à cause du rejet dont ils sont l'objet de la part de la société et de l'état phobique d'agression subie. Ils sont engueulés, ils craignent constamment d'être dévorés, ou battus, ils ont peur d'être brisés, cassés, jetés, et ils le sont parfois, étant agressés par l'entourage. Ces enfants sont parfois muets ou quasiment; ils ont, comme on dit, « avalé leur langue ». Leurs lèvres bavent ou sont au contraire rentrées, comme s'ils avalaient leurs lèvres pour n'en plus avoir. Et leur comportement de corps, cette instabilité a toujours un sens à décoder; c'est véritablement un comportement langagier kinétique à but de relation interpsychique jouissif anal avec la personne là présente qui suscite leur désir de communiquer, désir qu'ils ne savent pas traduire autrement. Quand on ne les blâme pas, qu'on observe et qu'on est intéressé par ce « cirque », que véritablement ils ne se sentent pas rejetés par la personne de l'analyste (dans le transfert que l'analyste fait sur ce mode d'enfants), ils se sentent pratiquement en sécurité et adviennent alors à une relation symbolique de langage, d'abord à travers des objets qu'ils lancent, qu'ils reprennent, qu'ils relancent, exactement comme font les petits dans le berceau, comme pour attirer la communication avec l'adulte. Et c'est à cela que l'adulte doit répondre et jouer, complice avec eux, dans ce jeu jouissif de lancer des scybales dans toute la pièce, comme si l'adulte et l'enfant jouaient aux jeux d'activité motrice uro-anale. Mais en y ajoutant des paroles : en nommant l'enfant, en nommant l'adulte, en ajoutant le langage à ces jeux d'objets partiels anaux.

Dans ces jeux kinétiques avec des objets partiels, ballons, boules de pâte à modeler, ils jouent à la mère et à eux-mêmes alternativement, l'analyste jouant de même eux ou la mère, alternativement. Mais quelle mère? Aussi bien la mère extériorisée, objet total, que la mère intériorisée, objet partiel[176]. Et si la personne qui est avec eux accepte et comprend ce mode de langage, en verbalisant toutes les péripéties du jeu et en le référant au passé dans le berceau avec les personnes de l'entourage, en nommant ces personnes — des parents ou des frères et sœurs plus âgés —, alors très rapidement les enfants sortent de cet habitus et développent une image du corps exactement comme les autres enfants, avec une continence motrice, c'est-à-dire une discrimination de leurs gestes qui fait qu'ils ne sont plus des instables, qu'ils peuvent manger seuls, qu'ils peuvent rester sans angoisse assis à la même place, et acquérir une continence sphinctérienne. À partir de quoi les relations avec les autres changent complètement, puisqu'on ne projette plus sur eux qu'ils sont des arriérés. Ce sont au contraire des surdoués qui manquaient du vocabulaire de la relation interpsychique, qui manquaient de cette reconnaissance du sujet valable qui était en eux, bébés précoces et intelligents mais qu'on ne prenait que pour des tubes digestifs à remplir et à vider. On peut presque dire qu'il s'agit de psychoses expérimentales. L'enfant n'avait pas d'autre moyen d'exprimer son existence que ceux qu'on lui avait donnés, c'est-à-dire un péristaltisme survolté, exprimé par son corps dans le milieu extérieur, afin d'être aussi valable qu'étaient valables les personnes qui venaient à lui et s'en allaient en raptant quelque chose. Il y a toujours un élément phobique dans cette relation survoltée hypermotrice ; mais derrière cet élément phobique, derrière cet élément instable, il y a une recherche de la communication interpsychique de sujet à sujet à égalité de valeur entre cet enfant et l'adulte, et c'est cela qui est à comprendre par le psychanalyste, c'est cela qu'en séance d'analyse, nous devons interpréter. Car en effet on ne pourrait absolument pas mener des journées entières comme il faut en mener, avec des séances de trois quarts d'heure : l'analyste serait épuisé et il faudrait le changer toutes les heures[177] ! Mais chaque séance porte et apporte à l'enfant — par le retour à cette personne qui verbalise tout ce qui se passe en le référant à l'histoire passée du petit et au nom des personnes qui étaient avec lui — de quoi récupérer complètement à la fois son narcissisme de l'âge qui est le sien et le langage conforme à celui de la plupart des enfants de cet âge.

Tout ce qui se passe dans l'attitude éducatrice de la mère vis-à-vis de son bébé au cours des quinze premiers mois de la vie porte un effet éthique sur la conscience de lui-même que se fait l'enfant, ce que j'appelle le narcissisme dans la sécurité de la relation subtile entre l'enfant et la mère. Toutes les modalités du don de nourriture, des rythmes, des paroles et des sentiments exprimés à l'occasion de ce don de nourriture, les paroles exprimées vis-à-vis du don de bien-être par les soins au corps et au siège, sont à l'origine de ce narcissisme de l'image de base orale et anale qui fait la sécurité et qui permet à l'enfant de développer une image fonctionnelle du toucher et de la motricité qui soit toujours en relation de sécurité de cette image de base.

En effet, l'image fonctionnelle des stades digestifs, oral et anal actifs, sert d'image de base inaliénable pour l'image ultérieure qui sera l'image génitale, laquelle aura à subir la castration œdipienne, la castration primaire. L'enfant qui, déjà, n'aura pas eu le droit, quand il était petit, de toucher aux extrémités de son corps, de pincer sa mère, de taper sa mère tout en jouant avec elle, cet enfant, quand il contemplera la différence sexuelle des garçons et des filles sera convaincu que, en effet, s'il ne se comporte pas dans la vie comme un objet, comme une chose, eh bien on va lui couper la protrusion qui déplaît. Puisque d'autres ne l'ont pas, c'est qu'ils ont déplu — si c'est un garçon ; et si c'est une fille, c'est qu'on la lui a coupée, puisque déjà quand elle voulait toucher avec ses mains un objet que la mère touchait, les excréments, une tasse ou une assiette, elle recevait une tape sur la main et un signe qu'il valait mieux qu'elle n'eût pas cette main. Voilà pourquoi tout ce qui se passe avec les images de base, les images fonctionnelles et érogènes de l'époque orale et anale ont un effet sur toute la vie, bien avant la structuration œdipienne qui ne fait que nouer ce qui a été dans le petit âge déjà préparé, en l'occurrence à n'être pas utilisé.

Quant à la sécurité due à la relation subtile des échanges entre deux objets totaux, le sujet bébé et le sujet-sa mère, ce sont paroles, regards, mimiques, gestes, qui en sont des représentations symboliques pour l'enfant, représentations d'une communication interpsychique qui l'introduisent au langage et à la créativité de phonèmes — ainsi quand il jase, pour traduire son désir de communication, à en moduler les variantes expressives et émotionnelles. Ce style de communication ne peut se développer que chez l'enfant dont la mère n'est ni anxieuse ni préoccupée constamment de l'apparence, de la netteté, de la propreté, de la coiffure, de la tenue, bref du fonctionnement apparent moteur de l'enfant et de son fonctionnement digestif. Ce qu'il mange ou ce qu'il fait dans le pot non plus que l'attitude corporelle d'être un « enfant sage », silencieux et immobile, tout cela n'est pas ce qui importe aux mères non anxieuses ; ce qui leur importe, c'est que l'enfant soit heureux, qu'on se comprenne entre soi, elle et lui, et qu'on ait du plaisir à vivre ensemble. Un bébé dont la mère a une attitude anxieuse devant ses excréments ou devant toutes ses activités est un bébé dont tout le fonctionnement quel qu'il soit, et surtout si c'est quelque chose de nouveau, va provoquer en lui une image d'angoisse soit dans le siège, soit dans le visage, lieu de communication subtile, soit dans le spasme de ne pas avoir faim. Si la mère est préoccupée de prendre constamment des excréments au derrière de son enfant, si elle veut absolument qu'il prenne la nourriture qu'elle met devant lui, cet enfant est terrorisé, car ce type de maternage obsessionnel valorise tellement la disparition de ce qui est là consommable, que l'enfant ne peut plus exprimer quelque chose sans peur que ce soit immédiatement incorporé. Aussi ce type de maternage va-t-il rendre cet enfant anxieux pour la vie entière. Il se défendra, par exemple, en dévorant énormément de connaissances livresques, mais même ainsi, il aura une terrible peur d'être dévoré lui-même dans ses connaissances s'il les dit ; donc il les cachera.

Cet appétit dévorant qui est celui d'une mère anxieuse — bien que parfois elle ne mange rien, mais c'est un appétit dévorant dans la relation de désir, si elle exige des selles et qu'elle exige que l'enfant dévore à son image — fait que pour l'enfant, il n'y a plus place pour les échanges ludiques et de manipulation de joujoux entre eux : ils sont ressentis comme des objets de convoitise, aussi dévorante, et ce sont ces enfants qui gardent leurs affaires contre eux et ne peuvent pas les échanger avec les autres, de peur de ne jamais les retrouver. Ce sont des mères insatiables, et qui donnent à l'enfant l'impression que le père, pour elles, est tout à fait insuffisant, puisqu'il ne les comble pas, alors qu'eux, quand ils étaient petits, ont été comblés dans leurs besoins par cette mère qui les a suffisamment nourris. Ils les ressentent comme des mères affamées. En fait ce sont des mères insatisfaites, obsessionnelles. On peut dire que l'enfant se défend, se ratatine sur lui-même, « s'escargote », comme j'aime dire, pour défendre son être afin de rester potentiellement humain. Il rétracte tout ce qui est percevable dans ses zones érogènes, il ne montre pas son désir.

Mais ce désir, il faut bien qu'il se manifeste. Alors, comment ? Colique, constipation, maux d'oreilles, affamement qui est pris parfois comme anorexie : ce sont ces enfants qui chez eux ne peuvent pas manger et qui, lorsqu'ils sont à l'extérieur, se jettent sur la nourriture, tellement ils sont affamés. Ils sont l'objet et le lieu, leur estomac du moins est le lieu de spasmes de peur. Comme le disait un enfant : « Si je mange, la guenon va en profiter pour entrer dedans avec mon manger... » et « la guenon », c'était une projection de la mère nourrice[178]. Le ralentissement de la dynamique vitale dans les lieux érogènes du corps digestif, aussi bien dans l'image fonctionnelle anale que dans l'image fonctionnelle orale, aussi bien active que passive, donne lieu à une tension compensatrice dans des zones de polarisation associées par l'usage à ces régions, c'est-à-dire que l'œsophage par exemple peut être le lieu d'une sensation de boule désagréable, non expulsable, comme si une scybale était remontée au lieu du pharynx-larynx, dans ce carrefour du désir de communiquer et du besoin de respirer, et empêchait cet enfant de parler et de manger. Certains schizophrènes garçons, pour se sécuriser de ces tensions interdictrices aux zones érogènes actives et passives orales et anales, doivent coiffer non seulement leur tête, mais garnir leurs phalangettes de grosses boules de pâte à modeler qui sont comme des représentations d'excréments-tampons au pénis, constamment raclé ou décalotté par leur mère qui les voulait propres, là comme à leur siège, ces mères ne pouvant être rassurées dans leur maternité de ce garçon qu'en l'astiquant et en excitant constamment le gland par ces nettoyages intempestifs. Et c'est cela que l'enfant traduit en mettant des boules excrémentielles à tous ses doigts.

Les absences momentanées de la mère, connue par l'enfant pour les soins maternels vers quatre à cinq mois, sont surmontées par des jeux de mains, sortes de bouches prenantes sur les choses-nourriture ou rejetantes de ces mêmes objets, comme s'ils étaient associés à la mère. Ces jeux de l'enfant vis-à-vis des objets du monde extérieur, qui sont jeux de prendre et de lancer, sont ceux que Freud a décrits avec la bobine, comme marquant l'entrée dans le langage[179]. Mais si ces jeux ne sont pas autorisés et ne sont pas entretenus par la personne éducatrice, si la mère est absente, l'enfant s'ennuie, car il n'y a rien autour de lui pour l'aider à métaphoriser ce qui se passe à l'intérieur de lui. Il n'a pour jouer plus rien « sous la main », comme on dit, et il est obligé de jouer avec son propre corps. L'articulation rythmée du tronc sur le bassin — en avant, en arrière, à gauche, à droite —, reproduisant le péristaltisme continuel, et la mélopée dont l'enfant l'entoure de façon compulsive, c'est l'hallucination du bercement et de la voix de la mère quand elle parlait au loin avec quelqu'un d'autre. On connaît ces enfants qui restent des heures à se balancer ainsi sur leur siège, à partir du moment où ils ont découvert la station assise et, comme je le disais, le plaisir du rapprochement de la bouche et des pieds. Mais ils ne déambulent pas, car la déambulation à quatre pattes ne peut pas survenir chez un enfant qui ne déambule pas pour aller vers sa mère, une mère qui soit heureuse qu'il vienne à elle et qui lui parle ce jeu moteur en référence à son plaisir à elle. Aussi, toute sa motricité se fait sur place. À défaut d'investissement kinétique des muscles de ses membres, il développe ainsi un investissement kinétique de sa ceinture pelvienne dans ces balancements continuels. S'il n'a pas d'objet sous la main, ses mains ne prennent pas le relais de la bouche pour prendre, de l'anus pour jeter, dans des jeux qui soient comme je disais signifiants d'une communication à un autre qui lui rende ces objets pour que ça recommence, et qui parle à leur propos. C'est pourquoi, en l'absence de la mère qui ne peut donc lui rendre tout ce qu'il a jeté hors du berceau ou du parc, les joujoux devraient être accrochés au lit ou au parc avec un cordon afin de montrer à l'enfant comment il peut les faire rentrer dans le berceau pour avoir le plaisir de les jeter comme s'ils disparaissaient, puisqu'il y a la ficelle, ce fameux cordon, qui serait alors symbolique de son autrefois — cordon ombilical —, qui est justement cette trace de la mère qui s'en va au loin et qui revient, et qu'on retrouve toujours. Ce jeu développerait ainsi l'intelligence symbolique de l'enfant, et son expérience d'adresse manuelle kinétique. Il y a un minimum de présence de la mère à ce jeu, matin et soir, pour que l'enfant apprenne à le jouer et à ne plus s'ennuyer tout seul. Sinon, il entre dans un autisme relatif — ce qu'on appelle l'hospitalisme — et bien des enfants qui ont des

« bonnes » entrent dans ce qu'on peut appeler l'hospitalisme bourgeois, autisme sans motricité sensée, c'est-à-dire avec, pour et par la parole de quelqu'un[180].

Pour ce genre d'enfants, lorsqu'ils s'arrêtent de se balancer et de chanter leur mélopée, qu'ils sont mus inconsciemment par des images dynamogènes de leur corps qui n'a pas de traduction motrice possible, c'est alors le corps respiratoire néo-natal et fœtal qui entre en jeu. Ce sont des enfants qui crient sans arrêt, ou qui se jettent la tête contre les murs ou contre leur berceau, qui grincent des dents pour sentir du dur entre leurs mâchoires, à défaut de ce mamelon maternel qui parlait la sécurité. Mordre le sein de la mère, en effet, ce n'est guère possible car l'enfant se fait mal à lui-même, puisque le sein fait partie de son image du corps. Et mordre des objets, mordre le biberon, ne peut pas être interdit puisque la mère ne le sent pas. Quoique j'aie vu des mères taper sur un enfant qui mordillait son biberon. Mais enfin c'est tout de même rare; ce sera d'ailleurs un enfant qui représentera son corps comme une bouteille n'étant pas fermée en haut, c'est-à-dire qui n'a pas le droit d'avoir une tête, puisqu'on ne peut pas parler à la tête, ne serait-ce qu'en mordillant, et que la mère ne lui parlait jamais. Le biberon encore moins si, comme il arrive, l'enfant était calé pour boire dans des coussins, et qu'il n'y avait pas de visage associé à lui. Mordre était donc une manière de dire : je suis là, parle-moi. C'est à partir de la sortie des dents que le plaisir de mordre arrive, et arrive chez l'enfant en tant que recherche de dire du fort avec l'adulte, de jouer à du fort extérieur et intérieur. Et aussi d'avoir une nourriture consistante et parfois même dure à se mettre sous la dent. Il aime mordre des croûtons de pain, il aime mordre ses poings, taper, bruiter sur des choses qui résonnent, des tambours, des casseroles, et ceci le fait jubiler, c'est un signe de sa force qui le narcissise. Bien sûr, il ne faut pas qu'une mère angoissée ou impatiente crie tellement sur lui au point d'empêcher ces manifestations fonctionnelles langagières de son être au monde. Sinon, que faire ? Le fort ne peut pas sortir par la voix, il ne peut pas sortir par le pipi-caca, il ne peut pas sortir par la motricité, alors par où ? L'enfant ne peut que refouler tout cela et tomber malade. Alors, le « fort » sort sous forme de spasmes, de contractions intestinales ou contractions dans la trompe d'Eustache : des otites qui s'infectent. Au début, ce n'est que langagier, mais si on laisse et surtout si l'enfant est rejeté pour cela à l'hôpital ou empêché encore plus de bouger sous prétexte qu'il est malade, on ne peut plus s'en sortir, c'est pris dans un cercle vicieux d'interdit de vivre. Quand la mère est ainsi intolérante et empêchante, l'enfant, à partir du moment de la motricité, c'est-à-dire sept, huit, neuf mois au maximum, entre dans une image inconsciente de son corps interdite de langage fonctionnel et tout se durcit dans cet enfant. D'ailleurs, les mères disent : cet enfant est « dur »! L'enfant peut devenir lui-même, dans son désir, une image d'angoisse référée au malaise que sa mère traduit par ses cris et ses gronderies sur lui, paroles, sons brisés, sons articulés, la discrimination du corps-non Moi insensible par rapport à un corps-Moi sensible se faisant à partir de cet âge de neuf mois.

La séparation dentale volontaire par morsure d'un aliment, le savoir croquer, la découverte de mâcher, le goût fort de certains aliments, sont rassurants pour l'enfant. Grâce à son développement musculaire et nerveux survient sa possibilité de se déambuler, de grimper, de déambuler sa masse en hauteur, de déambuler aussi d'autres masses avec lui, les objets, les chaises, les objets passifs non mobilisables, les petits meubles. Tout enfant bien vivant est alors comparable à un déménageur de vocation. Être fauteur de déplacement, de désordre, chose si nécessaire au bon développement de l'enfant, est source de bien des drames avec les mères. Et c'est pourquoi il faudrait des centres de jeux et de loisirs pour bébés; les crèches ne sont pas suffisantes, et surtout accueillent des bébés trop petits. Aussi beaucoup de berceuses s'inquiètent-elles de voir l'agressivité motrice considérable de ces enfants qui devraient pouvoir grimper, descendre, monter sur des échelles, tomber, avec simplement des tapis pour qu'ils ne se fassent pas trop mal, afin qu'ils puissent développer ce désir d'autonomie dans l'espace et arriver à maîtriser, avoir une continence musculaire du fait de l'expérience personnelle qu'ils en font. Et tout ceci, bien avant la propreté sphinctérienne. L'image kinétique du corps, en dehors des moments de fonctionnement alimentaire excrémentiel, est une image debout. L'enfant la montre telle une image phallique comme une stèle, qui reste fantasmée par l'enfant couché quand on lui interdit toutes ces verticalisations motrices (à la manière des humains adultes qu'il voit autour de lui). Si la mère est tolérante, alors l'enfant se distingue d'elle peu à peu et il n'est plus dans la dépendance fatale de son image kinétique. C'est qu'il aime associer sa kinésie à celle de sa mère, et très rapidement il imite tout ce qu'elle fait. Il balaie, épluche les légumes, coupe les légumes, s'habille tout seul, fait le lit, met le couvert, etc. Un enfant de vingt-deux mois peut se servir à table et manger aussi proprement qu'un adulte si, en effet, il lui a été permis de développer toute sa kinésie au fur et à mesure qu'il en avait la possibilité, au lieu de lui donner une image de corps niveau anal actif et oral actif refoulée, escargotée dans une dépendance totale, tous les membres imaginairement rentrés au niveau de l'image de base pour se trouver être en sécurité.

Image de base qui s'articule alors sur l'image de fonctionnement dans le corps de la mère, et l'enfant ne sait plus qui est lui, qui est l'autre ; il est dépendant de la mère qui agit à sa place et avec laquelle il y a des conflits permanents parce qu'elle n'agit pas comme il voudrait qu'elle agisse, et qu'il n'agit pas, qu'il ne subit pas tous ses soins au rythme qu'elle voudrait. On est entré dans une véritable névrose expérimentale entre l'enfant et la mère, et cela se passe à l'occasion du manque d'éducation et de liberté, d'éducation par le langage des activités de l'enfant, activités laissées libres dans tout ce qu'elles n'ont pas de dangereux, à partir de la motricité, c'est-à-dire de sept, huit, neuf mois jusqu'à dix-huit, dix-neuf mois, âge auquel l'enfant veut en tout s'identifier à l'adulte dans les activités que l'adulte a avec le monde extérieur. Mais c'est un enfant qui n'est pas encore propre sphinctériellement. S'il l'est, c'est qu'il est déjà refoulé dans son image kinétique, car la propreté sphinctérienne, c'est-à-dire la continence sphinctérienne, vient tout à fait naturellement, sans aucune éducation, parce que l'enfant est un mammifère et que tout mammifère est continent de ses besoins. Mais il se sert de ses besoins, en n'étant pas continent, par désir de faire marcher sa mère, de la faire parler, de la faire venir, de la faire s'occuper de lui. Il n'y a pas d'autre moyen d'éduquer un enfant que le langage qui parle ses comportements, qui parle aussi son excrémentation, pourquoi pas, mais qui jamais ne la soumet au rythme de la mère. Ainsi la continence normale de l'enfant arrivera quand son système nerveux terminal (à la « queue de cheval ») sera achevé, c'est-à-dire vingt-sept, vingt-huit mois. Lorsque l'enfant agit de façon utilitaire à l'imitation de ce qu'il voit faire en tout à l'adulte, toutes les observations nous prouvent qu'il se croit pendant ce faire être l'adulte ; et de cette manière, il développe en lui le sujet de ses désirs et l'objet total qu'il représente dans la communication à l'autre et dans l'agir pour les autres, comme les autres, en se servant des objets partiels de la même façon dont les autres s'en servent.

Il faut que l'enfant passe par l'expérience du miroir à laquelle Lacan a donné une importance fondatrice. Il faut qu'il passe par cette expérience-là pendant des mois avant de savoir qui il est, car l'enfant est ce qu'il désire être. Il s'imagine être qui il désire être[181]. Lorsqu'il agit et qu'il voit le résultat de ses actes être semblable à celui de l'adulte, il a alors une preuve de sa valeur industrieuse et son narcissisme en est affirmé en tant qu'il se sent un sujet dans la relation interpsychique aussi valable que l'adulte, pour peu que celui-ci lui montre réellement les lacunes de son agir, les défauts de son faire, et lui dise qu'il est capable d'arriver aussi bien s'il prend la même technologie que l'adulte. C'est très important, ce moment de la correction de l'agir en expliquant à l'enfant qu'il a tous les moyens d'agir aussi bien que le fait l'adulte s'il prend la même technique que lui[182]. Encore faut-il ne pas corriger la technologie avant que l'enfant n'ait manifesté qu'il souffrait de voir la différence entre ce qu'il imaginait faire et ce qu'il faisait dans la réalité de la vie pratique. Il faut en réalité que l'enfant passe par l'expérience du miroir plan pour comprendre l'apparence qu'a son corps pour les autres, mais il faut aussi que son agir passe par le miroir du regard de l'adulte pour qu'il ait confirmation que son agir fait de lui un être de valeur technique, industrieuse, utilitaire, un être créateur, pourquoi pas, aussi valable qu'est l'adulte dans sa place d'adulte.

L'expérience du miroir plan, Lacan en a beaucoup parlé, je ne vais pas détailler ici cette expérience qui commence vers seize mois et s'étale sur plusieurs mois. Elle est traumatisante[183] en ce sens que l'enfant s'aperçoit que l'image scopique produite par le passage de l'objet-corps passant devant l'objet-glace, c'est l'image d'un enfant. Alors qu'il ne s'y attendait absolument pas. Et puis c'est un visage qu'il ignore, c'est le sien. Et il découvre, en apercevant dans la glace une image inversée de ce qu'il est, il s'aperçoit qu'il est dans la même condition spatiale que les autres êtres. Ce travail de la réalité par rapport à l'image scopique est très important en ce sens qu'à partir de cette expérience acceptée par l'enfant, à partir du moment où il sait que voilà l'apparence de son corps, de sa tête, de sa taille, eh bien l'image inconsciente du corps qui était une image dynamique de désir en acte et en communication, cette image inconsciente n'a plus de valeur par rapport à l'image scopique que donne son apparence telle une chose dans le miroir, mais une chose dont tout le monde répond que cette chose, c'est bien lui qui porte ce nom. Un autre intérêt, un autre fruit, si l'on peut dire, de cette expérience du miroir, c'est que l'enfant se sait définitivement distinct de la mère et son corps distinct et à distance de celui des autres. Sa masse n'est reliée à eux que par le langage et la communication, mais pas par un pseudopode imaginaire comme il pouvait en avoir auparavant si son image du corps n'était pas encore séparable de celle de sa mère en sécurité. C'est à partir de là, c'est-à-dire à la fois l'image du miroir acceptée et l'identification par imitation du comportement des adultes d'une façon réussie, que l'enfant peut dire tu et non à l'adulte ou à un autre. Il peut dire toi, car ce n'est pas moi, et non, parce que « non », cela veut dire non à ce que toi tu veux et oui à ce que je veux. S'il y a « non », c'est parce qu'il y a « oui ». Et le « oui », c'est oui à ce que moi, sujet, je désire pour faire comme toi, mais pas comme toi tu veux que moi je fasse. C'est le « moi » pronom du verbe, opposé au toi qui décide de moi, ou pour moi, ce dont « moi » veux pour que « je » décide.

J'en ai presque fini maintenant avec la représentation de l'image du corps, car à partir de l'image scopique que l'enfant découvre de lui-même dans le miroir, l'image inconsciente de son corps, comme je le disais, en tant qu'image de soi en situation de relation et de désir prêt à se manifester ou à provoquer l'autre à se manifester, et image narcissique dans la solitude en souvenir de la relation à la mère ou en sensation proprioceptive digestive, cette image du corps au sens psychanalytique du terme est soumise au refoulement[184]. C'est grâce à cette image inconsciente du corps refoulée que le sujet peut avoir un soubassement narcissique à son langage verbal. Si cette image du corps n'était pas refoulée, il n'y aurait qu'une image scopique de son corps et de son visage, lieu dans l'espace de son Moi, et si c'était cet extérieur qui parlait à l'autre, il n'y aurait pas d'expression de lui, ce serait en tant qu'objet soumis à ce que l'autre veut de lui. C'est pourquoi ce processus de refoulement de l'image du corps est extrêmement important et n'est possible dans de bonnes conditions qu'à partir du moment où la dynamique de la relation est tout à fait engagée et réussie dans les relations avec autrui et dans l'espace avec les choses. À partir de ce moment, l'image du corps n'évolue plus, elle est incluse dans l'individu et à partir de ce moment c'est de l'apparence de cet objet-corps, le sien, qu'il est intéressé. Il se croyait semblable à l'adulte, semblable à l'animal domestique avec lequel il était en relation, à l'avion, au train qu'il jouait à être, et il découvre qu'il a un visage d'enfant, il découvre que ce qui porte son prénom a cette apparence. À partir de ce moment, vous le savez, c'est le grand jeu des grimaces visagières qui donnent à voir une expression qui ne correspond pas au ressenti émotionnel, et l'enfant joue à beaucoup d'expressions fausses grâce auxquelles il découvre des moyens de mensonge mimique pour obtenir ce qu'il veut de ses désirs, mais il découvre aussi que les autres ont des mimiques mensongères. Et à partir de ce moment, il est extrêmement critique dans son observation d'autrui. Il jouit beaucoup de se coopter à des attributs pour son corps qui le font ressembler aux adultes : chapeau, cartable, valise, livre, souliers, sac, fusil, tous objets partiels outils de comportement, manières d'adultes, façon de s'identifier à eux dans l'apparence. Et plus comme autrefois dans l'agir et dans la relation de paroles et de compréhension profonde.

Mais malgré tous ces affûtiaux de dignité, chaque fois qu'il se découvre dans le miroir, il est déçu de l'image qu'il donne. Jouer un rôle mais non pas être un autre que soi, c'est une véritable castration qu'il découvre à ce moment et c'est l'exercice de son image dans le miroir qui lui révèle peu à peu la différence non seulement de forme, de taille, mais la différence sexuelle de son propre corps par rapport à ceux qu'il a pu observer chez des parents ou chez d'autres enfants. Et c'est alors, si des réponses sont données à sa curiosité, qu'il apprend que ce qu'il savait être moi garçon ou fille dans les propos, dans le langage, quand on parlait de lui, correspond à ce qui est à voir différent dans la région qu'il croit être la région urinaire[185]. Au « pipi », les garçons et les filles sont différents. Mais ce qu'il en est de son sexe, l'enfant l'éprouve toujours distinct du fonctionnement excrémentiel, comme sensation de volupté érectile, tant chez la fille où ce sont des voluptés érectiles orbiculaires, vaginales, à désir centripète quant à l'objet guetté de satisfaction complémentaire désirée, que chez les garçons où ce sont des voluptés érectiles péniennes à désir centrifuge de pourfendre, de brandir. L'enfant découvre que derrière ce mot de garçon ou de fille, c'était une différence sexuelle formelle dans la région qu'il croit n'être encore qu'uro-génitale et qui, en fait, le spécifie masculin ou féminin. Il entre alors dans l'identification à un adulte homme pour le garçon, femme pour la fille. Ce peut être une identification à un aîné de son sexe aussi, ce n'est pas encore l'Œdipe. Assez rapidement, dans les cas où rien ne s'est passé d'interdisant à son désir, il métaphorise dans le langage son désir génital en se nommant lui-même avec le pronom Je qui veut dire pour lui Moi-comme mon papa, Je ou Moi-comme ma maman, Je, suivi d'un verbe qui manifeste son désir actuel. Il n'est peut-être pas inutile de souligner que l'enfant, à l'époque où il dit moi et tu — toi à l'autre, moi pour se signifier et tu à l'autre pour le signifier —, accompagne en fait ce pronom en français d'un verbe qui est toujours à la même personne. Ce verbe n'est ni à la première ni à la troisième personne. Ce verbe est toujours soit à la seconde personne, soit à l'infinitif. Ce n'est qu'à partir de la connaissance claire de la différence sexuelle que l'enfant atteint à la notion de trois personnes et à la déclinaison des pronoms accolés au verbe conformément au langage de sa langue maternelle.

Nous sommes maintenant loin de l'image du corps inconsciente, puisque c'est l'image du corps-chose, en tant que représentation préconsciente ou consciente dans la réalité spatiale qui, à partir du stade du miroir par quoi elle est advenue à la conscience, prévaut sur l'image du corps, et fait que l'enfant se fait à partir de là de lui-même une image dans l'espace aussi bien que dans le langage, une image conforme à ce que les autres perçoivent de lui et lui-même perçoit de lui dans ses actes, dans ce qui peut être vu aussi bien par autrui que par lui témoin de lui-même. Moi devient alors l'instrument possible de satisfaction concernant ce que Je a désiré faire, ou au contraire Moi insatisfait de Je[186].

Cependant l'image du corps inconsciente demeure à notre insu toute notre vie. Quand adviendra le dire de l'interdit de l'inceste, quelques années après l'achèvement de l'image kinétique du corps, de l'image formelle du sexe de l'enfant en tant que génitale morphologique, c'est cette image inconsciente qui fera que la petite fille se sente avoir des seins de femme, car son image inconsciente les possède déjà, ces seins dont elle apprend qu'ils seront visibles à la nubilité. C'est cette image inconsciente qui fait qu'elle se sent privée d'un pénis qu'elle pouvait imaginer, mais surtout de sa propre zone réceptive vaginale, laquelle quoique présente, n'entre en tension de fonctionnement et de désir qu'à la vue du corps et du désir de cœur à cœur avec un représentant de l'autre sexe qui la désirerait sexuellement[187]. Et si personne ne la désire sexuellement, si elle n'est pas éveillée par un père incestueux ou un adulte pédéraste, elle est en deuil de son sexe, elle ne le ressentira que le jour où un homme la désirera et qu'elle sera devenue nubile, c'est-à-dire complète.

Pour le garçon, c'est la même chose. Son image du corps de garçon, à partir du dire de l'interdit de l'inceste, l'oblige à renoncer au premier objet de son désir pénien à effet centrifuge fécondateur sur sa mère, et cet interdit ampute l'image du corps du garçon de quelque chose de son image inconsciente lié à son pénis fonctionnel. Il ne le retrouvera qu'à la vue séductrice du corps sexué féminin mamelonné comme il croyait l'être lui à l'époque orale de sa relation à sa mère, corps féminin qui suscitera son désir et fera réapparaître en lui, avec l'érection, le désir qui aura laissé fort loin la personne de sa mère et qui pourra se fixer alors sur une autre femme affectivement, de façon humanisée mais non sans l'intermédiaire du langage. Il découvrira alors dans l'union sexuelle avec une femme une tout autre jouissance que celle d'un simple fonctionnement érectile et spermique qu'il pouvait avoir avec n'importe quel objet qui suscitait l'érection. C'est l'amour qui peut arriver, mais tout ceci à condition d'une castration véritablement totale et symboligène de la relation de langage entre l'homme et la femme après l'Œdipe, en même temps qu'aucun interdit n'aurait porté sur le désir corps à corps du garçon et de la fille, à condition qu'il ne s'agisse pas des parents.

Tant que la castration œdipienne n'est pas intégrée par les individus des deux sexes, les régions partielles du corps, vagin, clitoris d'une part, seins d'autre part pour la fille, pénis et scrotum pour le garçon, restent pour chacun d'eux des régions auto-érotiques de satisfaction dans lesquelles un organe distal ou un objet dévolu au rôle de l'autre donne du plaisir local à leur région génitale, et ne suscite que des fantasmes et non des projets de rapprochement entre homme et femme. C'est pourquoi la masturbation nécessaire quant aux fantasmes chez les jeunes des deux sexes est ressentie si décevante quant à la communication interpsychique qui est la seule référence au Phallus, référence de valeur unifiante pour l'homme comme pour la femme, but de leurs pulsions libidinales, et qui ne peut s'approcher que par la parole et la communication interpsychique de cet homme et de cette femme accordés dans leur désir par l'amour, seul capable de réconcilier l'homme avec la femme et la femme avec l'homme, puisque chacun doit à son impuissance fondatrice la possibilité de désirer[188].

Pour ce qui est de l'expression du désir dans la région génitale du corps à corps dans le coït, le désir de la femme ne peut être fonctionnel que si son image de base de femme est en sécurité devant la pénétration possible de l'homme. Mais plus encore si son désir de fonctionnement est un désir attractif du pénis chez l'homme. Encore faut-il que ce désir attractif du pénis ne soit pas ressenti par elle comme un danger perforateur de l'image du corps archaïque qu'elle voudrait continuer de posséder. Et puis, il faut le dire, l'homme est pour elle une personne, et si cette personne est complémentaire par rapport au coït, peut-être cette personne n'est-elle pas complètement dégagée du transfert sur le père ou sur la mère, peut-être ce pénis est-il pour elle référencé à l'objet partiel anal ou urétral d'où une complication dans la relation de langage avec l'homme, et dans sa référence au Phallus, car les objets partiels anal et oral ne sont plus référencés au Phallus après la période œdipienne.

Prenons maintenant le cas de l'homme dans son activité coïtale. La forme phallique pénienne de l'homme est partielle, c'est une forme phallique qui peut être chez lui un transfert d'une forme phallique anale ou du poing de la main perforante avec un objet urétral. D'où agression dont son corps, dans la région génitale, est l'objet dans le coït, si l'image fonctionnelle ano-urétrale n'a pas été dûment castrée — « tu ne feras pas de mal à l'autre » —, en même temps que la dignité du désir génital doit avoir été soulignée ensuite au moment de l'interdit de l'inceste : « Ce n'est pas faire du mal, c'est faire, c'est concevoir un enfant avec une femme comme ton père t'a conçu, c'est bien, mais pas avec ta mère, avec toutes les femmes que tu voudras...» Alors le garçon peut être réconcilié avec son image pénienne, mais pas s'il n'y a pas langage et sans qu'il y ait sentiment du don de vie à la femme dans cette relation génito-génitale. La communication interpsychique est donc la seule possibilité de jouissance pour le narcissisme des sujets, chacun donnant à l'autre ce qu'il n'a pas, la femme n'a pas la complémentarité phallique que l'homme lui demande, l'homme n'a pas la complémentarité phallique que la femme lui demande. Mais chacun, par son langage, se reconnaît comme le médiateur au Phallus, lequel ils découvriront par l'amour conjoint à ce désir qui leur fait briguer ensemble le Phallus, dont la seule image possible, éventuellement possible, c'est l'enfant nouveau-né qui naîtra d'eux après neuf mois d'un coït qui aura été sensé parce qu'il aura représenté au monde l'unification de ces deux corps dans un désir parlé avec amour.

Chez les représentants des deux sexes, les variantes du désir conjoint à l'amour sont aussi fréquentes pour les représentants valorisés par eux, du même sexe qu'eux ou de l'autre sexe. L'homosexualité n'a pas de sens pour le sujet du désir, elle n'en a que pour le corps, c'est-à-dire pour l'individu quant aux objets partiels du désir, mais pas dans la relation interpsychique. La fécondité est au prix de ces relations hétérosexuelles, mais le narcissisme y est souvent moins satisfait. Et souvent, le désir d'un enfant n'est pas un désir de sujet mais un besoin du mammifère de l'espèce humaine, comme cela existe chez tous les mammifères, et sans que le sujet soit encore parvenu au niveau du renoncement nécessaire aux satisfactions narcissiques que représente le couplage durable avec un individu de l'autre sexe. Bien que la maternité et la paternité puissent donner à l'homme et à la femme, en tant que sujets référés au Phallus, une jouissance fantastique au moment de la naissance d'un autre être humain conçu par eux, très vite la maternité et la paternité s'avèrent être un leurre quant à l'approche du Phallus, car les enfants sont les médiateurs constants de frustration narcissique et de castration des désirs des parents qui, par don de leur personne à leurs enfants, pour les élever, sont obligés de renoncer à énormément de satisfactions, ne serait-ce que leur liberté. Et encore une autre frustration pour les parents, c'est que lorsque l'enfant est petit il les voit tout-puissants, et au fur et à mesure de son évolution il se rend compte de leur impuissance.

Et puis arrive cette terrible castration œdipienne[189], les parents désirent incestueusement leurs enfants, les mères les dévorent de baisers, veulent les frapper comme des animaux pour les faire obéir, les pères de même, pour leurs garçons comme pour leurs filles, ce sont des objets préférentiels de leur puissance et tout ceci doit être dûment castré chez les parents qui n'ont aucun droit sur leurs enfants, ils n'ont vis-à-vis d'eux que des devoirs. Mais combien peu de parents sont mûrs pour comprendre cela, car leurs enfants sont pour eux des objets partiels de leur puissance physique, ou affective, ou sociale. Ce qui a manqué en eux, ils veulent que leurs enfants le réalisent pour eux-mêmes et non pas pour l'enfant lui-même. Car leurs enfants les confrontent perpétuellement à leur propre mort, à leur vieillesse et à leur impuissance.

[190]La question posée au départ de ce travail était : « Qui parle à qui ? » La psychanalyse des enfants nous confronte aux problèmes du sujet de son désir qui, à travers le corps de chaque être humain qui débute dans la vie comme enfant, naît impuissant, nécessite toute assistance, s'informe pour se structurer des modalités d'expérience de ce corps. Pour que l'être humain réussisse à accomplir les désirs du sujet, responsable de son langage et de ses désirs, il lui faut pour cela accéder à son autonomie et donc se séparer totalement de la tutelle parentale, de la tutelle de la nourrice pour commencer, puis de la tutelle parentale. Il faut donc que l'être humain fasse avec des lois d'interaction de pulsions qui sont référencées à sa chair entre l'enfant et ses parents ; et cette chair qui est en relation de vie et de besoin entre l'enfant et ses parents, fait que les soubassements de la personne humaine et de son désir sont touchés de relation d'objets partiels additifs ou soustractifs qui font le malentendu constant entre le plaisir à se faire mutuellement. Un jour arrive où le plaisir génital est interdit, alors que jusque-là toute l'éducation était basée sur le plaisir que l'enfant fait à ses parents en leur obéissant, en étant conforme à leur façon d'être, en parlant le même langage qu'eux et en se faisant comprendre d'eux. Or, il faut que sur

le plan de la génitalité il n'y ait aucune compréhension[191]. Ceci est difficile, et c'est pourtant de cette castration, de cette mutilation du lieu du désir des engendrés vis-à-vis des géniteurs et des géniteurs vis-à-vis des engendrés, c'est pourtant à cause de cet interdit que le langage, la communication et le commerce peuvent continuer; mais à quel prix de frustrations renouvelées! Et c'est là que les lois sociales interviennent pour imposer leur symbolisation à ceux des désirs que la société n'autorise pas à se satisfaire directement en corps à corps, directement en argent-argent, sans passer par les lois des impôts à donner entre l'argent que l'enfant reçoit de ses parents une fois qu'il est devenu adulte et pour lequel il doit payer à la société tout entière un certain pourcentage, par exemple; ceci c'est une transposition de l'interdit des relations entre caca et les mains de maman pour le plaisir de maman quand on est petit. Cela a l'air étonnant de dire ainsi, mais c'est vraiment ce qui s'étudie au point de vue psychanalytique.

J'ai voulu éclairer en partie l'approche des difficultés sous-jacentes à cette question, car le problème de qui, quelle image du corps est dans le psychanalyste par rapport à son psychanalysé se pose constamment; et cela explique l'éternel malentendu entre les individus, alors qu'entre sujet et sujet, chacun étant référencé au Phallus, il devrait n'y avoir que champ d'entente. Mais voilà, c'est parce qu'il ne s'agit pas dans la vie des corps à corps de phallus, qui est d'ordre symbolique, mais qu'il s'agit d'objets partiels à représentation plus ou moins narcissisante quant à l'additif au corps ou le soustractif au corps. Est-ce que la question insoluble vient de ce que le spécimen de l'espèce ne connaît pas la symbolisation du désir — dans les pulsions de mort il n'y a pas de symbolisation du désir — et qu'il n'éprouve que ces pulsions additives d'objet partiel et les satisfactions répulsives d'objet partiel? Le problème de la castration éclaire en le montrant un autre aspect : c'est tout ce qui manque au sujet, alors qu'au corps il ne manque rien du tout.

Le Moi humain par lequel se médiatise le désir de chaque individu résulte des modalités frustrantes de ses besoins, des castrations de ses désirs dans sa prime enfance. Ce qui exacerbe son désir, c'est cela qui a provoqué par processus de défense narcissique des possibilités de transposition de ce désir sur d'autres plans, dans la société, et lui a permis ce qu'on appelle des sublimations; mais les sublimations ne viennent que des échecs du désir qui ont été négociés et dépassés. L'individu est face à l'intuition qu'il a d'exister dans une vérité de parole inconnaissable et c'est là qu'il voudrait recevoir d'un autre la connaissance de ces paroles alors que cet autre lui en demande autant. Mais aucun de nous ne peut connaître la véritable parole qui serait le don, qui permettrait au sujet de se donner à l'autre; il ne peut le connaître que dans un travail continu toute son existence, et peut-être ce Verbe qu'il a incarné le retrouvera-t-il en laissant son incarnation avec la mort[192]. La psychanalyse avec son éclaircissement sur les origines inconscientes du désir chez l'être humain n'éclaire que les malentendus et la dette que se doivent de leur désir partiel satisfait les humains, en tant que plus ou moins leurrés les uns par les autres des promesses qu'ils attendent les uns des autres quant à retrouver une unité soi-disant perdue et qui n'a jamais existé dans le corps, mais qui existe sans doute sur le plan de la communication interpsychique, si nous pouvions y atteindre.

Les êtres humains réussissent en s'associant les uns avec les autres, par l'entraide, par l'accord sur des lois, sur des codes de communication, ils réussissent à se permettre de survivre à leur perpétuelle déconvenue, à leur perpétuelle souffrance, et ils arrivent aussi à se donner le leurre de l'approche de la jouissance dans le rapprochement sexuel qui est l'approche au plus près de l'abandon du corps pour qu'il s'exprime dans une parole. Et comme je le disais, cette parole qui les exprime au-delà de leur dire, c'est l'enfant qui naît d'eux mais qui, de nouveau, est un piège à leur narcissisme auquel il s'agit de renoncer pour que cet enfant advienne lui aussi à sa propre découverte du désir. Et cependant, les humains, grâce aux promesses qu'ils arrivent à satisfaire les uns aux autres, se leurrent suffisamment pour soutenir de génération en génération leur foi dans l'impossible fiabilité du désir s'il prend un autre être humain comme objet. Et cependant, le désir renaît des cendres de ceux qui y ont consumé leur chair dans sa poursuite et le désir continue de soutenir le cœur humain à essayer de rencontrer l'autre dans l'amour, qui est sublimation du désir.

Mais « qui parle à qui ? » Quelle est l'image du corps inconsciente chez le psychanalyste à qui s'adresse le psychanalysant dans une image de corps blessée ? C'est ce dont il vient chercher chez le psychanalyste la clé de sa guérison, que le psychanalyste ne sait pas, et que peut-être l'autre trouvera en parlant avec ce psychanalyste et en touchant sa propre vérité de ses relations à l'autre depuis son plus jeune âge, en se leurrant une nouvelle fois sur la personne de l'analyste en le croyant puissant et capable de lui donner ce qu'il n'a pas, le secret de la vie et du désir.

ANNEXES

ANNEXE 1

Repères biographiques relatifs au cas Marie-Louise B. (p. 80)

1929		Naissance Seule avec sa mère Mise en nourrice jusqu'à six ans Pensions
1936		(Mariage du père géniteur, et difficultés ultérieures à avoir des enfants)
1939	10 ans	Déclaration de guerre Mère délirante
début 41	12 ans	Mère internée à Sainte-Anne (où elle mourra peu après) Marie-Louise en internat à l'Assistance publique, puis confiée à de la famille en Savoie
sept. 42	13 ans 1/2	Marie-Louise en préparation du certificat d'études Adoption par le père géniteur qui l'accueille
été 43	14 ans 1/2	Régression ; aménorrhée

Psychothérapie avec F. Dolto ; calendrier partiel

14.10.43	première séance
...	
5.11.43	sixième séance
9.11.43	septième séance
...	
2.44	arrêt (fin du traitement)

Repères biographiques relatifs au cas Lionel Ségolène. (p. 95)

1951		Naissance
	2 ans 1/2	Mère malade Lionel placé en aérium pendant un an
déc. 54	3 ans 1/2	Mort de la mère (à vingt-quatre ans)
déc. 55	4 ans 1/2	Consultation à l'hôpital Trousseau
janv. 56		Lionel en home d'enfants (suite à la première séance de psychothérapie)

Calendrier de la psychothérapie avec F. Dolto

27.1.56	première séance
6.56	deuxième séance
10.56	troisième (et dernière) séance

ANNEXE 2

Ajouts manuscrits[193]

[Ajout n° 1][194]

Le nouveau-né puis le bébé, tout en survivant et en se développant physiquement, est le lieu de perceptions répétitives externes et internes entretenues pulsatiles cardio-vasculaires et respiratoires, et de perceptions variantes, agréables ou désagréables, chaud-froid, faim, soif, besoins excrémentiels que sa mère nourrice [apaise] de façon répétitive et substantielle à ses issues cutanéo-muqueuses par lesquelles sa masse corporelle communique avec l'extérieur. [Elle] l'entretient, en assurant ainsi la maintenance des conditions vitales de son organisme physique, tout en apportant des variations de quantité et de qualité à ses perceptions répétitives de besoins, variations qui sont associées de façon subtile et non substantielle à la conservation de son être au monde, apportant ainsi des perceptions non répétitives, sonores, gustatives, olfactives, visuelles, tactiles, baresthésiques.

Le croisement entre ces perceptions répétitives connues qui ne l'alertent plus si leur modalité ne varie pas en intensité et les perceptions variables, sur fond de perceptions reconnues, modulées par la présence et l'absence de la mère, sa vue, sa voix, son odeur, le font élaborer des signes de la présence, de l'éloignement, du rapprochement de celle au guet de laquelle il est comme la garantie de sa connaissance de lui-même. Une combinaison de signes sensoriels divers perçus dans le même moment associés à la présence de la mère dans l'espace de son corps, soit coopté au sien en communication substantielle, soit à distance en communication subtile, organise la complicité signifiante d'un code de langage entre le nourrisson et sa mère pour chacun d'eux — présence l'un à l'autre reconnaissable entre tous les autres vivants. Les lieux de perceptions liminaires des signes associés ainsi à leur quitus et à leurs retrouvailles deviennent zones érogènes. Il y en a de substantielles : les issues du pôle digestif bouche et anus cutanéo-muqueuse voisine où la palpation tactile fait la masse de leurs deux corps se coopter puis fusionner la masse du corps de l'enfant à la grande masse chair et pluripalpée de la mère aux rythmes et à l'habitus manipulateur et moteur connu.

Il y en a de subtiles : yeux, narines, oreilles associés au cavum. Le carrefour laryngo-pharyngien est à la fois le lieu de réception substantielle et d'émission subtile sonore, le siège lieu d'émission substantielle liquide et solide, suivie de sensation tactile locale associée à la perception olfactive des fèces, à la fois odeur connue et signe d'appel à la présence manipulatrice de la nourrice qui par la toilette et le change restitue un bien-être sec et frais aux zones cutanées voisines de la zone érogène excrémentielle.

Les premiers objets partiels associés à la présence langagière maternelle sont le lait à la zone orale, bouche cavum dans la masse céphalique et par le pharynx faisant communier la présence maternelle dans la masse corporelle lieu du tube digestif supérieur et les fèces à la zone uro-génitale dont le fonctionnement associe la mère au péristaltisme du tube digestif abdominal et terminal.

[Ajout n° 2] [195]

Ce corps lieu qui signifie pour autrui notre présence individuée au monde dès notre vie fœtale, ce corps masse vivante où se focalisent le sens de nos besoins et les émois de nos désirs, ce n'est pas immédiatement que nous-mêmes sommes conscients d'en être continûment solidaires, ni dans sa totalité volumétrique spatiale que limitent les téguments, ni dans sa totalité viscérale squeletto-musculaire.

Il y a tout un processus d'incharnalisation, de topologisation, de co-naissance, de sommeil où nous l'oublions et de veille où nous le retrouvons en percevant des besoins de sustentation et des besoins d'évacuation qui sont malaise ou bien-être si ces besoins sont apaisés. Ceci nous le rend agréable, jouissif à plaisir ou désagréable, douloureux à souffrance.

Il y a pourtant pour chacun de nous solidarité temporo-spatiale existentielle de notre pensée, de notre mémoire avec lui ce corps qui, à chaque instant de notre vie sans cesse selon la qualité et la quantité des échanges qui l'entretiennent, modifie non seulement le continuum de nos sensations mais aussi surtout en cours de croissance son apparence.

Il y a cette énergie à survivre qui ne nous distingue pas des autres créatures vivantes, qui fait chacun survivre, croître, se reproduire avant que de mourir par l'arrêt de nos fonctions physiologiques.

Mais alors que les animaux et les plantes utilisent la nature comme elle est, sans ni modifier leur espèce ni leur habitus dans la suite des temps, les hommes comme certains d'entre les mammifères supérieurs, depuis qu'ils ont laissé traces de leur existence sur la planète, montrent des facultés d'intelligence et d'adaptation à leur environnement et, par leur adresse manuelle et corporelle, le modifient pour le dominer et l'utiliser, le soumettre pour leur mieux-être. Cette énergie modificatrice est ce que Freud a nommé libido en comprenant qu'elle était centrée sur la recherche de plaisir, qu'elle était sourcée dans des pulsions qui, par l'exercice de la vitalité psycho-physiologique, étaient productrices de tensions en quantité et en qualités variables selon les individus et chez le même individu selon les époques de son développement à la recherche de son complément, l'objet de son désir dans la relation à un autre être humain. La libido est l'articulé originel de la fonction symbolique inhérente à l'être humain qui, par l'expression de ces tensions, en appelle à « quoi » et à « qui » [196], adéquat à sa recherche, sera médiateur de l'apaisement de sa tension en lui apportant apaisement, satisfaction.

Le désir de communication interpsychique est le désir fondamental qui en deçà et au-delà de toute demande d'objet sensoriel de plaisir pour le corps est essentiel à l'être humain ; et ce désir, aucun objet ne l'apaise. Désir de sujet, c'est la rencontre d'un autre sujet qu'il recherche. La fonction symbolique spécifique de l'espèce humaine lui fait élaborer en signes les perceptions venues d'un autre, humain ou pas, qui apaise ses besoins; le retour de ses besoins lui remémore les signes par lesquels s'est assumé leur précédent apaisement. Mais [davantage] les perceptions qui, venues d'un autre humain, apaisent ce désir de rencontre communicatrice et créatrice de désir et de plaisir partagé. Ils se reconnaissent en quelque chose l'un l'autre semblables en désir, et l'un par l'autre complémentaires ensemble accordés en cette rencontre interpsychique. La retrouvaille dans l'espace de cet autre avec les perceptions associées à sa présence remémore chez chacun le plaisir de leur complicité de désir accordé et les fait être dorénavant l'un pour l'autre amis parce que témoins de leur pérennité existentielle dans leur individualité différenciée et complémentaire. Le lien qui les unit par-delà leur séparation est un ensemble de signes qui peu à peu s'élabore en langage. La représentation sensori-motrice imaginaire de ce langage remémore la rencontre jouissive de la présence sensorielle et le signifié de plus de vie psychique qui accompagnait la rencontre permet de temporiser le désir en attente de la retrouvaille de cet autre. Les variations de retrouvaille sur un fond perceptif connu ajoutent à la perception de l'autre des caractères nouveaux qui à leur tour se fixent en mémoire en son absence. Les objets associés à sa présence deviennent ses représentants partiels, les personnes et le langage échangé entre elles aussi. Ainsi le désir de communication interpsychique dans les moments de la solitude de l'individu humain ont en support imaginaire tout ce dont la mémoire, de la présence de cet autre a gardé trace. Ces traces mémorisées sont autant dans le corps du désirant que dans le souvenir des échanges sensoriels qui représentent le vivre avec le plaisir qui accompagnait leur rencontre. L'autre devient ainsi tissé avec le corps propre de celui qui désire son retour. L'autre est ainsi garant de mon existence dans l'espace et dans le temps, de même que pour lui, étant son autre électif, le souvenir qu'il a de moi est garant de son existence à lui ou à elle; et quand une retrouvaille dans l'espace est possible, chacun éprouve la joie du remémoré réactualisé et du nouveau à échanger.

Plus l'échange est différencié et subtil, plus il est spécifique de tel être humain irremplaçable par un autre. Plus les modalités des échanges sont banaux, comme avec tout autre, moins le manque est perçu.

Les affinités électives entre les êtres humains proviennent de ces perceptions ténues subtiles d'accords entre eux qui les font se reconnaître semblables et en même temps nouveaux, constamment et jamais totalement connaissables, se provoquant l'un l'autre à un renouvellement créatif d'adaptation mutuelle, s'entraidant et s'enrichissant l'un l'autre par de nouveaux moyens de connaissance et de nouveaux appels à dépassements du déjà connu.

[Ajout n° 3] [197]

Et quand aucun autre connu ne peut donner sens à ses appels et à ses interrogations sur l'insolite, à la souffrance et sur la mort, la fonction symbolique de l'être humain dès le plus jeune âge dans l'état de manque ou de détresse angoissée de n'avoir pas de code pour en maîtriser les effets ni de recours à un autrui humain fait supposer à l'esprit humain une volonté invisible et une intelligence magicienne maîtresse de ce qui arrive. Il associe cet être imaginé ordonnateur du cosmos (dont il observe les lois répétitives dans l'espace et le temps) à la mère archaïque provende satisfaisante de son enfance (et aux lois alors compatibles avec) ou privative de ses désirs.

Il invente un code à travers des objets partiels et invente des comportements propitiatoires (magie) pour se concilier ce support de l'invisible entité dont la logique échappe à son impuissance à en décoder les lois pour maîtriser l'immaîtrisable de la réalité. Au stade oral et anal, c'est la superstition et les actes magiques et propitiatoires préventifs ou curatifs. Au stade génital, ce sera aux totems, tabous et religions que l'homme demande la délivrance de codes de réconciliation entre lui dans ses impuissances et un répondant de la toute-puissance imaginée projetée sur l'invisible source et maître des inconnaissables avenues de son être au monde, de ce cosmos dont son espèce vivante fait partie intégrante et que son désir interroge. Magie et religions sont tissées à la ressemblance des images du corps de l'être humain par la médiation du langage. Leur rôle est d'avaliser régression et progression selon les niveaux du désir référé au phallus symbolique dialectisé à partir de l'impuissance ressentie différemment selon l'âge et le sexe de toute créature homme ou femme[198]. De même que le désir du connaître et du savoir concernant leur planète, la Terre, en sa dépendance au Soleil, a conduit depuis Galilée à découvrir la ponctuelle contingence de celle-ci au regard de l'espace cosmique dont la science décode les lois organisatrices, de même le désir du connaître et du savoir sur le désir humain depuis le décodage freudien par la psychanalyse débouche (!) sur l'origine du langage nécessaire à la co-vivance, mais révèle la contingence ponctuelle du sens de la communication interpsychique à travers espace et temps entre les individus de l'espèce humaine. Les réponses au comment de la communication des désirs, au comment du pouvoir procréateur de la sexualité entre individus de l'espèce vivante parlante, au comment de la castration symboligène du désir et de ses effets civilisateurs créateurs, au comment de la fécondité culturelle, à comment maîtriser les énergies qu'il découvre et crée par application de son esprit logique à l'étude de la matière, tout cela n'éclaire en rien le pourquoi de la vie ni qui est sujet du désir qui existe, attribut de l'être inconscient dans chaque corps de l'espèce humaine parlante, inventive et créatrice — qui préexiste au naître et perdure au mourir de chaque créature humaine dont la conscience de sa brève cohésion dans le temps et l'espace, s'avère un fragile artefact d'aliénation à son image du corps elle-même inconsciente et en perpétuel changement. Qui désire ? Qui jouit ? Interrogation ineffable à l'ineffable et mystérieux Désir qui nous fait les uns les autres aimer et haïr, comprendre et rejeter, espérer et désespérer et chercher dans la joie tissée à la douleur un sens à notre allant-devenant de la conception à la mort qui se dérobent toutes deux à notre entendement. Qui désire pour que moi je me connaisse désirant, moi, attribut d'un inconnaissable sujet que mon désir m'oblige à appeler, questionner, dont j'exige une réponse pour laquelle le code à le décrypter me manque[199].

[Ajout n° 4] [200]

La continence sphinctérienne

Qu'il nous soit permis de dire ici que le « dressage » à la propreté des enfants est une aberration. La continence sphinctérienne est spontanée chez tous les mammifères et l'est aussi chez les petits humains qu'on a intéressés par les paroles à leurs excréments quand on change leurs couches, en les associant quand ils en sont capables aux gestes de les jeter au cabinet ou aux ordures, en leur en faisant imaginer le destin..., rivière, poissons, champs — lieux où ils vont servir à la nourriture des poissons, à la fumure des végétaux.

La continence spontanée est assumée souvent chez les filles entre dix-neuf et vingt-deux mois, plus précocement que chez les garçons car le système digestif terminal et le système urinaire des filles n'a que très peu de références neuro-sensitives avec le système génital. Chez les garçons, la continence diurne survient entre vingt-quatre et trente mois. Ceux-ci confondent longtemps le besoin d'uriner avec celui de déféquer. La plénitude du rectum entraînant l'érection, ils confondent aussi longtemps les sensations génitales avec leur imagination triomphale et avec le plaisir urétral d'uriner loin et fort. C'est que les petits garçons urinent en érection jusqu'au développement d'un petit organe, le veru montanum qui, lorsqu'il se met à fonctionner (vers vingt-huit, trente mois) rend la miction urinaire impossible en érection complète, ce qui intrigue l'enfant qui d'un jour à l'autre s'aperçoit de ce phénomène. Il pose souvent à ce moment une question verbale qu'on ne comprend pas, ou s'exhibe, question muette concernant ce drôle de pénis-robinet devenu sec en érection.

Les enfants des deux sexes sont continents la nuit, spontanément, environ trois mois après l'accession spontanée à la continence diurne.

L'incontinence sphinctérienne chez les humains est un trouble langagier, symbolique d'une erreur éducative au cours des premiers mois de la vie concernant la curiosité interdite pour tout ce qui concerne besoins et désirs restés confondus — et coupables, les enfants qui assument leur sensualité éveillée dans la région uro-génito-excrémentielle, en bloc déclarée sujet tabou par la mère ou lieu sans intérêt.

Les enfants qui acceptent cette façon de voir inculquée par l'éducation précoce confondent désirs et besoins, et restent incontinents jusqu'à un âge avancé, rarement au-delà de la puberté. C'est un cas particulier de névrose obsessionnelle sans autre symptôme qui traduit toujours une immaturité affective et un retard concomitant de l'évolution œdipienne.

Lorsque l'enfant atteint neurologiquement à la sensitivité et à la maîtrise musculaire parfaite de l'image fonctionnelle kinétique anale, ce qui se traduit par la marche délurée et les acrobaties ludiques, l'enfant est capable de continence sphinctérienne à l'instar des adultes, c'est-à-dire qu'il n'a plus besoin de l'odeur sécurisante de ses excréments dans ses couches pour être dans un espace amical. Il advient à la période de continence naturelle et agréable pour lui (et non pour plaire à la mère).

[Ajout n° 5] [201]

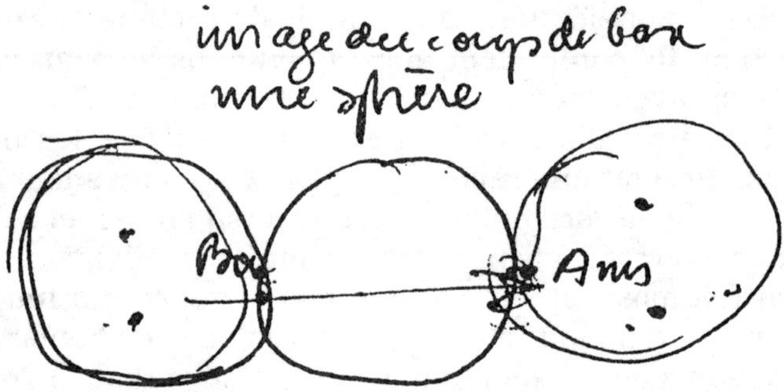

La mère, sphère pleine venant, distributrice potentielle de ce plein, au corps de base affamé turgescent et en état de désir de prendre. C'est la mère et l'enfant sujets-objets, vases communicants. L'enfant voit, sent, pince avec langue, palais, lèvres, ces références partielles de l'objet, le téton de la mère. Rassasié, la mère le quitte.

À ce moment la bouche, dernier lieu touché, les yeux la voient, les oreilles l'entendent, l'olfaction la perçoit à des distances variables qui font l'image de l'espace nuancé par ces perceptions moirées et variantes.

Les excréments s'expulsent et provoquent perceptions tactiles et olfactives, mais dans les perceptions reçues de la mère seulement provoquent à l'enfant des perceptions auditives et visuelles quand elle le change.

L'agréable et le désagréable des attitudes maternelles informent la sensibilité de l'enfant concernant son fonctionnement excrémentiel et son résultat urine et fèces quant au désir; alors que satisfaire les besoins soit pour lui toujours agréable, le désir qui est la communication du sujet dans le bébé au sujet dans la mère se nuance des expressions visagières, vocales et motrices de la mère selon ce que l'enfant lui fait ou non voir à son siège.

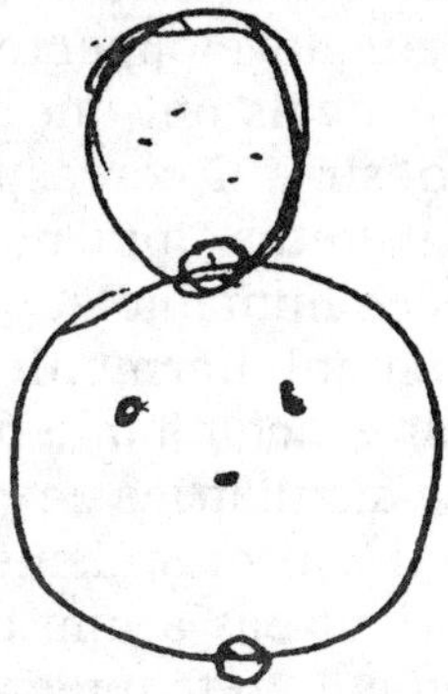

C'est la psychanalyse qui nous en apprend là-dessus quand une femme fantasme librement sur ce qu'elle éprouve en donnant ses soins de toilette à son bébé en comparant ses sentiments, ses répulsions, son plaisir selon les périodes de la vie de ce même enfant ou en comparant ce qu'elle éprouve à l'occasion de ces mêmes soins selon l'enfant.

[Ajout n° 6] [202]

La question posée au départ de ce travail — qui parle à qui (et à quoi, de qui) — nous confronte à ce qui dans un être humain désire échange et communication.

S'il s'agit d'un être humain qui, sans un autre, ne sent pas son corps complet et autonome dans la maîtrise et la conduite de lui-même, dès lors ce qu'il recherche dans autrui, du fait du niveau de son image inconsciente du corps, ce n'est pas seulement un échange et une communication de pensées et d'émois qu'il désire mais, encore que cela existe toujours car c'est l'essentiel du désir humain, c'est encore sur le mode des besoins un troc ou une coaptation imaginaire, co-corporelle, visant à lui donner par une complémentation substantielle attendue de son interlocuteur, non seulement un objet partiel de fonctionnement (analogue à un réconfort alimentaire) mais une adjonction à ce qui, dans son corps propre, semble lui manquer pour être en sécurité existentielle.

La psychanalyse des enfants psychotiques et phobiques — qui sont demeurés à l'insu de tous, à un niveau d'élaboration inconsciente de leur image du corps en deçà du niveau de l'âge de leur développement physiologique — nous a permis de voir qu'ils ont une image archaïque du corps quant à leur désir qui correspond à celle qui est concomitante de tout fœtus, tout nourrisson, tout bébé ou tout petit de l'espèce humaine et qu'ils dépassent dans le cas de développement harmonieux psycho-somato-social, [image] qui est concomitante de la dépendance au corps et à la vigilance auxiliatrice de l'adulte tant nutritive que tutélaire sans qui son organisme non seulement ne survit pas mais n'advient pas à une connaissance de son corps propre dans son entièreté intègre assurée puis à une maîtrise du langage interrelationnel des besoins de son corps devenu autonome et accédant à la symbolisation dans le langage.

Le fait que les potentialités de communiquer par des sons — la parole — survient après le sevrage et se développe alors que les enfants n'ont pas encore atteint à la connaissance de leur sexe génital et des désirs qu'il sous-tend, apporte confusion dans le sens des mots employés dans les échanges avec la société des adultes car les mots n'ont pas le même sens selon l'image du corps inconsciente de celui qui les emploie[203].

La focalisation du désir génital à un âge où le corps des enfants n'est pas fécond et où ils dépendent encore en partie de la tutelle de la protection et de la dépendance en société de l'assistance auxiliaire des adultes permet à ceux-ci dans de nombreux cas de considérer les petits comme un prolongement de leur propre corps ou un objet de possessivité et vice versa pour l'enfant qui s'informe de l'exemple des adultes en tant que préfigurant sa stature future. Dans le cas d'adultes père et mère autonomes dont le désir génital est vécu entre adultes et dont les désirs créatifs sont réalisés en société, l'enfant est dans les meilleures conditions pour se développer sainement dans la loi de l'interdit de l'inceste qui dynamise ses pulsions vers leurs symbolisations et sublime en amour filial ce qui de son désir a renoncé à la dépendance et à la possessivité vis-à-vis de ses géniteurs et co-engendrés[204].

Néanmoins des épreuves de séparation du corps à corps l'enfant/sa mère avant que l'enfant ait atteint, lui, la connaissance de lui-même au contact de toute personne autre qu'elle sans perdre l'acquis symbolisable avec elle peuvent traumatiser l'enfant indépendamment de toute cause névrotique parentale.

La psychanalyse nous a permis de comprendre que ce qui caractérise l'être humain doué de la fonction symbolique, c'est son désir, né de la disposition naturelle primordiale dans cette espèce vivante à la communication interpsychique et cela, dès la vie fœtale, disposition parallèle à l'existence dans son corps de besoins. La fonction symbolique est liée au phénomène du langage qui, à partir du corps, manifeste une communication interpsychique qui jamais — comme le sont les besoins — n'est apaisée par le seul fait du corps dans son organicité[205].

La satisfaction émotionnelle, un temps concomitante, jamais étrangère au corps, ne peut pas se confondre avec les besoins qui pourtant lui sont à l'origine articulés dans les échanges interpsychiques de la relation première de l'enfant humain à son père et à sa mère.

Ainsi l'angoisse de castration découverte par Freud [est liée] au moment qu'il a [désigné] comme le complexe d'Œdipe (angoisse de mutilation des gonades reproductrices), quand le désir de l'enfant se heurte à l'interdiction de l'inceste entre cinq et sept ans. [L'Œdipe] a été découvert par Freud comme le moment nodal de l'organisation symbolique de la personnalité en tant que sujet semblable dans ses droits et devoirs en société à tout un chacun de son sexe et c'est l'amarrage du désir génital à la puissance du langage créatif, au sens large du terme, de sa personne en société.

La suite des études cliniques des psychanalystes ont permis de comprendre qu'à chaque étape du long développement du fœtus au grand enfant, le renoncement à un mode de vivre du corps de l'enfant en dépendance naturelle de moins en moins nécessaire au corps de l'adulte auxiliaire fait que l'accession de son corps aux possibilités nouvelles de son autonomie modifie l'image inconsciente antérieurement modelée sur le modus vivendi de ses besoins et que le sujet symbolique, mémoire du passé, souffre une castration à un lieu érogène de sa relation au corps de l'autre. Cette souffrance provoque (...)[206] aux pulsions du désir la découverte de nouvelles possibilités pour l'être [par-delà les] besoins, des modalités de relations interpsychiques nouvelles correspondantes qui rapprochent la conscience de soi que prend l'enfant de l'accès au modèle adulte dont sa mémoire anticipée préfigure à ses yeux sa stature future.

C'est ce qui a conduit les psychanalystes, à la suite de Freud qui en avait eu l'intuition sans encore pouvoir en détailler l'étude, à découvrir le rôle structurant symbolique du sevrage, lequel conduit le sujet à la relation mimique puis parlée d'interéchanges de désirs qui s'instaure à l'envi des semblables qui communiquent à distance des corps. Son système nerveux s'achevant, il parvient à la motricité, puis à la marche puis à l'indépendance dans l'espace tandis que la continence (naturelle à tous les mammifères supérieurs) s'installe ou non selon que, quant au désir, l'enfant et l'adulte acceptent ou refusent la privation d'assistance mutuelle pour les satisfactions de besoins excrémentiels, auparavant accompagnés de plaisirs tactiles et émotionnels dus à la proximité des zones érogènes génitales, des zones utéro-excrémentielles.

La symbolisation dans le « non » verbal de l'autonomie excrémentielle et motrice — si l'adulte tutélaire en tolère l'expression — permet à l'enfant d'accéder à son autonomie, et d'intégrer la maîtrise de son autonomie dans l'espace et dans le temps pour tout ce qui concerne ses besoins et leurs rythmes à sa convenance. Alors, son désir de communication interpsychique en ce qu'il n'est plus accolé aux exigences des besoins dans une modalité maintenant révolue, peut s'exprimer dans un faire ludique pour lui-même avec tous les objets et tous matériaux à sa disposition, à l'envi du comportement à leur égard qu'il observe chez les adultes auxquels il brigue de ressembler.

C'est lorsque advient à l'être humain la primauté dans son corps du seul désir qu'il n'a pas encore dégagé de l'orbe triangulaire de sa sécurité psychique — père, mère, lui-même — et qu'il sent sourcé dans le lieu du sexe, que la société des humains impose à ce désir génésique l'impossible satisfaction sexuelle et procréatrice incestueuse.

C'est la malvivance de ce renoncement qui a fait l'essentiel des recherches psychanalytiques des névroses avant qu'on ne se soit, par la méthode instaurée par Freud, occupé des névroses infantiles.

Ces années dernières l'importance des recherches des psychanalystes d'enfants, de ceux qui se sont occupés des accidents aigus de déstructuration symbolique des psychoses ainsi que les recherches concernant le langage des troubles fonctionnels somatiques chez les adultes sains d'esprit, ont attiré l'attention sur le rôle inclus dans le langage tant de nos organes viscéraux que de nos systèmes d'organes qui peuvent perdre leur silencieuse harmonie pour des causes émotionnelles interdites d'expression par le sujet lui-même, théâtre de régressions partielles ou de mutilations fonctionnelles dues à des processus endogènes intrapsychiques. La période pastorienne qui avait permis de découvrir un grand nombre d'agents pathogènes agresseurs invisibles des organismes vivants a pendant un temps obnubilé la recherche médicale malgré la notion de « terrain » qui continuait d'alerter les médecins sur la disponibilité plus ou moins grande de tel ou tel organisme dans sa relation héréditaire ou géographique à être victime d'agressions microbiennes. Les études actuelles, en n'infirmant pas ce qu'il y a de certain dans les caractéristiques organiques de chacun, a apporté aussi la notion d'engrammes psychiques, dus à la première et la seconde enfance et aux caractéristiques émotionnelles de chacun élaborées dans le langage interrelationnel avec ses premiers éducateurs pour ce qui concerne la solidité ou la fragilité de son organisation symbolique, c'est-à-dire langagière, dans laquelle des résonances au corps propre s'articulent aux fragilités devant toutes les épreuves, qu'elles soient dues à des agressions pathogènes venues du monde extérieur ou qu'elles soient dues à des inhibitions d'autodéfense qui « parlent » par le corps seul de celui qui, par ailleurs, émotionnellement garde son équilibre psychosocial.

Je pense que l'étude de l'image inconsciente du corps contribuera à l'avenir à mieux comprendre ces zones d'absence de vitalité ou ces zones de dérèglement des fonctionnements à effet pathogène qu'on nomme faute d'un meilleur mot, troubles psychosomatiques, et qui seraient mieux dénommés névroses ou psychoses somatiques par échec dans l'expression interpsychique ou créatrice du désir et de sa souffrance chez le sujet qui en souffre. Il est certain que l'inhibition fonctionnelle locale des échanges vitaux permet alors aux agents externes pathogènes de s'attaquer à un organisme en état de moindre résistance.

Comme on le voit, c'est toute une compréhension nouvelle de ce qu'on appelle la santé et la disponibilité à la maladie que permet d'ouvrir à la recherche la compréhension de la structure de l'image du corps et de ses avatars, et ce n'est pas le moindre don qu'aura fait à la science de l'homme le désir douloureux de nos jeunes patients, savants à leur insu de ce qui leur manque pour être et qui permettent aux psychanalystes, à travers la confiance qu'ils leur font d'entendre leur détresse, et, s'ils ne peuvent cependant pas les guérir, de pouvoir grâce à eux comprendre ce qu'il en est de la relativité de leur désir aux prises avec les réalités de leurs épreuves psychiques précoces et élaborer des modalités d'élevage des tout-petits d'où les traumatismes symboliques ne leur seraient plus imposés au nom de la seule santé organique prise comme critère de développement chez les enfants et où la société dans ses institutions sociales viendrait au secours des parents, sans jamais se substituer à eux pour les assister et concourir avec eux à l'humanisation saine, c'est-à-dire à l'autonomisation de corps et à l'éducation langagière du désir de leurs petits au milieu d'autres enfants.

[Ajout nº 7] [207]

Le critère de la santé organique d'un bébé est jusqu'à présent le seul qui ait été considéré en médecine infantile, il s'agit actuellement d'éveiller les médecins, les soignants et les parents à la notion du développement symbolique de l'être humain et de la relation aux premiers objets tutélaires, le père et la mère, développement euphorique et sans brisures jusqu'à l'âge de l'autonomie complète de son corps et de son accès au langage interrelationnel. Il est certainement possible que la société dans ses institutions sociales, éclairée de ces connaissances nouvelles du développement de l'être humain, trouve le moyen de venir au secours des parents sans jamais se substituer à eux et assiste l'enfant, conjointe à ses parents, pour concourir dès les premiers mois à l'humanisation saine des petits en leur permettant de conquérir leur autonomie de corps et de langage au milieu d'enfants de leur âge, pendant certaines heures de la journée, tandis que les parents seraient aidés à comprendre les désirs de leur petit et à savoir les parler et les former en tant que personne à introduire au langage[208]. La plupart des enfants psychotiques ou névrosés précoces ont, dans leur histoire, souffert de séparation du corps à corps à la mère dans les premières semaines ou [manqué] de la présence ludique de la mère et du père autour de leur berceau, pour des raisons qui ne sont pas toujours dues à la carence psychique de ses parents mais à des raisons sociales.

Le spécimen de l'espèce humaine qu'est tout être humain à sa naissance est doué plus que dans toutes les espèces de la fonction symbolique et il est aussi doué d'une mémoire du passé et d'une mémoire préfigurative, si l'on peut dire, de son état futur d'adulte. Mais aucun individu humain ne peut arriver à la symbolisation dans le langage s'il n'y est pas initié par un autre, et c'est la façon dont un bébé et un jeune enfant est initié à la relation interhumaine qui se croise de façon inconsciente à son développement organique au jour le jour. La totale impuissance de l'être humain à sa naissance et dans les deux premières années de sa vie font que le spécimen de l'espèce qui ne connaît que des besoins additifs ou soustractifs concernant son corps, est instruit, en tant que sujet nommé dans le langage par ceux qu'il connaît, à la symbolisation particulière de chaque groupe humain, tant dans le langage verbal que dans le langage gestuel et mimique entre eux. Ce n'est que le langage qui donne à l'être humain le sens de sujet de son désir, alors que ce n'est que dans le corps à corps que le spécimen de l'espèce satisfait ses besoins.

On voit donc qu'il y a un problème de séparation progressive du corps de l'enfant au corps de la mère et du père et que cette séparation progressive permet au sujet d'advenir à la connaissance de lui-même entre ces deux êtres responsables de sa vie, qu'il aime en même temps qu'ils lui donnent de quoi survivre [eu égard à] ce qui lui manque et qu'il ne peut trouver seul. Le désir de chaque individu humain résulte des modalités frustrantes de ses besoins et castratrices de ses désirs dans la prime enfance, mais à condition que tout ce dont il éprouve un malaise soit repris dans le langage et dans l'amour de façon consolatrice de cœur à cœur entre l'enfant et ses parents. L'individu humain est face à l'intuition qu'il a d'exister dans une vérité de parole, inconnaissable d'ailleurs, mais dont la base de cette vérité est de médiatiser ce qui, dans la satisfaction de son corps, a manqué.

La psychanalyse, avec ses éclaircissements sur les origines inconscientes du désir chez l'être humain, n'éclaire que les malentendus et la dette que se doivent de leur désir, en ce qu'il a d'insatisfait, des humains[209]. La satisfaction affective par la parole qu'ils se donnent les leurre les uns les autres de promesses qu'ils attendent les uns des autres. Pourtant, celles d'entre elles qu'ils se leurrent de satisfaire en s'associant les uns les autres par l'entraide, par l'amour, par l'accord sur les lois et les codes de communication qui sont le langage d'une ethnie, suffisent à soutenir de génération en génération leur foi dans l'impossible fiabilité du désir. Celui-ci renaît de ses cendres qu'il tue toujours chez l'être humain et ces désirs consument leur chair à en poursuivre la conquête, si ce n'est d'une façon directe, alors d'une façon transférée, si ce n'est d'une façon transférée sur des objets partiels, alors d'une façon créative, et leur cœur qui est la symbolisation d'un corps à corps impossible, leur permet de se rencontrer dans l'amour. Voilà un peu de ce que je voulais dire et développer par ce titre : « Qui, donc, parle à qui, et à quoi, de qui ? »

ANNEXE 3

Cas cliniques de régression

L'Évolution psychiatrique, vol. III, 1957

Le concept de régression a été exposé et discuté à une des réunions précédentes de cette Société[210]. Je ne parlerai pas ici de ces pertes momentanées d'acquisition, ni de régression de comportement tels des jeux oraux ou anaux chez des sujets bien portants, ni de retraits émotionnels réactionnels, temporaires ou parcellaires, apparaissant chez des sujets atteints de troubles physiques, ou chez des sujets physiquement et socialement bien portants atteints de déficiences intellectuelles.

Je prendrai la notion de régression psychiatrique, c'est-à-dire des cas où la psychiatrie descriptive conclut à la régression pathologique, probablement psychogène, et qui porte les noms les plus divers toujours descriptifs a priori mais marqués aussi de la probabilité de leur non-réversibilité spontanée, c'est-à-dire d'un état chronique joint à une désorganisation psychologique et sociale, incurable spontanément à moins d'un incident toujours espéré quoique non prévisible logiquement, ou d'un traitement qui justifie l'existence des médecins psychiatres et de notre travail ici d'aujourd'hui.

Je ne vous apporterais sans doute pas grand-chose si je vous relatais seulement des cas cliniques de régression; chacun de nous n'en a-t-il pas dans sa mémoire? Si nous nous réunissons, c'est pour que chacun témoigne de son travail et de ses recherches afin d'en faire partager les expériences aux autres.

J'ai pensé un moment vous décrire en cours d'apparition, à l'occasion des traumatismes précoces ou semi-précoces de l'enfance, à l'occasion d'épreuves plus tardives, des régressions se produisant in vivo sous les yeux inquiets des maîtres et des parents. Ces involutions devenant peu à peu graves et irréversiblement fixées sous des névroses plus ou moins graves que les psychanalystes d'enfants et les psychiatres ne voient trop souvent que des années après l'installation des troubles. Or, de simples mesures psychopédagogiques prises précocement peuvent arrêter dans leur involution ces cas bien trop nombreux encore parce que les parents, les pédiatres et les professeurs ne sont pas avertis du groupement des symptômes qui traduisent la probable gravité et la prévisible irréversibilité spontanée de troubles souvent bénins d'apparence à leurs débuts.

J'ai pensé qu'ici, la majorité d'entre vous étant psychiatres et non particulièrement axés sur la thérapeutique des enfants et des adolescents, je devais plutôt vous apporter le témoignage de mon travail de thérapeute psychanalyste en présence des cas psychiatriquement constitués et fixés depuis quelques années. J'ai choisi dans les cas qui me revenaient en mémoire, deux cas de régression particulièrement spectaculaires et soignés, l'un il y a quinze ans — une jeune fille de quatorze ans à l'époque — l'autre il y a deux ans — un garçon de quatre ans à l'époque —, cette longue période de mon travail qui les sépare me permettant mieux — quels que soient les procédés élucidés au cours de la cure — d'assister au cheminement de la personnalité du malade qui se reconstruit au cours du travail psychothérapique avec le même thérapeute, différent de quinze ans d'expérience d'un cas à l'autre[211].

La notion de régression implique pour celui qui s'en sert la notion implicite antithétique de progression et la possibilité entre les deux d'états de stagnation plus ou moins longs. C'est que tout être vivant allant de sa naissance à sa mort, est vu de l'extérieur par l'observateur comme s'il suivait un schéma préétabli de croissance et d'accomplissement conforme à son espèce. La notion de régression implique celle d'un cours de la vie, et bien entendu cette notion habite l'observateur, lui-même conscient d'être en un certain point du cours de sa propre existence et pour qui des états ressentis par lui en tant que régressifs sont généralement éprouvés comme fâcheux, et des états de progression ressentis comme désirables. Cette participation émotionnelle, qui joue dans le « contre-transfert » — dont on parle beaucoup en psychanalyse (avec aussi, je ne sais pourquoi, une mine un peu répréhensive ou critique) — est aussi nécessaire dans une conférence où ce sujet est traité. Et aujourd'hui d'emblée, alors que je vais vous entraîner à l'audition des problèmes que pose la régression clinique, je sais que je vais vous imposer une participation émotionnelle et imaginaire que certains ressentiront régressivante et dont ils se défendront peut-être. C'est à cette défense seule que j'attribue la difficulté pour certains psychiatres d'aborder les psychosés, et pour de nombreux hommes de trouver le contact et l'échange émotionnel avec les enfants. Les femmes ont spontanément plus de facilité pour prendre contact avec les enfants (indépendamment du fait que les enfants ont généralement plus de facilité avec elles). J'attribue ce fait à des facteurs biologiques.

Nous voyons que nous abordons avec ce sujet, que nous le voulions ou non, la notion de biologie et avec elle la notion de santé, des états divers compatibles avec la santé observable par autrui, et aussi la santé ressentie par soi-même. La santé d'un être vivant végétal, animal ou humain implique une régulation autonome des échanges biologiques nécessaires à la conservation, à l'entretien de l'acquis et au soutien dynamique de virtualités d'évolution que consacrent une expressivité perceptible et une résultante fonctionnelle créatrice correspondant à l'âge et à l'espèce considérée. La santé est apparemment plus ou moins résistante quand la marge de tolérance à la variabilité des échanges (en valeur, en intensité et en rythme) est plus grande et compatible avec la conservation de l'autonomie dynamique caractéristique de l'être organisé observé.

Ce qui caractérise l'être humain par rapport à tous les êtres vivants que l'homme peut observer, c'est la relativité de ces critères de santé.

Quant au critère biologique seul, appréciable par l'observation sensorielle complétée par l'observation dite scientifique (des appareils de perception), il conduit à une impasse la médecine et en particulier la pédiatrie et la psychiatrie qui voudraient s'y réduire, à une impasse aussi les médecins qui voudraient s'en abstraire.

Ce qui caractérise encore l'être humain, c'est que le moindre de ses échanges biologiques, appréciable sensoriellement par l'observateur, est relié à sa vie émotionnelle à travers ses représentations imaginaires (décelables ou non) et que le jeu de la fonction symbolique caractéristique de l'espèce humaine entraîne des effets dans l'équilibre de sa santé dont les études de psychologie dynamique recherchent les lois.

Les notions de régression-stagnation-progression, j'oserais ajouter naissance et mort*, termes entre lesquels s'effectue l'observation, sont révolutionnées par l'observation psychologique de l'être humain par un autre être humain rendu aussi réceptif qu'il lui soit possible à toute expression volontairement ou involontairement venue de l'observé, aussi libre que possible pour tout échange symbolique recherché par l'observé en vue de sa récupération dynamique de santé. Je veux parler de l'attitude du psychanalyste vis-à-vis d'un sujet en psychanalyse, c'est-à-dire consentant à ce travail : des rencontres prévues à intervalles prévus, de durée limitée et se répétant un certain nombre de mois.

Il nous faut donc pour l'étude de l'être humain, accepter de n'avoir jamais l'attitude de l'observateur froid, c'est-à-dire « instrument », « chose servant à percevoir », ou alors de savoir que plus nous tentons de l'avoir, plus nous sommes artificiels, c'est-à-dire aliénés à notre authenticité humaine. D'ailleurs, nous ne le savons que trop, cette attitude n'existe jamais quel que soit l'objet observé.

Mais si un être humain se présente à toute étude honnête comme un foyer inconscient et vivant d'intégration de tout son ressenti, l'être humain qui l'observe est soumis à cette même réalité. Ainsi toute étude psychologique est-elle un échange au sens dynamique du terme, et le langage d'ex-

* Les psychanalystes d'enfants font journellement des observations sur les relations émotionnelles de la dyade mère-enfant, au cours de la conception et de la gestation, qui se retrouvent dans le vécu imaginaire des enfants dont on fait la psychanalyse classique et qui apportent, dans des fantasmes revécus dans le transfert, l'expressivité libératoire de processus psychologiques qui les avaient marqués. La mère, ensuite, en donne la confirmation. Quant à la mort, peu d'observations ont été groupées à ma connaissance mais les psychiatres savent tous des cas (et je ne parle pas seulement du suicide consciemment volontaire) où la mort sert d'expressivité à une situation émotionnelle. La continuation de l'intégrité biologique, c'est-à-dire la santé et son autorégulation, paraissait moins valable pour l'inconscient dynamique du sujet que son unité symbolique ressentie imaginairement. Exemples : les morts d'inanition des anorexiques mentaux, les morts des « risque-tout » par angoisse surcompensée, l'évolution mortelle des maladies psychosomatiques.

pressivité du sujet observé sera un échange entre l'inconscient du sujet et l'inconscient de l'observateur, que cela se passe à l'insu ou non de l'observateur.

C'est l'étude de cet échange dans ce qu'il a d'opérationnel sur un être humain en état de régression pathologique qui nous conduit à l'avancement de la compréhension des processus de régression et de leur résolution dans la réapparition des processus d'intégration, de croissance et de progression créatrice. C'est donc à l'étude critique de ma propre compréhension des cas de régression en général, puis à l'étude critique de mon comportement opératoire en cure psychothérapique que je vous convie. C'est à la réflexion sur les processus de guérison au cours de la cure, c'est à la recherche de ce qui est le minimum nécessaire et suffisant dans l'attitude et les échanges avec le thérapeute. Nous recherchons ce qui est spécifique dans la récupération de la personne du malade après la disparition préalable des symptômes de régression et de la situation déréalisante qui les sous-tendait.

Selon mon hypothèse, la régression dans le vécu imaginaire d'un enfant qui tentait d'accueillir favorablement l'apparition d'un puîné* m'avait déjà paru l'élément pathogène des graves perturbations qualifiées réactions de jalousie de frères et sœurs aînés. J'en ai raconté des observations détaillées et, depuis ce temps, j'ai de nombreux exemples de disparition en trois à huit jours de grosses perturbations régressives dues à la naissance d'un puîné, remplacées par des progrès spectaculaires avec de simples directives aux parents, c'est-à-dire sans nécessité d'un long traitement par l'intermédiaire du transfert sur le thérapeute. Ces directives visent à la fois à valoriser la régression comme moyen de contact humain et à dévaloriser le mode d'« amour-identification » propre au Surmoi oral, à soutenir le mode de relations au bébé, caractéristique du Surmoi anal par la justification du refus, tolérer gaiement l'ambivalence nécessaire à l'entourage et aux parents. On voit alors poindre l'organisation œdipienne à Surmoi génital de complémentarité des personnes sexuées différemment, de coopération sociale et émotionnelle avec des personnes de tout âge et des deux sexes, et l'ambivalence faire place à

* « Hypothèse nouvelle sur les réactions dites de jalousie à la naissance du puîné », *Psyché*, nos 9 et 10[212].

une coopération industrieuse à[213] une personne aînée choisie comme Idéal du Moi.

Depuis, et dans de nombreux cas, l'hypothèse s'est précisée de la régression du ressenti du sujet à une image archaïque de son corps, image qu'il n'arrive pas seul à dépasser de nouveau.

J'ai cité ailleurs ce cas d'une fillette de trois mois tombée des bras de sa mère sur la tête et qui présentait une angulation vertébrale, fracture dorsale en bois vert, perte du poids à une livre au-dessous du poids de naissance, perte du sommeil et cœur si rapide qu'il était incomptable. L'enfant ne savait plus téter, ne supportait plus l'approche de l'adulte sans crier; elle survivait cependant encore après quinze jours grâce à des piqûres d'eau de mer mais on restait sans espoir. Cependant, un essai de traitement kinésithérapique d'élongations vertébrales était conseillé. Une sage-femme kinésithérapeute qui me connaissait en avait été chargée et est venue me voir pour me demander conseil. Elle avait vu l'enfant. « Elle a le regard d'un enfant de douze mois et non de trois mois, des yeux angoissés d'un enfant affamé, disait-elle. Elle cherche les yeux de l'adulte, les suit et, dès qu'on approche, elle pleure en geignant comme un tout petit nouveau-né. »

Armée de la seule hypothèse de régression du bébé à l'âge fœtal où la relation à sa mère avait été sécurisante, j'ai conseillé, au lieu des élongations classiques, des postures fœtales très progressivement imposées et gardées en sécurisant l'enfant par des propos cajolants maternels à sonorité élevée monocorde s'adressant à sa personne prénommée. L'enfant a, en effet, supporté assez vite sans crainte la personne qui lui faisait ce traitement biquotidien, puis une seule fois par jour, puis une fois tous les deux jours. En moins de quinze jours, l'angulation vertébrale avait disparu, le sommeil était revenu et le cœur avait retrouvé son rythme normal. Mais il n'y avait aucun moyen de faire boire l'enfant qui ne savait plus téter, ni déglutir malgré les continuels essais de présentation du biberon à sa bouche. La situation restait inquiétante et stationnaire. Or, nous savons que le fœtus tète in utero. J'ai pensé qu'il fallait essayer de se servir du transfert que le bébé avait fait sur la jeune femme en qui elle avait retrouvé une sécurité maternelle perdue, en lui redonnant la sensation érogène ombilicale et qu'alors, peut-être, ayant retrouvé la sensation complète du ressenti fœtal, elle retrouverait la déglutition. Tandis que son infirmière habituelle la maintenait dans la posture fœtale devenue familière, la voix cajolante connue s'adressait à sa personne prénommée, mais en présentant le biberon à sa bouche, et la kinésithérapeute ajoutait une vibration manuelle douce sur la région ombilicale. Aussitôt les dix grammes furent tétés et avalés. On agit de même pour le second biberon deux heures après, tout en relâchant la posture en cours de tétée, et l'enfant était guérie. Il y a huit ans de cela. Il n'y a eu aucune séquelle physique ni psychique.

Une autre fois, je reçois un coup de téléphone venant de loin pour un bébé de quelques jours qui, séparé brusquement de sa mère nourrice partie en clinique, refusait de s'alimenter. L'hypothèse de l'attachement de type olfactif à sa mère m'a poussée à conseiller d'entourer le cou du bébé avec du linge de corps venant d'être porté par sa mère. Le biberon a immédiatement été tété par le petit affamé. Il fallut répéter cette sécurisation à toutes les tétées pendant quelques jours. Au bout de quelques jours, le biberon était tété en l'absence même de toute odeur maternelle.

Vous avez peut-être entendu parler de la poupée-fleur*, invention que je dus à la compréhension de ce que recherchait, sans le savoir, une enfant schizophrène. Cet objet s'est montré très efficace pour un second cas, très différent dans ses symptômes mais semblable pour l'économie libidinale en jeu. Depuis ces deux premiers cas, cet objet s'est montré efficace tant relié à un traitement que donné hors de tout travail psychothérapique, pour la libération et l'expressivité d'affects liés à l'investissement libidinal oral.

Depuis la publication de ce travail, j'ai eu de nombreux témoignages du rôle curatif inespéré qu'avait joué l'objet poupée-fleur mis au contact de schizophrènes asilaires depuis dix et quinze ans, inoccupés et absents, caractériels dépressifs profonds par réaction à un abandon ancien. Il semble que la poupée-fleur rendait au sujet la possibilité de se reconnaître grâce à cet autre, non pas formellement mais projectivement, et de connaître de nouveau des affects alternés de participation émotionnelle et de projection,

* « Cure psychanalytique à l'aide de la poupée-fleur », *Revue française de psychanalyse*, t. I, 1949 et t. II, 1950[214].

affects caractérisant les rapports de personnes à partir du stade oral*.

Que signifiaient ces conséquences en chaîne, les effets restructurants déclenchés par cet objet chez des sujets figés dans des symptômes régressifs profonds et qui semblaient, jusque-là, s'ignorer vivants et ressentant les moindres affects, s'ignorer capables d'être industrieux ou volontairement actifs, qui semblaient sans aucun appétit, sans goût, privés du don de la parole ? Cet objet les rendait « magiquement » aptes à manger, à parler, à agir et cela d'emblée, en quelques contacts, comme s'ils avaient eu apprentissage et entraînement. Tout ce comportement caractéristique de la santé mentale de l'espèce humaine pour leur sexe et leur âge dormait donc en eux à l'état virtuel, où ? Dans un corps imaginaire ? Ce corps imaginaire, retrouvé par l'objet médiateur, comment alors se superpose-t-il à leur corps charnel, s'y articule-t-il à ce corps charnel pour le débloquer, le « déchoser », le « démutiser », le remettre dans le circuit des échanges avec toutes les créatures vivantes de l'entourage ?

Autre observation, ces poupées-fleurs étaient préférées parmi tous les autres objets chez les tout petits enfants, préférées aux poupées animales et humaines jusqu'à un moment de désaffection progressive, vers trois ans révolus, puis de refus méprisant vers quatre ans, chez les enfants bien adaptés.

Ce processus affectif qui se déroulait chez le petit humain observé au cours de son développement spontané, était le même chez le schizophrène adulte qui se reconstruisait à partir de cet objet et à partir de l'époque même où il était régressé, soit d'emblée celle du refus méprisant créatif de lui-même — trois à quatre ans —, soit celle plus archaïque de l'acquiescement exalté de cet ami absurde — l'époque antérieure à trois ans — et entraînant, peu à peu, la phase résolutive du refus actif de l'objet. Il y avait donc un état de santé libidinale résiduelle conservé chez le psychotique derrière le tableau de ses symptômes, une option permanente pour des comportements affectifs restructurants et anachroniques.

L'aspect de régression, au sens pathologique du terme, s'accompagne donc de virtualités progressives intactes,

* Les rapports avec animaux, végétaux et choses sont investis de sadisme.

syndromes d'un temps révolu de l'histoire de cet être humain, et si la vitalité biologique est bonne*, cette désorganisation devrait théoriquement pouvoir être réversible.

L'hypothèse de Freud de la régression par rapport à l'objet et de la régression par rapport au stade libidinal, m'avait mise plusieurs fois sur la voie de l'hypothèse de *la régression du ressenti du sujet à une image archaïque de son corps*, image qu'il n'arrivait pas à dépasser de nouveau parce que la satisfaction (passive ou active) non obtenue dans cette image du corps ne pouvait pas être renoncée sans que le sujet en perde sa notion de continuité, sa sécurité d'exister et ne pouvait pas être satisfaite non plus dans les conditions de sa réalité actuelle.

Actuellement, ma conviction profonde et qui domine mon attitude contre-transférentielle, pourrait-on dire, est la suivante : c'est que la régression est un processus nécessaire à la conservation de la santé dans tous les cas où une épreuve est subie par un être humain qui n'a pas encore acquis des moyens symboliques pour surmonter l'épreuve de mutilation partielle de soi ou celle de la mort d'un autrui qui lui est indispensable, entendons, une épreuve de deuil ou une épreuve associée à l'angoisse de castration ou à l'angoisse de mort.

Il me paraît que la régression est un processus qui conditionne l'éventualité favorable de réunification spontanée biologique et symbolique à la fois d'un être humain menacé ou atteint dans son intégrité symbolique unifiée, hiérarchisée et dynamique, à un moment quelconque de son évolution.

Cette désorganisation ramène le sujet à la recherche d'investissements libidinaux antérieurement acquis et imaginairement conservés toujours sous-jacents, aux investissements plus récents, par la médiation de son image inconsciente du corps[215].

Les psychanalystes depuis Freud, vous le savez, observent des stades successifs d'organisation de la libido : stades oral, anal, génital. Je ne vous parlerai pas des stades encore plus archaïques, objets de mes études, en particulier du stade fœtal ou prérespiratoire, et du stade respiratoire

* Bien entendu, il n'en est pas de même quand la régression est sénile, c'est-à-dire quand tous les organes sont physiologiquement usés. Le vieillard qui retombe « en enfance » est hors du cadre de mon propos; il s'agit de processus vitaux évoluant vers la mort et non d'angoisse de mort ou de castration d'un être en plein essor vital.

olfactif précédant l'installation ressentie du stade digestif oral proprement dit.

Notre corps est à la fois notre centre de références expérimentées et notre centre de sécurité mémorisé et imaginé hors de toute expérimentation actuelle. C'est dans leur corps que les individus dits adaptés de notre civilisation, focalisent l'existence de leur personne. Cette image-représentation de notre corps symbolise le lieu opérationnel et les modalités opérationnelles de notre personne dans ses échanges nécessaires ou contingents de survivance, de croissance, de productivité, de créativité.

À chaque stade de développement libidinal, l'être humain constitue une image de son corps qui est caractéristique. Cette image elle-même résulte de la superposition de deux images dynamiques :

1) l'une, que j'appelle *l'image de sécurité dynamique de base* ou image du corps en repos tonique dont la forme dans son intégrité nécessaire est caractéristique du stade considéré ;

2) l'autre, que j'appelle *image dynamique de fonctionnement* ou d'accomplissement des tensions actives et passives auxquelles est soumise l'image du corps basal, dans des lieux excentrés, les zones érogènes.

Les satisfactions d'apaisement tensionnel à ces zones érogènes se font par l'intermédiaire d'échanges substantiels.

Chacune de ces images se forme relationnellement à l'autre, c'est-à-dire que l'image fonctionnelle du corps du stade oral par exemple, le corps de l'époque fonctionnelle estomac-bouche, ne se connaît comme tel que par la répétition de la faim après son rassasiement suivi d'un temps d'éclipse. L'image basale du corps au repos au stade oral : deux boules superposées et stables, ne se fait que par le retour ad integrum entre les tétées, des sensations de contact à la mère support. L'image de fonctionnement* du corps oral est représentée par des formes incorporantes, formes de réceptacles à remplir par des formes plus petites, formes ouvertes et fermées tour à tour.

D'une autre manière, on peut dire qu'il semble que l'image dynamique du corps se présente sous une forme

* Ou d'accomplissement du besoin de complémentation.

rythmique alternée de masse dense focalisée d'une façon stable dans un centre ou un lieu de centres et d'une masse mouvante en plénitude et en densité ressentie polarisée dans des lieux excentrés, les zones érogènes, par lesquelles un échange énergétique discontinu avec le monde extérieur apporte, en même temps que la possibilité ou l'impossibilité de survivre, la connaissance *d'un soi-même permanent dans un allant-devenant continu, au travers d'expériences discontinues.*

Aux stades archaïques, le soi-même permanent s'établit en rapports de masse à la mère-support, soit stable, soit mouvant suivant les moments et délimitant des surfaces de contacts par les sensations de palper, de préhension, de soins de toilette. Le soi-même continu s'établit par la sensation du cheminement péristaltique de la mère nourriture-bouche à l'excrément anus-mère.

Dans ces deux zones limites du corps digestif, visage et siège, s'opèrent la préhension et l'expulsion de substance qui spatialisent la mère et valorisent en agréable ou non agréable la perception sensorielle éphémère selon la rencontre totalement apaisante ou non en rythme et intensité, en quantité et en qualité, des tensions érogènes et des besoins de complémentation qu'elles sous-tendent.

Ces premiers rapports structurants de personnes s'établissent à travers ces relations partielles sensorielles et émotionnelles. Le voir, entendre et toucher la mère, demeurent, alors que la tension de manger-déglutir est apaisée et que la masse donnant le plaisir érogène disparaît. Cette disparition de la masse consommée est associée au fonctionnel oral. Tout ce qui disparaît est *manger*, tout ce qui demeure est *mère*.

À un certain point de vue, l'image fonctionnelle ou l'image « besoin de complémentation » émotionnelle de l'être humain au stade oral est représentable par une bouche qui cherche la complémentarité du sein; la mère qui attend et reçoit les excréments est elle-même, à ce stade, une bouche à satisfaire.

Une fillette de huit ans, présentant des troubles prépsychotiques de régression, représentait une image de corps correspondant au stade kinétique anal, c'est-à-dire tête, tronc, membres, mais le visage n'avait pas de bouche; le corps, au contraire, n'était que bouches : aux deux seins, à l'ombilic, au sexe et au bout des pieds et des mains. Le comportement de l'enfant était résumable dans le mot de « ventouse » vis-à-vis de tout le monde, sans échange affectif structuré, sans aucun sens esthétique du beau et du laid, caractéristique précoce des valeurs affectives. Elle avait vis-à-vis des personnes des relations transférées de bouche à sein.

Une jeune femme frigide élevée d'une façon extrêmement puritaine, qui présentait un comportement corporel d'une très grande raideur, avec une mimique inexpressive, parlant en remuant à peine les lèvres, au cours d'une psychanalyse classique entreprise pour sa phobie des rapports sexuels et surtout d'une fécondité éventuelle, fit trois fois de suite le rêve qu'elle dévorait des biftecks saignants avec sa vulve. Ces rêves ont immédiatement précédé la disparition de la frigidité et la possibilité parallèle de s'intéresser à faire de la bonne cuisine pour son mari, sublimation orale qu'elle ignorait totalement jusque-là. Peu de mois après, elle s'étonnait de désirer devenir mère.

À chaque stade d'évolution libidinale, l'étude de la double image dynamique du corps : image de base et image d'accomplissement, c'est-à-dire image de masse du centre stable de conscience de vivre et image de polarisation aux issues de tension, se montre très utile dans la compréhension des phénomènes de fixation et de transfert tout au long du déroulement de la vie affective.

Les relations de transfert, en rapport avec la sécurité de base, se font sur des objets-substituts articulés à la mère-support, immobile, portante — lit, voiture, sol, éléments de cadre, nature, maison, mobilier, lieux géographiques —, en général sur les choses, y compris sur le corps du sujet lui-même pris en tant que chose. La conduite latente vis-à-vis de ces objets de transfert de sécurité de base est la dépendance totale. Les relations de transfert de sécurité de base, c'est la dépendance totale. Les relations de transfert de sécurité fonctionnelle se font sur les petites masses consommables ou non consommables ; ce qui ne peut pas s'avaler est chose, ce qui peut s'avaler est aliment.

Les relations de l'être humain à la personne mère et à ses substituts se font par ces moyens oraux. On mange ou plutôt on essaie de manger des bouts de toute chose rencontrée, y compris des personnes. Peu à peu, la mère affective non consommable (et seulement léchable et qu'on ne peut pas déglutir) est la mère affective. On ne la consomme pas avec sa propre bouche de viande, on la consomme avec son cœur. Les échanges symboliques se font par les sons, donnés de la bouche aux oreilles, qui nourrissent le cœur de la mère et de l'enfant. La relation à autrui est narcissique, avec une personne « autre soi-même ». Cette relation affective va se sublimer en partie en s'intégrant à des rapports de corps : embrasser, mordre, serrer dans les bras-mâchoires ; au fur et à mesure que le corps kinétique du stade anal va se constituer, la libido orale continue ses modes de relation toute la vie, s'intégrant peu à peu aux autres modes.

L'accomplissement aux zones érogènes au stade oral est du type de maîtrise par incorporation, possession suivie du laisser derrière soi ; tandis que la relation de transfert de conduite latente entre personnes est, vis-à-vis des objets d'amour, la dépendance totale de masse à masse en identification contagionnante « à l'unisson ». On peut même s'aliéner dans l'autre si l'autre est trop fixement présent, tels ces enfants qui s'aliènent dans un grand ours ou une grande poupée ; les rapports de masse donnent à l'objet inanimé une existence plus importante (plus sécurisée stable) que la masse de leur propre corps qu'ils ressentent plus petite ou, si elle est en égalité de masse, plus instable et mouvante.

La représentation graphique imagée des relations du stade oral se symbolise par le dessin des maisons dans un cadre de nature végétale et cosmique et du bateau sur l'eau. Le style de la représentation support et de la représentation supportée découle des expériences de l'âge oral. Si ces représentations graphiques sont caractéristiques de perturbations émotionnelles projectives, nous savons que c'est dans le transfert de style oral que le travail psychanalytique devra se faire.

Plus tard, la somme des contacts que le sujet a ressentis avec sa mère, est introjectée et naît ainsi son attitude vis-à-vis de soi-même. Qui remplace la mère vis-à-vis du corps ? C'est soi-même s'aimant, soi-même se donnant à manger, se donnant les soins corporels, etc.

C'est déjà une relation d'objet avec mère bonne et satisfaite introjectée. C'est l'autorisation à posséder la nourriture, c'est la réconciliation avec un soi-même appauvri par une situation de déficience ou de besoin, dans une dialectique d'un emboîtement dynamogène, une adaptation parfaite, vitale. C'est cela pour l'adulte, la régression saine et sans blocage au stade oral prévalant dans les épreuves se rapportant à des situations transférées des stades ultérieurs lorsqu'elles apportent une épreuve momentanée. L'enfant, comme l'adulte régressé, représente l'image du corps sécurité, au stade oral, par des boules ou des récipients incluant des boules, des récipients incluant des boudins plus ou moins longs ; cette image jouera aussi un rôle en représentation anale, bien que dans cette représentation, quand la dominante est anale, il y ait toujours une idée de motricité ou de mobilité, ouverture expulsive, fermeture volontaire du réceptacle avec refus de réincorporation, mobilité des formes incluses qui peuvent sortir d'elles-mêmes, surprendre.

Un enfant ou un adulte qui a régressé à une époque non sublimable d'émois du stade oral, représente des formes morcelées et non fermées en modelage ou en dessin, déchiquetées, lui-même toujours ouvert au danger. Plus tard, il fait un corps de deux boules et met du « très méchant » dans une boule qui fait mal sous le ventre et dans la tête (les deux masses superposées).

Au stade anal, c'est la double image dynamique du corps kinétique au repos et du corps dans toutes ses activités relationnelles créatrices. Le corps possède : tête, tronc, membres avec les extrémités, cheveux, oreilles, pieds, mains ; le visage complet en est la représentation la plus achevée. La plus primitive est la forme masse centrale avec un ou deux pôles, céphalique et caudal, et la masse centrale est le point de départ de quatre membres ; très souvent une chose sort de la bouche : pipe, musique, flûte (déplacement vers le haut de ce qui sort pour valoriser le pôle anal fonctionnant). Parfois le sujet imagine beaucoup de bras par projection de l'idée de puissance du corps membré pragmatiquement et chacun de ces bras est fantasmé terminé par une main tour à tour donnant ou prenant selon ses besoins, toujours éloquente. La mère reste la provende qui apporte aux extrémités bouches, les mains sont des pinces avec pouce opposant.

S'il n'y a pas d'échanges avec la mère, de troc de choses, objets, substituts de nourriture datant du stade oral et se continuant au stade anal, il n'y a pas chez le sujet la notion des membres opérationnels autres que le sein et la bouche du stade antérieur. Il sucera son pouce, deviendra inactif et maladroit.

Si la mère lui a montré à trouver avec son corps sa masse de sécurité kinétique à travers les choses, elle lui a enseigné à *faire*, à investir les objets avec l'autorisation de les lâcher, c'est-à-dire de n'en pas être dépendant, à en être le maître et à se déplacer en sécurité par rapport au sol et aux objets préalablement investis comme substituts mère-support, à prendre des initiatives par rapport à tout ce qui lui est extérieur.

La maîtrise de l'expulsion, déplacée du pôle anal à toutes les autres extrémités du corps, permet la diction parfaite dans le langage et l'adresse manuelle.

La maîtrise des objets découlant de la maîtrise des excréments est le mode de sublimation de cet âge et l'acrobatie exaltante est le signe de la créativité corporelle. Elle implique le sentiment vécu d'une indépendance corporelle vis-à-vis de la personne mère. L'image basale kinétique du corps du stade anal : tête, tronc, quatre membres, est en sécurité, quelle que soit sa façon de se conduire vis-à-vis des supports matériels, substituts passifs de la bonne mère qui se laisse kinétiquement maîtriser.

Au début du stade anal, le voir, entendre et toucher la mère demeure dans l'accomplissement, et la satisfaction érogène s'accompagne de l'apparition sensorielle olfactive, visuelle, auditive nouvelle d'une substance expulsée. Tout ce que l'on aperçoit de nouveau est associé au déféqué et comme la mère est déjà associée à la nourriture qu'elle fait apparaître, elle devient associée dans les soins de toilette excrémentielle à une bouche qui fait disparaître la nourriture-excrément fabriquée par l'enfant. Pour l'enfant, et à cause de son vécu digestif, tout ce qui est se mange peut-être, tout ce qui apparaît vient d'être déféqué pour lui — à son intention.

La notion sensorielle de la tension ano-rectale et celle de la forme excrémentielle n'ayant aucune commune mesure, l'enfant admet la possibilité qu'une énorme chose sorte d'un tout petit contenant ou même apparaisse sans raison. La toute-puissance de la mère tient à la fois de l'importance des satisfactions érogènes orales qu'elle a cumulées pendant sa présence, mais elle tient aussi à sa faculté de disparaître entièrement elle-même et de réapparaître semblable, tel un bol alimentaire dans une bouche et un bol fécal sortant d'un siège, aussi intacte que si elle n'avait pas été consommée. C'est à cette particularité de ce stade que s'expliquent les régressions délirantes en contradiction sensorielle avec la réalité génitale, mais en accord avec l'imaginaire oral-anal et compatibles avec la conservation de relations d'adaptation pragmatique car elles sont contemporaines à l'origine des relations magiques à la mère.

Son mode relationnel de corps au corps de la mère se fait sur le style de l'autonomie d'éloignement libre par rapport à celle-ci, de la déambulation délibérée, du « non » à la dépendance pour faire « oui » à l'imitation gestuelle et intentionnelle, « non à mère dépendance », « oui à moi devenant comme papa ou à moi devenant comme maman libre ». La relation de transfert de la sécurité de base du stade anal est la possessivité d'objets dans des réceptacles : valises, boîtes, placards, voitures.

La relation de transfert de la sécurité de fonctionnement s'exprime dans le lancer, le jeu de balle, les jeux de transport, les constructions (avec des morceaux faire des accumulations, trains, constructions, agglomérations hiérarchisées).

En donnant ou en retenant, par continence délibérée, ses excréments à la mère, il se sécurise en la satisfaisant, il découvre la joie de donner.

L'enfant, à partir de ce stade, aime s'identifier à des animaux mammifères, obéissant à leur maître humain, des chevaux montés par l'homme, des mobiles autonomes dont il serait le conducteur. Il aime dresser à obéir, se montrer fort, sportif, « s'articuler » lui-même avec les autres, avoir des rapports de corps : lutte, boxe, jeux corporels. L'insécurité chez l'adulte rigide qui ne peut donner une poignée de main ni danser est enracinée dans l'insécurité des jeux de corps du stade anal, la peur d'un morcellement par fonctionnement qui entamerait l'image du corps sécurité de base.

La hiérarchie verticale de ses instincts obéissant à son chef, symbolisée par la tête de l'homme debout, viendra plus tard et ne vient qu'avec la notion du corps génital et sa période de jeux sexuels : il s'exhibe, il s'intéresse aux formes et aux variations d'aspect de la région génitale, tant chez les animaux que chez les humains, il projette sur tout les notions de sexe.

Quand la notion de verticalité est arrivée dans l'image du corps de l'enfant, il donne un sexe à lui-même, à l'homme et à la femme, mais il n'en donne pas aux animaux qui restent pour lui projectifs de sa représentation au corps kinétique anal non hiérarchisé par une morale, règle socialisée de valeurs de comportements.

Les stades archaïques vont jusque-là. La relation libidinale de maîtrise des objets jusque dans leur destruction néantisante est un des aspects pathologiques d'une tension anale non encore verticalisée ou redevenue archaïque. La relation de maîtrise des objets au stade anal, même dans leur destruction apparente, est toujours sainement au service d'une idée de puissance acquise en vue d'une utilisation pragmatique (et non d'une maîtrise néantisante), d'une modification esthétique des formes préalables.

La maîtrise de lui-même, de son corps basal et de son propre corps fonctionnel, est ressentie comme une identification progressive au parent du même sexe.

Cette identification le mène, avec la notion génitale apparue, à chercher des rapports de corps génital avec le parent de l'autre sexe, dans un mode d'accomplissement dont le fruit serait un enfant vivant, autonome, libre, et non pas, comme au stade anal, une création industrieuse pragmatique passive et incapable d'initiatives.

La zone érogène génitale dans son vécu formel (phallus, testicules, vagin, seins) est associée à d'autres parties du corps déjà investies par les expériences d'objet oral et anal.

Cette zone érogène dans son image fonctionnelle est d'abord conçue selon les modes d'accomplissement ressentis antérieurement satisfaisants. C'est l'origine de désirs sadiques contondants, perforants, arrosants, expulsants, centrés dans la région génitale, cherchant des rapports sexuels. Pour les filles, c'est le mode d'accomplissements sadiques dévorants. C'est l'origine de l'angoisse de castration génitale du garçon ou d'écrasement testiculaire et d'empalements — viols des filles. C'est là que la corporéité imaginaire de soi totalement humanisé et vertical, esthétisé en identification de personne sociale au parent du même sexe, va jouer son rôle ambigu, à la fois la sécurité d'une forme corporelle complète, non aliénable, et la rivalité tout à fait inégale d'après les critères de masse du stade comparatif anal, car tant en masse qu'en efficacité, le corps de l'enfant ne peut rivaliser avec le corps de l'adulte, rival œdipien, encore moins en rapport de procréation avec son géniteur de sexe complémentaire, apanage des adultes achevés.

De plus, l'organisation des pulsions anales et kinétiques s'est faite selon la polarisation éthique de coopération à travers des objets symboliques significatifs de puissance et de maîtrise : le langage parlé est sublimation de relation d'objet, la parole est maîtresse d'objets qu'elle recrée dans l'imaginaire, les créations matérielles graphiques, plastiques et industrieuses sont sublimation d'insuffisance fonctionnelle corporelle, l'industrie est maîtresse de la matière première annulée dans sa forme, mise au service de l'affirmation de puissance et d'esprit d'organisation esthétique créatrice, et le commerce la sublimation des relations d'objet de corporéité digestive, le paiement la sublimation du plaisir anal, la monnaie l'objet de transfert des réserves biologiques et de l'excrément rendu imputrescible et de valeur durable, excrément symbole du travail accompli, c'est-à-dire de la transformation valorisée que l'homme fait subir aux choses pour donner puissance et satisfaction à un autre ou à plusieurs, au moyen de ses œuvres.

Jusqu'à la puberté acquise, les accomplissements biologiques sensoriels, concernant le corps digestif et le corps kinétique, pouvaient toujours trouver à s'accomplir sur des objets satisfaisants, même si dans la vie imaginaire, donc invisible à autrui, le sujet en travestissait inconsciemment l'intentionnalité, c'est-à-dire visait avec les personnes en relation d'objet de type fétichique à la recherche du plaisir unilatéral au lieu de relation d'accomplissement émotionnel simultané, de l'échange à bénéfice réciproque coopératif d'entretien et d'évolution en égalité de puissance. La confusion, à l'âge adulte, du mode digestif fonctionnel de relation interpersonnelle avec l'image sécurité du corps génital se rencontre dans le tableau clinique de la putain et du maquereau.

Avec l'avènement du besoin d'accomplissement sexuel génital, la personne fétichiquement investie en tant qu'objet de son désir par un sujet peut n'être pas du tout en accord de « commerce » sur le même plan, ni émotionnel, ni en image de corps. C'est alors que le libre refus de la personne choisie peut déclencher les régressions en chaîne du type de dévalorisation narcissique de toutes les images du corps (actuelles et antérieures) chez le sujet amoureux. La libido se désintègre des zones érogènes ainsi dévalorisées, le tassement s'arrête parfois sur le plan d'organisation anal agressif : c'est la pulsion meurtrière de l'objet, substitut d'accomplissement génital, ou sur le plan oral agressif avec la perte de cohésion de l'image kinétique humaine. Le délire érotique permet dans ces mêmes conjonctures de conserver le narcissisme biologique lié au corps génital et au corps kinétique socialisé, en temporisant l'accomplissement sans renoncer à l'objet dans la vie imaginaire.

Je citerai deux exemples banals tels que vous en connaissez tous. Une jeune fille de dix-huit ans qui fait une régression schizophrénique parce qu'elle ne peut pas épouser un jeune homme aimé avec qui elle flirtait depuis quelques mois. Nous en avons tous eu des exemples semblables. Il y a refus de cette épreuve. La valorisation de l'objet avait seule valorisé narcissiquement la jeune fille ; son corps génital avait besoin de l'échange sexuel, le coït, et la tension non satisfaite apporte une frustration narcissique mortifère. Cette perte de présence de l'objet lui fait perdre la notion de son corps génital resté fixé à l'amant parti ; elle fait une régression sur l'image de son corps kinétique, elle voudrait soit le changer, le manœuvrer, le détruire, soit être battue, détruite et, ce besoin non satisfait, elle régresse sur la position orale ; elle ne veut plus consommer avec sa bouche la nourriture vide de la présence symbolique du jeune homme qu'elle voudrait avaler.

En fait, si cet échec amoureux au stade génital adulte apparent est traumatisant à ce point, c'est que la structure préalable de la jeune fille montrait qu'elle n'avait pas des rapports affectifs de personne à personne, c'est-à-dire de rapports amoureux de personne sociale libre à personne sociale libre et des rapports de corps fonctionnels génitaux, mais il s'agissait de rapports de dépendance de type de sécurité orale, sans la participation sociale des relations de groupe qui caractérise les situations postœdipiennes, et le mode de relation d'accomplissement était sur le plan fétichique sans échange émotionnel. Elle désirait, dans une relation imaginaire déréalisée, l'absorber ou être absorbée par cet amour. Elle en avait perdu les sublimations créatives anales.

La régression était latente et ne demandait que cette occasion de prise de conscience de la réalité jamais acceptée depuis sa prépuberté faite sur un complexe d'Œdipe non posé entre elle, son père et sa mère, tous les trois ressentis sexués et libres. La chute sur les bases archaïques du stade oral narcissiquement désinvesti, lui aussi, est nécessaire à sa guérison et à sa santé psychique si on veut l'aider à se construire solidement sur les renoncements narcissiques nécessaires des stades archaïques.

Autre cas d'un jeune homme vierge de vingt-six ans mais fiancé depuis l'âge de dix-huit ans et fidèle à sa fiancée jusqu'à la fin de ses études. Son équilibre semble total, il a un corps imaginaire mais pas génitalement humain ; son corps investi n'est qu'un corps du stade anal. Ses sublimations sont de celles du garçon docile et soumis — bon élève. La date du mariage approche, il devient délirant, ne peut supporter l'idée d'une consommation ressentie imaginairement comme destructrice. Il s'enferme, se promène nu dans sa chambre, seul avec sa mère, sans contact avec le monde extérieur. Cette régression aurait été prévisible mais il a fallu la perte du support fétichique, la jeune fille intouchable, symbole de sa virilité intègre. Si son corps doit pénétrer le corps de cette fiancée, il n'est plus en sécurité et la régression se déclenche entraînant des réactions de déstructuration en chaîne.

L'image du corps, à un moment donné de l'évolution d'un être humain, est faite de superpositions articulées des images *passées* de son corps et de l'image *actuelle* en tant qu'elle est le lieu d'intégration en activité des zones de ce corps investies par des échanges structurants et créatifs actuels. L'image du corps est donc toujours une image complexe, organisée et vivante, avec une dynamique de repos et une dynamique de fonctionnement. Tous les objets affectifs relationnels structurants de ce corps sont introjectés et surtout imaginaires dans la dynamique de repos ; ils sont appréhendés comme surtout réels et sensoriels dans la dynamique de fonctionnement.

Ceux de ces objets actuellement indispensables à la satisfaction des tensions érotiques électives et dominantes sont les objets de fixation, positifs ou négatifs. C'est leur disparition ou leur incapacité brusque de satisfaire les tensions libidinales dirigées vers eux qui peut provoquer un traumatisme originaire d'une régression.

L'image du corps en dynamique de repos peut elle-même être atteinte quand un événement fortuit extérieur et contingent, non prévisible par le sujet, vient entamer son mode de relation courant et ébranler par une intensité inhabituelle de sensation, une rupture de continuité dans l'image ressentie d'un lui-même dans laquelle il se savait permanent. L'image du corps ressenti à laquelle le sujet est obligé de revenir pour trouver sa réunification est parfois celle d'un stade si archaïque que la régression peut, dans certains cas, le mettre dans l'incapacité de trouver, dans le milieu ambiant, les objets de transfert nécessaires ou les satisfactions libidinales que son niveau d'organisation archaïque nécessiterait pour retrouver sa sécurité de base.

C'est alors que la désorganisation se continue, de plus en plus chaotique dans sa symptomatologie, parce que les tensions non satisfaites cherchent des issues de déplacement, des passages à l'acte qui entraînent alors des réactions du milieu ambiant semblant illogiques au niveau de régression où se trouve parvenu le sujet et qui ne peuvent que compliquer la situation interrelationnelle du sujet à son entourage qui lui apparaît de plus en plus fantasmatique et d'une espèce dissemblable. On assiste alors à ces gros délabrements de la personnalité, du comportement et même des processus biologiques car les processus biologiques spontanés eux-mêmes sont une résultante symbolique, un langage. Suivant le niveau d'intensité du délabrement et la résultante plus ou moins partielle de conservation des échanges sur un des secteurs de l'activité humaine, ces régressions, ces maladies portent les noms de troubles profonds du caractère, de névroses et de psychoses; on dit, dans le langage commun, qu'il s'agit d'un fou ou d'un malade mental. La première expression est descriptive et s'accompagne des associations aux histoires absurdes qui font rire. C'est un qui s'exclut du groupe et qui ne trouve pas de société, c'est-à-dire de moyens d'organiser ses activités avec d'autres individus. Si d'autres individus le tolèrent, c'est qu'ils sont fous aussi et donc désorganisés et déhiérarchisés. Et la société des gens qui vivent sur unc entente réciproque canalise et administre les fous et malades de l'esprit tels des enfants sans avenir ou des créatures d'une espèce particulière. La notion de maladie de l'esprit insinue de façon ambiguë la peur de la contagion mentale liée au sentiment de culpabilité qu'on a de les évincer de rapports interhumains émotionnels.

L'étude des dessins et des modelages des enfants sains en cours de développement montre la correspondance entre leurs représentations et celles des enfants plus grands ou des adultes atteints de profondes perturbations. Là encore, dans ces représentations projectives créatives, on retrouve la confirmation d'un niveau d'enfance existant dans l'adulte et pouvant réapparaître, dans certaines conditions, presque à l'état pur. Je ne dis cependant pas qu'un adulte régressif est en tous points un enfant ou l'enfant qu'il a été. Il est cela sainement, mais camouflé ou accompagné de toutes les manifestations pathologiques qui servent d'expressions libératoires de ses tensions libidinales d'adulte désorganisé. Mais pour mieux apprécier le niveau de régression et ainsi faire se saisir le sujet par lui-même, dans son authenticité sensorielle imaginaire et alors réflexive, c'est un moyen de travail qui me paraît plein de promesses que d'étudier ces malades à travers leur image du corps telle qu'ils l'expriment dans des fantasmes parlés, rêvés, visualisés ou dessinés et sculptés.

La conduite du psychanalyste est de se comporter en objet dynamique passif ou très peu actif avec qui le sujet accepte ou n'accepte pas le contact, et d'être le résonateur en quelque sorte (j'aime mieux cette expression dynamique que celle de miroir qu'il est pourtant aussi) des expressivités spontanées du sujet dans l'expérience des séances.

L'observation par le psychanalyste de l'expressivité et l'enregistrement de tous ses niveaux entraînera une compréhension du psychanalyste au travers de sa vie imaginaire personnelle concernant son image de corps dans sa résonance à l'observé car c'est le moyen de toute compréhension. Ici, les ressorts de l'imagination du thérapeute sont les éléments propres du langage du sujet : paroles, silences, gestualisations (parfois productions graphiques ou plastiques servant de motivations associatives au langage parlé et mimique de l'observé). De résonateur, la compréhension même muette du thérapeute en fait un catalyseur.

Qui ou *que* s'imagine être le malade lorsqu'il est seul ou lorsqu'il est au contact de son médecin ? *Où* se sent (s'imagine-t-il) être avec lui ? Quel type d'échanges énergétiques fantasme-t-il ? *Quand* ce type d'échanges a-t-il été vécu satisfaisant, avec qui ? *Comment* cherche-t-il une satisfaction de corps ressentie comme un accomplissement nécessaire à l'expression de sa tension libidinale ? Cette attention du psychanalyste constamment en éveil par rapport à ces axes de référence tend à lui faire comprendre le malade dans son ressenti imaginé et à restituer à celui-ci une unité symbolique. Il en résulte pour l'analysé la sensation d'un vécu cohésif actualisé et humanisé par la présence de la personne de l'analyste, témoin participant totalement par son attention et sa bienveillance — et le moins possible par ses manifestations gestuelles et mimiques —, augmentant par ses paroles le sentiment de la cohésion symbolique du sujet.

C'est l'établissement de la situation dite de transfert qui traduit le fait qu'autour de la personne du thérapeute existant actuellement, investie libidinalement d'un mode de relation transférentiel de type quelconque actuel ou archaïque, le plus souvent les deux à la fois, le sujet peut exprimer librement, ou taire librement, ses fantasmes actuels associés à un vécu passé, mémorisé, articulé à sa situation actuelle. L'exactitude ou l'inexactitude des faits remémorés est, on le comprend, sans valeur ici puisqu'il s'agit d'émois qui sanctionnent des ruptures ou des variations du sentiment de cohésion de son unité ressentie ; l'expression symbolique en permet une réintégration. C'est la résonance émotionnelle qui est le fait important. La véracité est accessoire à condition que le psychanalyste n'intervienne pas par un jugement de valeur propre à son contre-transfert sur ce revécu émotionnel, comme s'il le prenait pour un témoignage de faits réels et sociaux, c'est-à-dire jugeables selon des normes de comportement. Il est fort intéressant d'ailleurs, privilège des psychanalystes de jeunes amenés par leurs parents, de constater ce que libère chez ces derniers l'expression transférentielle en séance des angoisses que leurs enfants avaient vécues, liées à leurs propres angoisses maintenant oubliées. On a parfois le témoignage spontanément apporté par ces parents non conscients du rapport de leur dire avec le contenu des séances, des événements réels, je veux dire historiquement appréciables par l'extérieur, qui ont servi de matrice aux événements vécus par le sujet. Pour l'enfant, le traumatisme avait gauchi sa structure en cours d'organisation. Pour les parents, il y avait eu une épreuve douloureuse mais surmontable. Ils s'en souviennent la semaine même où l'enfant a pu abréagir la tension bloquée en lui depuis l'événement traumatisant[216].

Conclusion

La désorganisation de la structure de la personnalité est entraînée par la perte d'un objet de fixation libidinale spécifique qui, au moment de la disparition de l'objet, était nécessaire réellement, sensoriellement, au sentiment de l'existence du sujet dans son corps. En quête de lui-même disparu dans un autre qui n'est pas revenu, le sujet ne se retrouve pas vivant et valable ; une régression soit en valeur, soit en fonction, soit en sensation, s'installe — axée, c'est-à-dire organisable, actualisable autour de la personne du thérapeute, fil d'Ariane vivant que le sujet entraîne imaginairement à travers son histoire. Grâce au transfert, les fantasmes s'articulent à la personne de l'analyste servant, qu'il le sache ou non, d'objet de complémentation fonctionnelle, à un sujet marqué d'insuffisance de sécurité de base ou de sécurité fonctionnelle dans son image du corps actuelle ou archaïque.

Résumons comme suit l'évolution de l'image du corps.

Un être humain peut avoir perdu la notion qu'il a un corps. Un être humain peut considérer imaginairement des parties de son corps comme obéissant à des impératifs concernant d'autres espèces vivantes, ou même des choses, des choses aimées ou des choses détestées.

Une partie de son corps peut, après avoir été imaginairement présente, devenir imaginairement absente, de façon irréversible, soit parce que l'être humain a subi à travers elle des expériences exceptionnelles sur le plan de la sensation, soit parce que des émois la concernant ont amené des tensions d'expressivité sans issue, soit parce que cette partie du corps est intégrée à un langage inconscient de la personne tout entière, chez qui certains affects inconscients ne peuvent pas s'exprimer par des paroles et qui s'expriment alors par un langage somatique.

Il m'est apparu clairement, au cours de mon travail, que les images qu'a de son corps un être humain, sont sujettes à des mutations constantes qui sont toujours profondément significatives. Dès qu'une sensation, et surtout une angoisse, s'exprime, reconnue comme telle par un patient adulte, je la lui fais sur-le-champ localiser dans son corps et en décrire la modalité de sensation, puis associer librement au vécu émotionnel mémorisé en rapport avec ce lieu sursensibilisé. Quand? Où a-t-il éprouvé une sensation semblable ? C'est une chose qu'on oublie trop souvent, que toute sensation exprimée en mots, est inéluctablement reliée au corps actuellement présent et actuellement focalisé, et que la méconnaissance consciente de cette base de résonance qui accompagne toutes les expressions, peut arriver à un mode de relation soi-disant interhumaines, de plus en plus robotiques, de plus en plus abstraites. C'est dire que les mots sont devenus dépourvus de sens pour le sujet qui les prononce, alors qu'il cherche désespérément à prendre un vrai contact avec son entourage. Le retour au vécu actuel corporéisé, pour en donner une représentation imagée verbale, aboutit, souvent, à une représentation spatiale en deux dimensions : un dessin — ou trois dimensions : un modelage. La confrontation à cette autre expression apporte encore des associations libératoires en même temps qu'elle apporte, dans la cure, des aspects immédiatement analysables du transfert, car on en a tous les éléments.

Les enfants expriment spontanément, par le moyen graphique ou plastique, les associations libres qui surviennent dans la situation psychanalytique. C'est ainsi qu'on peut étudier chez eux, au cours de l'analyse et du contact transférentiel à l'analyste, les représentations de leur corps et du corps de l'analyste. Confronter ces représentations avec celles que donnent les adultes, apporte la confirmation que certains modes de relation au monde, que manifestent des névrosés et des psychosés, s'accompagnent de représentations détériorées de leur corps imaginaire ou de représentations archaïques contemporaines d'étapes précoces ou précocissimes de l'organisation de la libido.

On demeure confondu d'admiration devant le génie de Freud, quand on voit chaque jour plus féconde et plus conforme à la réalité observable, sa notion de stades archaïques de l'organisation libidinale et sa notion de régression aux modes d'intégrations révolues, tant dans l'organisation de la libido d'un sujet que dans ses relations d'objets et dans ses polarisations érogènes électives.

Je voudrais esquisser l'évolution de l'image du corps aux stades successifs de l'évolution de la libido — oral, anal, génital, préoral, respiratoire ou fœtal — que les schizophrènes nous permettent d'étudier.

À chaque époque archaïque de l'organisation libidinale, l'être humain constitue, semble-t-il, deux images dynamiques de son corps, deux images dont l'alternance rythmée lui donne la sensation d'exister, d'unité vivante :

1. Une représentation dynamique de base, élaborée à l'occasion des expériences de satisfactions antérieures, image formelle, celle que le sujet ne pourrait envisager diminuée sans en perdre la sensation de vivre, image donnant la notion d'existence spatiale ;

2. Une représentation dynamique d'accomplissement, d'échanges structurants, d'entrée et de sortie énergétiques, image éphémère et dont l'apparition rythmée par les tensions d'échanges, donne la notion temporelle.

Chacune de ces images du corps se construit aux dépens de relations interhumaines dont les premières, pour chaque intégration de l'image d'une étape nouvelle, sont les images dites de fixation.

La perte progressive de celles-ci ou leur dépassement, se fait par l'intermédiaire de leur introjection, l'objet devient intériorisé à l'image de base du stade révolu.

L'image du corps viscéral correspond à la période orale et anale qui précède la marche à quatre pattes. La représentation du corps viscéral oral, puis anal, est faite de deux boules reliées par un cylindre creux, la forme d'haltère.

Dans la relation fonctionnelle à la mère, le pôle céphalique et le pôle caudal sont le lieu d'échanges énergétiques où prévaut la notion de soumission relationnelle de la petite masse à la grande masse. La représentation projective de ce mode de relation souligne cette soumission non maîtrisable ; subsister, y résister, est le seul mode d'affirmation de soi. Exemple : bateau sur l'eau.

À ce corps viscéral sont reliés, au pôle céphalique, des organes sensoriels : yeux, oreilles, odorat, sortes d'instruments radars servant à apprécier les modes d'approche ou d'éloignement de la mère provende et de ce qui lui est associé.

L'image du corps kinétique, prévalant à partir de la marche à quatre pattes, qui se construit autour de ce corps viscéral, sans l'éliminer, est dotée d'une tête, d'un cou et d'un tronc, de quatre membres articulés. La tête est le siège d'un visage à cinq ou sept ouvertures, de dents à la bouche, de paupières ciliées, de mains-pinces avant d'être à cinq doigts, et de pieds à cinq orteils. Cette image se construit à partir de l'âge de la marche autonome. Il est, le plus souvent, vécu projectivement à travers des images animales.

Il n'est pas ressenti verticalisé avant le début de la rivalité œdipienne. Il subit une transition dans sa verticalisation; cette transition est représentable par le cavalier (le centaure des païens, soumis à l'Idéal du Moi, qui orchestre ses satisfactions instinctuelles, tel Apollon sur le fronton du temple d'Olympie, présidant au combat des Centaures et des Lapithes). Momentanément, dans l'image du corps kinétique, la bête fougueuse et obéissante est un substitut du sexe. Lorsque les instincts sont entièrement assumés comme génitaux et non sadiques, c'est-à-dire à un but procréateur, que l'objet est l'objet hétérosexuel parental en puissance de l'autre sexe représenté par un conjoint à la fois légitime, désiré et fécondable, auquel le sujet a, depuis les stades précédents, besoin de s'identifier, c'est alors qu'on peut parler de situation œdipienne.

Tous les niveaux de résonance de l'image du corps, peuvent être vécus dans la relation transférentielle et le sont en effet. L'acceptation de sa viviscence imaginaire, permet au fruit de cette complémentation archaïque, d'être accepté sans la culpabilité inhérente aux situations sensorielles et par-delà l'irréversibilité de temps.

Les expériences de morcellement et de mort sont parmi les plus restructurantes grâce à l'accomplissement imaginaire conduit comme un « travail » symbolique portant un fruit symbolique : soi-même réel, soi-même sensoriellement intègre par-delà l'expérience imaginée de la mort.

Le truchement médiateur de l'expression symbolique de ceux de ces fantasmes qui s'actualisent au cours du temps imparti aux séances de rencontres analytiques, permet au remémoré vécu d'être moins ressenti dangereusement régressif et, en tout cas, de n'être plus régressivant du fait de l'échange actuel — corps présent du médecin, corps présent du malade —, échange socialement validé, et cela, même si le contenu émotionnel est très archaïque. De même, si le contenu émotionnel est progressif, c'est-à-dire conforme à des possibilités encore virtuelles pour le sujet, ces ébauches fantasmées sont-elles aussi déchargées de la dimension délirante du fait du vécu sensoriel et verbalisé avec l'analyste et restituées au sujet en tant que fonction imaginaire structurante. Il s'agit d'une anticipation imaginaire prenant l'analyste comme partenaire imaginaire pour prolonger sans rupture d'image de corps, l'existence du sujet au-delà d'un présent, lui-même articulé au passé, au travers de la réalité sensorielle impermanente des séances de traitement. La mémoire de ces séances reste dans les deux participants et est symboliquement la preuve de l'existence de la personne de transfert et du sujet qui a été, avec elle, en relation fonctionnelle restructurante imaginaire et symbolique et qui demeure, par-delà l'épreuve de la disparition sensorielle, dans le fruit de leur rencontre, symbolisé par le sujet lui-même, autonome et créatif.

Quels que soient les comportements dits régressifs, il m'apparaît donc qu'ils n'en sont pas moins hautement humains et dramatiquement humains, communicatifs, signifiants d'une recherche de cohésion symbolique, même si celui que nous observons se présente à notre observation — je dirai cinématographique — comme un déchet animal ou végétal.

ANNEXE 4

À la recherche du dynamisme des images du corps et de leur investissement symbolique dans les stades primitifs du développement infantile

La Psychanalyse, n° 3, 1957

La personne humaine n'aboutit que tardivement à la connaissance claire de son corps conforme à la matérialité que nous lui connaissons. C'est après la période œdipienne que l'image du corps peut être complète.

Notre corps est à la fois notre centre de références expérimentées et notre centre de sécurité mémorisé et imaginé hors de toute expérimentation. C'est dans leur corps que les êtres dits adaptés, de notre civilisation, focalisent l'existence de leur personne. Cette image-représentation de notre corps symbolise le lieu opérationnel de notre personne. C'est la masse nécessaire pour situer de façon organisée les zones indispensables à notre certitude d'être vivant.

Il semble qu'à chaque stade de notre développement libidinal existe une image particulière qui reste en continuité avec les images des stades antérieurs et des stades suivants.

À chaque stade il existe :

1. *Une représentation dynamique corporelle de base* dont l'intégrité est nécessaire à *une sécurité de base*, de *masse* énergétique, axée sur un centre, ou un lieu de centres, inaliénable pour conserver au sujet la sécurité d'être et de se ressentir la source de besoins.

2. *Une représentation dynamique corporelle de fonctionnement, d'accomplissement des tensions* attractives et répulsives auxquelles est soumise cette masse énergétique. La

représentation d'accomplissement est donc une image de fonctionnement dynamique dans des lieux de polarisation excentrés de cette masse énergétique, ces lieux sont les *zones érogènes*.

Cette image fonctionnelle du corps ne se constitue que si elle est répétitivement liée dans l'expérimenté vécu à la notion du retour ad integrum de la première représentation après apaisement des tensions d'accomplissement de l'échange énergétique aux zones érogènes.

On peut dire que l'image dynamique du corps se présente toujours sous une forme rythmique alternée : de masse focalisée dans un centre ou un lieu des centres et de masse polarisée en des lieux excentrés, les zones érogènes, par lesquelles un échange énergétique avec le monde extérieur apporte en même temps que la possibilité ou l'impossibilité de survivre, la connaissance à un soi-même permanent dans un *allant-devenant continu*. Le soi-même permanent s'établit en rapport de masses à la mère conçue comme support et sein, puis aux choses associées à elle. Cette représentation est essentiellement constituée dès la naissance par une masse céphalique et une masse thoraco-abdominale ; puis continuée par les membres et le sexe ; le tout, ou ses parties, sont valorisés par les issues : les centres érogènes. Avec le langage des dessins, des modelages et les associations libres verbales et mimiques tels qu'on les emploie en psychanalyse d'enfant, ces variations d'image du corps, ces lacunes, ces survalorisations des zones érogènes ou des images de dynamisme de base sont constamment observables.

L'hypothèse de la « régression » par rapport à l'objet, par rapport au stade libidinal, m'avait mise plusieurs fois sur la voie de l'hypothèse de la régression du ressenti du sujet à une image archaïque de son corps ; image qu'il n'arrive pas à dépasser de nouveau parce qu'il ne pouvait pas renoncer à cette image du corps non satisfaisante sans perdre la notion de sa continuité, de sa sécurité de base.

Voici l'exemple d'un enfant de trois mois. Cette petite fille était tombée sur la tête, en échappant aux bras de sa mère qui la tenait. Il en résulta une fracture en bois vert du rachis avec angulation vertébrale. En quelques jours le poids de l'enfant fléchit, tomba à une livre au-dessous de son poids de naissance ; l'enfant présenta des troubles du sommeil, son pouls devint rapide, incomptable. L'enfant survécut cependant grâce aux injections d'eau de mer, mais il y avait peu d'espoir. On conseilla des élongations, et la jeune sage-femme kinésithérapeute chargée de ce traitement vint me voir. Armée de la seule hypothèse d'une régression à l'âge fœtal, je conseillai des postures fœtales très progressives, tout en sécurisant l'enfant par des propos cajolants et maternels, de sonorité élevée, monocordes. L'enfant retrouva le sommeil, son rythme cardiaque devint normal. Mais cependant elle ne savait plus avaler, ni téter.

Or nous savons que le bébé in utero tète. J'ai pensé qu'il fallait essayer de lui redonner la sécurité maternelle retrouvée par le transfert sur la jeune femme (qui ne la voyait que deux fois par jour, puis une fois par jour pour ses postures), de la lui redonner non seulement par la posture fœtale mais aussi par la sensation associée de la valorisation érogène de l'ombilic. Le biberon fut donné au bébé dans cette posture maintenue par une infirmière, la voix caressante connue, mais une vibration nouvelle douce sur la région ombilicale. Aussitôt l'enfant put prendre et avaler dix grammes. D'autres biberons suivirent et l'enfant était guérie.

Deux exemples particulièrement typiques m'ont orientée vers l'étude des mutations des images du corps. Dans mes recherches avec mes patients adultes et enfants, dès qu'une angoisse s'exprime verbalement, je leur demande d'en définir le lieu corporel qu'elle focalise, le vécu émotionnel associé à des expériences ressenties, antérieures à l'époque actuelle dans cette région sur-sensibilisée. J'ai surtout parlé du cas d'une petite fille phobique de cinq ans[217] dont le cas m'a paru particulièrement riche pour étudier ses images du corps, tant par les mimiques posturales qu'elle présentait que par leur représentation symbolique (en dehors des moments émotionnels intensément vécus) qu'elle donnait du corps humain, de sa personne-modèle, puis de sa mère et d'elle-même.

La première image d'elle-même, sous le nom de Madame Untel[218], fut un cylindre, tel un serpent allongé avec une ouverture à chaque pôle — et deux yeux bouche-anus (fig. *a*). Les mimiques posturales émotionnelles de l'enfant la rendaient ramassée, la tête dans ses épaules, les

Figure *a*

narines fixées à la hauteur des oreilles, figée et hurlant d'un long cri de sirène à timbre fixe.

La seconde image du corps fut la représentation en anneau fermé : c'était la même personne sous ses deux aspects (fig. *b*). Ceci correspondait à sa phobie de lâcher la mère qu'elle enserrait à étouffer dans ses moments d'angoisse. Peu à peu, les images du corps ont évolué : incorporation-expulsion-nidation, etc. Nous avons assisté à toutes les angoisses de rupture de la personne en deux parties sans solution de continuité, du désaxage de la bouche sous un seul œil, caractéristique de l'époque respiratoire olfactive de la sensation du massif facial.

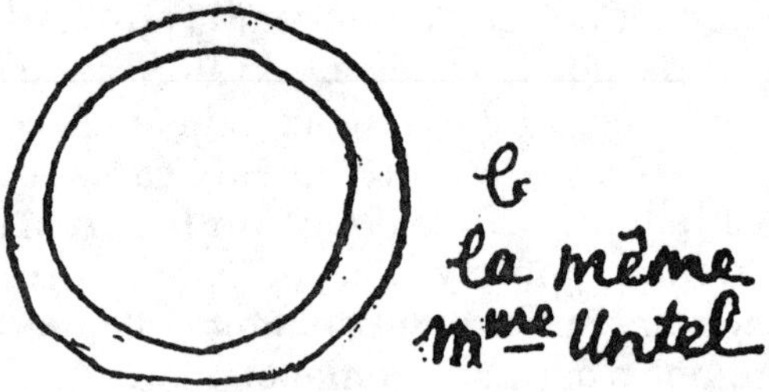

Figure *b*

Chez les phobiques, la prédominance du stade oral et le retour au stade fœtal par angoisse de l'investissement anal domine, ainsi que l'importance du regard dévorant et expulsant inhibiteur. La représentation du corps — quel que soit le stade de conscience de l'image de l'accomplissement libidinal dynamique auquel ils sont arrivés — est infirme par insuffisance de structuration. Leur corps dynamique basal n'est pas ressenti entier sans la participation du contact matériel à celui d'une autre personne, ressentie indispensable à leur sécurité.

Par exemple, la petite phobique arrivant à la notion d'un corps kinétique, pour elle comme pour sa mère, montre deux corps les représentant, mais ne possédant que trois jambes pour deux personnes (fig. *c*).

Un autre enfant se représente lui-même, par la tête, l'autre par le bassin et les jambes à l'envers (fig *d*).

L'image du corps des phobiques me paraît caractérisée par sa participation au corps de la mère (ou de toute autre personne), soit pour le maintien de sa sécurité de base, soit pour son accomplissement libidinal des zones érogènes. Il faut aussi une autre condition à l'éclosion de la phobie. La

Figure *c*

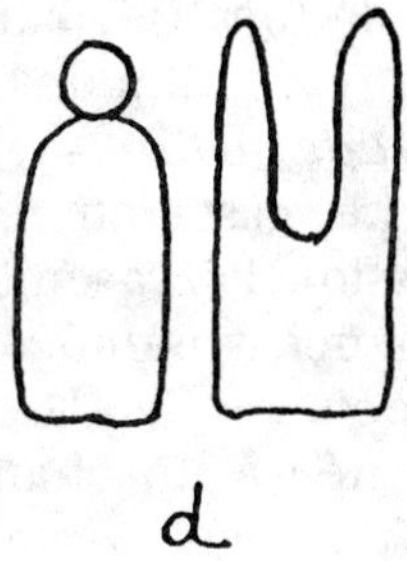

Figure *d*

mère doit avoir été traumatisée par un abandon de son propre géniteur, du même sexe que l'enfant, abandon qui s'est compensé, à la naissance de son enfant, par sa fixation obsessionnelle (attractive ou répulsive) à cet enfant même. Dans certains cas, il y a résonance par l'attitude convergente des deux parents qui constituent un couple narcissique, chacun de ces deux parents ayant besoin de l'*enfant-objet*, pour rester vivant l'un vis-à-vis de l'autre dans les besoins de satisfactions prégénitales, dissociées de leur image du corps génitalisé. L'enfant sert ainsi à être approprié et repoussé alternativement ou rejeté vers l'autre conjoint pour que, en dehors des moments de vie sexuelle génitale, ils puissent rester en contact affectif grâce à la relation rivale ou conjointe à cet enfant, non en tant que personne, mais en tant qu'objet oral ou objet anal dépourvu de liberté d'accomplissement autonome. Dans tous les cas de phobie, le sujet en traitement ne peut s'améliorer qu'au prix de la provocation d'un épisode névrotique, parfois délirant, le plus souvent psychosomatique chez le parent inducteur en question. Il est préférable, sinon indispensable, de traiter les deux personnes simultanément. Cela peut, sans inconvénient, se passer en même temps, ensemble ou non, avec le traitement d'un enfant de moins de cinq ans. Après cinq ans, il est préférable de les traiter séparément, par le même thérapeute ou un autre.

À chaque stade, il existe[219] :

— une *image dynamique de base*, inaliénable, pour la sécurité d'être dans l'espace ;

— une *image dynamique d'accomplissement*, suivi de restitutio ad integrum, relié à la sécurité dans le temps ;

possibilité de focaliser l'angoisse et d'y réagir triomphalement, avec restitution de la sécurité de base.

1. *Au stade fœtal.* — L'angoisse du fœtus amène la déflexion. Le resserrement du cordon, l'exsanguination ou la compression, l'écrasement par une masse dure, constitue une expérience dynamogène réussie de la déflexion, mécanisme de défense fœtale qui, à son maximum, entraîne la naissance liée à un changement de climat ; avènement brusque d'une autre zone de sécurité naso-pharyngienne, continuité de l'audition avec brusque sur-sonorisation.

L'ampliation pulmonaire rythmée remplace la perfusion du cordon.

Lorsqu'il y a un traumatisme du cordon, on peut observer des insécurités respiratoires, des angoisses avec « exsanguination » émotionnelle et des grosses fièvres sans localisation infectieuse (fig. *e*)[220].

Figure *e*

2. *Au stade respiratoire.* Sécurité, ampliation ; zones : trous — narines turgescentes ; oreilles.

La masse thoracique et les trous sont ressentis dans un magma non différencié. Le désirable et l'indésirable sont « climatiques » et sonores. Les projections ultérieures de valeur peuvent se faire en couleur (observation des aveugles-nés) ; confusion yeux, nez, oreilles, bouche.

3. Au cours de l'exposé, j'ai surtout essayé de décrire les représentations du corps et les images dynamiques du *stade oral* (fig. *f*). On peut se représenter le corps digestif ressenti par le bébé comme celui d'un ver qui avance à travers sa nourriture-mère d'avant en arrière — mère toujours support, et répétitivement consommée-repoussée. La sécurité d'accomplissement de ce corps est dans l'ouverture d'une « pince » incorporante et d'une ouverture-poussée décorporante. Les deux zones érogènes, céphalique et caudale, sont discontinues au point de vue temporel et spatial par rapport à ce qui devient la mère-provende. La sécurité de masse basale de ce corps est supportée dans le péristaltisme de

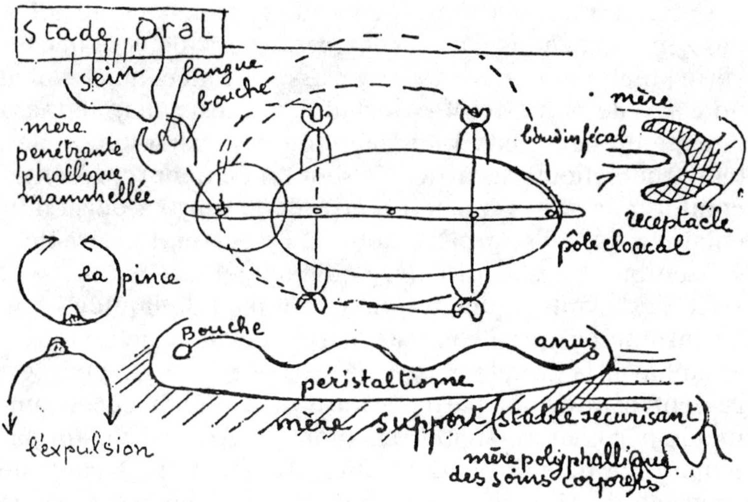

Figure *f*

bouche à anus, avec continuité temporelle et progression spatiale insensible, relativement à la mère devenant l'acception symbolique support. Elle est le support d'une image constituée par une masse céphalique dure, siège d'ouvertures — nez, yeux, oreilles, bouche — d'un phallus-langue et d'une masse thoraco-abdominale molle mais ferme, nantie d'ouverture, elle aussi. Toute insécurité venue de la mère « support » va se traduire par une intensification de la tension fonctionnelle, c'est-à-dire du besoin compensateur de la mère-nourriture. Ce besoin entraîne une intensité plus grande dans sa relation à la mère expulsée, « mère-caca ». Tout dérythmage de la satisfaction fonctionnelle avec mère-nourriture va provoquer dérythmage de l'expulsion et un besoin continu de surcompensation de la mère-support. L'*allant-devenant* (sorte de prééthique, de « ressenti bon ») est le corps tout entier, rapprochant toutes les parties distales (ressenties par le contact des téguments à la mère-support) de la bouche (ressentie centrale), pour les y incorporer, d'où le mode de motricité de cet âge oral : pince qui pétrit et avance.

Le couple sein-bouche fait co-naître l'enfant à sa mère et naître l'enfant à ce qui reste de sa mère quand elle n'est pas là, c'est-à-dire lui-même, sa bouche, sa langue qui très vite repousse le sein après réplétion de l'estomac, son abdomen siège de cheminement péristaltique du bol alimentaire mère. C'est du deuil de la présence de la mère nourrissante que naît la mère porteuse de la masse (sans actualisation des zones érogènes) : cette masse, qui sera, dans sa découverte kinétique passive et active, associée au contact global du corps de la mère (et parcellaire par ses soins) donnera l'image du corps basal du stade ultérieur anal-kinétique : tête, tronc, membres articulés sont finalement représentés comme parallèles au lieu d'être dans un axe perpendiculaire à l'axe de la mère debout. Le ressenti désirable à consommer (c'est-à-dire avec quoi on peut « échanger » et vivre), est symbolique du « mou » donnant du liquide « bon à consommer » par la bouche, partie liée de la petite masse enfant avec la grande masse mère. Le « bon à déféquer » est ressenti comme une partie ferme de soi, attendu et consommable par la mère-support, la mère-nourriture n'étant pas toujours là pendant la défécation. Les soins maternels de propreté du siège sont ressentis comme des caresses de bouche à joues et bouche à bouche du pôle caudal ; la fonction bouche prenant le sein turgescent est pour l'enfant une résonance associative vécue avec les mains de la mère prenant le boudin fécal.

L'angoisse, observable aisément, de la première et de la seconde défécation après la naissance, ressentie insolite parce que jamais vécue au stade fœtal et associée à l'expulsion-naissance, a fait place à la sécurité de l'échange avec la mère. Les affects de la mère et son attitude symbolique devant les excréments et les soins corporels du siège du bébé sont à l'origine du narcissisme anal, c'est-à-dire de sa sécurité aussi grande dans le fonctionnement que dans le non-fonctionnement de cette ouverture expulsive anale, ouverture associée par sa localisation à la face d'en bas (la lune), et, entre ces deux pôles, le ventre bien fermé, nidé, chaud. L'« appétit dévorant » d'une mère anxieuse des selles, ou qui se précipite pour lui en ôter la sensation tactile agréable sans la compensation des soins affectueux maternels sont, semble-t-il, ressentis comme si le siège devenait tout entier un objet de la convoitise dévorante de la mère. L'angoisse de castration joue alors sur l'inhibition à « pousser », inhibition du péristaltisme ; « coliques » ou constipation peuvent être la traduction de ralentissement vital dynamique dans le corps digestif. Elle s'accompagne d'une tension compensatrice dans les zones de polarisation associées par l'usage de les mettre dans la bouche (ressenties phalliques-orales), sensation de poussée avec boules dures non expulsables dans les diverses « extrémités », dans les oreilles, la tête, les bouts des doigts que certains schizophrènes, pour se sécuriser, doivent coiffer de grosses boules de pâte.

L'absence de la mère connue pour ses soins maternels vers quatre à cinq mois est surmontée par les jeux de mains, sortes de bouches prenantes sur les excréments, et par le jeu rythmé de l'articulation sacro-iliaque, corps-prenant sur la mère, fantôme insaisissable, accompagné ou non du chantonnement sur deux tons. Lorsque cette attitude réactionnelle à l'absence n'est plus satisfaisante, le sujet retourne à des représentations vécues avant le stade oral, je veux dire les images dynamogènes du corps respiratoire et fœtal. La sortie des dents marque l'avènement d'une sensation de dur non expulsable en facilitant, ou interdisant, le jeu de la pince-bouche, selon les réactions de la mère nourrissante ; mordre le sein fait mal à l'enfant lui-même ; mordre tout autre objet ne fait pas mal, sauf si cet objet est une partie de son propre corps.

La notion du *fort*, éthiquement désirable pour le stade anal, naît, fort par rapport à l'objet d'incorporation ou d'expulsion, plus fort que cet objet.

Paroles-sons — brisés-articulés, discrimination du non-corps insensible, par rapport au corps-*moi*, sensible à ce fort[221].

La séparation dentale volontaire — l'avènement de la marche, puis l'image kinétique du corps, couché ou debout, qui se détache de l'image kinétique de la mère par coopération, d'abord en miroir, puis en substitution, et finalement le *tu* et le *non*, suivis, peu après, du *je*, avec avènement de l'image complète du corps anal et de l'ébauche de la sensation du corps génital entièrement orienté par la situation à trois personnes kinétiques et génitales entières elles aussi.

(Résumé de l'auteur.)

Discussion de la conférence de Mme Françoise Dolto (Séance scientifique du 4 décembre 1956)

Au cours de cette discussion sont intervenus : J.-P. Valabrega, D. Lagache, J.-L. Lang, F. Perrier, J. Aubry, R. Bargues, W. Granoff.

J.-P. Valabrega discute d'abord la notion de *stade respiratoire olfactif.*

La question qui se pose est de savoir si on peut parler de *stade* en ce cas. C'est un problème de génétique, de phylogénétique aussi, car on se souvient que Freud a tenté d'expliquer la verticalisation de l'homme par un refoulement des sensations olfactives (cf. *Malaise dans la civilisation*[222]). Mais Freud rattachait cela à l'érotique anale, tandis que la discussion des observations de Mme Dolto fait situer le débat entre olfaction et oralité.

On peut en effet concevoir un stade respiratoire au moment même de la naissance et dans les quelques heures qui suivent. Mais alors se présentent plusieurs questions :

— Quel peut être à ce moment le rôle des sensations olfactives, comme d'ailleurs de toutes autres sensations ou perceptions ? On connaît peu de choses à ce sujet. Certains observateurs en nient purement et simplement l'existence.

— Peut-on parler d'un espace olfactif dans le sens où l'on parle d'un espace buccal ?

Il me semble qu'on devrait étudier ces questions à l'aide des notions d'auto-érotisme et de narcissisme, plus nettement que ne l'a fait Mme Dolto. Je veux dire qu'on devrait faire, de l'étude approfondie de la distinction entre auto-érotisme et narcissisme, au point où Freud l'a laissée, la condition préalable d'une tentative pour établir un stade primitif antérieur à l'oralité.

Notons d'ailleurs qu'olfaction et oralité pourraient toutes deux se décrire et s'interpréter en termes d'oralité, à l'aide du concept d'incorporation, par exemple. Ce qui supprimerait la nécessité du recours à un stade respiratoire.

Autre question : que veut dire exactement Mme Dolto lorsqu'elle parle d'angoisse du fœtus ? Est-ce une angoisse ressentie hypothétiquement *par* le fœtus, ou est-ce l'angoisse ressentie par la mère *pour* le fœtus, ou fait-on l'hypothèse d'une transmission de l'angoisse, de la mère à l'enfant, par voie ombilicale ou par toute autre voie ?

Ceci amène à d'autres questions sur un autre point : la notion de *sécurité*. Cette notion, ainsi que celles connexes de sécurisation, de masse sécurisante, de sécurité de base, joue un rôle important dans l'exposé et également semble-t-il dans la technique de Mme Dolto. Elle insiste sur la sécurité de base aux deux stades fœtal et respiratoire qu'elle cherche à introduire. L'angoisse de base correspondrait à la perte de sécurité. Il y a là des idées qui se rapprochent de certaines conceptions de Karen Horney[223].

Ici il s'agit plutôt d'une critique que d'une question. Je crois que la notion de sécurité est *génétiquement anticipée*. C'est-à-dire qu'elle est trop élaborée culturellement pour s'appliquer à la description des stades très précoces. La notion de sécurité vient remplacer les notions plus classiques de satisfaction et de plaisir; et il ne faut pas oublier que le déplaisir n'est pas l'angoisse !

Prenons par exemple l'interprétation du bercement, telle qu'on la fait parfois aujourd'hui, et telle que Freud l'a faite dans les *Trois essais*. On ne passe en réalité ni si facilement, ni si logiquement du fait de secouer l'enfant dans les bras ou dans le berceau à l'idée de sécurité. Tandis que Freud expliquait les effets du bercement par le plaisir lié à une excitation mécanique.

Avec la sécurité, nous touchons à des sentiments *sociaux* qui sont d'apparition plus tardive : selon les observateurs au huitième mois, ou entre le sixième et le huitième mois; en tout cas pas avant le troisième mois. Par conséquent ici la conception de Mme Dolto me semble davantage centrée sur la mère que sur l'enfant.

F. Dolto répond qu'il est difficile d'étudier sans se projeter. On ne peut pas faire abstraction de la personne qui observe. C'est pourquoi la première observation n'est jamais scientifique en psychologie.

En ce qui concerne le stade olfactif, F. Dolto rappelle l'observation du nourrisson de trois jours qui ne pouvait plus téter, et qui reprit de la nourriture lorsqu'on alla à la clinique chercher du linge de corps de sa mère. L'olfaction va jouer ensuite toute la vie à chaque stade à condition qu'elle n'ait pas été culpabilisée dans l'éducation. Elle reste bonne même dans la situation œdipienne. L'expression « être en odeur de sainteté » exprime le rôle joué par l'olfaction dans le Surmoi, dans l'Idéal du Moi.

Elle rappelle que Jean Rostand, relatant des expériences génétiques récentes, dit que les goûts ne sont presque pas éducables, il remarque leur précocité et l'interprète comme une fixation des goûts héréditaires qui passent avec les gènes (expériences de discrimination de certains goûts de produits très dilués dans l'eau).

Ainsi les trous du nez du nourrisson représentent une *zone érogène.* Tout besoin, tout plaisir sont liés à la présence de la mère. On ne peut dire par contre que le non-plaisir est lié au fait de ne pas sentir la mère : s'il n'y a pas d'odeur de la mère, il n'y a pas d'enfant[224].

Pr Lagache. — La composante olfactive ne peut être dissociée de l'éducation. L'éducation nous apprend à aimer des odeurs pour lesquelles nous n'avions que dégoût.

D'autre part, le Pr Lagache conteste l'existence d'un stade olfactif, qui pour être individualisé devrait comprendre des caractéristiques propres : une zone érogène, un objet électif.

Mme Dolto nous a présenté l'objet retrouvé dans un contexte olfactif. Je remarquerai qu'avant de parler de stade il faut plusieurs observations. En outre, quand on parle de stade, on passe d'un registre historique à un registre naturaliste. Le stade olfactif de Mme Dolto se situerait en somme entre le stade fœtal et le stade oral. Au stade oral on observe chez le nourrisson des érections mais la relation orale prédomine. La systématisation de Freud correspond à une vue sur une norme de développement. Si l'on peut parler d'exubérance olfactive, on ne peut pas parler d'un stade olfactif.

D. Lagache cite Condillac : la statue qui s'éveille et respire le parfum d'une rose devient elle-même odeur de rose.

Ce qui compte c'est l'évolution et le changement des relations du sujet avec l'objet : il faut parler de mode incorporatif et non pas distinguer les stades olfactif, respiratoire, buccal. On s'égare dans un éparpillement et on perd l'essentiel : la relation du sujet et de l'objet.

Il s'agit bien là d'une expérience opérationnelle. Mais quand on veut passer de l'expérience à une conceptualisation, on se demande alors s'il s'agit là d'un naturalisme ou d'une mythologie anthropomorphisante. En quelle relation avec les stades naturalistes les processus par lesquels l'être humain passe d'une image statique à une image dynamique se trouvent-ils ?

Au Pr D. Lagache, **Mme Dolto** répond en défendant l'existence d'un stade olfactif :

Il y a une image du visage se rapportant au stade olfactif qui succède au stade fœtal où le dessin ne figure ni les yeux ni la bouche.

Tandis que le dessin se rapportait au stade olfactif, le nez, les oreilles et la bouche sont à un carrefour tel que c'est ça qui demeure chez les enfants affamés : des yeux qui entendent.

Chez les aveugles, les couleurs sont des sons. Quand ils disent : « Ça, c'est lumineux », cela correspond à une musique qui fait respirer, qui fait être libre.

Quand je dis un *stade*, je parle :

— d'une zone érogène ;

— d'un objet électif qui ne peut pas être remplacé par un autre : la mère ne peut pas être une autre maman ;

— d'une relation émotionnelle symbolique de la relation à un objet.

Tout ceci s'accompagne d'une image totale des expériences narcissiques (et non pas auto-érotiques) vécues, centrées en un point qu'est la zone érogène inaliénable pour que le sujet ne redégringole pas au stade précédent. Le centre narcissique de la période précédente se déplace si l'objet qui lui a donné des satisfactions ne le décentre pas par rapport au stade précédent.

Le premier être aimé n'est remplacé qu'à la condition qu'il ne soit pas parti avec toute la charge érotique du sujet.

J'entends par :

— objet électif : telle odeur de mère, telle odeur de nourriture ;

— objectivation : quand l'enfant prend quelque chose et l'attaque pour l'attaquer.

Quand je parle d'objet, je parle d'enfants qui restituent une situation vécue dans une certaine image de leur corps, dans une certaine sensorialité d'expériences qui n'ont pas été valorisées par la mère.

La surimposition érotique se fait olfactive parce que le sujet ne passe pas au stade suivant.

Les enfants qui se tiennent les bras pendants par-devant, les épaules rentrées, les mains rapprochées et ne peuvent plus respirer, vivent tout avec le nez (fig. *g*). Ils n'ont pas la sécurité pulmonaire, ils ont les trous de nez et l'olfaction.

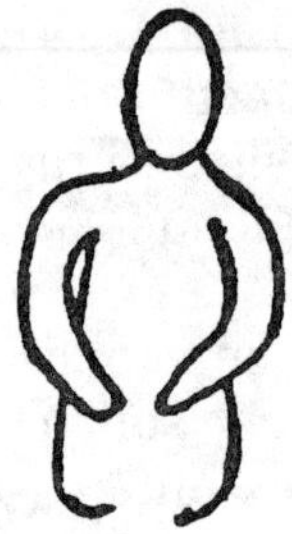

Figure *g*

L'enfant normal n'a plus besoin, plus tard, de l'odeur de la mère parce qu'il a érotisé d'autres organes.

F. Dolto veut pour preuve la psychosomatique des tuberculeux. La désérotisation pour eux d'une image du corps attaqué, le fait même de vivre. En verbalisant leur vie avec des notions préorales, la tuberculose peut guérir parce que l'image du corps est rendue à un stade antérieur à l'oralité.

Un psychanalyste n'a pas besoin en général de descendre plus bas que le stade anal, sauf dans les cas cités plus haut. Alors le sujet atteint un stade antérieur, un stade où il ignore que l'autre est l'autre.

C'est de la relation émotionnelle symbolique que dérive une éthique, qui rend l'objet :

— désirable dans les plaisirs ;

— non contradictoire par rapport à la sécurité.

Si, au stade anal, un plaisir est contradictoire par rapport au stade précédent, il perd son éthique. La relation émotionnelle du stade anal comporte une relation à trois qui prépare l'Œdipe.

On m'a dit que « la sécurité remplaçait la satisfaction ». Ceci n'est pas exact quand la désérotisation du plaisir exogène est vécue d'une façon archaïque. L'angoisse résulte de la perte de sécurité du stade précédent parce que le sujet n'a pas la zone érogène au même endroit que précédemment.

Les formes données par des psychosés ressemblent à des amibes. Or, ces malades ont toujours une hyperolfaction. Toute leur intensité libidinale est vécue dans un corps olfactif. Ces sujets refusent l'incorporation. L'amibe est représentée avec ce qui reste d'un stade oral : deux yeux avec toutes les formes œdipiennes qui se vivent avec la notion de l'air contagionnant. Quand les enfants amènent deux yeux qui ne sont pas phobiques mais schizophrènes ce ne sont pas deux yeux mais deux trous (fig. *h*). Il faut leur rendre deux yeux qui leur permettent de trouver l'objet électif.

Figure *h*

J.-L. Lang. — On confond en ce moment les stades et les images du corps. Pour Freud, au stade oral, correspondent les mécanismes d'incorporation. C'est là ce qui définit, sur le plan du développement, un stade. Qu'il s'agisse de la bouche, du nez, de l'œil, c'est toujours un même stade.

Questions[225] :

— Quelle est la prévalence de telle image à un stade donné ?

— Y a-t-il une hiérarchie du déroulement dans le temps de ces différentes images ?

— L'image olfactive est-elle antérieure à l'image buccale ?

F. Perrier. — Faut-il changer les mots ? Mme Dolto donne aux termes : sécurité, objet, objectivation un sens auquel nous ne sommes pas habitués. Sa technique est opérationnelle et vraie parce qu'opérationnelle, mais à quel niveau de vérité ?

Mme Dolto relate son expérience vécue et conceptualisée avec des enfants, elle la vit en tant que mère. Quand elle parle d'images du corps parle-t-elle de la transmission d'un savoir : d'une expérience, d'une vérité qui naît entre elle et l'enfant ? À quel niveau faut-il la placer ?

Ça marche effectivement. Elle trouve pour chaque cas une formule éblouissante qui nous permet une compréhension brusque et globale de quelque chose dont on se dit que c'est vrai.

Mais qu'est-ce que les images du corps ? Doit-on les entendre au sens où les entend la *somatognosie*[226] ? Sont-elles la première forme du Moi imaginaire ? Certes pas.

Je vais essayer de les situer en vous apportant l'observation d'une malade que je traite depuis quatre ans et que j'avais adressée à Mme Dolto.

Cette malade était venue me voir en me disant : « J'ai une névrose orale. » Elle était boulimique. Elle ne sentait rien.

Je me suis demandé d'une manière plus générale comment articuler ma manière de comprendre avec la technique apprise de Mme Dolto lorsque j'étais chez elle en contrôle.

Mme Dolto utilise l'image de sécurité envisagée sur un mode régressif, et l'accomplissement permettant d'aborder le stade ultérieur. Il y a toujours deux images du corps qui sont globales — métaphore, parabole, synthèse, histoire vécue.

Je schématise : dans l'image de l'enfant ver de terre, tous les bouts continuent à vivre, le schizophrène est identifié à un arbre mort et à un poisson.

On a deux histoires condensées qui s'opposent dans un mouvement dialectique.

Est-ce un support utile qui amène un sujet à comprendre grâce à des métaphores ? Est-ce que l'image du corps (stade oral, préhensif, captatif) préexiste à l'interprétation donnée par Mme Dolto ou est-elle comprise par le sujet parce que verbalisée par Mme Dolto ? S'agit-il enfin d'un niveau neurophysiologique ?

Mme Dolto répond en citant deux exemples :

— celui des filles-loups trouvées par un pasteur. Elles mangeaient avec leur bouche sans l'aide de leurs mains;

— celui de la petite fille pour qui elle créa la première poupée-fleur.

(On n'a qu'une bouche et pas de corps puisqu'on n'a pas été traité comme un humain.)

Mme Aubry cite, également, l'exemple d'enfants victimes d'une carence affective totale entre trois et quinze mois. Ces enfants présentaient des troubles de la structuration et de la somatognosie. Ils se comportent comme si on leur avait enlevé un lobe du cerveau, ils sont incapables de reproduire l'image du corps humain, et ont des retards du langage.

F. Perrier. — S'agit-il d'assimiler des images globales et complètes à des schémas corporels d'intégration progressive structurelle chez l'enfant ?

L'image du ver de terre est en soi globale, totale, c'est celle d'un animal qui n'a besoin ni de bras ni de jambes pour progresser à travers son bol alimentaire. S'agit-il de cela ou d'autre chose ? Est-on ver de terre puis langouste avec des pinces ? S'agit-il toujours d'une régression à un stade antérieur ? Si je *suis* un jeune homme, ce n'est pas la même chose que si je *joue* au jeune homme. Les images du corps sont-elles métaphoriques ou expérience toujours rétrospective qui permet de revenir à un niveau d'intégration en fonction d'un dialogue préverbal, dessin ?

Les images du corps vous servent à vous de support imaginaire. Vous vous en servez sans jamais objectiver le sujet. Votre suggestion se situe entre deux images entre lesquelles il oscille et qui sont un mouvement dialectique.

S'agit-il d'images sensorielles dans le sens d'une rétrospective ? Elles nous introduisent de toute manière dans la psychosomatique. J'ai retenu encore votre schéma de l'escargot, et dans une autre observation l'image de la croix qui annonce l'obsessionnel. Ces notions permettent d'accéder aux rapports du symbole et de l'organique.

Mme Dolto. — Perrier m'a comprise.

L'enfant ne verbalise pas, il parle avec ses dessins, ses modelages, sa mimique. Quand il dessine un lapin, que pense-t-il de ce lapin ? « Est-ce que la chose qui est arrivée à ce lapin t'est aussi arrivée à toi ? » Et il me raconte son vécu, la peur, ce que représente un lapin. Nous ne pourrions jamais apprendre l'usage d'une table si nous ne nous identifions pas à cette table. Tel encore cet enfant de douze ans à qui je demande : « Voudrais-tu être la table, ou la chaise ? » (qu'il dessine avec un visage humain), et qui me répond : « La table, parce que la chaise on s'assied dessus et c'est lourd. »

C'est un symbole exprimé autrement. Ce sont les rêveries qui accompagnent les paroles qui sont le vécu. C'est ce qu'il imagine qui s'accomplit d'une manière cathartique dans la séance. L'enfant n'est pas un lapin mais on lui donne une poupée-lapin. L'enfant qui renverse la table pour en faire un chemin de fer, ne renverse pas ses parents car c'est la dynamique de ce fantasme qui est importante. Ce qui est important ce n'est pas la table (= renverser papa et maman), ce qui compte c'est ici l'élément moteur.

Mme Dolto note, en outre, qu'un enfant ne sait pas dessiner une table s'il n'a pas la statique de son bassin.

R. Bargues. — Il faut, d'après moi, distinguer les images du corps propre (neurologie) de l'image du corps (Mme Dolto).

Chez deux psychotiques j'ai pu reconnaître des images du corps. Chez l'un d'eux, des troubles prodigieux de l'image du corps s'accompagnaient de troubles de l'image corporelle. Chez l'autre, il n'y avait que des troubles de l'image du corps. Ce dernier, petit schizophrène de quatorze ans a pu être réadapté du point de vue social. Il faisait au début des dessins de fantasmagories hallucinées de délire très monstrueux. Avec son neuvième dessin, j'ai senti une autre facture. Ce n'était plus un de ces dessins de délirant.

R. Bargues retrace une image du stade fœtal donnée par Mme Dolto.

Imaginez un éclatement de cette membrane sécurisante.

Au bout d'un an, une autre image du corps montra lorsque la membrane s'était reformée. Il m'a donné des associations avec confusion entre ses oreilles et ses yeux. Il s'est obsessionnalisé[227].

W. Granoff. — Ce que vous nous avez rapporté dernièrement tourne autour de ce que vous avez appelé les *représentations* corporelles ou encore les *images* du corps dans les stades primitifs du développement.

Du fait qu'une représentation du corps, même si elle se fait en images, n'est pas nécessairement la même chose que l'image qui le représente — car ainsi que vous l'avez inscrit dans votre première phrase[228], il s'agit de savoir pour qui elle représente et de quoi elle est l'image —, un léger malentendu a pu naître et la question a pu vous être posée de savoir si les images que vous nous avez amenées n'étaient pas *vos créatures*.

Répondant à cette question, il faut, je crois, faire deux parts.

Si d'un côté, il est certain comme Balint[229], cité par moi, ici même, le faisait remarquer à propos de Melanie Klein, que la différence du matériel apporté est fonction de la différence des techniques utilisées par l'un ou l'autre, donc fonction des conceptions théoriques préexistantes à l'expérience, d'un autre il est non moins sûr que ces images existent antérieurement à votre intervention, *pour vos sujets et vous-même*, comme révélables à point nommé au cours de ce qui survient entre ces sujets et vous. C'est bien ce qui les rend interprétables et c'est en quoi vous faites de la psychanalyse.

Je ne chercherai non plus à accorder à tout prix nos violons quant à l'usage que vous faites, *vous*, et que j'ai trouvé plus commode pour moi de faire des concepts d'image et de symbole.

Ce serait là vous faire, je crois, une bien mauvaise querelle, car vous nous avez nettement indiqué le passage que vous voyez se faire par le *tu*, le *non* et l'avènement du *je*. J'ai déformé votre phrase, je le sais, car c'est à l'image complète du corps que vous appliquez le mot d'avènement et non pas dans votre texte, au je.

Qu'importe puisque vous situez cet avènement au moment où Freud lui-même le situait, au moment du premier mensonge réussi. Dans son langage Lacan dirait peut-être avènement du sujet en tant qu'il est capable de tromper.

C'est donc essentiellement, comme votre titre l'indique, à tout ce qui est antérieur à cet avènement que vous avez accordé votre attention et par voie de conséquence à ce qui chez l'adulte témoigne des avatars les plus graves de cet avènement. Je crois qu'il n'est pas possible d'indiquer plus clairement tout l'intérêt que votre étude présente pour quiconque se mêle de vouloir comprendre quelque chose aux psychoses. Dont certains groupes et certaines schizophrénies plus particulièrement suffisent à nous montrer ce qu'il faut penser quant à votre responsabilité dans le surgissement d'images telles que vous nous les rapportez. Les psychotiques ne vous ont pas attendue pour nous les montrer.

À ce titre, votre conférence indique, je crois, une direction de travail et de recherche, non seulement fructueuse, mais nécessaire je pense, dans une perspective que je vais seulement tâcher d'indiquer.

Nous avons tous eu affaire à quelque titre à ceux qui pratiquent la psychanalyse directe des psychoses ou à leurs productions, aux thérapies du type Rosen ou apparentées[230].

Pour ma part, j'ai toujours été frappé par le coefficient, je dirai d'intuition brillante, géniale, que l'on trouve comme condition nécessaire au succès. Corollairement le caractère gratuit, je dirai tentatif de ballon d'essai, de certaines interprétations m'a frappé. Je ne porte ici, ni jugement d'appréciation, ni critique sur l'efficacité d'une technique, pas plus que je n'en propose une autre à la place. Je me borne à serrer un point de méthode.

D'une donnée concrète, un comportement, un geste du patient, d'une réalité plastique, un modelage, l'on passe directement, et me semble-t-il abusivement, à l'expression par le thérapeute d'un point de l'histoire, passée ou présente, hic et nunc, du sujet. Et si ce n'est pas abusivement, c'est en vertu d'une complicité méconnue au niveau de la dimension volatilisée dans ces techniques et sur quoi vous mettez, vous, tout le poids de votre travail, au niveau de l'imaginaire.

Cela nous indique pour le traitement ou la spéculation sur l'étiologie de ces états graves, plus encore peut-être par l'orientation de votre travail que par les images mêmes qu'il nous soumet, la dimension où se trouvent certaines conditions non point suffisantes, prises isolément, mais absolument nécessaires à considérer.

Pour que certaines psychoses soient, il a fallu, pourrait-on dire, que certains avatars de la formation de l'image du corps, aient été repris, se soient recoupés d'une certaine façon dans un monde de relations verbalisées ou verbalisables. Ce n'est peut-être pas pour une raison différente que certains ont pu dire : dans l'histoire des névrosés en fait, il n'y a rien, alors que dans celle des psychotiques, il y a réellement eu quelque chose — formule qui ne permet en vérité pas d'aller bien loin; nous connaissons tous ce que nous appelons « la mère de schizophrène », et nous sommes instruits des difficultés toutes particulières auxquelles on se heurte avec les parents de ce type de patient en cours de traitement.

Pour illustrer par une référence clinique l'utilité que j'entrevois à pousser la recherche dans la direction que vous indiquez, je vous soumets une réflexion, une formule et un souvenir de traitement.

Vous nous avez dessiné l'image d'un corps sur support instable, non sécurisant avec des « zizis pointus dans le dos », disiez-vous. Or ces zizis, nous les rencontrons comme tels chez ce patient qui en s'étendant, s'allongeait comme sur une planche de fakir, qui était d'ailleurs tout *piqué*, par une mère pointue. Pointue comment — pointue partout, la voix pointue.

Or, je ne sais comment il aurait fallu interpréter ses contorsions sur le lit, sans la clef du mot « pointu ».

La formule : je n'ai pas de statistique et une vie ne suffira pas pour en faire. Cela n'empêche point que j'ai été surpris de constater ceci : certains patients ont, vous le savez, des formules formées de mots enfantins. Il m'a semblé curieux d'entendre l'écho des conceptions classiques sur l'évolution libidinale, dans l'ordre régressif — dans des formules comme pipi, caca, lolo, bibide. Bibide étant le nombril. Assortis pour toute explication de cette précision, d'abord vient le pipi, puis le..., etc., et le reste.

Enfin un souvenir : chez un de mes patients, je trouvais un jour, trouvaille banale en soi, l'amorce d'un petit délire électrique — peu étendu toutefois. Les gens avaient de l'électricité bonne ou mauvaise, lui-même ne pouvait s'endormir avant de décharger l'électricité de sa tête par diverses manipulations, etc. Quelle n'a pas été ma surprise lorsque j'ai trouvé dans une lettre de sa mère, que vous avez vous-même reçue d'ailleurs avec son mari quelques mois plus tard, cette formule : nous n'en pouvons plus, mon fils nous « électrise ».

On pourrait multiplier les exemples à l'infini, en fait on ne ferait rien d'autre que de souligner à quel point vous nous avez invité à pénétrer au cœur du problème. Lieu où nous ne pourrons nous maintenir sans chavirer que si nous avons bien répertorié et défini, même mis au point nos outils. Cela peut nous conduire à transposer en terme d'Ego la formulation que vous proposez — je lis[231] :

« 1. Une représentation corporelle de base dont l'intégrité est nécessaire à une sécurité de base, de masse énergétique, axée sur un centre ou un lieu de centres inaliénables pour conserver au sujet la sécurité d'être et de se ressentir la source de besoins.

2. Une représentation dynamique corporelle de fonctionnement, d'accomplissement des tensions attractives et répulsives auxquelles est soumise cette masse énergétique. La représentation d'accomplissement est donc une image de fonctionnement dynamique dans des lieux de polarisation excentrés de cette masse énergétique, ces lieux, les zones érogènes. »

Je continue à simplifier et j'arrive à la formule d'un métabolisme d'images entre ce que vous appelez :

— une masse focalisée dans un centre lieu de sécurité ;

— des lieux excentrés, zone des fonctions.

Le premier terme est, si je comprends bien, celui que vous avez en vue lorsque vous dites : le soi-même s'établit en rapport de masses à la mère support et sein, puis aux choses associées à elle.

C'est ici que je découvre à votre découverte un inconvénient. Car si elle nous ramène à un Moi — fonction de maîtrise des échanges — celui des lieux excentrés, elle nous fournit du même coup par une coïncidence qui n'est pas un hasard un « centre, lieu de sécurité », qui n'est autre que la zone non conflictuelle du Moi et qui dans la mesure où elle s'établit par rapport à la mère ou aux choses associées, devient ce que d'autres ont appelé Ego auxiliaire.

De plus examinons ces deux Ego.

Je me sers du terme, car vous voyez quel mal on a à l'éviter lorsque vous écrivez par exemple que cette image ne peut être renoncée sans perdre la « notion de sa continuité », de sa « sécurité de base ». D'ailleurs, il n'y a, je pense, nulle raison de se priver de l'usage de ce terme, car pas plus les adultes que les petits enfants n'ont la notion de l'Ego dont nous parlons, dans un cas comme dans l'autre. C'est notre langage, non pas le leur. Donc pourquoi ne pas parler du Moi des tout-petits ?

Ces deux Ego donc, ont, si vous me permettez cette liberté, un coefficient de réalité différent. En effet et paradoxalement, c'est la zone non conflictuelle, l'Ego auxiliaire, qui a une réalité plus fascinante que l'Ego des tensions puisque à l'inverse de ce dernier, il s'établit en rapport de masses à la mère support et sein.

Et c'est là où vous sauvez la situation d'un seul coup lorsque vous exprimez votre hypothèse de la régression du ressenti à une *image* archaïque du corps. Ce sont donc bien alors comme vous l'écrivez des images de masses, des images de centres, de lieu de sécurité, de lieux d'échanges. Et vous avez retrouvé, pour vos sujets et pour nous-mêmes qui en parlons : le Moi-fonction imaginaire — la fonction est unique, c'est l'Ego. L'image est double, car elle est toujours excentrée par rapport à elle-même.

Et l'ancrage du ressenti à une image c'est bien la captation imaginaire, dont votre exposé montre par ses exemples cliniques qu'elle est loin d'être une vue de l'esprit, une faiblesse humaine ou un penchant regrettable chez les névrosés.

Et c'est bien le moment où il faut tenir cette hypothèse le plus fermement. Je parle de l'hypothèse de la régression. Car nous allons avoir à lui faire franchir un certain fossé. Celui qui sépare ce que vous appelez l'hypothèse de régression à l'âge fœtal et l'hypothèse de la régression du ressenti du sujet à une image archaïque de son corps.

Dans un cas, il s'agit d'un enfant de trois mois, traité par posture et vibration au niveau de l'ombilic, dans l'autre, par exemple d'image de pinces incorporantes, d'ouverture pour poussée décorporante.

Si le mot utilisé est « régression » dans les deux cas, le phénomène n'est néanmoins pas le même. Car si l'enfant de trois mois n'a pas la notion du stade fœtal en tant que stade fœtal, s'il y a image de pince, c'est parce que la pince a été dessinée ou modelée, par des enfants qui ont comme nous la notion de la préhension et qui comme nous peuvent l'imaginer. Cela suppose bien des choses, telles que la demande, le refus, la saisie, les mots « prendre », ou « manger », ou le mot « bouche » ou le mot « main ». Mais il est certain qu'en dehors de tout cela, il n'y a ni pince, ni image (à moins qu'alors elles ne soient vraiment les nôtres) et donc pas de régression au sens où nous utilisons ce mot en psychanalyse où son usage spécifique a été consacré. Ainsi il se confirme : que la régression ne paraît prendre son plein sens, comme l'enfant-loup de Rosine Lefort[232] nous le montre encore malgré son vocabulaire restreint, ou votre enfant « pas plume », qu'à partir d'un monde de langage et comme régression imaginaire[233].

Mme Dolto. — D'accord pour l'Ego auxiliaire. Il se situe au stade sadique anal, avant l'avènement du stade génital.

Sa régression vers une image ressentie du corps de l'enfant implique une imagination. Il attendait que quelque chose lui soit rendu dans le ressenti pour imaginer. Le mot est compris non parce que prononcé, mais parce que pour l'adulte qui s'en sert, il est accompagné d'un mouvement qui fait le vécu entre le sujet et nous. Grâce au fait que nous verbalisons, nous pouvons lui rendre son vécu. Cela est possible dès que l'enfant peut, par un dessin — qui commence à dix-huit mois — faire allusion à un nombril.

Il faut que les enfants aient vécu avec la mère des stades de sécurisation. Quand ils ont eu une mère phobique ils n'ont vécu que du morcellement. Il faut leur faire reprendre conscience de leur bassin avec la table. Quand on les prend sur les genoux, leur dire que c'est comme si c'était maman.

Mme Dolto cite le cas d'un enfant qui a besoin de venir la toucher à certaines parties du corps. Elle, n'a jamais besoin de toucher un enfant.

Le schizophrène pelotonné sur le divan doit régresser au stade fœtal pour entrer en sensation qu'il est un Je.

Les enfants abandonnés attendent d'être nidés dans des bras et ne se sentent des humains qu'à partir de ce moment.

Le langage et l'imaginaire sont sous-jacents à tout ce que nous disons.

Mme Dolto cite encore le cas de cet enfant psychotique qui s'est pelotonné sur le divan en disant : « Je suis ton bébé, on veut nous séparer », ensuite : « Tu es mon bébé », puis cette question : « Je ne suis pas une fille quand j'étais le petit frère ? » Le ressenti corporel a été en résonance avec une aliénation. Au-delà de trois ans : c'est la scène primitive, avant trois ans, le revécu fœtal qui lui sert de base.

Tel est le cas de cet enfant qui pendant quelques heures a « déparlé » avec elle en plongeant puis retirant un fil de l'eau. Il a guéri en dormant ensuite profondément pendant de nombreuses heures. Il a revécu, avec le fil qu'il plongeait sous l'eau et qu'il recouvrait d'eau, un passé sécurisant. Voilà une autre manière de vivre une régression fœtale. Il y a ici une masse contenante reliée à la sécurité dans un objet et il s'en réconforte en allant trouver l'eau.

Tel aussi le cas de cet enfant coquelucheux qui va retrouver l'eau après une quinte pour se sécuriser. Il lutte contre un morcellement sous-aquatique qui le menace.

Les angoisses fœtales sont revécues lorsqu'il y a eu traumatisme à ce stade. Sinon ces stades ne reviennent pas en analyse.

APPENDICES

Notes

Marie-Louise B. et Lionel Ségolène, deux cas de régression

1. F. Dolto avait intitulé ce texte *De la régression en clinique*. Il contient le compte rendu développé des deux grands cas cliniques illustrant son propos, qui ne sont donc pas repris dans l'article de 1957 en annexe, pour en éviter la répétition.

2. F. Dolto annonce ici l'exposé des deux grands cas cliniques qu'elle développera plus loin, les cas dits de Marie-Louise B. (p. 80) et de Lionel Ségolène (p. 95).

3. F. Dolto a toujours souligné cet aspect du transfert — de l'analyste vers le patient — sans s'en défausser seulement au titre du « contre-transfert », mais en en faisant plutôt une composante intrinsèque essentielle de la relation analytique, soulignant ainsi le degré d'implication y compris inconsciente de l'analyste dans le processus de la cure. Elle y revient plus loin, p. 15; cf. aussi p. 77 suiv.

4. F. Dolto était sensible aux possibles effets sur les observateurs d'une mise en contact avec les éléments de la clinique. D'où les précautions dont elle s'entourait pour ce qui est des analystes en formation qu'elle acceptait à sa consultation ouverte (ainsi à l'hôpital Trousseau), et dont elle exigeait qu'ils aient déjà une expérience de l'analyse d'adultes.

5. Le terme *fonction symbolique* fait partie intégrante du vocabulaire de F. Dolto pour désigner la façon dont l'humain est pris dans le rapport relationnel au langage, dans la communication interpsychique. Cf. par exemple dans *La difficulté de vivre*, Gallimard, 1995, p. 117-120.

6. Sur l'implication du psychothérapeute-psychanalyste dans ce qui fait du travail analytique un véritable échange, aussi inconscient, avec le patient, sur ce qui souligne cette importance de la *rencontre*, cf. « La rencontre, la communion interhumaine et le transfert dans la psychanalyse des psychotiques », in *Le cas Dominique*, Le Seuil, 1971, p. 193 et suiv.

7. La compréhension des réactions de jalousie à la naissance d'un puîné constitue l'une des premières élaborations cliniques majeures de F. Dolto — qui fut enseignée à cet égard par son expérience de mère : voir ses premiers articles sur la question en 1947-1948 dans la revue *Psyché*. Il y est fait allusion ici en note p. 17.

8. F. Dolto s'intéresse tout spécialement à ce temps de l'archaïcité infantile où les instances freudiennes de la psyché ne sont pas encore caractérisables comme telles. D'où cette appellation de pré-Moi dont elle fait usage ici, mais on rencontre également pré-Surmoi, pré-Idéal du Moi, etc. Cela dit, le « pré- » ne correspond pas seulement à une désignation antériorisante. Il prend aussi un sens anticipateur de ce qu'il annonce. Le pré-Moi annonce le Moi.

9. Le Moi-Idéal représente chez F. Dolto l'alter ego imaginaire, ayant une valeur de soutien provisoire promotionnant, aidant la mise en œuvre de l'avènement subjectif. Voir *Le cas Dominique, op. cit.*, p. 229.

Pour ce qui est de l'accession au temps (grammatical), F. Dolto en fait un aspect caractéristique de cette résolution de la jalousie. Voir *Au jeu du désir*, Le Seuil, 1981, p.131. Notons aussi au passage la valeur positive accordée au narcissisme qui désigne ici la dynamique même de la subjectivation humanisée.

10. C'est l'hypothèse centrale de tout ce travail : elle renvoie directement à la notion d'image du corps — qui se trouve désignée comme archaïque avant d'être qualifiée comme inconsciente, mais en tout cas en référence au *ressenti* du sujet.

11. Le cas en question réapparaît dans le second grand texte présenté ici, « Les premières images du corps... » (cf. p. 147). Ce cas prend une valeur significative pour illustrer l'hypothèse fondamentale énoncée ci-dessus.

12. De cette façon de procéder en usant d'une intonation particulière de la voix, on trouve un autre exemple avec le cas dit Armand, relaté dans *L'image inconsciente du corps*, Le Seuil, 1984, p. 48. Ce cas illustre également l'importance désignative du prénom.

13. Cette façon de dire — parler « à la personne » de l'enfant, s'adresser « à sa personne » — désigne un trait caractéristique de l'orientation de F. Dolto dans sa clinique, cherchant à atteindre le sujet, si empêché qu'il soit dans son habitus corporel et sa communication, ou si régressé soit-il comme ici.

14. Ceci est un ajout de F. Dolto qui parlait déjà de ce cas, dans son écrit de 1957, comme d'un cas daté — qu'elle disait alors remonter à huit ans (donc plutôt en 1949). Mais c'est seulement dans cette présente version, la dernière, datable des années 1970, qu'apparaît cet épilogue anecdotique survenu trois ans après la guérison de l'enfant.

15. C'est un (voire : le) cas majeur de F. Dolto qui prend valeur proprement paradigmatique lorsqu'il s'agit de formuler les bases cliniques de la notion d'image du corps et en particulier en termes de régression. Il est présenté ici sous forme résumée. Cet exemple est évoqué à de nombreuses reprises et il figure comme cas dit Agnès dans *L'image inconsciente du corps*, *op. cit.*, p. 66 et suiv.

Il est à remarquer, à propos des exemples significatifs que F. Dolto met en avant, qu'aucun jusqu'ici n'est emprunté à sa pratique psychanalytique directe. Cet aspect apparaît ensuite avec le rappel du travail sur la poupée-fleur.

16. Ce texte, relatif à une invention clinique de F. Dolto, est repris dans *Au jeu du désir, op. cit.* (sur « l'invention », voir p. 138 et suiv.).

Comme elle l'indique ici, F. Dolto s'est d'abord servie de ce truchement imaginé dans deux cas; il s'agissait de deux fillettes. Puis elle en a fait durablement usage par la suite, y compris avec des adultes (*op. cit.*, p. 184 et suiv.).

17. Cette dualité entre ce qui est désigné comme corps imaginaire (virtuel) d'une part et corps charnel d'autre part vient comme une anticipation de l'opposition de l'image du corps au schéma corporel, formalisée ensuite.

18. Et c'est aussi l'indice que la psychose (infantile) ne correspond pas pour F. Dolto à une catastrophe structurale irréversible — comme peut

l'impliquer la notion lacanienne de *forclusion* — mais peut être l'effet d'une régression archaïque susceptible de se trouver réactualisée, et donc accessible à la thérapie, ainsi que le texte le formule dès les paragraphes suivants.

19. On retrouve donc l'hypothèse fondamentale annoncée plus haut mais précisée et posée dans la référence explicite à Freud qui postule effectivement deux niveaux quant à la régression libidinale : 1) par rapport à l'objet ; 2) par rapport à l'organisation libidinale. Cf. *Introduction à la psychanalyse*, Payot, Conférence n° 22, p. 319 et suiv. F. Dolto, elle, oriente cette notion en mettant l'accent sur le pôle-sujet.

20. C'est le scénario fondamental (et dramatique) dont F. Dolto déploie ici toutes les harmoniques cliniques et théoriques : un événement traumatique d'empêchement de la satisfaction implique recherche d'une issue régressive permettant le rétablissement d'une continuité subjective mise à mal, d'une « mêmeté » comme dira F. Dolto. Ce qu'elle indique rejoint la manière dont Freud parle de fixation, même si les choses sont formulées chez F. Dolto davantage du côté du sujet (que par rapport à l'objet).

21. C'est à cet endroit qu'apparaît pour la première fois (dès le texte de 1957) cette formulation d'image *inconsciente* du corps (cf. en annexe p. 265 et note 215). Par contre, les autres occurrences de ce terme qui figurent dans la présente version longue (y compris déjà deux pages plus haut) sont des ajouts ultérieurs (cf. note 27).

22. Le paragraphe qui s'ouvre ici est le développement de ce qui, dans l'article initial, se réduisait à une courte note (cf. p. 265). Il s'agit d'écarter du propos la régression due à la sénilité.

23. À cet endroit, intervient un ajout manuscrit : voir p. 241.

24. Heureusement, F. Dolto ne va pas tenir cette promesse négative ; elle va en fait aborder plus loin cette question des stades archaïques. Ils seront évoqués dans les cas cliniques à la fin du texte et repris dans le texte suivant (cf. p. 181 et suiv.).

25. Nous reportons en annexe le texte manuscrit que F. Dolto avait intercalé à cet endroit.

26. C'est à présent seulement qu'intervient ce que F. Dolto a annoncé plus haut par un sous-titre comme étant son « hypothèse de l'image du corps ».

27. L'adjectif « inconsciente » adjoint à « image du corps » est un ajout des variantes ultérieures (dont le présent texte est l'ultime). On le trouve porté à la main sur le manuscrit dactylographié. Même si le qualificatif était présent dès 1957 (cf. note 21), la conceptualité de l'image du corps comme inconsciente n'était pas alors établie. Les ajouts successifs expliquent peut-être qu'on puisse trouver encore par la suite les deux appellations : image du corps inconsciente ou image inconsciente du corps — sans que cela corresponde à aucune différenciation attestée quant au sens.

28. Notons cette sorte d'effet-retard, de décalage, entre le temps où l'image du corps se met en place dans le ressenti corporel archaïque vécu et le temps ultérieur où l'enfant est à même d'en fournir une représentation actualisée effective, de façon figurée.

29. Notion freudienne à laquelle F. Dolto accorde une accentuation toute particulière, cette conception de la zone érogène est partie prenante de l'idée même d'image du corps. Elle se retrouvera dans la notion d'*image érogène*, troisième composante de l'image du corps que l'on découvrira plus loin (quand il n'y en a encore ici que deux).

30. L'opposition *substantiel/subtil*, élément important du vocabulaire propre à F. Dolto, rend compte concrètement de comment se met en place la distinction entre besoin et désir. La suite du paragraphe précise encore cette distinction.

31. Cette dernière partie de la phrase correspond à la façon dont F. Dolto conçoit le narcissisme comme continuité subjective. Cf. *L'image*

inconsciente du corps, op. cit., p. 50. Cette permanence ou « mêmeté » est supportée par l'image du corps ainsi que l'indique le début du paragraphe suivant.

32. L'image du corps de l'enfant trouve à se modeler à partir de ce qu'il élabore du corps, de l'image du corps de la mère, d'une façon d'abord non séparée (mais ayant à devenir séparable).

33. Lequel stade (anal) n'a pas été thématisé comme tel dans les pages qui précèdent, alors que le stade oral était explicité nommément. Il est vrai que F. Dolto parle fréquemment d'oral/anal (conjoints).

34. La mise en place des catégories beau/laid, bon/mauvais, qui correspond à ce que F. Dolto désigne comme esthétique et éthique primordiales, est examinée dans l'article « Les sensations cœnesthésiques d'aise ou de malaise, origine des sentiments de culpabilité », repris dans *Au jeu du désir, op. cit.*, chap. 3, p. 18 et suiv.

35. F. Dolto s'est référée plus d'une fois à ce cas. On en trouve un autre exposé dans *Séminaire de psychanalyse d'enfants*, Le Seuil, 1982, p. 101-103. Voir aussi *Sexualité féminine*, Gallimard, 1996, p. 237.

36. On voit de façon encore plus nette à cet endroit comment l'appellation d'inconsciente a été rajoutée après coup, ici entre parenthèses (cf. note 27).

37. Le transfert semble pris ici en un sens inhabituel. En fait, cela concerne le passage à l'investissement d'objets autres que la mère, fussent-ils d'abord nécessairement liés à elle. On y retrouve donc à l'œuvre la logique d'une dynamique transférentielle.

38. Apparaît ici une autre modalité éminente de la pensée de F. Dolto qui consiste à séparer le niveau de la matérialité corporelle de ce qui ne s'y réduit pas. Dualité exprimée ailleurs, à propos du cœur justement, comme opposant (dit par un enfant) le « cœur de viande » et le « cœur de cœur ». Tout un article est consacré à cette métaphoricité du cœur dans *La difficulté de vivre, op. cit.* : « Le cœur, expression symbolique de la vie affective » (p. 171 et suiv.).

39. C'est dire que toutes les expériences relatives à ces catégories primordiales passent fondamentalement par ce qui convient/déplaît à la mère, ce qu'elle agrée ou pas. Pour une autre référence, voir note 34.

40. Le passage qui suit jusqu'à la fin du paragraphe est un ajout manuscrit que nous intercalons.

41. Le verbe manquait dans l'ajout manuscrit.

42. C'est l'exemple typique souvent avancé par F. Dolto pour rendre compte d'à quel point, dans ses expériences primordiales, l'enfant doit en passer par le filtre de l'accord relationnel à la mère, l'un des effets majeurs en étant l'instauration de la langue dite maternelle.

43. Nous supprimons à cet endroit une courte phrase du manuscrit, restée incomplète.

44. Nous avons déjà relevé le principe de ce décalage en temps entre le vécu primordial et sa représentation ultérieure (cf. note 28). F. Dolto signale en outre ici l'importance fondamentale qu'a eue pour elle dans sa théorisation ce recours technique aux représentations fournies par les enfants.

45. Cf. note 27.

46. L'*introjection*, autre élément constitutif de ce qui structure le sujet dans sa relation primordiale à la mère, contribue donc à toute cette élaboration archaïque des images du corps. (Voir *L'image inconsciente du corps, op. cit.*, p. 70.)

47. F. Dolto reprend la notion de narcissisme primaire telle qu'elle est posée chez Freud, non sans variations d'ailleurs (voir J. Laplanche et J.-B. Pontalis, *Dictionnaire de la psychanalyse*, PUF, 1967, p. 264). La théorie de l'image inconsciente du corps est porteuse d'une élaboration de cette notion qui conduit F. Dolto à parler de narcissisme fondamental ou primordial. Cf. *L'image inconsciente du corps, op. cit.*, p. 199 et suiv.

48. On voit ici l'importance accordée à ce que l'enfant élabore de luimême lorsqu'il se retrouve dans sa solitude temporaire, hors de la présence maternelle, fût-ce dans la mémoire de celle-ci et dans l'attente anticipée de son retour.

49. Alors que F. Dolto propose pour sa part de considérer, comme elle le formule explicitement ailleurs, que même la santé est psychosomatique.

50. S'ouvre ici un passage manuscrit ajouté après coup par F. Dolto. Il a fait l'objet d'une publication indépendante dans le Bulletin n° 3 de l'Association des Archives F. Dolto, novembre 1996. Nous choisissons de le reporter ici en annexe (cf. p. 245).

51. On pourra regretter sans doute que F. Dolto n'ait pas cru devoir accompagner ses explications sur les représentations infantiles de quelques schémas explicatifs. C'est qu'elle s'y est refusée en général, pour éviter les systématisations rigides. On trouvera plus loin quelques éléments figuratifs (cf. Annexe 4, p. 285 et suiv.). Voir aussi « Personnologie et image du corps », in *Au jeu du désir, op. cit.*, chap. 4.

52. On notera la fréquence dans ce texte du terme de *kinétique*, présent dès l'article de 1957, et que F. Dolto n'utilise plus guère par la suite — même si elle n'a cessé d'associer ce qu'on appelle analité à la motricité. Ainsi est-ce davantage au niveau de la motricité qu'elle situe ce qu'elle désigne comme « castration anale ». Cf. *L'image inconsciente du corps, op. cit.*, p. 108 et suiv.

53. Le corps est donc la base à partir de laquelle s'élabore aussi la voie sublimatoire du langage, par déplacement, transfert, métaphore. Ceci est un aspect complexe mais capital de la théorisation de F. Dolto.

54. Nous retrouverons dans le texte suivant d'autres exemples de ce que F. Dolto essaie ici de dégager, à savoir la « logique » propre à l'enfant dans son ressort corporel.

55. Sans l'avoir encore thématisée, on voit quel usage F. Dolto fait ici de la différenciation entre schéma corporel et image du corps (inconsciente), en particulier quelle valeur de communication se trouve accordée à celleci. Le texte initial ne faisait pas état de cette distinction schéma/image apparue plus tard.

56. Sur la valeur autonomisante de ce « non » proféré par l'enfant, y compris lorsque l'opposition prend la forme du « caprice », voir par exemple « Acquisition de l'autonomie », in *La difficulté de vivre, op. cit.*, p. 128 et suiv. Si elle est franchie comme il convient, cette phase du « non » aide l'enfant à entrer pleinement dans le jeu (et le je) du langage.

57. F. Dolto n'a cessé d'insister sur les effets nocifs du « dressage » à la continence forcée. Voir « Un point de vue inattendu sur la propreté » (de février 1947!), in *Les étapes majeures de l'enfance*, Gallimard, 1994, p. 89 et suiv. Une note manuscrite est publiée en annexe (ajout n° 4, p. 246).

58. De ce point de vue, l'histoire de l'image du corps est aussi l'histoire du pouvoir qu'a l'adulte d'en modifier le contour, d'en empêcher l'épanouissement, par l'exercice d'une possessivité mal comprise. C'est l'envers mutilant de ce qui se trouve désigné par ailleurs comme castration; c'en est la forme dégradée (et dégradante).

59. Pour F. Dolto, la *castration œdipienne* est l'ultime des castrations infantiles « symboligènes », promotionnelles du sujet. Elle est ce à quoi conduit toute cette histoire infantile précoce, ce qui met un terme à l'élaboration des images du corps archaïques. Voir *L'image inconsciente du corps, op. cit.*, p. 186 et suiv.

60. La notion d'image de base est en elle-même « sécuritaire » car elle a trait aux ressorts ultimes de la sécurité de l'être, dans son corps. Cf. *L'image inconsciente du corps, op. cit.*, p. 50.

61. Sur le nudisme et la nudité dans les familles, cf. *Les étapes majeures de l'enfance, op. cit.*, p 17 et suiv., et *Lorsque l'enfant paraît*, Le Seuil, 1977, p. 156 et suiv.

62. Pour F. Dolto, la confrontation au miroir est liée chronologiquement et structurellement à l'apparition de la dimension génitale, sexuée. Cf. *L'image inconsciente du corps, op. cit.*, p. 158 et suiv.

63. Nous pensons pouvoir rétablir ici le terme de disparité, là où l'on trouve dans le manuscrit le mot *dyspareunie,* qui désigne les difficultés physiologiques éprouvées par une femme dans les rapports sexuels...

64. Ce scénario de la déconvenue amoureuse peut faire penser à l'aventure personnelle survenue à Françoise (alors Marette) lorsqu'elle était jeune fille, à propos de sa relation avec celui qu'elle désigne comme D. Cf. *Enfances*, Points Actuels, Le Seuil, 1986, p. 88 et suiv.

65. On trouvait ici dans le manuscrit dactylographié le mot : délusion.

66. Ce cas clinique — de même que celui du jeune homme rapporté juste après — peut paraître empreint de quelque chose de désuet, suranné. Mais la remarque qui survient ici en indique la valeur toujours actuelle quant à la teneur de ce que le dépit amoureux peut provoquer comme sentiment de déréliction néantisante.

67. Cette formulation est à rapprocher d'une autre définition de l'image du corps qui en souligne pareillement la dimension temporelle : « l'image du corps est à chaque moment mémoire inconsciente de tout le vécu relationnel, et en même temps, elle est actuelle, vivante (...)», *L'image inconsciente du corps, op. cit.*, p. 23.

68. F. Dolto fut particulièrement sensible à cette question. Elle y consacre un article intitulé « Continence et développement de la personnalité », suite à un congrès de psychologie religieuse qui eut lieu en 1950. Voir *La difficulté de vivre, op. cit.*, p. 195.

69. Cette référence à l'éthique est une dimension essentielle qui imprègne la théorisation de l'image du corps, au sens où celle-ci est fondamentalement, intrinsèquement, éthique — car sa construction même est référée à l'éthique, à la loi.

70. Il faut sans doute l'audace terminologique de F. Dolto pour oser parler d'une « dynamique de repos ». Cela étant, qu'il y ait aussi un enjeu dynamique dans le repos de l'image de base, on le comprendra mieux plus loin (p. 138). L'idée même de dynamique est d'ailleurs immanente à tout ce développement sur l'image du corps comme le confirmera plus tard la notion d'*image dynamique.*

71. Ce descriptif du rebroussement traumatique de la libido sur des positions antérieures est très proche de ce que Freud exprime avec les termes de régression, fixation. Cf. note 19 pour une référence au texte de Freud.

72. Autrement dit, ce n'est pas seulement en tant que telle que la régression est pathologiquement nocive, c'est pour autant qu'elle puisse conduire — hors transfert possible (relançant la communication) — à l'impasse d'un sans issue relationnel.

73. À nouveau, la psychose est rapportée davantage à un retour régressif de l'archaïque qu'à une défaillance structurelle native. C'est d'ailleurs cette perspective sur la folie — qui y discerne d'abord les reviviscences infantiles — qui avait conduit F. Dolto à s'écarter du travail en institution psychiatrique. Voir par exemple *Enfances, op. cit.*, p. 96, ou *Autoportrait d'une psychanalyste*, Le Seuil, 1989, p. 126 et suiv.

74. Idée majeure de la dimension proprement langagière des troubles dits fonctionnels, sans que cela renvoie pour autant à la perspective psychosomatique, sinon de façon généralisée (au sens, nous l'avons vu, où même la santé est psychosomatique). Autrement dit, le corps est toujours noué langagièrement au psychisme.

75. Allusion à ce qui fut, dans les années 68, le courant de réflexion dit de l'antipsychiatrie, notamment relayé en France par Maud Mannoni. On trouve trace de cette époque avec une contribution de F. Dolto dans la revue *Recherches*, 1968, rééditée chez Denoël, 1984, *Spécial Enfance aliénée.*

76. C'est un autre aspect important de la théorie de l'image du corps, qui la caractérise comme soumise de principe au refoulement. Ce sera donc en tant que telle, comme refoulée, qu'elle agit chez l'adulte. F. Dolto évoque ici au passage ce que pourrait être le destin particulier de l'image du corps chez l'artiste.

77. Réaffirmation de l'engagement aussi inconscient du psychanalyste dans la cure, puisqu'il y est impliqué au niveau même de son image du corps. C'est à rapprocher de ce qui fut la conclusion de F. Dolto sur « le corps de l'analyste » dans *L'enfant du miroir*, Rivages, 1987, p. 170.

78. C'est dans le même sens que, dans les cas d'autisme qui pouvaient lui être soumis, F. Dolto incitait les protagonistes de l'entourage à se ressouvenir de l'instant même où l'enfant était « entré » dans l'autisme, les circonstances et les éléments du contexte relationnel pouvant être un élément important de compréhension et de déchiffrage de la situation pathogène.

79. L'exposé qui suit de deux grands cas cliniques figurait déjà dans l'article initial daté de 1957 (ici en annexe p. 279 et note 216). F. Dolto n'a fait qu'y ajouter ensuite quelques menues retouches que nous intégrons dans cette édition.

80. Voir, en annexe, un récapitulatif de l'histoire de Marie-Louise. Cf. p. 239.

81. B. est donc l'initiale du nom du père, devenu le nom de Marie-Louise.

82. La première séance a eu lieu le 14 octobre (1943), et les sixième et septième séances, respectivement les 5 et 9 novembre. C'est dire que le rythme de cette psychothérapie est très soutenu.

83. F. Dolto n'en aurait certes pas fait pour autant une méthode à préconiser en tant que telle ! Voir à ce sujet « Les punitions », in *Les chemins de l'éducation*, Gallimard, 1994, p. 139, ou *Lorsque l'enfant paraît*, Le Seuil, 1978, p. 58 et suiv. On trouve cependant une anecdote clinique à tonalité semblable in *L'image inconsciente du corps, op. cit.*, p. 11.

84. Un synopsis du cas est présenté en annexe, cf. p. 240.

85. Ce cas éclaire la façon dont F. Dolto travaillait à sa consultation : mode d'utilisation du matériel plastique, large mobilisation de la salle d'attente et prise en compte de ce qui s'y déroule, contribution de l'infirmière (à Trousseau, l'inoubliable et précieuse Mme Arlette), rapport y compris physique à l'enfant, etc.

86. Selon les indications fournies par le compte rendu, il y eut trois séances : le 27 janvier 1956, puis juin 1956 et octobre 1956, l'enfant semblant avoir été reçu auparavant fin 1955 par un médecin qui l'avait ensuite adressé à F. Dolto. Ce traitement s'est effectué à un rythme beaucoup plus espacé que dans l'exemple précédent.

87. F. Dolto a travaillé à l'hôpital Trousseau de 1940 à 1978. Elle y tenait sa consultation publique — ouverte à un groupe d'une dizaine d'analystes en formation, renouvelé chaque année — à raison d'une vacation par semaine, recevant de 9h du matin jusqu'à 14 h ou 15 h. Voir les *Lettres de l'École freudienne*, n° 25, vol. 2.

88. Allusion aux premières observations cliniques fournies : le nourrisson à la fracture, le cas de l'odeur du linge maternel. Cf. p. 18 et 20.

89. Point fondamental : l'image du corps élaborée comme inconsciente n'est pas d'essence visible (bien qu'elle puisse être figurable).

90. Le langage sans le corps est dévitalisant : thèse développée de maintes façons par F. Dolto. Par exemple : « Les mots, pour prendre sens, doivent d'abord prendre corps », in *L'image inconsciente du corps, op. cit.*, p. 45.

91. Néologisme forgé par F. Dolto et fréquent dans son expression pour désigner son orientation clinique et théorique tournée vers les phases les plus archaïques de l'existence du petit humain.

92. F. Dolto réaffirme ici son engagement en faveur de la théorie freudienne des stades (qu'elle s'est efforcée de compléter). Elle avait déjà soutenu ce point de vue lors du congrès de Rome en septembre 1953. Voir « Actes du congrès de Rome », *La Psychanalyse*, n° 1, PUF, 1956. Sur cette question, voir aussi J.-F. de Sauverzac, *Françoise Dolto : itinéraire d'une psychanalyste*, Aubier, 1993, p. 287.

93. Au moment de conclure, le texte repart comme en un nouvel élan et revient même sur certaines des données fondamentales déjà formulées.

94. Rappel des grandes composantes de l'image du corps; ici au nombre de deux (on verra que ce nombre va varier) ; notons la référence à la double dimension de l'espace et du temps, toujours présente dans cette conceptualisation de l'image du corps. Cf. par exemple *L'image inconsciente du corps, op. cit.*, p. 123 : « C'est dans l'image du corps, support du narcissisme, que le temps se croise à l'espace. »

95. Ébauche de ce qui sera posé comme une troisième composante de l'image du corps : l'*image érogène*. Voir p. 138.

96. Cette importance constitutive et structurante du prénom se trouve à nouveau soulignée dans *L'image inconsciente du corps, op. cit.*, p. 46 et suiv.

97. On pénètre au cœur des processus qui sont en jeu dans l'élaboration primordiale des images du corps. La prise en compte de l'introjection a déjà été soulignée (cf. note 46). Elle trouve ici sa définition et d'une façon qui l'articule, il faut le noter, au refoulement.

98. Ce développement qui concerne les processus en jeu dans la structuration de l'image du corps est l'occasion de souligner l'importance conceptuelle de ce terme de *symbolisation* dans le discours théorique de F. Dolto. Il s'agit de la mise en symbole de ce qui, ressenti sinon comme perte imaginaire, pourrait avoir une portée potentiellement traumatique. C'est également le sens du terme « symboligène »; cf. *L'image inconsciente du corps, op. cit.*, p. 78 et suiv.

99. Le dessin de l'image du corps se complexifie. La représentation oscille entre deux ou trois boules/ronds selon le mouvement alternatif de présence/absence de la mère. L'image du corps est ainsi appendue à la corporéité maternelle dans ce qui constitue le jeu primordial d'un « Fort! Da ! » corporel du sujet enfant.

100. Cette idée est reprise, accompagnée d'un dessin dans *Au jeu du désir, op. cit.*, p. 83.

101. La formulation revient à reconnaître une correspondance entre ce qui se trouve réalisé dans le corps même (schéma corporel) et la représentation qui peut ensuite en être produite.

102. Ce terme qui a subi en psychanalyse toute une élaboration à partir de Jung, prend ici le sens de l'anticipation d'un devenir. C'est d'ailleurs le sens qu'a cette notion en... entomologie, et F. Dolto ne l'ignorait pas.

103. Cette problématique de la féminité qui est ici abordée au niveau de la représentativité infantile, est reprise dans *Sexualité féminine*, Gallimard, 1996, où l'image du corps se trouve être un outil théorique largement mis à contribution.

104. Il y aurait donc comme une sorte de fin de l'histoire de l'image inconsciente du corps, du moins quant à sa tendance directement représentationnelle. Ailleurs, F. Dolto rapporte aux effets mêmes de la castration œdipienne ce changement radical dans le rapport du sujet à la représentation. En ce qui concerne l'exception de l'artiste, voir déjà note 76 où la chose était abordée dans le registre du refoulement.

105. Ceci atteste qu'il y a bien deux lieux où s'expérimente cette conception de l'image du corps. D'une part dans son élaboration archaïque première, en relation à la mère. Et d'autre part — c'est ce qui est re-développé ici — dans sa réactualisation, sa reviviscence transférentielle dans

la cure. Ce qui établit une sorte de correspondance entre la mère et le psychanalyste...

106. On voit ici comment F. Dolto accorde une extension considérable aux possibles harmoniques de la communication interhumaine, bien en deçà du seul langage parlé, jusque dans son éventuel enfermement viscéral. Et ce, même si la parole reste bien comme telle le seul axe véridique qui oriente l'action du psychanalyste. Qu'il faille parfois aller retrouver cette présence du verbe jusque dans le tréfonds des corps, c'est ce dont F. Dolto n'a cessé de témoigner, voir par exemple *Séminaire de psychanalyse d'enfants*, Le Seuil, 1982, chap. 6 (p. 82).

Les premières images du corps, théorie et clinique

107. Par souci de clarté, nous substituons ce titre à l'intitulé que F. Dolto avait maintenu sous une forme développée : *À la recherche du dynamisme des images du corps et de leur investissement symbolique aux stades primitifs du développement infantile.*

108. Si l'image du corps a en principe valeur d'élaboration désirante, elle n'est pas pour autant chose « bonne en soi ». Elle peut être chosifiante, pétrifiée.

109. Réaffirmation du caractère essentiel attaché à l'assomption œdipienne, terme incontournable de ce qui est en jeu dans la structuration infantile du sujet humain. Sur ce point, F. Dolto n'a jamais varié. Elle précise ici les incidences concrètes de cette mutation autant radicale qu'obligée.

110. L'image du corps dite inconsciente — caractérisée aussi comme invisible — est posée d'emblée dans son opposition différentielle à l'image scopique dans le miroir. Cette thématique fondamentale sera reprise plus loin.

111. Cette possibilité a priori surprenante de l'entendement langagier, de l'intercompréhension par la parole (et donc l'éventualité du malentendu !) a toujours fasciné F. Dolto, et déjà enfant. Voir par exemple *Autoportrait d'une psychanalyste*, Le Seuil, 1989, p. 104, 174.

112. Ainsi se met en place une opposition qui sera précisée par la suite entre le Moi — auquel est rapporté le corps charnel — et le sujet. Cette distinction reprend pour une part ce que Lacan lui-même en avait formulé dès les toutes premières années de son séminaire (auquel assistait F. Dolto). Ce qui en est dit ici considère le sujet tel qu'il est représenté par la désignation pronominale du je, autrement dit le sujet grammatical.

113. C'est une autre différenciation d'ailleurs voisine de la précédente qui s'opère ainsi, à savoir ce qui sera présenté plus tard comme opposition entre schéma corporel et image du corps. Cette dualité constitue la trame du premier chapitre de *L'image inconsciente du corps*, Le Seuil, 1984. Elle n'était pas explicitement présente en tant que telle dans l'exposé initial (en 1956).

114. Au lieu de parler d'image inconsciente du corps, il arrive que F. Dolto dise ou écrive image du corps inconsciente, sans que cela paraisse correspondre à quelque nuance significative que ce soit. De toutes façons, profitons-en pour rappeler — comme nous l'avons fait pour le texte qui précède — que cette appellation d'image du corps en tant qu'*inconsciente* n'était pas présente initialement. Elle n'est apparue que bien après dans les formulations explicites de F. Dolto.

115. Il est dans l'essence même de l'image du corps de manifester ce nouage du corps au langage, qui apparaît ici sur ce mode apparemment anecdotique. La question est cependant centrale dans cette théorisation. Pour une autre indication, voir *L'image inconsciente du corps, op. cit.*, p. 22. F. Dolto y revient peu après, ce qui suffit à attester de la portée qu'elle

accorde à la métaphore : on n'a pas toujours vu que c'était là une notion privilégiée dans sa conceptualisation — dont cela indique aussi au passage la dimension poétique (une poétique du corps).

116. Cela correspond à ce qui se trouve désigné comme castration primaire (n'être que d'un seul sexe). Le terme lui-même apparaît dès le paragraphe suivant.

117. Pour aider à la compréhension de la phrase, nous avons modifié son libellé initial, qui était : ... l'image du corps devient affaire de relation interhumaine seule quant au refoulement ou à *[sic]* contraire à son évolution vers une image langagière (...).

118. Point majeur de la théorisation : l'antagonisme déjà rappelé entre image spéculaire et image du corps se résout finalement en ce que celle-ci se trouve refoulée. Tel semble donc même être le solde de la confrontation au miroir. Est-ce à dire que c'est alors seulement que l'image du corps peut être caractérisée comme inconsciente à proprement parler ?

119. Ceci est un autre aspect de ce qui confirme l'intimité essentielle entre le corps et le langage, manifestée concrètement par cette différence de compréhension des mots selon l'image du corps, et notamment entre l'enfant et l'adulte. Voir là-dessus *L'image inconsciente du corps*, *op. cit.*, p. 36, qui fournit en outre un exemple clinique. Cela dit, la différence d'appréciation enfant/adulte ne joue pas seulement au niveau du langage parlé mais aussi pour ce qui concerne — F. Dolto le développe ici — la logique du rapport au monde.

120. Que l'image du corps ressurgisse implicitement dans les locutions corporelles imagées est déjà apparu précédemment (cf. note 115). Ce qui s'y ajoute au passage ici, c'est le fait de référer ce jeu du langage à l'opposition différentielle entre schéma corporel et image du corps.

121. Le schéma corporel est commun à tous les individus de l'espèce alors que l'image du corps est porteuse de la singularité d'un sujet. Voir *L'image inconsciente du corps*, *op. cit.*, p. 22.

122. Un degré supplémentaire est ici franchi qui complexifie quelque peu la présentation des fondements de l'image inconsciente du corps. En effet, F. Dolto lui assigne une troisième composante. La décomposition binaire réapparaît ultérieurement. Cette dualité image de base/image fonctionnelle reste la clé de voûte de cette formalisation, l'image érogène n'étant qu'une spécification de l'image fonctionnelle. Plus tard encore, F. Dolto avancera l'idée d'un quatrième type d'image, supervisant et comme reliant les trois autres, l'image dynamique. (Cf. *L'image inconsciente du corps*, *op. cit.*, p. 58 et suiv.)

123. C'est dans une ligne très freudienne que F. Dolto décrit l'émergence des zones érogènes en certaines parties électives du corps, intéressées dans les échanges. C'est ce à quoi elle associe précisément sa notion d'image érogène correspondant à la mobilisation dynamique des zones (devenues) érogènes.

124. On retrouve la catégorie du subtil, opposé au substantiel. Voir *Au jeu du désir*, *op. cit.*, 1981, note p. 64.

125. Voir déjà dans le texte précédent, note 100.

126. Nous avons déjà rencontré cette co-détermination de l'image du corps en référence intrinsèque à l'image du corps de la mère. C'est ce que F. Dolto formule ailleurs comme constituant littéralement la « co-naissance » de l'enfant, dans son rapport dit de « co-narcissisme » à la mère.

127. Décalage entre la mise en place de l'image du corps au niveau du ressenti primordial et sa représentation effective ultérieure. Sorte de décalage temporel déjà signalé dans le texte précédent (cf. note 44).

128. F. Dolto reprend ici et d'ailleurs presque mot pour mot l'hypothèse fondamentale que nous avons déjà trouvée formulée dans le texte précédent portant directement sur la régression. Chronologiquement, on doit

considérer en toute rigueur que cette hypothèse a d'abord été proposée lors de son exposé de 1956. Elle figure dans le résumé qu'elle en avait fourni (cf. ici p. 286).

129. Cette illustration clinique nous fournit une explication typique de la pathologie formulable en termes d'image du corps ; celle-ci étant entamée, comme amputée de l'une de ses parties qui ne s'est pas trouvée symbolisée — faute, comme cela sera dit au paragraphe suivant, que la castration (symbolique, justement) en ait été « délivrée ».

130. F. Dolto formule son analyse du cas de ce bébé privé de la présence maternelle olfactive — déjà évoqué dans le texte précédent (p. 20) — avec d'autres nuances complémentaires, ce qui vient enrichir son interprétation et les enseignements qu'elle en tire pour sa théorisation.

131. Même là où le manque pourrait sembler d'abord sensoriel, voire pour un peu « éthologique », F. Dolto en fait d'emblée le vecteur d'une vitalité relationnelle mise à mal par l'absence, qui crée un vide proprement langagier.

132. Comme ci-dessus (cf. note 130), nous retrouvons ici un cas déjà rencontré — preuve que ces deux cas cliniques ont eu une valeur éminente pour F. Dolto dans la mise en place de sa conception théorique. Là encore, nous reprenons tel que son compte rendu qui est riche de détails et d'explications supplémentaires.

133. Apparition de la notion positivement valorisée du *sujet* — présent chez l'humain, selon F. Dolto, dès sa conception (cf. *L'image inconsciente du corps, op. cit.*, p. 22).

134. Le texte précédent nous fournissait pour ce cas un épilogue (voir p. 20 et note 14). F. Dolto semblait alors dater ces cas des années 1946, 1947. Il est alors compréhensible qu'elle parle ici d'une « trentaine d'années », puisqu'elle produit la présente version en 1978.

135. Indice que la théorie de l'image du corps n'est pas utilisable seulement en clinique d'enfants — comme la question a parfois été posée — même si c'est de là, assurément, qu'elle provient, ainsi que nous le vérifions ici.

136. La suite va montrer que les phobies occupent une place importante dans ces temps décisifs de l'élaboration clinique et théorique de F. Dolto. D'autant qu'à son point de vue, comme elle va l'expliciter, les cas de psychose infantile s'avèrent souvent correspondre en fait à des phobies très précoces ou du moins avoir débuté par une réaction phobique demeurée inaperçue ou incomprise.

137. Les recoupements permettent de penser qu'il s'agit du cas que F. Dolto présente ailleurs comme celui d'une phobie des plumes. Il est d'ailleurs fait allusion à ce symptôme dans la discussion ici rapportée en annexe (p. 307). Le cas est évoqué dans *Séminaire de psychanalyse d'enfants (2)*, Le Seuil, 1985, p. 25-26.

138. L'enfant fournit un patronyme très précis, mais c'est pour respecter le secret professionnel que F. Dolto y substitue cet « Untel ». F. Dolto a produit elle-même les dessins des modelages de cette enfant. Ils figurent dans le résumé, p. 287 et suiv.

139. Pour le dessin de cette configuration, cf. p. 289.

140. Nouvelle expression de la différence fondamentale entre schéma corporel et image du corps. On trouve une formulation très proche dans *L'image inconsciente du corps, op. cit.*, p. 23.

141. Ce sont tous les objets qui sont marqués du sceau de la référence à la mère et qui de ce fait font partie pour l'enfant de son espace de sécurité.

142. C'est un rappel des principes fondamentaux de l'acte psychanalytique. Voir aussi « Comment cadrer une psychanalyse d'enfants ? », in *La difficulté de vivre, op. cit*, p. 257.

143. Autrement dit, là où le corps dans sa charnalité anatomique

(schéma corporel) est intègre, il se peut que l'image du corps soit altérée, au niveau de la représentation. C'est ce que peuvent révéler les productions plastiques (dessin, modelage) de l'enfant. On a ici une donnée majeure, à la fois clinique et théorique.

144. Ce cas est évoqué également dans *Séminaire de psychanalyse d'enfants (2), op. cit.*, p. 26-27, au titre de la phobie.

145. Que les pulsions de mort soient présentes dans le sommeil profond (sans rêve) est pour F. Dolto l'indice qu'elles sont aussi un bienfait, un mode de repos pour le sujet du désir. Cf. *Séminaire de psychanalyse d'enfants, 1982, op. cit.*, chap. 13. Mais ici, dans la phobie, les pulsions de mort sont allées jusqu'à entamer la vivance désirante (de l'image du corps).

146. Nous ajoutons ce sous-titre : « L'enfant, sa phobie, et les parents » pour tenir compte du fait que F. Dolto développe ici la façon dont la pathologie — notamment phobique — s'inscrit dans la triangulation de l'enfant et ses parents, avec ce que cela implique quant à la conduite du travail thérapeutique.

147. La définition qui convient ici est celle de l'imago comme « prototype inconscient de personnages qui oriente électivement la façon dont le sujet appréhende autrui » (*Vocabulaire de la psychanalyse*, *op. cit.*, p. 196). À cet endroit, F. Dolto développe l'hypothèse que c'est une telle constellation — mettant donc en jeu trois générations — qui est à même de produire la phobie chez l'enfant. Il y aurait là un enchaînement généalogique d'images du corps pathogènes.

148. Ce qui est une autre façon de dire que le sujet du désir — ce qui chez F. Dolto est d'ailleurs une expression à part entière — est en butte aux pulsions de mort (cf. note 145).

149. On trouve un large écho à tous les problèmes y compris institutionnels qui sont abordés là dans *La difficulté de vivre, op. cit.*, en particulier le texte « Difficulté d'une cure de psychothérapie analytique dans le cadre de l'établissement scolaire où vit l'enfant », p. 269 et suiv.

150. Allusion à l'anatomie du système nerveux qui confirme la nature essentiellement organique, neurologique, de ce que F. Dolto appelle schéma corporel, soumis à un développement biologique programmé — là où l'image du corps est le lieu d'une histoire.

151. Typologie des stades qui remonte aux contributions premières de Karl Abraham. (Cf. son texte « Esquisse d'une histoire du développement de la libido..., 1924 », *Œuvres complètes*, Payot, 1966.)

152. Compte tenu de l'élaboration graduelle de ce texte, il est vraisemblable que F. Dolto en revient ici à un stade antérieur de son élaboration, là où l'image du corps se présente fondamentalement sous deux formes (alors que nous avons rencontré précédemment la possibilité d'identifier trois types d'images). Dans le texte initial (1956), il n'y en avait que deux, ce qui correspond bien à l'idée première de cette présentation. Cf. plus haut, note 122.

153. Nous avons déjà rencontré une telle formulation, tout à fait typique chez F. Dolto, qui rattache directement le thème des pulsions de mort à la notion de sujet. Voir *L'image inconsciente du corps, op. cit.*, p. 52, n.

154. Cette primauté absolue de la mère est radicalisée au point de se trouver référée à la catégorie du « sacré ». Cf. *L'image inconsciente du corps, op. cit.*, p. 222 et suiv.

155. Processus physiologique qui, comme toujours selon F. Dolto, se double d'une dimension relationnelle, symbolique. De là qu'elle en parle ailleurs comme d'une castration, dite castration ombilicale. (*L'image inconsciente du corps, op. cit.*, p. 90 et suiv.)

156. Voir F. Dolto, *Au jeu du désir, op. cit.*, p. 82 et suiv.

157. F. Dolto a plusieurs fois fait état de ce fait d'observation typique attestant d'une sorte de mémoire corporelle d'événements primordiaux

traumatiques ayant fait trace. Elle le signale à nouveau dans *L'image inconsciente du corps, op. cit.*, p. 98.

158. F. Dolto forge un néologisme qui rappelle les termes dont est issue la notion d'image du corps, notamment celui de *cœnesthésie* — dont elle fait d'ailleurs usage dans *Au jeu du désir, op. cit.*, chap. 3. Ainsi trouvait-on également jadis le vocable de cénesthésiopathie. L'important est de relever comment le miroir est abordé à partir de la dualité conflictuelle qui s'instaure entre le ressenti (cœnesthésique) et la visibilité de l'image scopique, dualité qui était déjà formulée par Wallon.

159. Plus d'une fois est-il arrivé qu'on soit témoin, à sa consultation publique, de comment F. Dolto pouvait ainsi affronter physiquement les manifestations corporelles de l'enfant, en y faisant face vigoureusement — capable de s'en saisir le cas échéant à bras le corps.

160. F. Dolto réutilise ici, pour rendre compte de cette observation, une expression qui lui était venue dans le contexte d'un autre cas clinique, à partir de sa propre inventivité relationnelle, corporelle. Elle le relate dans *L'image inconsciente du corps, op. cit.*, p. 56.

161. Fréquemment employée, cette référence au cas typique des aveugles-nés permet de comprendre l'enjeu d'une sensorialité à partir d'une situation où elle fait défaut — et où la valeur du ressenti et du langage s'en trouve d'autant mieux soulignée.

162. Nous avons légèrement modifié le texte qui se présentait ainsi : « Certainement que c'est toutes ces sensations inconscientes de plaisir, d'angoisse liminaire du désir, doivent *[sic]* être présentables, et c'est certainement cette façon que l'enfant prend pour les représenter. » Néanmoins, le sens n'est pas clair. La question est-elle, pour l'enfant, de comment représenter ce qui est éprouvé, ou de le rendre « présentable », c'est-à-dire aussi acceptable par l'adulte — ou les deux ?

163. C'est l'occasion de rappeler que Boris Dolto, le mari de F. Dolto, fut un grand novateur en matière de kinésithérapie. Cf. B. Dolto, *Traité de podologie*, Maloine, 1982.

164. La lecture de ce développement sur la représentation se trouvera facilitée et enrichie par le support des dessins qui sont de la main de F. Dolto, et reproduits en annexe p. 248, 291.

165. Pour une autre explicitation de cette métaphore, cf. *L'image inconsciente du corps, op. cit.*, p. 112.

166. Il est fait état dans ce passage d'une sorte de polarisation verticale du corps (opposition du haut et du bas). Quant à l'inversion du péristaltisme, elle peut prendre la forme du symptôme décrit comme *mérycisme* ; cf. *L'image inconsciente du corps, op. cit.*, p. 243 et suiv.

167. Ceci confirme que, loin d'être promotionnant, l'objet dit transitionnel est pour F. Dolto un signe symptomatique (d'une défaillance relationnelle). Selon elle, « le véritable élément transitionnel, ce sont les mots ». (*Tout est langage*, Gallimard, 1995, p. 73.)

168. Ce mécanisme projectif est conforme à ce qui a déjà été souligné de la logique infantile, fondée sur les critères mêmes de l'image du corps : l'enfant projette sur la corporéité maternelle en rapport à là où il en est dans son image du corps à lui.

169. C'est une autre acception du terme d'image, qu'on pourrait dire biblique : il l'a faite — son image du corps —, il l'a faite à son image à elle, à son image du corps à elle (la mère).

170. On retrouve cette distinction du subtil, relationnellement différencié du substantiel. Mais surtout, le développement qui suit montre comment l'érogène n'est lui-même qu'une particularisation, qu'une spécification (certes essentielle) du subtil.

171. Les spécialistes expérimentateurs continuent de considérer qu'à la naissance, le bébé est sinon aveugle du moins fortement myope. Ils lui accordent néanmoins une capacité spécifique à reconnaître les visages.

Voir par exemple J. Mehler et E. Dupoux, *Naître humain*, Odile Jacob, 1990.

172. On désigne ainsi, dans l'hindouisme, des centres énergétiques situés le long de la colonne vertébrale. Il y a sept principaux « chakras », du bas de la colonne jusqu'au sommet de la tête.

173. La phobie s'avère donc une configuration clinique exemplaire pour la mise en place des données théoriques sur l'image du corps — dont elle illustre les possibles amputations et morcellements, jusque dans la figuration.

C'est à ce niveau qu'était insérée une feuille intercalaire sur le fonctionnement figuré des images du corps, voir Annexes, ajout n° 5, p. 248.

174. Typique de la façon dont F. Dolto identifie ainsi dans sa clinique, ce qu'elle déchiffre comme des télescopages corporels entre des niveaux pulsionnels en principe hétérogènes, tel niveau (manifeste) renvoyant à un conflit (latent) bien antérieur.

175. Il doit s'agir du « poirier ».

176. Soulignons au passage l'importance de cette dialectique objet partiel/objet total qui est aussi un fil directeur de ce qui s'accomplit dans cette histoire infantile de l'image du corps, et donc dans la relation à la mère, d'abord elle-même « réserve d'objets partiels » avant de pouvoir être abordée comme « objet total ».

177. C'est dire que l'interprétation est aussi accessoirement une sorte de sauvegarde pour l'analyste ! Ce que nous livre F. Dolto dans ce passage, c'est en tout cas son interprétation à elle de ce qu'on entend aujourd'hui par « hyperactivité » de l'enfant.

178. La figure imaginaire de la « guenon » était présente dans la première observation rapportée par F. Dolto dans son travail sur la poupée-fleur. Cf. *Au jeu du désir, op. cit.*, p. 133 et suiv.

179. Allusion au fameux « Fort ! Da ! » dans le jeu d'enfant observé par Freud (et rapporté dans son texte *Au-delà du principe de plaisir*). Cette analyse de Freud fut abondamment commentée par Lacan, en tant qu'assomption infantile de l'opposition signifiante fondamentale.

180. Les bases cliniques de l'hospitalisme furent posées par le travail de R. Spitz et élaborées en France par Jenny Aubry. F. Dolto y fait allusion dans *L'image inconsciente du corps, op. cit.*, p. 111 et suiv.

181. La mise en œuvre de l'image du corps ramène à nouveau la confrontation au miroir, déjà évoquée précédemment (voir par exemple note 62). F. Dolto en signale ici la portée normativante.

182. Indication éducative souvent développée par F. Dolto. Elle y revient par exemple dans le chapitre sur « la castration anale » dans *L'image inconsciente du corps, op. cit.*

183. C'est en ce sens que F. Dolto se singularise quelque peu par rapport à Lacan dans son appréciation des effets primordiaux de la confrontation au miroir. Si elle y voit également une phase normative (cf. note 181), le miroir n'en a pas moins d'abord pour elle une valeur potentiellement traumatique, dans sa façon de présenter, avec le scopique, un tout autre registre que celui ayant prévalu jusque-là pour l'enfant, à savoir le ressenti constitutif de l'image inconsciente du corps.

184. Temps majeur de la théorisation : le miroir semble donc constituer comme le terme de la mise en œuvre de l'image du corps. Nous retrouvons réaffirmé ce point essentiel (qui n'est cependant pas approfondi) : que cette image du corps se trouve alors refoulée (cf. déjà note 118).

185. Ainsi se confirme le lien de structure entre la confrontation au miroir — avec ce qui s'y trouve en jeu de l'assomption du visage — et l'émergence de la question du sexe. Pour un développement de ce thème, voir *L'image inconsciente du corps, op. cit.*, p. 159 et suiv.

186. En un sens, on peut considérer que l'image scopique a alors for-

mellement pris le pas sur l'image du corps inconsciente (refoulée). Ce réaménagement structurel majeur est susceptible, on le voit, d'être rapporté à la dialectique entre le Moi et le sujet, dont nous avons déjà souligné l'importance.

187. Ce qui qualifie l'image du corps comme inconsciente, c'est donc aussi là où elle agit de façon téléologique, comme pour déterminer et anticiper l'orientation du destin sexué du sujet enfant.

188. C'est en référence au Phallus comme unique détermination symbolique (cf. Annexes, note 198) et à partir de sa théorisation de l'image du corps que F. Dolto élabore ici sa conception de la complémentarité qui doit jouer dans le rapport entre les sexes. On voit comment, en accord avec ce qui constitue l'inspiration même de la psychanalyse, c'est sa recherche sur la corporéité archaïque qui la conduit directement à ces considérations sur la vie génitale amoureuse de l'adulte.

189. Autre terme majeur du développement psycho-corporel infantile, dont F. Dolto souligne toujours la gravité et l'importance résolutive absolue — y compris quant à l'épreuve douloureuse qu'elle constitue pour l'enfant lui-même.

190. F. Dolto semble avoir accordé un soin tout particulier à ces ultimes conclusions du texte qu'elle développait dans cette version étendue. À partir de cet endroit, on recense au moins trois variantes sensiblement différentes avec encore des ajouts supplémentaires. Nous laissons ici la conclusion de la version datée de septembre 1978 mais nous publions en annexe les deux autres versions.

191. On pourrait plutôt dire : *entente* — qu'il n'y ait aucune entente ou accord illicite au niveau génital. La phrase qui précède surprend également par sa tonalité. En fait, il s'agit ici de la castration dite œdipienne comme mise en place de l'interdit de l'inceste.

192. La référence à la théologie chrétienne, à propos de la mort, peut être rapprochée du texte qui concluait *Solitude*, Gallimard, 1994, p. 410 et suiv. C'est le point où la conception de l'image inconsciente du corps vient s'articuler à des considérations dites « métaphysiques » qui surgissent ici, au moment de conclure.

Ajouts manuscrits

193. Ces ajouts manuscrits sont des ébauches. Nous avons dû adjoindre parfois quelques retouches pour les rendre lisibles. Notre point de vue était que même sous forme d'esquisse, voire de brouillon, ils n'en présentaient pas moins d'intérêt en eux-mêmes.

194. Cet ajout intervient au niveau de la p. 26 (cf. note 23). On y trouve indiqué en particulier comment s'élaborent conjointement, sur fond de relation « subtile » à la mère, le langagier et l'érogène.

195. Cet ajout se situait au niveau de la p. 28 (cf. note 25). Il s'ouvre sur un développement qui évoque le début du résumé de 1956, concernant la relation au corps propre, la connaissance que nous en avons (cf. p. 285).

196. Cette formulation se comprend mieux si on la rapproche de la phrase qui ouvre le texte « Les premières images du corps, théorie et clinique », qui figure ici p. 129 et où la question de l'image du corps est précisément énoncée comme étant celle de « qui parle à qui... »

197. Cet ajout se trouvait placé dans le texte au niveau de la p. 42 (voir note 50).

198. En référence implicite à l'enseignement de Lacan, le phallus est ici désigné dans sa valeur de détermination signifiante du désir (qu'il oriente), valant comme tel pour les deux sexes quoique chacun d'eux ait à trouver à partir de là les voies singulières différenciées de son assomption

désirante. F. Dolto revient notamment sur cette question dans *Sexualité féminine*, Gallimard, 1996.

199. Quelle qu'en soit la forme (brute), ce texte contient des aspects tout à fait essentiels de la pensée de F. Dolto. Remarquons qu'il se clôt sur ce que F. Dolto reprend comme étant le rapport dialectique entre le Moi et le sujet — catégories ou instances qui furent aussi expressément distinguées par Lacan.

200. Cette petite note apparaissait à l'endroit du texte qui développe ce même thème : cf. p. 53-54 et note 57.

201. Cet écrit était intercalé au niveau de ce qui est ici p. 208 (cf. note 173). Quelle qu'en soit la forme, elliptique car en style « téléphonique », il a le mérite de nous présenter une des rares descriptions illustrées par F. Dolto concernant la mise en place et le fonctionnement primordial de l'(ou des) image(s) du corps.

202. Nous avons signalé que, pour ce qui est de la partie proprement conclusive du texte « Les premières images du corps, théorie et clinique », nous disposions également de deux autres versions, intercalées à cet endroit (cf. note 190). Ce sont ces deux versions que nous publions, intégralement en ajout n° 6 et abrégé en ajout n° 7.

203. Ce problème a été évoqué précédemment dans le corps du texte. Il est repris dans *L'image inconsciente du corps, op. cit.*, voir en particulier p. 36, 44, 202.

204. L'un des aspects majeurs du combat de F. Dolto, disons pour la « cause des enfants », aura effectivement consisté à dénoncer cette tendance à la possessivité des engendreurs vis-à-vis des engendrés.

205. Nous supprimons ici une courte phrase peu claire dans le libellé du manuscrit.

Pour ce qui est de la « fonction symbolique », cf. p. 14, note 5.

206. Quelques mots élidés.

207. Nous éliminons de cet ajout n° 7 ce qui recouvrait l'ajout n° 6. Il peut alors se lire comme suite de l'ajout précédent.

208. Ce descriptif est une préfiguration de ce qui deviendra « La Maison verte » (ouverte en 1979). Mais il est aussi possible qu'au moment où F. Dolto écrivait ces lignes qui sont un additif, la Maison verte était déjà en gestation.

209. C'est une indication sur ce que seraient à cet égard les limites (intrinsèques) de la psychanalyse.

Cas cliniques de régression

210. F. Dolto fait allusion à un exposé de René Diatkine qui eut lieu peu avant, le 26 février 1957, concernant « la notion de régression ». Le texte correspondant parut dans le même numéro de *L'Évolution psychiatrique* que l'article de F. Dolto.

211. Pour les précisions de dates relatives à ces deux cures, cf. notes 82 et 86.

212. La parution du travail de F. Dolto sur la jalousie à la naissance du puîné s'est échelonné sur trois numéros successifs de la revue *Psyché* dont le premier, le n° 7, date de mai 47 (les suivants sont le n° 8 et le n° double 9/10). Ces textes sont regroupés, revus et corrigés, dans *Au jeu du désir, op. cit.*, chap. 5.

213. Nous laissons l'article tel qu'il a été publié. Mais sans doute c'est *avec* qu'il faut entendre ici plutôt que *à*.

214. Cf. *Au jeu du désir, op. cit.*, chap. 6.

215. C'est donc ici, à cet endroit, qu'apparaît semble-t-il pour la toute première fois dans l'œuvre écrite de F. Dolto (en 1957, donc) cette formulation de l'image *inconsciente* du corps. Mais ce, sans que cette notion soit à proprement parler thématisée comme telle ou explicitée.

216. Venaient ici dans cet article initial, les deux grands cas cliniques développés par F. Dolto. Ils ont été retranscrits dans la première partie de cet ouvrage avec les quelques ajouts ultérieurs de F. Dolto (cf. pp. 80-95 et pp. 95-112). Ils ne sont donc pas reproduits ici.

À la recherche du dynamisme des images du corps et de leur investissement symbolique dans les stades primitifs du développement infantile

217. Il s'agit du cas clinique d'une enfant phobique des plumes. Il y est fait référence plus tard, dans la discussion. Voir aussi plus haut p. 152, note 137.
218. Pour l'intelligence de cette appellation, voir p. 152, note 138.
219. Même dans son bref résumé, F. Dolto revient sur l'affirmation de la décomposition duelle fondamentale de l'image du corps.
220. Nous reproduisons ce dessin à l'endroit où il figurait dans le résumé de F. Dolto, publié dans *La Psychanalyse*, tout en constatant qu'aucun commentaire n'y renvoie de manière explicite ou évidente.
221. Tout ceci restait très elliptique. On ne peut que se réjouir du fait que tous ces points (re)trouvent leur plein développement dans la présente édition!...
222. Cf. S. Freud, *Malaise dans la civilisation*, traduction Ch. et J. Odier, PUF, 1971, chap. IV, n. 1, p. 49.
223. Karen Horney (1885-1952), psychanalyste américaine, se rattache au courant dit « culturaliste ». Elles s'est également intéressée à la relation précoce mère/enfant.
224. On trouve ici des formulations pour le moins elliptiques et parfois sujettes à caution. Ce sont en effet des propos pris sur le vif en notes manuscrites sans que l'on sache par qui ni bien sûr avec quel degré de déformation et distorsion inévitables. Cette remarque vaut d'ailleurs pour l'ensemble de ce compte rendu sommaire.
225. Faute de précisions, on peut supposer que ce sont des questions formulées par J.-L. Lang, qui poursuit ainsi son propos.
226. Autrement dit : connaissance du corps — ce qui correspond à la formulation qui apparaît dès la première phrase de l'exposé résumé de F. Dolto. Le terme que cite F. Perrier est notamment utilisé dans l'important ouvrage de H. Hecaen et J. de Ajuriaguerra, *Méconnaissances et hallucinations corporelles*, Masson, 1952, dont le sous-titre est *Intégration et désintégration de la somatognosie.*
227. Nous supprimons ici un passage de cette intervention trop laconique pour être intelligible, et qui plus est sans articulation suffisamment précise à quelques dessins qui pourtant l'accompagnent.
228. W. Granoff fait allusion à cet endroit — et plus loin encore — à un texte écrit. Cela laisse supposer qu'au moment de la discussion (en décembre 1956), les participants disposaient d'un texte, trace de l'exposé qui avait eu lieu en octobre — peut-être le résumé ci-dessus. (Le fait est que l'extrait cité plus loin est strictement conforme au libellé de ce résumé.)
229. Michael Balint (1896-1970), psychanalyste anglais d'origine hongroise, formé notamment par S. Ferenczi. On connaît en particulier ses travaux consacrés à la relation médecin-malade.
230. L'information sur les thérapies en question nous fait défaut.
231. Comme nous l'indiquions, la citation qui suit reprend le texte même du résumé de F. Dolto.
232. Ce cas correspond à un travail clinique accompli par Rosine Lefort dans les années 1951-1952. Sous le titre « Le cas de Robert », elle en fit un exposé dans le séminaire de J. Lacan en 1954. Voir *Les écrits techniques de*

Freud, Le Seuil, 1975, Séminaire, livre I, chap. VIII. Depuis, ce cas a fait l'objet d'une publication approfondie de Rosine et Robert Lefort, *Les structures de la psychose*, Le Seuil, 1988.

233. On notera que l'intervention de W. Granoff a été plus scrupuleusement restituée que la plupart des autres. Peut-être cela tient-il au fait qu'elle a pu être revue et mise en forme par le discutant lui-même ?

Index des cas et exemples cités

CLINIQUE NÉO-NATALE :
— les cas où il y a trace d'un traumatisme à la naissance (tache dans la région bucco-nasale) : 189-190
— la « crise » d'un enfant et son apaisement par un toucher ombilical : 191-192
— le cas à l'opisthotonos (Pierre) : 192-194 ; 198
— coqueluche chez une fillette présentant des quintes asphyxiantes : 194-195

IMAGE DU CORPS, PHOBIE ET REPRÉSENTATION :
— l'enfant « Madame Untel » et ses représentations caractéristiques de la phobie : 152-155 ; 158-159 ; 287-288
— le cas « M'sique », mutique avec stéréotypie gestuelle, diagnostic de psychose : 163-166

IMAGE DU CORPS ET REPRÉSENTATION :
— une enfant prépsychotique de huit ans, et son dessin style bouche-« ventouse » : 31-32 ; 266-267

NÉVROSE INFANTILE :
— par sevrage manqué traumatisant : 143

RÉGRESSION :
— suite à une chute (avec fracture vertébrale) chez une petite fille de trois mois, qui dépérissait : 18-20 ; 147-151 ; 262-263 ; 286-287
— suite à l'hospitalisation de la mère (manque olfactif) : 20-21 ; 144-147 ; 263
— en rapport avec la jalousie à la naissance du puîné : 16-18

RÉGRESSION (RÉCITS DE CURES PSYCHOTHÉRAPEUTIQUES) :
— cas de Marie-Louise B., une adoption problématique : 80-95
— cas de Lionel Ségolène, régression liée au secret autour de sa généalogie : 95-112
— travail à l'aide de la poupée-fleur : 21-24 ; 263-264

RÉGRESSION PAR REJET OU DÉPIT AMOUREUX DÉSTRUCTURANT :
— cas de jeune fille allant jusqu'à une dépression d'apparence schizophrénique : 65-69 ; 275-276
— cas de jeune homme entré dans le délire à l'approche du mariage : 69-71 ; 276

VAGINISME
— et rêve chez une femme frigide, phobique des rapports sexuels : 32-33 ; 268

Index des notions et des thèmes

ACTIF/PASSIF : 24, 26, 27, 28, 42, 59, 130, 138, 162, 220
ADOLESCENCE, ADOLESCENTS : 12
ADOPTION : 94
ADULTE : 27, 34, 42, 48, 55, 58, 115
— et enfant : 39, 135, 225
AFFECT (*voir aussi* ÉMOI) : 21, 22, 42, 197, 205, 292
AGRESSIVITÉ : 17, 21, 22, 23, 59, 60, 89, 223
ALIMENTATION (manger/boire) : 19-20, 28, 30, 31, 35, 38, 62, 145-146, 149-151, 184, 201, 220
ALLANT-DEVENANT : 29, 208-209, 286, 291
AMBIVALENCE : 17, 23
AMOUR : 16, 17, 36, 63, 64, 65, 67, 69, 229-231, 256
ANAL, ANALITÉ (*voir aussi* ORAL, STADES) : 17, 34, 50, 53, 57, 58, 60, 62, 66, 118, 155, 157, 205, 214, 218
ANGOISSE : 43, 51, 61, 79, 112, 115, 120, 121, 125, 127, 146, 147, 151-152, 153, 154, 158, 163, 167, 171, 174, 177, 179, 183, 187, 189, 190, 195, 219, 223, 287, 294-295
— de castration : 25, 26, 61, 251, 292
— de mort : 25, 26, 125, 161
ANIMAL : 22, 24, 27, 34, 35, 39, 53, 54, 58, 59, 95, 121, 122, 212, 243
ANOREXIE : 43, 146, 208, 220
ANTHROPOMORPHISME, ANTHROPOMORPHIQUE : 23, 39, 45, 58, 123, 297
ARCHAÏQUE (*voir aussi* IMAGE DU CORPS, PULSIONS, STADES) : 23, 24, 37, 42, 53, 68, 72, 77, 128
ART, ARTISTE : 76-77, 124
AUTONOMIE : 14, 51, 133, 165, 172, 176, 232
AUTRE, AUTRUI : 23, 24, 26, 27, 32, 36, 38, 40, 42, 51, 55, 120, 128, 129, 131, 183, 185, 196, 209, 221, 225, 226-227, 228, 235, 244-245, 251, 255, 256, 298
AVEUGLES : 115, 142, 197, 297

BEAU/LAID : 32, 35, 36
BESOIN : 28, 29, 31, 36, 37, 41, 56, 63, 133, 173, 220, 224, 243, 244, 251, 252
— et désir : 30, 41, 42, 49, 56, 118, 140, 174, 185, 202, 211, 247, 248, 255
BIEN/MAL (*voir aussi* ÉTHIQUE) : 32, 36
BIOLOGIE : 13, 14, 25, 74, 259

CASTRATION : 43, 69, 72, 73, 118, 124, 138, 144, 174, 229, 231, 233, 251
— anale : 213
— génitale : 69, 162
— œdipienne : 58, 67, 130, 171, 218, 229, 232-233
— primaire : 134, 169, 218
— symboligène : 72-73, 246
— symbolique : 124, 129, 163
CENTRIFUGE/CENTRIPÈTE : 137, 140, 156, 157, 162, 201, 204, 207, 213, 228
CODE (*voir aussi* LANGAGE) : 28, 37, 40, 234, 242, 245
CŒUR : 35, 36, 38, 42, 56, 110, 256
— à cœur : 38, 42, 44, 48, 255
COHÉSION (Unité) : 78, 117, 128, 234, 279
COÏT : 230-232
COMMUNICATION : 21, 22, 24, 26, 28, 30, 36, 37, 39, 41, 45, 115, 117, 118, 120, 128, 203, 224, 226, 242, 249
— (inter)psychique : 30, 36, 37, 157, 158, 183, 185, 196, 205, 210, 214, 217, 218, 230, 231, 234, 243, 246, 251, 252
CONTINENCE
— sphinctérienne : 53, 55, 124, 198, 217, 223, 224, 246-248, 252
CONTINUITÉ (*voir aussi* COHÉSION, SÉCURITÉ) : 29, 144, 146
CORPS : 22, 24, 27, 29, 30, 31, 34, 36, 37, 39, 41, 42, 43, 44, 51, 94, 95, 114, 118, 119, 129, 130, 131, 133, 154, 160, 203, 211, 222, 223, 227, 242, 251, 265, 285, 291
— à corps : 28, 32, 42, 48, 60, 61, 69, 71, 124, 130, 144, 147, 148, 157, 163, 184, 197, 205, 229, 230, 233, 251, 255, 256
— kinétique : 44, 46, 48, 57
— et langage : 115
parties du — :
anus : 34, 37, 47, 184, 202, 207, 209, 221, 242, 291
bassin : 221, 302, 308
bouche : 22, 27, 28, 29, 30, 31, 32, 34, 37, 38, 44, 45, 46, 47, 121, 122, 141, 154, 155, 157, 184, 201, 202, 206, 207, 209, 211, 212, 221, 242, 248, 291, 297, 300
bras : 45, 48, 50, 120, 141, 142, 156, 211, 213, 214, 301
cavum : 31, 145, 146, 209
cheveux : 44, 45, 109
colonne vertébrale : 56, 147, 209
cou : 45, 121
dents : 37, 45, 121, 222, 293
diaphragme : 197-198
doigts : 44, 46, 50, 121, 156, 164, 211, 214, 293
épaules : 56, 298
estomac : 28, 146, 200, 291
gencives : 204
genou : 121
intestin : 206
jambes : 56, 120, 122, 141, 154, 156, 159, 211, 213, 301
langue : 47, 121, 143, 157, 201, 202, 291
larynx : 27, 47, 155
lèvres : 146, 184, 216
mains : 21, 22, 23, 32, 34, 37, 44, 45, 47, 48, 50, 54, 55, 56, 156, 164, 199, 209, 211, 214, 221, 293, 297
membres : 44, 46, 48, 121, 211, 292
narines (nez) : 31, 35, 44, 45, 122, 139, 141, 155, 196, 206, 242, 290, 291, 296, 297, 298
œsophage : 146, 201, 220
oreilles : 22, 31, 32, 35, 43, 44, 120, 122, 139, 141, 155, 156, 157, 186, 206, 212, 213, 242, 290, 291, 293, 297
peau : 40
pénis : 123, 155, 211
pharynx : 146, 220
pieds : 21, 22, 23, 32, 44, 50, 54, 55, 56, 199, 209, 211
placenta : 32, 113, 150, 186, 188, 196
seins : 32, 123, 155, 229, 306
sexe : 21, 22, 32, 35, 56, 57, 60, 133
sphincters : 42, 47, 153
tête : 43, 44, 45, 48, 50, 55, 56, 117, 121, 154, 208, 209, 213, 292
tronc : 44, 48, 50, 117, 121, 221, 292
tube digestif : 200, 206
urètre : 60
vagin : 211-212
ventre : 43

visage : 21, 22, 32, 44, 48, 65, 121, 152, 154, 158, 199, 202, 211, 212, 296
viscères : 55, 253
yeux : 22, 31, 32, 35, 43, 55, 122, 139, 141, 155, 206, 207, 242, 290, 291, 297, 298-299
CRÉATION, CRÉATIVITÉ : 14, 16, 27, 48, 62, 77, 114, 124, 129, 134, 218, 244
CULPABILITÉ : 48, 56-57, 75, 94, 127, 128

DÉFENSE : 13, 119, 233
DÉLINQUANCE : 75
DÉLIRE : 64, 65, 69-70, 74, 76, 79, 81, 95, 126, 128
DÉPLACEMENT (*voir aussi* MÉTAPHORE, TRANSFERT) : 47, 48
DÉPRESSIF, DÉPRESSION : 21, 169, 175
DÉSIR (*voir aussi* BESOIN) : 24, 26, 30, 31, 33, 34, 36, 37, 38, 39, 41, 46, 51, 54, 55, 56, 59, 69, 71, 78, 111, 113, 117, 122, 126, 128, 129, 131, 138, 140, 143, 160, 162, 168, 176, 183, 185, 192, 198, 201, 216, 220, 223, 227, 230, 234-235, 246, 248, 255, 256
— archaïque : 59
— d'enfant : 170-171, 231
— génital : 56, 64, 65, 179, 228, 250, 251
— oral et anal : 57, 58
— sexuel : 65, 124, 130
DESSIN : 31, 39, 43, 58, 85, 86, 87, 88, 89, 90, 91, 94, 141, 212, 297
— et modelage : 42, 45, 62, 76, 105, 108, 114, 115, 122, 123, 125, 126, 140, 152-156, 163, 182, 187, 277, 286
DEUIL : 11, 25, 110, 118, 210, 229, 291
DIFFÉRENCE DES SEXES (fille/garçon) : 22, 35, 44, 45, 52, 57, 60, 121, 122, 123, 133-134, 138, 162, 201-202, 213, 218, 227-228, 229, 247

ÉCHANGE (*voir aussi* RELATION) : 14, 15, 16, 22, 24, 27, 28, 29, 30, 32, 34, 35, 41, 42, 46, 63, 73, 77, 78, 125, 154, 243, 244
ÉDUCATION : 134, 144, 163, 217, 224-225, 296
ÉMOI : 35, 36, 38, 43, 55, 57, 59, 78, 114, 128, 242, 249
ENCOPRÉSIE, ÉNURÉSIE : 187, 202, 215
ÉROGÈNE (*voir* IMAGE DU CORPS ÉROGÈNE, ZONE ÉROGÈNE)
ESPACE : 27, 28, 31, 34, 40, 48, 51, 131, 132, 135, 201, 216, 223, 226, 228
— et temps : 39, 51, 64, 112, 114, 117, 118, 120, 130, 131, 205, 244, 246, 252
ÉTHIQUE : 17, 36, 40, 58, 62, 69, 71, 72, 73, 78, 79, 180, 218, 298
pré — : 208, 291
EXCRÉTION et soins de change (*voir aussi* CONTINENCE) : 29, 30, 31, 38, 44, 45, 47, 48, 49, 53, 62, 158, 184, 199, 201, 202-203, 211, 242, 248, 292
EXPRESSION, EXPRESSIVITÉ : 15, 37, 54, 56, 77, 114, 115, 127, 142, 227

FANTASME : 13, 36, 39, 43, 53, 58, 59, 61, 64, 70, 73, 75, 76, 77, 78, 79, 90, 95, 113, 115, 116, 125, 126, 128, 151, 152, 153, 198, 205, 208, 213, 223, 230, 302
FÉMININITÉ (*voir* DIFFÉRENCE DES SEXES, PHALLUS, SEXUALITÉ)
FÉTICHE, FÉTICHIQUE : 63, 64, 68, 70, 167, 168, 216
FIXATION : 33-34, 67, 72, 111, 112, 117, 167, 289
FŒTAL, FŒTUS (*voir aussi* IMAGE DU CORPS, STADES) : 18, 19, 26, 46, 149, 165, 187, 222, 242, 290, 294-295
FONCTIONNELS (Troubles —) : 11, 26, 42, 208, 210, 253
FORME(S) : 50, 58, 59, 61, 76, 133, 153, 197
FRIGIDITÉ : 32-33
FRUSTRATION : 65, 164, 180, 231-232

GÉNITAL, GÉNITALITÉ (*voir aussi* STADES) : 17, 43, 58, 59, 61, 64, 123, 129, 132, 141, 161, 293
GESTUEL (*voir aussi* LANGAGE) : 37, 77, 116, 128, 134, 142, 152, 196, 218

HAINE : 17, 246
HALLUCINATION : 73, 202, 221
HIÉRARCHIE : 25, 55, 272
HOMOSEXUALITÉ : 65, 69, 231
HUMAIN, HUMANISATION : 14, 15, 22, 23, 27, 36, 37, 58, 78, 220

IDÉAL DU MOI : 122, 262, 283, 296
IDENTIFICATION : 17, 23, 38, 41, 43, 52, 54, 58, 59, 60, 61, 66, 91, 94, 224, 226, 227, 228, 273
IMAGE DU CORPS : 18, 19, 25, 29, 31, 40, 46, 48, 49, 55, 58, 63, 70, 71, 89, 92, 113, 119, 126, 128, 129, 131, 132, 133, 134, 136, 137, 141, 142, 143, 147, 151, 152, 155, 168, 172, 180, 190, 212, 217, 227, 245, 254, 280, 287, 300-302
— archaïque : 17-18, 24, 43, 65, 77, 122, 128, 142, 144, 163, 181-183, 186, 213, 230, 250
— (de sécurité) de base : 28, 29, 30, 31, 33, 34, 35, 36, 39, 41, 42, 48, 51, 52, 55, 59, 63, 72, 117, 137-139, 141, 142, 144, 145, 146, 147, 149, 160, 165, 169, 172, 183, 185, 192, 194, 203, 208, 218, 224, 230, 266, 285, 289, 292, 305
— dynamique : 28, 29, 33, 139, 202, 226, 266, 286
— érogène : 138-139, 141, 144, 146, 156, 194, 218, 220
— fœtale : 92, 144, 148, 155, 190, 192, 196
— de fonctionnement : 28, 29, 31, 33, 36, 51, 52, 53, 59, 72, 118, 137-139, 141, 142, 143, 144, 145, 146, 150, 153, 162, 170, 172, 183, 184, 185, 199, 205, 208, 218, 224, 248, 266, 285, 286, 289, 305
— génitale : 69, 133, 163, 218
— inconsciente : 25, 26, 28, 34, 39, 51, 55, 63, 64, 72, 112, 114, 117, 118, 120, 122, 124, 128, 130, 132, 133, 134, 136, 141, 156, 174, 223, 226, 228-229, 234, 250, 251, 255, 265
— kinétique : 120-121, 223, 224, 228, 293
— langagière : 134
— et miroir : 130, 229
— olfactivo-respiratoire : 184
— orale/anale : 133, 140, 141, 144, 162, 182, 206, 207, 211-212, 218, 224
— des parents : 166
— et phobie : 159-162, 165, 288
— pré-génitale : 173
— respiratoire : 144, 146
— et schéma corporel (voir ce mot)
— scopique : 134
— viscérale : 118, 120
IMAGINAIRE (*voir aussi* RÉALITÉ) : 13, 16, 25, 30, 39, 41, 42, 50, 58, 61, 63, 64, 68, 69, 71, 76, 77, 114, 124, 131, 160, 187, 225, 244, 308
— et symbolique : 73, 126
IMAGO : 121, 166, 169
INCESTE : 90, 99, 110, 123, 124, 162, 163, 232, 252
interdit de l'— : 123, 132, 162, 228, 229, 230-231, 250
INCONSCIENT :
(subst.) : 15, 16, 116, 126, 169
(adj.) : 15, 17, 40, 42, 57, 59, 112, 114, 116, 130, 167, 168, 172, 175, 184, 188, 234, 246, 255, 256
(adv.) : 43, 47, 60, 63, 121, 131, 160, 169, 204, 222
INCORPORATION : 43, 154, 209, 293, 298
INTÉRIEUR/EXTÉRIEUR : 40, 41, 200, 209, 216
INTERPRÉTATION : 85, 206, 217
INTROJECTION : 40, 58, 71, 118

JALOUSIE : 98, 143, 168
— à la naissance du puîné : 16-18, 113, 261
JE : 52, 130, 226, 228, 293, 303, 308
JOUIR, JOUISSANCE : 65, 76, 129, 142, 185, 215, 216, 227, 229, 231, 234

KINÉSIE, KINÉTIQUE (*voir aussi* MOTRICITÉ) : 31, 37, 44, 45, 53, 55, 64, 65, 211, 215, 221, 224, 291

LANGAGE (*voir aussi* MOTS, PAROLE) : 22, 24, 26, 35, 37, 40, 42, 47, 48, 52, 54, 61, 62, 70, 73, 77, 78, 114, 115, 118, 128,

131, 132, 133, 134, 136, 141, 143, 180, 215, 216, 218, 221, 224, 226, 227, 232, 234, 242, 244, 245, 246, 250, 251, 255, 308
— et corps : 134-137
— et cri : 185
— gestuel : 22, 174, 255
— mimique (*voir aussi ce mot*) : 22, 77, 174, 255
— verbal : 22, 77, 130, 226, 255
LATENCE (phase de —) : 123
LIBIDO, LIBIDINAL : 21, 26, 27, 40, 64, 67, 72, 76, 78, 116, 131, 175, 243
— anale : 33
— archaïque : 66
— narcissique : 64
— orale : 33, 36, 37
LOI : 129, 132, 144, 162

MAGIE, MAGIQUE : 49, 50, 53, 125, 245
MAÎTRISE : 58, 59, 142, 271
« MAMAÏSÉ » : 157, 205, 213
MASSE(S) : 29, 31, 33, 34, 36, 38, 39, 44, 57, 61, 119, 131, 138-141, 189, 203, 205, 242, 286, 292
MASTURBATION : 56, 230
MÉMOIRE : 38, 40, 50, 71, 78, 130, 132, 184, 207, 210, 244, 255
— et engramme : 190, 253
MÈRE (*voir aussi* SENS) : 26, 29, 30, 31, 35, 36, 40, 41, 44, 45, 46-47, 48, 49-50, 113, 117, 119, 120, 144-147, 156, 157, 158, 161, 165, 182, 185-186, 197, 200, 203-211, 219, 220-222, 224, 241-242, 245, 248-249, 255, 268, 291-292, 295-299, 305, 306, 308
corps de la — : 51, 119, 141, 288-289
— avec échanges : 46, 158, 204, 210, 219, 271
— sans échanges : 46, 158-159, 204, 209, 214-216, 218-219, 221, 270
image du corps de la — : 205
— intériorisée : 200, 207
odeur de la — (*voir aussi* SENS : olfaction) : 50
— et parole : 37, 47, 210
— support : 34, 47, 208, 213, 291, 306
— symbolique : 110
voix de la — : 30, 36, 37, 48, 50, 51, 157, 184, 185, 206, 211, 212, 221, 305
MÉTAPHORE : 38, 132, 141, 157, 181, 183, 188, 190, 203, 216, 221, 228, 300
MIMIQUE (*voir aussi* LANGAGE) : 27, 37, 80, 116, 128, 133, 152, 186, 199, 218, 252
MIROIR : 24, 62, 130, 225-226, 227
stade du — : 190, 228
MOI : 17, 40, 72, 113, 130, 131, 226, 228, 233, 246, 300, 306
— et corps : 223, 293
— et je : 131, 226, 228
pré — : 16, 17, 38
— et toi : 40, 51-52, 226
MOI IDÉAL : 17, 44, 121
MORCELLEMENT : 30, 35, 42, 54, 70, 78, 89, 124, 213, 307
MORT : 14, 25, 26, 27, 124, 149, 174, 190, 246, 260
MOTRICITÉ (*voir aussi* KINÉSIE) : 40, 42, 44, 52, 54, 55, 56, 174, 209, 218, 221, 223, 224, 252
MOTS : 61, 76, 115, 117, 130, 250, 281, 307
— et corps : 134

NAISSANCE, NÉO-NATAL : 14, 19, 27, 118, 187-190, 196, 206, 222, 290
NARCISSISME, NARCISSIQUE : 17, 24, 25, 26, 36, 37, 40, 41, 44, 46, 55, 58, 59, 64, 68, 70, 72, 73, 94, 112, 113, 116, 118, 128, 177, 183, 190, 207, 217, 218, 222, 225, 226, 233, 234, 292, 297
— anal : 70
pré — : 119, 209
— primaire : 41
— du sujet : 231
NÉVROSE : 12, 13, 27, 64, 74, 76, 116, 143, 168, 255
— expérimentale : 224
— infantile : 182, 252
— obsessionnelle : 247
— phobique : 155
NOM : 18, 110, 118
NON/OUI : 51-52, 226, 252, 272, 293
NUDITÉ : 60

OBJET : 26, 33, 34, 35, 39, 47, 65, 71, 74, 112, 130, 132, 193, 297
— fœtal : 112
— génital : 213
— partiel : 31, 34, 35, 38, 40, 43, 48, 52, 58, 60, 61, 66, 112, 124, 154, 157, 158, 161, 175, 185, 205, 210, 214, 215, 216, 230, 232-233, 242, 245, 249, 256
— total : 40, 158, 185, 188, 214, 218
ODEUR : *voir* SENS (olfaction)
ŒDIPE, ŒDIPIEN : 17, 33, 43, 60, 61, 75, 89, 91, 94, 113, 122, 123, 129, 160, 162, 168, 172, 176, 218, 228, 229, 230, 247, 285, 296, 298
complexe d'— : 68, 134, 251
pré — : 25, 58, 73
OMBILIC, OMBILICAL : 19, 32, 46, 92, 113, 150, 164, 186, 188, 191, 206, 221
ORAL, ORALITÉ (*voir aussi* ANAL, STADES) : 16, 26-27, 29, 31, 34, 35, 40, 47, 50, 53, 57, 60, 66, 118, 155, 157, 205, 218, 242, 294

PAIEMENT : 15, 124, 125, 127
PALPES : 31, 32, 44, 46, 119, 120, 140, 141, 142, 204, 211, 218
PARENTS (*voir aussi* TRIANGULATION) : 34, 56, 59, 117, 124-125, 254
— et phobie : 162, 166-181
PAROLE (*voir aussi* LANGAGE) : 36, 54, 61, 62, 89, 117, 133, 143, 146, 147, 210, 218, 222, 234, 250
PÉNIS (*voir aussi* CORPS) : 220
envie du — : 212
PERCEPTION (*voir aussi* SENS) : 27, 28, 32, 34, 38, 39, 115, 120, 130, 185, 197, 241, 244
PÈRE : 18, 31, 44, 69
PÉRISTALTISME : 30, 36, 38, 42, 48, 146, 184, 188, 200, 207, 209, 216, 217, 221, 242, 292
PERSONNE : 27, 30, 39, 40, 129, 130, 173, 176, 285
PHALLUS, PHALLIQUE : 31, 42, 43, 44, 69, 78, 122, 211, 213, 223, 230, 233, 245, 291, 292
PHOBIE : 32, 45, 152, 155, 159-163, 166-181, 207, 216, 217, 250, 287-289, 299
PHONÈMES : 37, 62, 139, 210, 218
PLAISIR : 24, 31, 34, 36, 37, 38, 41, 42, 43, 45, 47, 54, 56, 58, 60, 63, 129, 184, 193, 197, 198, 209, 211, 219, 221, 232, 243
— dans l'autre : 209
POUPÉE-FLEUR : 21-24, 300
PRÉNOM : 18, 36, 117-118
PROJECTION : 21, 40, 58, 76, 114, 119, 120, 122, 142, 157, 170, 171, 173, 188, 197, 203, 207, 212, 220
PSYCHANALYSE, PSYCHANALYTIQUE : 13, 15, 76, 116, 172, 174, 216, 248, 251, 256, 260, 303, 307
— des enfants : 232
fin de — : 161
PSYCHANALYSTE : 12, 13, 15, 73, 78-80, 95, 113, 116, 124, 126-128, 131, 152, 175-176, 188, 235
corps du — : 116, 125
— en institution : 179-181
PSYCHIATRE, PSYCHIATRIE : 11, 12, 13, 14, 25, 155, 257-258
PSYCHOSE, PSYCHOTIQUE : 13, 23, 27, 73, 74, 76, 81, 116, 143, 144, 152, 155, 164, 165, 168, 170, 175, 179, 180, 182, 215, 216, 250, 253, 255, 302
— expérimentale : 217
pré — : 12, 31, 45
PSYCHOSOMATIQUE : 18, 137, 175, 208, 210, 255, 298
PSYCHOTHÉRAPIE : 13, 16, 58, 75, 170, 180, 215
PUISSANCE : 62, 232
— et impuissance : 245
PULSIONS : 26, 28, 55, 61, 72, 73, 74, 76, 77, 126, 129, 162, 180, 232, 242, 250, 251
— actives et passives : 37
— anales : 47, 214
— archaïques : 24, 63, 72, 75, 114
— génitales : 09, 71, 124
— incestueuses : 124
— inconscientes : 183
— de mort : 165, 171, 173, 177, 184, 233
— partielles : 185
— scopiques : 197
— tactiles : 197

RÉALITÉ : 24, 26, 42, 71, 79, 131
— du corps : 132, 134
— et fantasme : 95

— et imaginaire : 59, 79-80, 170, 180
REFOULEMENT : 35, 43, 71, 75, 76, 118, 133, 134, 137, 144, 177, 179, 199, 222, 224, 294
— de l'image du corps : 226
REGARD : 55, 148, 218
RÉGRESSION : 11-26, 31, 42, 58, 64-71, 72, 73, 76, 77, 89, 92, 94, 110, 112, 125, 127-128, 142, 146, 147, 186, 206, 255, 257-265, 270, 275-277, 281, 284, 286-287, 306-307, 308
— et progression : 12, 13, 14, 126, 246
RELATION (*voir aussi* ÉCHANGE, COMMUNICATION) : 30, 36, 37, 38, 73, 78, 116, 118, 120, 177, 197, 203, 227, 251
— analytique : 15, 68, 73, 127
— archaïque : 78
— interpsychique : 225, 231, 252
— de langage : 144, 216
— libidinale : 169
— transférentielle : 94, 124, 142, 215
— symbolique : 118, 128, 187, 216, 297, 298
REPRÉSENTATION (*voir aussi* DESSIN) : 22, 39, 40, 43, 55, 58, 61-62, 73, 76, 92, 114, 115, 116, 122, 124, 138, 142, 152, 154, 157, 168, 184, 196, 212, 214, 218, 228
— archaïque : 44, 94
— d'attributs : 45, 58, 122, 213
— par « boules » ou « ronds » : 29, 42, 43, 108, 118-122, 139-141, 196, 211, 213, 248, 282
— du diaphragme : 198
— imaginaire : 14
— par points ou trous : 29, 44, 45, 92, 140, 155, 196, 206
— et phobie : 207-208
— et sexe : 57, 140
— symbolique : 93
— du visage : 44
RESPIRATION (*voir aussi* SENS : olfaction) : 27, 28, 36, 145, 149, 186, 192, 196, 197, 212, 220, 297
RESSENTI : 14, 15, 17, 24, 29, 34, 41, 42, 56, 59, 72, 76, 114, 142, 151, 196, 207, 209, 279, 286, 308
RÊVE : 32, 33, 76, 89, 116, 124, 126, 128
RYTHME(S) : 14, 30, 40, 48, 107, 149, 186, 211, 218, 224, 252, 287

SADISME : 21, 58, 60, 95
SANTÉ : 13-14, 15, 23, 25, 26, 41, 42, 254, 259
SCÈNE PRIMITIVE : 113, 123, 125
SCHÉMA CORPOREL : 24, 26, 51, 55, 56, 112, 113, 115, 120, 140, 142, 145, 156, 159, 163, 181, 190, 211
— et image du corps : 136, 156, 170
SCHIZOPHRÈNE, SCHIZOPHRÉNIE : 21, 23, 65, 90, 116, 220, 299, 308
SÉCURITÉ (*voir aussi* COHÉSION, CONTINUITÉ) : 14, 24, 25, 27, 30, 34, 35, 39, 42, 46, 48, 55, 59, 61, 67, 70, 113, 144, 149, 183, 187, 207, 208, 209, 215, 218, 224, 230, 250, 285, 290, 292, 295
— de base : 186, 285
— et phobie : 160, 165, 208
SEIN : 30, 31, 46, 143, 146, 155, 203, 209-210, 211, 222, 291, 292
— et biberon : 204, 222
SENS (sensorialité) : 27, 31, 44, 185
— audition : 27, 30, 31, 32, 48, 121, 184, 197, 205, 210, 215, 241, 248
— baresthésique : 241
— goût : 22, 32, 38, 197, 241
— olfaction : 20, 27, 28, 30, 31, 32, 38, 43, 48, 113, 121, 136, 144, 146, 157, 184, 186, 197, 203, 205, 248, 294-297, 298, 299
— tactilité, toucher : 30, 38, 48, 56, 60, 184, 197, 205, 209, 210, 241
— vision : 27, 30, 31, 32, 48, 157, 184, 205, 206, 210, 215, 241, 248
SENSATIONS : 19, 34, 42, 115, 198, 203
SEVRAGE : 66, 118, 124, 143, 169, 206, 252
SEXE, SEXUALITÉ : 55, 64, 69, 122, 133, 137, 161, 227, 229-232, 246, 250

— et continence : 71
SIGNIFIANT : 37, 121, 128, 146, 221
SOCIAL, SOCIÉTÉ : 27, 50, 62, 76, 233, 251, 254
— et folie : 74-76
SOI-MÊME (*voir aussi* MOI, SUJET) : 29, 40, 41, 42, 196, 218, 227
— permanent : 139, 286
SOLITUDE : 14, 24, 27, 69, 71, 130, 141, 202
SOMMEIL : 27, 36, 107, 139, 148, 165, 184, 185, 243
STADE(S) : 13, 24, 26, 28, 29, 37, 38, 50, 72, 73, 113, 116, 128, 131, 285, 297, 299, 308
— anal : 21, 27, 31, 37, 40, 42, 44, 46, 48, 50, 54, 61, 63, 73, 169, 174, 182, 211-213, 245, 298, 307
— archaïques : 50, 58, 75, 76, 116, 165, 187, 281
— fœtal : 26, 186-195, 288, 290, 291, 293, 297
— génital : 37, 50, 58, 63, 67, 162, 169, 245, 307
— néo-natal : 155, 187
— oral : 21, 26-27, 28, 29, 31, 38, 40, 42, 43, 44, 46, 63, 155, 169, 174, 182, 199-207, 213, 245, 288, 290-291, 299
— pré-génitaux : 63, 132, 133, 162
— respiratoire-olfactif : 155, 183, 196-199, 201, 290, 293, 294
— urétral : 37, 55
— vaginal : 37
STRUCTURE : 26, 67, 74, 80, 112, 141, 179, 180
SUBLIMATION : 37, 43, 48, 61, 62, 63, 67, 68, 69, 72, 73, 94, 124, 138, 234, 274
SUBSTANTIEL/SUBTIL : 28, 31, 41, 185, 205, 242
SUJET : 15, 17, 21, 24, 25, 29, 31, 34, 36, 40, 41, 46, 58, 68, 72, 75, 76, 78, 113, 114, 115, 126, 129, 130, 131, 132, 134, 147, 148, 180, 183, 190, 196, 217, 218, 225, 226, 248, 251, 252, 255, 297, 303
— et corps : 74, 118
— de son désir : 159, 169, 171, 173, 184, 231, 232, 243-244, 246, 255
— et Moi : 130, 246
— à sujet : 147, 217, 233
SURMOI : 41, 58, 188, 261, 296
— anal : 71
pré — : 38, 44
SYMBOLIQUE, SYMBOLIGÈNE : 25, 37, 42, 55, 74, 78, 94, 163, 168, 174, 221, 233, 255
fonction — : 14, 126, 243-244, 245, 251, 255, 260
SYMBOLISATION : 69, 112-113, 118, 127, 128, 169, 233, 250, 252, 255, 256
SYMPTÔME : 23, 58
enfant comme — : 176

TEMPS (*voir aussi* ESPACE) : 17, 25, 27, 28, 186, 246
TRANSFERT : 13, 19, 34, 38, 40, 48, 52, 62, 68, 72, 77, 78, 93, 95, 111, 113, 116, 124, 126, 128
— de l'analyste : 13, 216
— et contre-transfert : 25, 79
— et phobie : 160-161
TRAUMATISME : 12, 72, 79, 110, 112, 143, 164, 171, 173, 206, 254, 290, 308
TRIANGULATION (enfant-parents) : 19, 23, 168, 173, 252

VAGINISME : 32-33, 58
VALEUR : 65, 70, 75, 112, 214, 217, 225
— et dévalorisation : 64
VÉGÉTAL : 21, 24, 27, 39, 58, 59, 213
VOIX : 45, 147, 148

ZONE ÉROGÈNE : 28, 29, 33, 38, 49, 54, 56, 64, 71, 76, 118, 121, 138, 139, 145, 158, 183, 184, 196, 205, 211, 220, 242, 273, 286, 288, 290, 291, 296, 297
— archaïque : 152
— génitale : 60, 252
— orale : 184

Table des matières

Préface I
Note de l'éditeur 10

PREMIÈRE PARTIE : *Marie-Louise B. et Lionel Ségolène, deux cas de régression* 11

Premier exemple 16
Deuxième exemple 18
Troisième exemple 20
Quatrième exemple 21

Hypothèse de l'image du corps 27

Exemple d'un cas clinique 31
Autre cas clinique 32

Exemples de régressions cliniques observées chez des adultes 65

Premier exemple 65
Deuxième exemple 69

Deux psychothérapies psychanalytiques de cas de régression 80

Premier cas — Marie-Louise B. 80
Deuxième cas — Lionel Ségolène 95

Conclusion 112

DEUXIÈME PARTIE : *Les premières images du corps, théorie et clinique* 129

Constitution de l'image du corps 137
L'image du corps de base 138
L'image du corps de fonctionnement 138
L'image érogène 138

Observations 144
Première observation 144
Deuxième observation 147
Troisième observation 152
Quatrième observation 163

L'enfant, sa phobie, et les parents 166

Les images du corps les plus archaïques 181
Stade fœtal et stade olfactivo-respiratoire 183
Remarques préliminaires 183
— Stade fœtal 186
Un exemple 191
Première observation 192
Deuxième observation 194
— Stade olfactivo-respiratoire 196

Les représentations des images du corps de l'enfant concernant le stade oral 199

ANNEXES 237
1. Repères biographiques relatifs au cas de Marie-Louise B. 239
Repères biographiques relatifs au cas de Lionel Ségolène 240
2. Ajouts manuscrits 241
3. Cas cliniques de régression, *L'Évolution psychiatrique,* vol. III, 1957 257
4. À la recherche du dynamisme des images du corps et de leur investissement symbolique dans les stades primitifs du développement infantile, *La Psychanalyse,* n° 3, 1957 285

APPENDICES 309

Notes 311
Index des cas et exemples cités 329
Index des notions et des thèmes 330

Bibliographie de Françoise Dolto

AUX ÉDITIONS GALLIMARD
dans la même collection

Articles et conférences :

1 - Les étapes majeures de l'enfance
2 - Les chemins de l'éducation
3 - Tout est langage
4 - La difficulté de vivre

Essais :

Solitude
Sexualité féminine. La libido génitale et son destin féminin
Le sentiment de soi. Aux sources de l'image du corps

Entretiens :

Destins d'enfants — Adoption, Familles d'accueil, Travail social
(Entretiens avec Nazir Hamad.)
Les Évangiles et la foi au risque de la psychanalyse ou la vie du désir
(en collaboration avec Gérard Sévérin)

CHEZ D'AUTRES ÉDITEURS

Le cas Dominique, *Le Seuil,* coll. « Le champ freudien », 1971 ; coll. « Points Essais », 1974.
Psychanalyse et Pédiatrie, *Le Seuil,* 1971 ; coll. « Points Essais », 1976.
L'Évangile au risque de la psychanalyse (en collaboration avec Gérard Sévérin), tomes 1 et 2, *Delarge,* 1977, 1978 ; *Le Seuil,* coll. « Points Essais », 1980, 1982.

Lorsque l'enfant paraît, tomes 1, 2, 3, *Le Seuil,* 1977, 1978, 1979 ; tomes 1, 2, 3 reliés, *Le Seuil,* 1990.

La foi au risque de la psychanalyse (en collaboration avec Gérard Sévérin), *Delarge,* 1978 ; *Le Seuil,* coll. « Points Essais », 1983.

Au jeu du désir. Essais cliniques, *Le Seuil,* 1981 ; coll. « Points Essais », 1988.

La difficulté de vivre, *Interéditions,* 1981 ; *L.G.F.,* 1988.

Séminaire de psychanalyse d'enfants, tome 1 (en collaboration avec Louis Caldaguès), *Le Seuil,* 1982 ; coll. « Points Essais », 1981.

L'image inconsciente du corps, *Le Seuil,* 1984 ; coll. « Points Essais », 1992.

La cause des enfants, *Laffont,* 1985 ; *Pocket,* 1995.

Séminaire de psychanalyse d'enfants, tome 2 (en collaboration avec Jean-François de Sauverzac), *Le Seuil,* 1985 ; coll. « Points Essais », 1991.

Enfances (photographies Alecio de Andrade), *Le Seuil,* 1986 ; coll. « Points Actuels », 1988.

Dialogues québécois (en collaboration avec Jean-François de Sauverzac), *Le Seuil,* 1987.

L'enfant du miroir, Francoise Dolto, Juan David Nasio, *Rivages,* 1987 ; *Payot,* 1992.

Tout est langage, *Vertiges-Carrère,* 1987 ; *L.G.F.,* 1989.

La cause des adolescents, *Laffont,* 1988 ; *Pocket,* 1997.

Inconscient et Destins, Séminaire de psychanalyse d'enfants, tome 3 (en collaboration avec Jean-François de Sauverzac), *Le Seuil,* 1988 ; coll. « Points Essais », 1991.

Quand les parents se séparent (en collaboration avec Ines Angelino), *Le Seuil,* 1988.

Autoportrait d'une psychanalyste (1934-1988) (en collaboration avec Alain et Colette Manier), *Le Seuil,* 1989 ; coll. « Points Actuels », 1992.

Paroles pour adolescents ou Le complexe du homard (avec Catherine Dolto-Tolitch, en collaboration avec Colette Percheminier), *Hatier,* 1989 ; *L.G.F.,* 1992.

Solitude, *L.G.F.,* 1989.

L'échec scolaire : essais sur l'éducation, *Presses-Pocket,* 1990.

Correspondance (1913-1938) (en collaboration avec Colette Percheminier), *Hatier,* 1991.

Composition CMB Graphic
et impression Bussière Camedan Imprimeries
à Saint-Amand (Cher), le 29 septembre 1997
Dépôt légal : septembre 1997
Numéro d'imprimeur : 4/955

ISBN 2-07-074900-2./Imprimé en France.

81279